「いのち」の政治へ

国会体当たり奮闘記

服部良一

東方出版

「いのち」の政治へ　国会体当たり奮闘記

目次

第1部 「いのち」の政治へ

装幀　金　文男

1部

「いのち」の政治へ

一、はじめに

二〇〇九年の政権交代から三年が経ちました。選挙による初めての政権交代劇――多くの皆さんが、こんどこそ日本の政治が変わるという熱い期待をもたれたことだと思います。小泉・竹中構造改革路線、競争ありきの新自由主義政策で生活格差が広がり、貧困社会の到来かと言われていました。少なくともその流れに歯止めがかかるのではないか、「生活再建」「いのちを大切にする政治」という呼びかけが、非正規で働く方がたをはじめとして多くの人びとの気持ちをつかんだのは間違いありません。

また私は長い市民運動の中で沖縄の基地問題に取り組んできました。普天間《ふてんま》基地の県内移設先とされた辺野古《へのこ》の新基地建設に反対するさまざまな活動、米兵や米軍属による事件、事故の被害者を救援する運動、日本軍による沖縄住民への「強制集団死」の問題など沖縄戦の実相を伝える活動などです。また同時に日本軍国主義による朝鮮半島や中国への侵略・植民地支配の歴史の中で、戦後補償などの未解決の問題にもかかわってきました。

そういう経験からすれば、鳩山由紀夫政権が掲げた「東アジア共同体」や「対等平等の日米関係」という政策は非常に輝いて見えました。その当時初当選とはいえ、連立政権として与党の一員として、決意に燃えて国会に乗り込んで行った感動は忘れることはできません。総選挙では辺野古の新基地建設に反対する国会議員が沖縄のすべての選挙区で勝利しました。これで「辺野古は止まった」と思わないほうが不思議なくらいでした。

あれから三年、ここまで政治がダメになる、ここまで政権交代に裏切られるとは誰しも思ってもいなかったのではないでしょうか。二〇一〇年六月、社民党は普天間問題で政権離脱をしました。最近、もし社民党が政権から離脱していなかったなら、ここまでひどくはならなかったのではないか、憲法審査会も始動せず、消費税増税もTPP（環太平洋経済連携協定）もなかったのではないかという声を聞く時があります。もし政権に残っていればそういう仮定も成り立つのか、しかし私はこの仮定は、時間軸の問題もありますが、多分ありえない話だと思います。なぜなら日本の戦後の政治が米国からのさまざまな関与や介入から逃れられない、ある種の「運命」をもっていることをあらためて実感させられたからです。もちろん私はこの「運命」を肯定して言っているわけではありません。変えるために頑張ってきた一人ですが、いま私たちは日本の政治のその根幹を変えるのはほんとに大変なことだという現実に直面しています。

なぜ鳩山政権が崩壊したのか、なぜ政権交代が変質してしまったのか、日本の政治史として検証しなければなりません。なぜならその検証と総括を抜きに、民衆にとっての次のステップが歩み出せない気がするのです。私には無論そんな大それた議論に答えを出せる力量はありませんが、その只中にいた一人の政治家としてさまざまな素材提供や問題提起はできると思っています。

いま、日本の政治はあきらかに危機の中にあります。ここでいう政治とは平和を愛し人権を大切にするという当たり前のわれわれの政治です。このままでは憲法は危ないです。安倍・麻生政権という改憲内閣の後に果たした政権交代が、今日最も改憲の可能性のある状況をつくってしまっているという皮肉な現実があります。しかも亡霊の如く復活してきた安倍自民党総裁は虎視眈々と次の総理をねらっています。次期総選挙後に予想される政権の質を考えるとなんとも暗澹たる気持ちになります。だからこそ「我々は今何をなすべきか⁉」を真剣に考え行動を起こしていかなければなりません。

この本は私の二年間の秘書時代と三年間余の国会議員としての活動報告を兼ねた内容ではありますが、そうした私の危機意識を皆さまと共有し、また新たな闘いの道程をともに歩んでいければ幸いだと考えています。

衆議院議員選挙に当選し初登院（2009年9月）

二、政権交代前夜

突然の「安倍辞任」

私が政権交代に特に期待したのは、政権交代に至るまでの二年間、沖縄出身で全国比例区から二〇〇七年七月に当選された山内徳信《やまうちとくしん》参議院議員の公設第一秘書をやらせて頂き、与野党逆転した参議院の外交防衛委員会の舞台で国会をずっと見てきたからです。

二〇〇七年十一月、インド洋へ派遣されていた自衛艦が一時戻ってきました。二〇〇八年四月には、思いやり予算が参議院で否決され、一ヵ月間米軍への水道光熱費の支払いができないという局面がありました。政権交代前の参議院で野党が頑張って自公政権を追い詰めました。その一連の流れの延長に二〇〇九年八月の政権交代が実現したわけですから、期待が膨らむのも当然です。まず、この政権交代前の前史を振り返ってみたいと思います。

私にとっては初めての東京生活です。江東区にマンションを借りたり生活道具をそろえたりと準備に忙しく、二〇〇七年八月には沖縄市で開催された山内議員祝勝会に参加したりして、本格的には九月一日から国会で活動をスタートさせました。九月十日には安倍晋三総理の臨時国会冒頭の所信表明演説を本会議場で聞き、一日明けて各政党の代表質問が行われる予定でした。本会議十五分前は議員・秘書が集まり、国会対策委員会の部屋で議員総会をするわけですが、本会議の十分前にいつも鳴るはずの呼びベルが鳴りません。おかしいなと思っていたら、「安倍辞任」という声が国会を飛び交ったんです。私の秘書生活はいきなり安倍総理のわけのわからない辞任劇で始まりました。〈正直一体どうなってるのやろう〉というとまどいと、政治の「すごさ」を目の当たりにしました。

自民党は次の総裁選に向けて動きます。そして九月二六日に福田康夫政権が発足しました。

沖縄戦「強制集団死」教科書検定問題

福田政権発足三日後の九月二九日に私は沖縄に飛びました。沖縄で空前の十一万六〇〇〇名が集まった「教科書検定意見撤回を求める県民大会」参加のためです。沖縄戦における住民の「強制集団死」問題（「集団自決」問題）について、二〇〇七年三月三〇日文科省は日本軍の命令・強制等の表現を削除し修正する高校教科書検定意見を発表しました。沖縄は怒りました。「強制集団死」の身近な体験者が重い口を次々に開きました。基地問題での県民大会や5・15復帰平和行進、米軍基地ヒューマンチェーンなどにはたびたび参加してきた私にとっても、この沖縄戦「強制集団死」問題でかくも多くの県民が集まったことは大きな衝撃でした。

実は私は秘書として東京に行く前に、二〇〇五年八月に大阪で提訴された岩波書店と大江健三郎さんを被告とした、いわゆる「大江・岩波沖縄戦裁判」支援連絡会の世話人をしていました。この裁判は渡嘉敷島《とかしきしま》守備隊長赤松嘉次の実弟赤松秀一氏と座間味島《ざまみじま》守備隊長梅澤裕氏が原告となり、大江健三郎さん著『沖縄ノート』（岩波新書）などの本に、住民に「集団自決を命じた」という「虚偽」

の事実を書かれ名誉を傷つけられたとして、慰謝料の支払いと出版の差し止め、謝罪広告を求めたものでした。

いわゆる「集団自決」が日本軍の命令や強制によるものかどうかという歴史的事実を法廷で争う裁判であり、提訴を聞きつけた私は、これは大変な問題になるという直感ですぐ支援に動きました。翌年二〇〇六年七月に支援組織を立ち上げ、沖縄の皆さんに注目してもらおうと読谷村《よみたんそん》に住む金城実さんのアトリエに岩波書店「世界」編集長岡本厚さん＝当時＝に来てもらってシンポジウムを開いたりしたのですが、まだその時点では私人・私企業との裁判という受け止めで、なかなか広がらなかったことを記憶しています。

その状況が一変したのは文科省の高校教科書検定でした。二〇〇七年三月、軍の命令を削除する検定意見が発表されると、沖縄の抗議のうねりはあっという間に広がりました。沖縄の全市町村四一議会での意見書採択、県議会で二回の決議、そして九月の県民大会とつながっていったのです。

幻の国会決議

県民大会が大成功すると、今度は代表団が上京して政府への抗議申し入れ行動となります。沖縄からの代表団も、受け入れる沖縄の国会議員団も超党派での動きになるわけですが、当時の自公政権下与党保守系五人、野党六人の国会議員の連絡調整役を山内徳信議員がやることとなり、実務的には大阪で裁判支援に直接かかわり経過をわかっていた私が引き受けることとなりました。

こうしていきなり国会での実戦の現場でもまれることになったことはほんとに幸いなことだったと思います。沖縄からやあるいはさまざまな市民団体から政府への要請行動の段取り、社民党としでの申し入れ書など数々の文案の作成をしました。自分で言うのも変ですが、この時ばかりはこれまでの市民運動の蓄積から「即戦力」となり役にたったと実感しました。

その中で一つだけ幻の国会決議案について紹介しておきたいと思います。九月の県民大会に参加した菅直人民主党代表代行＝当時＝が、検定の見直しを求める国会決議案を提出する意向を示しました。各党で文案を作成し私が社民党案の素案を山内事務所として作成しましたが、十月四日の野党国対委員長会談には民主党案が出され、結果民主党案を軸に修正協議となりました。しかしこの案文には県民大会のことも触れていないばかりか、核心部分である「検定意見の撤回」という文言がどこにもありません。

社民党から修正案を提示したのですが、結局は当の民主党の中からそもそも「歴史の認定に踏み込むこと」に反対だという意見が出され、採決の可能性があった参議院決議は見送りとなり、幻の決議案となりました。

大江・岩波沖縄戦裁判は最高裁で二〇一一年四月に判決が出ました。日本軍の関与を認め、大江さんらの勝訴が確定しました。しかし文科省は、今に至るも検定意見の撤回をしていません。二〇〇七年に国会決議ができなかったことが残念でなりません。

山内徳信さんとの出会い

読谷村長、沖縄県出納長、基地の県内移設に反対する県民会議の代表を歴任してきた山内徳信参議院議員は辺野古の新基地建設を止めるために国会に来たといっても過言ではありません。私が初めて山内読谷村長にお会いしたのは、一九七九年に彫刻家金城実さんのレリーフ「戦争と人間」全国キャラバンの事務局長として読谷村での作品展示の相談で村を訪れた時だと思います。米軍基地を返還させ文化村つくりを訴え、現実に返還前の米軍基地の中に村役場などの数々の村の施設を建設し、最後は広大な読谷飛行場の返還を実現させた山内さんのユニークかつ大胆な発想と闘いは素晴らしいものです。

その山内徳信さんが二〇〇七年の参議院選挙に社民党から全国比例で立候補することになったのです。私は当時三三年間働いていた民間の機械メーカーを退職し、「おっさんフリーターや」と言いながら市民運動に没頭していました。山内さんの立候補を聞いて、〈なんとしても国会に送らないと〉ということで、近畿の沖縄県人会や沖縄の基地問題などに取り組むさまざまな市民運動の皆さんと一緒に、近畿後援会をつくり私に事務局長をやれということになったのです。

首相官邸前で沖縄要請団とともに抗議行動（2010年4月6日、右から3番目が山内徳信議員）

ところが話は思わぬ展開になりました。というのは、当時参議院選挙の大阪選挙区で護憲派の統一候補を出そうという話が進んでいました。社民党や新社会党、無所属市民派議員、労組、市民運動などが集まり自民でもない民主でもない「闘う第三極」の候補者選びをしていたのですが、なかなか見つかりません。そこに突然私の名前があがったのです。当然断りました。どこから話が伝わったのか、沖縄の照屋寛徳《てるやかんとく》衆議院議員から電話がかかってきました。いまからそっちに行くとおっしゃるのです。私はあわててちょっと待ってくださいと言って電話を切りました。当時党本部の組織部長していた市川博美さんが自宅に来られ、「山内さんを通したかったら、一番の近道はあんたが選挙に出ることだ。社民党の票を掘り起こして、全国比例は山内さんをと言って選挙を闘ったらいい」と言われました。この話は結構ストンと私の腑に落ち、出馬を決意することになったわけです。

大阪選挙区は定数三、当選は厳しいことはわかっていましたが、未知の世界に飛び込んで行きました。全力で訴え全力で闘い落選しました。選挙後当選した山内徳信議員から電話がありました。東京に来てくれという電話です。私は山内先生の引っ越しの手伝いに行くのかと思っていたのですが、秘書で来いということだったのです。

人と人のつながりというか縁というのは不思議なものです。彫刻家金城実さんを通じて山内徳信読谷村長に知り合い、山内さんを国会にと参議院選挙をともに頑張り、二年間山内参議院議員の秘書として勉強させて頂き、今度は私が衆議院議員に当選させて頂くことになったのです。

辺野古新基地V字案を暴く

山内徳信議員にとって最高の舞台は、参議院の外交防衛委員会でした。衆議院は外務委員会と安保委員会に分かれていますが、参議院は外務と防衛の両大臣に同時に質問し議論ができます。辺野古新基地建設の事業主体である防衛大臣を追及しながら外務大臣の外交姿勢も追及できるわけです。

二〇〇五年十月、日米両政府は「日米同盟：未来のための変革と再編」といういわゆる中間報告を発表、翌二〇〇六年五月「再編実施のための日米のロードマップ」を発表、普天間基地の県内移設先である名護市辺野古にV字案の新基地を建設することを決定しました。まさに重要な局面です。辺野古現地では工事を止めるべく、「オバー」や「オジー」たちの座り込みが続いていました。とりわけ二〇〇四年八月、海兵隊ヘリの沖縄国際大学墜落事故後は、辺野古の闘いへの共感や支援は全沖縄、そして全国へと大きく広がりました。日米政府はそういう反対の声を押しつぶしながら、強引に辺野古V字案を推し進めてきたのです。

二〇〇七年は環境影響評価の準備作業の真っ最中でした。参議院外交防衛委員会での特徴的な議論は、辺野古の新基地の機能の分析や環境への影響などに関する議論が中心でした。アメリカで提訴されたジュゴン裁判に提供されたさまざまな資料を駆使しての論戦もしました。二〇〇八年四月二二日、一時間にわたって新基地の隠された機能を追及した論戦は圧巻でした。私は必死で資料を読み込み、議員と一緒に準備をしました。「ヘリ基地」と言いながら、二一四メートルの岸壁と飛行場を併せ持ついかに巨大な海上基地であるかというと、埋め立て土砂の量が十トントラックで五二五万台という膨大な量になること、しかも県民の飲料水が提供されている辺野古ダム周辺環境を破壊し、海砂についても深さ一メートル、幅一〇〇メートルの海岸線一七〇キロメートル（本島の海岸線の三分の一）分を採取する量に相当するという信じがたい環境破壊をもたらすこと、オスプレイの騒音問題、洗機場や装弾場などの隠された機能などについて山内議員は厳しく追及しました。詳しくは「辺野古にジュゴンの里を」という『山内徳信の国会奮闘記』にまとめてありますので、ぜひお読みいただきたいと思います。環境現況調査に派遣された自衛艦「ぶんご」の航海日誌を公開させた記録も載っています。

インド洋からの自衛隊撤退

参議院の与野党逆転を実感する出来事でした。アフガン戦争の後方支援として二〇〇七年にインド洋で展開されていた自衛艦の米艦船等外国艦船に対する給油活動からの引き揚げと再派遣です。根拠法である旧テロ特措法が十一月一日に期限切れを迎え、後継法である新テロ対策特措法が参議院で否決されました。そこで二〇〇八年一月十一日に衆議院で三分の二で再可決されるまでの間、自衛艦がインド洋から撤退せざるをえなくなりました。自衛艦は二〇〇七年十一月にいったん引き揚げ、二度の国会延長と越年国会を経て、翌年二月にようやく再派遣となったのです。

政治が変わると、それまで変わることはないと思っていた外交安保問題まで変わりうることを実感した瞬間でした。

実はこの議論に火をつけたのは、NPO法人ピースデポというアメリカの情報公開法を駆使して平和にかんする情報を入手・研究活動をする市民運動団体でした。イラク戦争に派遣された米海軍給油艦ペコスの航海日記をウオッチして、インド洋で自衛艦から給油された燃料が米空母キティホークに渡り、イラク戦争へ転用されていたことを突き止め暴露したのです。すなわちこれ自体がテロ特措法に違反しているわけです。しかも日本政府は給油量は二〇万ガロンであり、アフガン対象にすぎないと言っていたわけですが、これも説明が誤りで八〇万ガロンが給油されていたことが明らかになりました。さらに、この問題が大きくなると、補給艦「とわだ」の航海日誌を誤って焼却した!?という尾ひれまでついたのです。防衛省お得意の情報隠ぺいです。

資料を集め細かい数字を読み解き国会に明らかにして頂いたピースデポの活動には頭がさがります。でもこの暴露によって国会の議論に一挙に火が付きました。その結果が自衛艦のインド洋からの一時撤退という状況にまでつながって行ったと思っています。

その直後の二〇〇八年四月十七日に名古屋高裁で、イラク戦争への自衛隊派遣を違憲とする画期的な判決がありました。実は私も原告の一人でした。自衛隊のイラクでの活動は他国の武力行使と一体のものであり、イラク特措法および憲法九条一項に違反すること、加えて高裁はいままで被侵害利益として認めていなかった「平和的生存権」を初めて真正面から認めたのです。

アメリカが始めたイラク・アフガン戦争が破たんしたいま、あらためて日本の関与について検証が必要です。私は議員になって民主党の三人の議員と相談をし、「イラク戦争の検証を政府に求める議員連盟」の結成を呼びかけました。政府に特別の検証委員会を設置を求めるものですが、まだ実現していません。この議連の活動も第2部第2章で紹介致します。

憲政史上初の条約否決——「思いやり予算」ストップ

思いやり予算（在日米軍駐留経費負担）を取り決めている特別行政協定が二〇〇八年三月三一日に期限切れを迎えました。国会では期限切れを迎える中で、思いやり予算のありかたや是非を巡って激しい議論がありました。社民党は一貫して思いやり予算は認めることは出来ないという立場でしたが、いままで民主党は認めていたわけです。ところが批判の高まりを受けて初めて民主党が反対に舵を切ったのです。

とくに米軍が使う水道光熱費の内訳や使い方が明らかでないことが問題となりました。米兵たちは、休暇で本国に帰国するときも自宅のエアコンなどはつけっぱなしという話もでました。しかもそれを点検しようにも個々の米軍住宅にはメーターが取り付けられておらず、基地ごとにどんぶり勘定だというのです。私たちの税金なのにあまりにもやりたい放題、またそれを野放しにしている政府の無策が明らかになったのです。

米軍基地内で働く労働者の人件費にも充当されているわけですが、基地内のバーやゴルフ場など娯楽遊興施設の人件費にも反発が広がりました。日本も厳しい財政状況の中で、思いやり予算も見直すべきだという声が高まったのです。

思いやり予算を三年間延長する特別協定は二〇〇八年四月二五日参議院本会議で否決されたあと、衆議院での採決を優先する規定により、同日可決承認されました。旧協定の期限切れに伴う空白期間は約一ヵ月で解消されることとなりましたが、憲政史上初めてのケースとなったわけです。これも参議院与野党逆転の成果であり、私は政権交代したら思いやり予算をやめることができるのではと期待がふくらみました。

相次ぐレイプ事件

二〇〇八年二月十一日、沖縄県中部でキャンプ・コートニー所属の米海兵隊員が女子中学生レイプ事件で逮捕され、沖縄に衝撃が走りました。抗議はあっという間に全沖縄に広がり、二月十四日には沖縄県議会が駐日米大使と在日米軍への抗議決議、日本政府への意見書を全会一致で可決、二月末までに四一すべての市町村議会で抗議決議が採択されました。三月二三日には北谷《ちゃたん》町で激しい雨にもかかわらず六〇〇〇人が参加する県民大会が開催されました。

加害者の米兵は現行犯逮捕され身柄を沖縄県警が拘束しましたが、被害者が苦痛に耐えかねて告訴を取り下げたことで、加害者の米兵は不起訴となりました。これはレイプ事件が親告罪であることによるものですが、結果日米地位協定上は、日本側が公務外事件・事故に行使する第一次裁判権を放棄したことになり、現行犯逮捕かつ重大事件にもかかわらず加害者は米側で裁かれることとなりました。

またこの事件は加害者の米兵が北中城《きたなかぐすく》村の基地外の住宅に住んでいたため、基地外の米軍住宅の実態にも焦点が集まりました。事件当時外務省が米軍に照会したところ、日本に駐留する米兵やその家族の実に二四％が基地外の一般住宅地に住んでいることがわかりました。事件があった北谷町は町の人口の一二％が米兵、特に町内の砂辺《すなべ》地区は四〇％にのぼります。しかし問題はその比率だけではありません。米兵たちは日米地位協定によって外国人登録（住民登録）をする必要がないのです。米兵たちはごみ収集や道路、水道など「住民」としての公共サービスは受けながら、税金を払わないだけでなく、役場自身が居住の実態を把握してない幽霊住民なわけです。住民は地域に誰が住んでいるかわからないなかで、このような事件がおきるという恐怖のなかで生活しているのです。

またびっくりするのは米軍住宅の家賃の高さです。砂辺地区の視察に行った時に一戸四三万円というマンションもありました。国会では思いやり予算から充当してるのではないかと繰り返し議論になりましたが、日本政府は米軍が住宅手当として払っていると突っぱねました。真実は闇の中です。

三月二三日の沖縄の県民大会で一人のオーストラリア人女性が演壇に立ち語りました。ジェーンさんというレイプ被害者です。二〇〇二年神奈川県横須賀基地近くで米兵にレイプされ民事裁判でその事実を認定させ三〇〇万円の賠償命令の判決を勝ち取ったにもかかわらず、米側からの慰謝料も支払われず、米兵本人はアメリカに逃げ帰り解決は宙に浮いていました。山内徳信議員と防衛省との交渉が何度かもたれました。防衛省は一九六四年六月の閣議決定文書を根拠として初めて判決額と同額の見舞金の支払いを認めたのです。

沖縄では今年二〇一二年の八月、那覇市内でまたしても海兵隊員による強制わいせつ致傷事件が発生しました。その直後久びさジェーンさんが議員会館を訪ねてこられました。ジェーンさんが最近実名を公表されたことは新聞報道で知っていましたが、アメリカで探しあてた加害者を相手にアメリカで裁判をおこすと言います。アメリカに逃げた加害者を探し当てたことも奇跡的で、提訴する事もこれはたいへんなことです。もちろんこのようなケースは初めてです。十月に裁判が始まり準備で訪米するとのことでした。闘いはまだ続いていたのです。

この事件の地位協定上の意味を考えていくうえでも、この事件の経過や内容について当時私が書いた文章がありますので、この際あらためて紹介致しました。

日米地位協定の三党合意案

私が「日米地位協定」と向き合ったきっかけは、一九九六年二月に息子さんを米兵との事故で亡くした海老原大祐さんとの出会いでした。一九九五年十月の沖縄での少女暴行事件に抗議する県民大会に連帯して関西でも集いをすることになり、翌年三月「ひびけ沖縄のこころ関西のつどい」という市民集会を企画しました。中之島中央公会堂は三〇〇〇人以上の市民で立錐の余地のない超満員になりました。その会場についー ヵ月前に一人息子を米兵に奪われたばかりのご両親が出席されたのです。私はその集いの事務局長をしていたこともあり無理を言って登壇して頂き、その事実と無念の思いを語って頂きました。

海老原さんはその後沖縄で米兵が起こす事件・事故の被害者の遺族に呼びかけ、五月には十三家族で「米軍人・軍属による事件被害者の会」を結成されました。そして刑事裁判はもちろん民事の損害賠償裁判を起こし、判決で賠償額が確定しました。しかし日米地位協定に基づき米側が支払った慰謝料は判決額の五分の一にしか過ぎない金額でした。その差額は一九九六年ＳＡＣＯ（沖縄に関する特別行動委員会）合意による運用改善の措置によって日本政府が支払うことになりました。米兵相手に損害賠償の裁判をして、判決額とアメリカ側の見舞金との差額を日本政府に支払いさせるというこのケースは今までに十件もなく、復帰後発生したであろう公務外事故の件数が十万件を下らないとすれば、どれだけ稀なケースかを理解して頂けると思います。

この一連の海老原さんの闘いによって、米兵の事件・事故に遭った被害者がいかに泣き寝入りをしいられているかがあらためて明らかになりました。日米地位協定があまりにも米側に有利な差別法であり、人権が、いや日本の主権がないがしろにされていることが明らかになったのです。

海老原さんは兵庫県にお住まいでした。私は関西で「米軍人・軍属による事件被害者を支える会」をつくり「被害者の会」や関東の仲間と一緒に何度も国会に通い日米地位協定の改定と被害者の救援を訴えてきましたが、今日に至るも実現していないのは悔しくてなりません。公務中の事故の被害者の賠償は国が米側と交渉して責任をもつことになっていますが、事件・事故の八五％を占める公務外の場合は、基本的に当事者間の示談となっているわけです。しかし基地に逃げ帰れば日本の警察権も及ばない、フェンスに守られた米兵を相手に裁判に持ち込むことがどんなに大変なことか、想像して下さい。やはり公務外の場合であっても国が安保条約によって米軍の駐留を認めている以上、国が責任をもって賠償するシステムをつくるべきだ、地位協定の改定がなかなか進まないのであればまずは国内法で救済しあとで米側に求償すべきだと訴えてきました。その簡単な法案骨子も第2部第2章で紹介しましたが、私は国会議員になって一番取り組みたいテーマがこの問題だったのです。しかし国会では普天間問題が焦点化される中で、地位協定の議論が先送りされ、いまだ実現もせず、海老原さんはじめ被害者の皆さんにも申し訳ない気持ちでいっぱいです。

日米地位協定改定要求の高まりを受けて、二〇〇八年に社民党・民主党・国民新党の三党で改定案の作成に着手することになりました。民主党は当時の影の内閣の外務大臣鉢呂吉雄《はちろよしお》議員や武正公《たけまさこう》一《いち》議員など、国民新党からは下地幹郎議員、そして社民党からは照屋寛徳議員と山内徳信議員で協議の場がもたれ、私も山内議員の秘書の立場で事務方として精力的に議論と作業に参加を致しました。三月二七日には民主党鳩山由紀夫幹事長、国民新党亀井久興《かめいひさおき》幹事長＝いずれも当時＝、社民党重《しげ》野安正《のやすまさ》幹事長との三党改定統一案の調印式が行われ、その後外務大臣に提出したのです。この改定案には公務外の事件事故の賠償についても国が責任をもって対応することが義務付けられており、また環境条項を入れたり、日本側の裁判権を拡大したり、画期的な内容になっています。私は政権交代した今、この三党でつくった改定案が全く無視をされ日の目を見ていないことが残念でなりません。しかし私はこの改定案がいつか評価され日米交渉の舞台に乗ることを信じています。皆様の注目を切にお願い致します。

三、鳩山政権の発足と三党合意

ついに政権交代が

二〇〇九年八月末、ついに政権交代が実現しました。民主党は三〇八議席を獲得、圧倒的な勝利です。社民党は七議席、うち小選挙区は民主党との選挙協力もあり三議席、ブロック比例で四議席、民主党と比してほろ苦い結果です。私は近畿で四一万票強の比例票で当選しました。夜中の二時ごろ、テレビに自分の名前が出た時の感動は忘れることができません。

京都大学を二年生の時に早ばやと飛び出し、大阪の西成区で地域運動や労働運動を私なりにこつこつやってきたわけですが、いざ国会議員に当選すると、自分の人生を良いように思ったものです。大学を中退したことも、勤めていた会社が倒産し給料の遅配の中で苦労して再建に頑張っていたことも、会社を退職してパートで給食会社で朝六時から働いていたことも、なぜか良いように思ってしまいます。しかしだからこそ、当時一緒に苦労した仲間のことを忘れず、いままで支えてくれた人たちに感謝するしかありません。またそれ以上に「社民」に投票していただいた多くの方がたの期待に応えていかなければなりません。

この選挙は「生活再建」「いのちを大切にする政治」を掲げて闘いました。規制緩和を進め、さまざまな分野に大資本が介在することが可能になり、過当競争によって中小資本や専業資本が立ちいかなくなりました。当然そこで働く労働者も職を失ったり、労働条件が切り下げられます。一方では正規雇用がますます減り、いつでも解雇可能な、いわば景気の安全弁としての臨時雇用、非正規雇用、派遣雇用が広がりました。労働者派遣法がじりじりと改悪され、製造現場にも広がりました。二〇〇八年のアメリカ発金融危機の時、大量の派遣切りが横行し、年末から二〇〇九年の年明けの日比谷公園で行われた「年越し派遣村」には、職も住む場所も失い、手持ちのお金も底がついた労働者が遠方から歩いて集まってくるという光景が見られました。私も一月四日に駆けつけました。

ちょうど当時の菅直人民主党雇用対策本部長など各党の代表が勢ぞろいして決起集会の真っ最中でした。その後院内集会、国会請願デモが相次ぎ、厚生労働省の講堂を開放させたり、こうした一連の闘いが政権交代へ向けたエネルギーとなっていきました。そして消えた年金記録、高齢者差別だと言われた後期高齢者医療保険制度、福祉予算の毎年二〇〇〇億円のカットなどが大きな怒りとなり、小泉流新自由主義的政策、競争ありきの政策に歯止めをかけようという声になったのだと思います。まさにそれが「生活再建」であり「いのちを大切にする政治」だったわけです。

難航した三党政策合意

さて選挙が終わると、挨拶回りもそこそこに、民主党・社民党・国民新党の三党による政権樹立にむけた政策協議が選挙後三日後の九月二日から始まりました。一週間の協議の末、九日に三党党首会談で決着、十六日招集された特別国会で鳩山由紀夫総理のもと三党連立政権が発足しました。

民主党は政権運営や実現可能性を考えて、マニュフェストよりずいぶんと政策目標を下げてきました。社民党は出来る限りマニュフェストに忠実な政策を求めたのは当然です。私は直接政党間の協議に参加したわけではありませんので、やり取りの細部まではわかりませんが、協議が暗礁に乗り上げた時に、当時の岡田克也幹事長がため息をついて天を見上げていたということを聞いたりしていました。

今やみなさんは三党合意といえば消費税増税の民自公三党談合合意を思い浮かべるでしょう。しかしこの歴史的な政権交代の意義について、歴史の評価に耐えうるように、社民・民主・国新三党の合意内容を資料として掲載致しました。

2011年5月15日　沖縄平和行進

三党合意は十のテーマ、三四項目あります。内容は多岐にわたりその個々のテーマでのやり取りの経過について明らかにすることは出来ませんが、最後まで調整がもつれた沖縄の基地問題についてはここで整理しておきます。

第九「自立した外交で、世界に貢献」の第2項目について、民主党の案は以下の通りでした。

「主体的な外交戦略を構築し、緊密で対等な日米同盟関係をつくる。日米協力の推進によって未来志向の関係を築くことで、より強固な相互の信頼を醸成しつつつ、沖縄県民の心情も踏まえ、基地の在り方をはじめとする二国間の課題の解決を図る」

これに対し、社民党案は

「沖縄県民の負担軽減の観点から、日米地位協定改定の三党合意案を基礎に、アメリカとの協議に臨む。辺野古の新基地建設を含む米軍再編や在日米軍基地の在り方についても見直しの方向で臨む」です。

民主党案には「辺野古」も「日米地位協定」の文言もありません。とてものめる内容ではありませんでした。しかし協議は難航しました。当時の岡田幹事長の対応は非常に硬かったようです。タイムリミットが迫っていました。その協議にために私も出てこいと夜の十一時に連絡があり、朝六時の新幹線に飛び乗って九日の朝八時半から始まっていた党の会議に駆けつけました。九日は政権合意のタイムリミットと言われていました。いろいろ議論するなかで、民主党にのませる妙案が出ました。民主党のマニュフェストには次のような文言がありました。

「日米地位協定の改定を提起し、米軍再編や在日米軍基地のあり方等についても引き続き見直しを進めます」

これで行こうと。民主党のマニュフェストを丸呑みさせよう、これなら反対できないだろうと迫ったのです。そして事務方での調整を経て、以下の通りに合意されたのです。

「沖縄県民の負担軽減の観点から、日米地位協定の改定を提起し、米軍再編や在日米軍基地のあり方等についても見直しの方向で臨む」

この合意を受けて、その日午後五時半からの三党の党首会談で調印しました。しかし、「辺野古」という具体的な文言が入らなかったのは不満でした。合意書に入らないのなら幹事長が口頭で念押しして言質をとることにしようと社民党では決めましたが、ここは今やグレーです。この時点の詰めの甘さが悔やまれます。また日米地位協定の改定の「提起」もいまだ一度も実現することなく今日に至っています。

その他にも「消費税率の引き上げは行わない」とか「日本国憲法の平和主義をはじめ国民主権、基本的人権の尊重の三原則の遵守を確認する」という護憲条項もあります。

ちなみに今読み返して、「脱原発」はどこにもありません。社民党からは「原子力安全・保安院を第三者機関に組織変更し、原子力に対する安全規制を強化する」という文言を民主党に提案をしていますが、当時は大きな焦点にならなかったのです。

残念ながら、三党合意は社民党の政権離脱と鳩山政権の崩壊で形の上では終わりました。しかし内容的にはそもそも政権交代前の選挙戦でのマニュフェストを整理したものであり、最大公約数的に絞り込んだものです。ですから事実上この四年間の任期を縛る公約だと考えています。そういう重みと内容をもつ三党合意であることを前提に、今後の歴史の検証が必要です。

四、沖縄基地問題検討委員会と日米合意

迷走を始めた移設先

沖縄ではすべての選挙区で「辺野古NO！」の国会議員が当選しました。総選挙前の七月には民主党の鳩山代表が「国外、最低でも県外」と言い、圧倒的な支持を集めたのです。私は辺野古案はつぶれると思いました。正確には早合点したと言ったほうがいいと思います。三党合意に「辺野古」という固有名詞が入らなかったことは言いました、とはいえ、言わずもがな暗黙の了解ではないのですが、当然ありえない選択と確信していたわけです。

ところが政権発足まもなく当時の岡田外務大臣は、嘉手納統合案で動きました。しかも連立相手の国民新党の下地幹郎議員はもともと嘉手納統合論者です。この案も過去たびたび出た案ですが、「最低でも県外」という「公約」、また嘉手納基地の周辺住民の強い反対からしても全くあり得ない選択でした。私も危機感を持ち、二〇〇九年十一月七日に嘉手納町のロータリーで行われた「米軍普天間飛行場の嘉手納統合案に反対する町民大会」に参加しました。また翌日八日は宜野湾《ぎのわん》海浜公園で「辺野古への新基地建設と県内移設に反対する県民大会」が開催されましたが、これはアメリカ・ゲーツ国防長官の来日を目前にして抗議の意思表示でもありました。

鳩山総理がオバマ大統領に言ったという「トラスト・ミー」ということばがどういう意味だった

か議論を呼びました。辺野古に決めるから信用してくれなのか、なんとか別の候補地を見つけるから待ってくれなのか、わかりません。しかしアメリカ政府は十二月十七日の予算編成の締め切りを前にして、辺野古での年内決着を強く求めていました。十二月四日、二プラス二の日米外交防衛実務者会合があり、そこで辺野古に決めるのではないか、という観測情報が流れてきました。社民党の連立政権で辺野古に決定されることは悪夢以外の何ものでもありません。なんとしても阻止しなければなりません。党をあげて必死で動きました。

仲井真沖縄県知事が官邸に極秘に呼ばれるという情報を地元の新聞社の記者から得ました。まずこの動きをけん制しようと、私はすぐ沖縄に電話してその動きを伝えました。空港で仲井真知事をキャッチし、エレベーターのなかで抗議する一幕もありました。

鳩山首相やルース米大使への説得活動の資料も準備しました。与党の主要な政治家に向けての働きかけも行われました。社民党は当時参議院で否決され衆議院で再可決するときの三分の二の議席のキャスティングボートを握っていました。ですから鳩山政権としての初めての予算編成で予算関連法案が通過しないかもしれませんよという「おどし」をした議員もいました。とにかく辺野古を止めるために必死だったのです。

沖縄の照屋寛徳議員は来たる社民党党大会で党首選に立候補すると表明しました。福島瑞穂党首は当時内閣府消費者問題等の担当大臣で、閣議など政府の方針にどうしても縛られます。党としての主張を明確に発信する必要もありました。社民党の中にも衝撃が走りました。照屋議員の後にはひけない決意がそこにはありました。

しかし十二月四日に照屋議員が党首選立候補を取り下げました。その理由は前日の党の常任幹事会での福島党首の発言でした。マスコミが入る頭《あたま》どり（会議の最初だけ報道陣に公開されること）の挨拶のなかで、もし政府が辺野古に決めたら社民党は重大な決意をするということを表明したのです。翌日の新聞の一面トップは、「社民党、政権離脱か」というものでした。そして政権側から、年内決着は断念というメッセージが流れたのです。それを受けて照屋さんは立候補辞退の記者会見を開きました。

この二〇〇九年十二月の第一週は大変な攻防であり神経戦でした。同時に普天間問題の決定的局面だったと思っています。なぜなら年内決着が見送られる中で、沖縄では二〇一〇年一月二四日の名護市長選で移設反対派の稲嶺市長が登場し、再度の県議会反対決議、四月二五日の県民大会と続き、仲井真知事も県民大会に出席してオール沖縄での辺野古反対、県内移設反対の流れが確固たるものになったのです。

検討委員会がスタート

年内決着をめぐる壮絶なやりとりを経て、社民党からはやはり三党連立政権である以上、三党の協議機関をつくって対応すべきだと申し入れしました。その結果として内閣の基本政策閣僚委員会の下に作業チーム「沖縄基地問題検討委員会」を設置することになり、私もメンバーの一人として入ることになったのです。委員長には平野博之官房長官、委員長代行に松野頼久官房副長官、武正外務副大臣、椎葉防衛副大臣、事務局長に瀧野官房副長官、社民党から阿部知子衆議院議員と私、国民新党は下地議員という顔ぶれです。

年末の十二月二八日を第一回として二月二日まで五回行われ、二月にはグアムの視察に行き、その一連の議論を経て、三月八日に各委員の提案を提出したまま、その提案に関する議論もないまま幕を閉じました。結局この検討委員会は何だったのか、いまだに納得ができません。単なるガス抜きだったのか、通過儀礼だったのか。あるいは社民党も入って新たな移設先・解決策を見いだせなかったということで、辺野古やむなしという流れをつくる場として利用する意図があったのかとかいろんなことが頭を巡ります。

実はもうその兆候は検討委員会が始まる前からありました。十二月二二日の「日テレニュース」には鳩山総理と関係閣僚が会議を開き、来年（二〇一〇年）五月までに新たな移設先が見つからない場合、辺野古への移設を進めることで一致し、この方針はルース米大使を通じて米政府にも伝えていると報じました。第一回会合の冒頭、社民党からこの問題をとりあげ、もしこの報道が事実であれば社民党としてはこの検討委員会には参加できないと抗議をしました。平野官房長官からはこの報道の内容、そういう事実については承知していない、あくまでゼロベースで検討するという説明がありました。むろん納得したわけではありませんが、責任ある官房長官が「そういう事実は聞いていない」と断言されるわけですから、ひとまずスタートすることになったわけです。

しかし結局振り返ってみれば、絵に描いたように翌年五月までに決着せず、辺野古に回帰、社民党の政権離脱、鳩山政権崩壊になったわけです。実は検討委員会が始まった年末にもう一つの報道が出ていました。ワシントン発の時事通信です。これによると前原大臣が十二月九日に米ルース大使と会談し、「米側に受け入れ可能な代案が五月までにまとまらなかった場合、社民党との連立を解消してでも辺野古に移設する」と伝えていたというのです。なぜ五月かといえば、「予算案と関連法案の成立後」だからというわけです。

ウィキリークスでも、十二月八日五閣僚会議で「普天間代替施設で前進を得れなかったのは連立相手の社民党のせいだと一致した」ことが明らかになっています。

私は、鳩山・小沢政権はアメリカにとって認めがたい政権であったのではないかと思います。政権交代の前史としてのインド洋からの自衛隊撤退、思いやり予算否決、鳩山「駐留なき安保論」、小沢「第七艦隊だけでいい」発言、政権交代後の「東アジア共同体構想」、「対等平等の日米関係」、小沢大訪中団、そして普天間基地に関する「国外、最低でも県外」という鳩山発言。

これらに対して政権交代後、アメリカは日本に圧力をかけ続けました。「ウィキリークス」では外務官僚が米側に根回ししていた内容が暴露されていました。

民主党の普天間問題の対応を「愚か」と断じ、「柔軟さを見せるべきでない」「民主党政権に対して過度に妥協的であるべきではなく、合意済みのロードマップについて譲歩する意思があると誤解される危険を冒すべきでもない」と米側に強調したといいます。

訪米からグアムへ

普天間問題が政権を揺るがす中で、各マスコミは連日「日米関係の危機」と大きく報道するようになりました。私たちのなかでこの局面を何とか打開するために、アメリカの議員やシンクタンクに直接訴えた方がいいという意見が出てきました。また同時に「日米関係の危機」とあおるけれども、本当にそうなのか直接確かめたいという気持ちもありました。党の検討委員会のメンバーであった阿部政審会長と私は二〇一〇年一月十二日から十五日までワシントンに行きました。

一言で言うと、アメリカの最大の関心事は自国の雇用や医療保険制度、アフガン戦争の行方であ

「ワシントン・ポスト」紙に掲載された意見広告（本文四二ページ参照）

り、訪問先、訪問先でいかに沖縄の基地問題そのものが知られていないかということ、ましてや普天間問題は極めてマイナーの問題であることを痛感しました。「危機」をあおっているとすれば、一部の知日派というか、ジャパンハンドラー（日本を操る人々）という対日利権派というか、そういう人たちに過ぎないという実感でした。アメリカの環境・平和団体の皆さんとも交流し、私は沖縄の基地問題を講演、日米の市民で新聞意見広告などさまざまな取り組みをやって行こうじゃないかと相談して帰国しました。

グアムの米軍基地視察は実は前年から何度か照屋寛徳、山内徳信両議員が外務省を通じて希望を出していたのですが、政府はいろんな難癖をつけてなかなか許可をしませんでした。米軍が社民党が行くのを明らかに嫌がっていたのでしょう。グアム移転協定で日本の税金をグアムの基地関連施設の建設に拠出することが決まっていながら、日本の国会議員に現場で説明しないのはおかしいではないかと、検討委員会に提起し、それでは政府として行こうということになったわけです。二月十日から十一日までグアムに行きました。政府から松野・瀧野両官房副長官、武正外務・榛葉防衛両副大臣、阿部議員に私、国民新党下地議員、などです。社民党と国民新党の三人の議員は先にサイパン島に行きフィテイアル知事と面談、またテニアン島も上空から視察しました。というのは、米軍のグアム移設計画は実際には、グアム・テニアンの一体的な運用を考えており、テニアン市長や商工会が普天間基地の移設を要望していたからです。

グアムでは日本の税金で建設する予定のフィネガヤン地区という米軍住宅建設予定地区を見学した後、広大なアンダーセン空軍基地に入りました。見渡す限りの基地で、嘉手納基地の三倍の広さと聞きました。海兵隊のヘリ部隊や格納施設などがある場所まで行って、米軍の担当者から説明を受けました。

グアムのカマチョ州知事や副知事、北マリアナのフィティアル知事、米軍からはヒル国防総省東アジア部長、ダーネル太平洋軍副司令官、ストールダー太平洋海兵隊司令官などとの日本からの代表団との意見交換会が開かれたのですが、一つだけ印象的だったのはグアム副知事の言葉です。グアムを小さな船にたとえて、その三分の一の所に荷物を積みすぎると船は転覆すると言ったのです。三分の一とはグアム島に占める米軍基地の面積です。米軍が基地にばかりお金を投資して住民地域が後回しになっていることへの痛烈ないやみでした。

夜は議長などグアム議会関係者との懇談を持ちましたが、ここでも今回の沖縄からの移設に伴い、急激に米兵や家族、工事の労働者が増え、学校や病院が足らなくなるのではないかといった心配が指摘されました。水の管理も米軍がやっていて、水不足も心配だとか、米軍基地は犬小屋でも立派になるとか。グアムは当初、経済的に潤うのではないかという期待が商工会などから高まり、受け入れに積極的でした。ところがインフラの整備が追いつかないのではないかという疑問や、先住民であるチャモロネーションの地区に射撃場をつくる計画への反対が広がり、またアプラ湾の岸壁工事によるサンゴ礁の破壊など環境への影響も指摘される中で、急速に熱意は冷めていました。そうした気分が副知事の発言にも表れたのだと思います。

米軍は東アジアにおける再編の見直しの中でグアムを最重要拠点として強化していく計画です。伊波《いは》洋一宜野湾市長＝当時＝は普天間のグアムへの移設計画は司令部機能だけでなく実戦部隊も移設される、普天間基地丸ごと移設されるのではないかということを、アメリカが実施していた環境影響調査書の資料を細かく分析して発表されていました。やはり一方でグアムの現実を見ると、グアムの住民や先住民チャモロ人に基地の過重な負担を押し付けることになる状況も明らかになってきました。

2010年1月の社民党訪米団、クシニッチ下院議員に辺野古案の問題点を説明（アメリカ・ワシントンで）

結局、辺野古に舞い戻り

二月二日まで五回の検討委員会とグアム視察を経て、二月末をメドに各党、各委員が提案を出そうということになりました。社民党は「国外・県外」という方針でした。もちろん「即時閉鎖」が良いのはわかっています。沖縄以外の本土に基地を移設することに対しても、最初は沖縄の仲間たちも、危険なものはどこにも持っていくことは出来ないと、県外移設への反対意見が主流でした。しかしいつまでたっても解決しないばかりか、本土の無関心、安保が必要だと言いながら沖縄にだけ基地を押し付けて平然としているのではないかという不信のなかで、ならば、沖縄だけ差別するのではなく本土でも平等に基地を引きうけて頂戴という声が高まってきました。

米軍の駐留は必要だ、しかし本土にはダメだ、沖縄ならいいのかということです。結果として沖縄に基地が固定化されることを黙認することになるのです。

検討委員会の場で、一九九六年のＳＡＣＯ合意以降、普天間基地を本土に移設する検討はどれだけ行われたのか、防衛省に何度も聞きました。沖縄県内移設先の検討資料の提供はありませんでしたが、結局県外はありませんでした。政府も沖縄以外の選択肢は考えていないわけです。ですから、私たちは基本は国外へ、しかしその条件が整うまで沖縄県外、すなわち本土の自衛隊や米軍基地などへの移設案を三月八日に提言したわけです。

ところがこのころから、辺野古以外の移設先を検討している情報が出だします。一つは鹿児島県の徳之島案です。私もびっくりしてすぐ徳之島に飛びました。狭い小さい島です。こんな自然豊かな村落共同体に米軍が来ることなどあり得ません。しかし一部の村議を巻きこんで、その工作に後日数億円の官房機密費が流れたと噂されました。徳之島は鹿児島県というものの、もとは琉球弧の一部じゃないかという反発もでました。

二つ目は、うるま市勝連沖案（ホワイトビーチ沖案とも）です。これは沖縄商工会議所の太田範雄名誉会長が平野官房長官に持ち込んだ案と噂されていました。三月末には外務委員会（当時の委員長は鈴木宗男議員でした）の沖縄視察でうるま市を訪れました。市の関係者だけでなく、照屋議員から鈴木委員長に事前に話をして、反対の声を上げている市民の皆さんとも懇談も持つことが出来ました。私は知り合いに連絡をとって、反対のプラカードで一行を迎えてもらうようにしました。この計画はとんでもないもので、埋め立ては辺野古案の約六倍、三六〇〇メートルの滑走路を二本ももち、航空自衛隊や那覇軍港機能も併せ持つ巨大基地構想だったのです。また埋め立ての海域は沖縄有数のモズクの産地ですし、漁民・漁協から大反対の声が上がったのは当然です。

そのほかキャンプシュワブ陸上案、宮古の下地島空港もまた浮上してきました。鳩山首相の「腹案がある」という発言に色めいた場面もありましたが、結局は腹案が一体何だったのかわからないままに、いろんな案が、しかも沖縄県内移設の案が出ては消え出ては消え、結局辺野古のもとの案に舞い戻ってしまったのです。

私たちもいろいろな案が出るたびに現地に出向き、反対運動と連携し対応してきたわけですが、政権側の本気度がどれだけあったかも今にしたら不明です。辺野古に向けたただの通過点、セレモニーだったかもしれません。

五、政権離脱

「抑止力は方便」

さていよいよ五月がきました。私はこの時点で、やはり五月までに結論が出なければ辺野古に回帰するという既定方針のとおり動いていると思っていました。二〇一〇年五月の連休に鳩山首相が沖縄に行くという情報が流れました。〈やばいなあ、受け入れ表明だな〉と直感しました。鳩山首相は県知事に会って、「抑止力」という言葉を持ち出して辺野古しかないことを伝えました。しかしその後に鳩山さんは「抑止力は方便だった」と言い放ったのです。辺野古を受入れさせるためのウソだったというわけです。沖縄では「よくしはゆくし」（嘘という意味）という言葉が広がりました。

そもそも沖縄に海兵隊が本当に必要なのか？　海兵隊が沖縄に駐留することが抑止力になるのか？　私はそうは思っていません。海兵隊は太平洋戦争の時の島々への上陸作戦で大きな役割を果たしたと言われています。しかし今日、戦争の形態は大きく変わってきました。朝鮮半島や中国大陸に海兵隊が上陸作戦をするようなシナリオなど、当のアメリカを含めどの国も考えていません。また中国や北朝鮮のミサイルの射程距離が伸びてくる中で、前線に兵力を張り付ける配備も見直されています。沖縄に米軍を配置することはリスキーという判断です。米軍は海兵隊の役割を東アジア全域を訓練・巡回（ローテーション）しながらアメリカのプレゼンスを示すことに置いています。

そのためのハブ基地をグアムやオーストラリアに置こうとしているわけです。

そういう流れからすると海兵隊を沖縄に何が何でも置かなければならないという状況ではありません。それではなぜ置こうとするのか、一つは海兵隊の既得権です。それを支えているのは「思いやり予算」です。軍事費削減のアメリカの世論に対して、日本の予算でアメリカは最小の負担で駐留していることをアピールできること、また血を流して奪った沖縄から撤退することは米軍内の海兵隊不要論を加速させることなどがあります。ですから平時は最小の兵力で維持して、兵員の定数だけは多めに見せかけて、緊急時に備えて基地・装備は最新の機能にして維持しておきたいということではないでしょうか。日本の税金で辺野古に最新鋭の基地をつくってくれるわけですから、米軍にとってこんな都合の良いことはありません。

問題は日本政府です。アジア・太平洋の米軍の軍事戦略も変わってきているわけですし、もはや国と国が正面戦を構える時代ではありません。そういう変化をとらえて、堂々と普天間基地だけでなくキャンプ・ハンセンやシュワブといった陸上部隊も含めて海兵隊の全面撤退を米側に求めていくべきです。

すでに戦後六七年が経っているわけですが、主権国が外国の軍隊の駐留をこんなに長期間にわたり認める国がどこにあるでしょうか？　しかも沖縄に集中させておいて、なんの痛みも感じない日本政府であるならば、沖縄は日本から決別して独立する選択肢もあります。

二〇一二年、山内徳信議員を団長に沖縄から直接アメリカに訴える団が派遣されました。これは日本政府はあてにできないという怒りの行動でもありました。

福島解任と菅政権発足

二〇一〇年五月二八日、ついに辺野古回帰の日米共同声明が発表されました。前年末の検討委員会の冒頭で議論した通りのシナリオです。怒りもさることながら、政治に身を置く一人として極めて大きな挫折感がありました。前年は、年内決着を阻止するとして必死で頑張ってきましたし、検討委員会でもあらゆる可能性を探りながら視察・議論をしてきました。五月で結論を出す必要はないということも政府に迫りました。実際、いまに至るも辺野古は全く進んでいません。二〇一〇年五月までに決める必要は全くありませんでした。結局、社民党を政権から追い出し三党連立の鳩山政権をつぶすためのアメリカと日本の親米派の共同作戦だったということではないでしょうか。

当日の夕方の閣議決定を前にして社民党は大きな決断を迫られました。七月には参議院選挙が迫っていました。すでに与党としての選挙準備に突入していました。沖縄以外のさまざまなテーマでも仕上げていかなければならない法案が山積みでした。また社民党が政権を離脱することで、政権のタガが外れ、憲法審査会なども動き出すことにならないかという懸念もありました。その最後の一手を模索して閣議決定の内容・文言を工夫しようという努力もありました。しかし、沖縄の基地問題に正面から取り組んできた社民党にとって、この日米共同声明にあいまいな態度をとる選択肢はありません。あいまいな態度をとることが自滅になるという意見が大勢でした。

その日の午後、平野官房長官から福島大臣に「辞任」ではだめかという問いが発せられました。「変わったのは内閣のほうです。辞任はしません」。大臣罷免が決まった瞬間でした。それを受けて全国代表者会議が招集されました。両院の議員懇談会も何度も開かれました。離脱に反対する意見もありましたが、政権離脱を決定、その直後に鳩山首相は総理を辞任、鳩山政権は崩壊しました。

もし社民党が政権離脱をしていなかったらという仮説が成りたったとして、いまに至るも三党合意の政策を維持して連立があり得たでしょうか？　私には消費税増税にも踏み込まず、憲法審査会も始動せずに政権がつづいているとはとても思えません。アメリカと防衛省と外務省、財務省、親米勢力がひと塊りとなって政権つぶしにきていたでしょう。ほんの少し早いか遅いかの違いで。でももっとじっくりと構えてやることは可能だったかもしれません。そうすれば参議院での敗北もなくねじれ国会にもなっていなかったでしょうし、もう少しいろんな法案が仕上がり、政策が実現していたのではないかと悔やまれます。一日も早く鳩山政権をつぶしたい人たちがいたということでしょう。

そして菅政権がスタートしました。菅さんがどうして参議院選挙前にいきなり消費税増税に言及したのかわかりません。政治の世界に「もしも」という言葉はありませんが、またその後の政治の姿も変わっていたでしょう。

外交密約

私は政権交代して唯一最大の成果は、外交密約問題を国会で堂々と議論できたことだと思っています。もちろん結果は不十分でありまだ多くの課題が残されていますが、政権交代がなかったら、今日に至るも政府は密約の存在を認めていなかったでしょう。

またこのときの外務委員長が鈴木宗男議員であったことも幸いでした。外務省に「刺された」と自認する鈴木さんは外務省の傲慢かつ隠蔽体質に怒り心頭でした。実は参考人招致するときも、私は鈴木委員長と個別に相談し、密約を告発して闘い続けてこられた元毎日新聞記者の西山太吉さん

西山さん「氷山の一角」

「国政調査権発動し解明を」「裁かれるべき人そのまま」

「密約」参考人質疑

沖縄返還（72年5月）の際に、日本側が米軍用地の原状回復補償費を肩代わりした密約問題が取り上げられた19日午前の衆院外務委員会。いち早く疑惑を報じた元毎日新聞政治部記者の西山太吉さん(78)は参考人の一人として意見を述べ、一貫して密約を否定してきた政府について「本来、裁かれてしかるべき者が全く裁かれずに今まで来ている」と語気を強めて批判した。【合田月美、篠原成行】

衆院外務委に参考人として出席し、意見を述べる西山太吉さん（左は森田一元運輸相）＝国会内で19日午前９時半、小林努撮影

西山さんは、密約問題をめぐり、外務省の事務官を通じ機密電文を入手したとして国家公務員法違反の疑いで72年に逮捕された。服部良一委員（社民）から「ある意味人生をむちゃくちゃにされた。国や外務省に言いたいことはないか」と問われた西山さんは「公平なる裁き、法の下の平等、その原則が完全に破られてしまった。本来、裁かれてしかるべき者が全く裁かれずに今まできている」と心情を吐露した。西山さんは「政府の密約は今まで全く追及されてこなかったが、ようやく三十数年たって検証された。日本の構造や日本

22.3.19M(夕)

38年前

沖縄返還が翌月に迫った72年4月の国会でも、密約問題は取り上げられていた。旧社会党の横路孝弘議員（現衆院議長）らは、西山太吉さんから入手した外務省の機密電文を手に追及したが、政府側は一貫して密約を否定し続けた。

電文には、米軍用地の原状回復補償費400万㌦を日本側が肩代わりして対米支払いを3億2000万㌦に積み増す経緯や、肩代わりを了解する秘密書簡の作成を米側から求め

西山太吉氏の参考人招致を報じる毎日新聞（2010年3月19日夕刊—毎日新聞社許諾済み）

を是非お呼びして、このさい名誉回復させたいと申し上げて、委員長からは「自宅に私が電話をする」とおっしゃって頂いたのです。外務委員会での私と西山さんとのやりとりが毎日新聞の社会面トップに紹介されました。

私はもちろん西山さんを昔から存じていましたし、二〇〇九年三月に提訴された「沖縄密約文書不開示決定処分取消等請求」裁判の提訴の記者会見に同席したこともあります。ですから密約問題が国会の場でこうして議論され、かつ私自身が質疑者として議論に加わることが出来たということは、本当に感慨深いものでした。第2部第2章に議事録など紹介致しました。

さて、この外務省による検証及び

国会質疑は四つのテーマについて行われました。外務省は「いわゆる密約問題に関する有識者委員会」で調査をし、二〇一〇年三月に報告書を公表しました。四つのテーマとは以下の通りです。

一、一九六〇年安保条約改定時の、核持ち込みに関する密約

二、同じく、朝鮮半島有事の戦闘作戦行動に関する密約

三、一九七二年沖縄返還時の、有事の際の核持ち込み密約

四、同じく、原状回復補償費の肩代わりに関する密約

報告書では第一項は暗黙の合意という広義の密約が存在、二項は密約を認め、三項は密約とは言えないと否定、四項は広義の密約としました。

外務委員会では参考人質疑も合わせて、密約の有無を巡って議論しました。私も参考人に推薦した我部政明琉球大学教授が、報告書が否定した沖縄への核持ち込み密約を「密約中の密約」と断じた点をここでは指摘をしておきたいと思います。

この密約の解明は、初めて国会で議論になった点は評価できますが、まだ解明は極めて中途半端であると同時に、私も委員会で指摘しましたが、この四件以外にも、米軍犯罪の第一次裁判権を実質的に放棄する密約があったのではないか、など多くの未解明の密約が存在することは間違いないと思っています。対米追随の戦後史の解明を引き続きしていかなければなりません。

メア発言と解任劇

さて鳩山政権崩壊後の二〇一〇年六月、菅政権が発足しました。普天間問題は日米合意を受けて八月末までに日米の専門家で工法などの検討を終えるとされましたが、膠着状態のまま過ぎていき

ました。菅さんを民主党代表選で応援するかどうかある議員グループが集まり菅さんに辺野古をどうするか聞いた時、菅さんからは日米合意を破棄とは言えないが辺野古は前に進展させないという趣旨の発言があったと言います。まあ積極的にやる気はないということを言いたかったのでしょう。

さて二〇一一年十二月、ワシントン・アメリカン大の十六人の学生一行が日本・沖縄に冬期体験学習に来たいという話がきました。基地問題について推進する政府側の意見も反対側の声も聞きたいので協力してほしいということでした。私の事務所で外務省や防衛省から「沖縄の米軍基地およびその影響」というテーマでヒアリングを設定したり、与党民主党や自民党議員との懇談、沖縄の宜野湾市や辺野古の反対運動の人たちとの話、南部戦跡の見学などを実現しました。

ところが学生たちは日本に来る前に国務省日本部長であったケビン・メア氏から講義を受けていたのです。もちろん私はその事実は知りませんでした。この学生の中にハワイ州出身のトーリ・ミヤギさんがいました。沖縄四世でした。沖縄を訪問し沖縄のこころに直接触れたミヤギさんや学生たちは、ケビン・メア氏の事前の発言があまりに現実と違うと愕然とし、帰国してからメア発言録を発表します。その内容はアメリカの日本担当部長としてあまりにもあけすけにアメリカの本音を吐いた衝撃的なものでした。

沖縄は「ごまかしとゆすりの名人」「沖縄のひとは怠惰、ゴーヤーを栽培できない」「日本では本音と建前に気をつけろ」などのメア発言が紙面に踊りました。抗議と発言の撤回の声は一気に広がり、日米間の政治問題に浮上したのです。

メア発言の全文をよく読むと、憲法九条や思いやり予算のことなども触れ、鳩山首相は左派の政治家だとも言っていてなにかと興味をそそります。ともあれ日米間の感情の悪化を嫌った米側がメア氏を解任して事態の収拾をはかったのです。

後日、沖縄等米軍基地問題議員懇談会の有志で勇気あるミヤギ君に激励の色紙を送ろうということになり、三月に送りました。またメア発言をアメリカから配信した共同通信の石山永一郎記者は「平和・協同ジャーナリスト基金賞」を受賞したことも付け加えておきます。

私は、このメア発言は許せないだけでなく、アメリカの対日・対沖縄観をつまびらかに示してくれた反面教材として活用できるなと思い、いろいろ作戦を練ろうかなと思っていました。その矢先に3・11東日本大震災が発生したのです。メア解任の翌日でした。

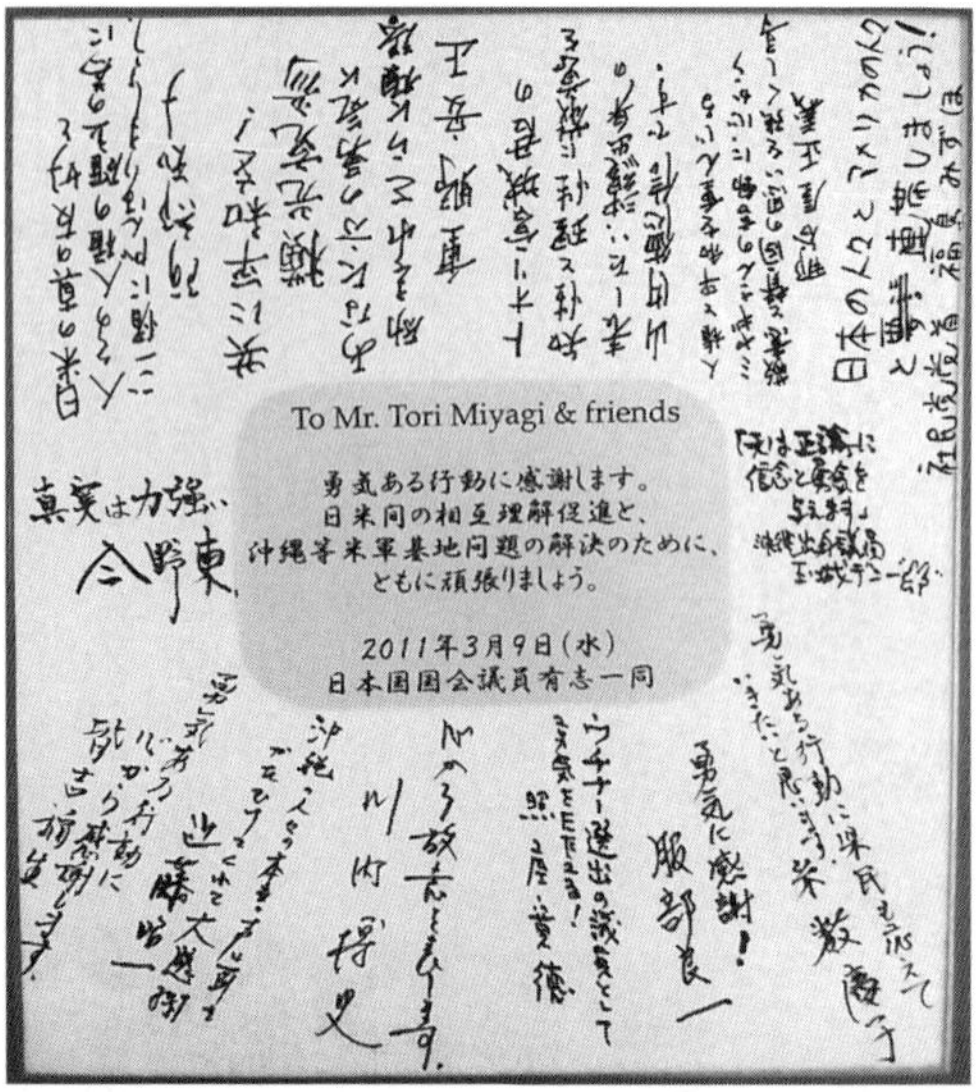

トーリ・ミヤギさんへの国会議員色紙

米議会動く——グアム予算凍結

二〇一〇年一月の訪米後、私たちはアメリカの世論に直接訴えるためにワシントン・ポスト紙に全面意見広告を出すことにしました。そしてその母体作りとして環境団体や平和団体でＪＵＣＯネット（JAPAN−US Citizens for Okinawa）という団体を立ち上げ、募金をつのりました。多くの募金が寄せられ、四月二八日に掲載することができました（二九ページ）。

またその後別の「沖縄意見広告運動」も始まりました。アメリカ紙だけでなく国内大手紙、沖縄地元紙に一斉に掲載、たいへん大きな運動となっています。私も呼びかけ人の一人として参加をしています。

さて辺野古が暗礁に乗り上げるなかで、ようやくアメリカ側で辺野古を疑問視する動きが加速してきました。

一つは日米賢人会議ともいわれる下田会議を主宰してきたコロンビア大学教授ジェラルド・カーティス氏の動きです。私も何度かお会いしましたが、辺野古の反対運動の現場まで足を運び、二〇一一年二月に行われた「新・下田会議」にもレポートを提出されました。

そこでは辺野古基地建設が「無謀」であり「政治的コストが大きすぎる」と断じています。この会議にはアメリカから与野党七名の国会議員をはじめマイクロソフトなど財界、学者、シンクタンクなどが参加し、日本側からも国会議員、外務省、財界、学者、マスコミなど幅広いメンバーが参加しており、そのなかで、このようなレポートが出されたことの意味は大きいと思います。アメリカもいろんな着地点を探っているのです。

アメリカ議会も動きました。上院のレビン軍事委員長とウェッブ外交委員会アジア太平洋小委員長が二〇一一年四月に来日、沖縄にも訪問しました。帰国後、共和党の大統領候補にもなったマケイン議員と三人で五月十一日声明を発表、辺野古移設は「非現実的で実行不可能で、財政的に負担困難」としました。

それだけではありません。実際にグアムの米軍基地建設予算を凍結してしまったのです。

2010年12月、来日したアメリカン大学の学生一行と（国会事務所で）

米上院歳出委員会の軍事建設等小委員会は、二〇一二会計年度だけでなく二〇一三年度分も全額削除したのです。

アメリカの軍事費削減の動きも加速しました。イラク・アフガン戦争の泥沼化で軍事費が増大し巨大な財政赤字に。米政府は軍事費を十年間で約四〇兆円削減する方針です。兵力削減や海外に展開する米軍の配置の見直し、兵器の開発や調達の見直しに着手しています。私は沖縄からの海兵隊の撤退という選択肢も将来あるのではないかと見ています。

この間の普天間・辺野古を巡る日米のやり取りを見ていると、米側の考え方も一枚岩でないことは明らかです。情勢や戦略は常に変化しています。ジャパンハンドラーの言いなりにならずに、言うべきことははっきり言って、対等・平等の日米関係を構築することが重要です。

六、東日本大震災と福島原発事故

衝撃の大震災

二〇一一年の3・11東日本大震災の当日、私は議員会館の部屋で仕事をしていました。実はその日関西から来られた自然派生協の代表者三人のみなさんと六ケ所村の再処理工場反対の署名を経産省に提出し、要請行動をしたところでした。議員会館は新築でしかも免震構造で、建物全体がゆっくり横揺れする構造になっており、大きな揺れでしたが特に棚が倒れたりはありませんでした。しかし刻々と伝わってくる津波情報にこれはただごとではないとテレビにくぎ付けになりました。新幹線をはじめ交通機関もすべてとまり、先ほど部屋から出て行かれたばかりの生協の皆さんが国会議事堂前で記念写真をとったあと移動ができなくなり、またホテルというホテルが予約がとれず、結局その晩は私の議員室の会議室に段ボールを敷いて泊られることになったのです。

私は一九九五年の阪神淡路大震災を大阪で経験しました。震災後神戸市役所や東遊園地周辺で毎年行われた「被災者のつどい」の実行委員長を十一年間つとめました。当時本町公園の避難所で頑張っておられた兵庫県被災者連絡会の河村宗次郎会長からの強い誘いがありました。震災後十年余、避難所や仮設住宅、復興住宅、孤独死の問題、地域の再建や雇用問題など地震後のさまざまな問題を見つめてきましたので、それなりに「地震と復興」の問題は知ってるという思いがありました。

2011年3月21日、宮城県塩釜港で

私は震災一週間後の三月十八日に南相馬市に、十日後の三月二一日に仙台・多賀城・釜石市などを訪れ、神戸とは全く違う地震の様相を目撃したのです。

津波の現場は壮絶でした。多くの方がそうであったように私も絶句しました。神戸で見たようなビルや高速道路の倒壊はありませんでした。しかし津波の被災現場は延々とがれきが広がっていました。被災地の広さも違いました。五月の連休に三陸海岸を車でずっーと走りましたが、ほんとにひろいエリアが被災しています。神戸が直下型の活断層による地震。東日本はプレート型で大津波を引き起こす地震。一口に地震と言っても構造も被害も大きく違います。都市部か農漁村の過疎地域か、再建のありかたも大きく違います。そして福島第一原発事故が重なりました。まさに原発震災、複合震災です。一週間後に桜井勝延南相馬市長にお会いした時に言われた言葉――「海岸には津波で行方が分からない市民が一〇〇〇人以上いるんですが、原発事故のせいで救出にも行けないのですよ」。この言葉が原発震災の深刻さを象徴しています。

震災の翌朝、党の会議で震災対策本部を立ち上げましたが、私は福島原発事故は大変な問題になる、いままで原発に反対を貫いてきた党として原発事故に対する対策本部も並行して立ち上げようと提案し、承認されました。私は二〇一〇年秋に、脱原発・自然エネルギー推進プロジェクトチーム（略称脱原発ＰＴ）の事務局長に就任していましたので、そのまま原発事故対策本部の事務局長に就くことにもなりました。ほとんど連日議員会館に寝泊まりするという悪戦苦闘が始まりました。

三号プルサーマル運転を知らなかった菅総理

当初各党の党首クラスが官邸に集結し、緊急事態の対応に当たっていました。翌十二日も十五時から官邸で各党党首を交えた会合が開かれていました。会議は十六時ごろまであり、テレビでは十五時半過ぎの一号機の水素爆発の映像が流れていました。われわれはその爆発への対応も相談したくて党首の帰りを待っていたのですが、会議中に爆発しているのにトップレベルのその会議ではその話は全く出ず、帰ってきた党首はその事実を知らないままだったのにはびっくりしました。

私は圧力容器内ですでに燃料溶融が起きているのではないか、社民党として早急に官邸に行った方がいいということになり、翌十三日に菅総理や岡田幹事長にお会いをしたわけです。この時の要請書にはすでに一号機や三号機の「炉心溶融」についてふれています。

三号はプルサーマル運転でした。ウランとプルトニウムの混合燃料（ＭＯＸ燃料）を使っていましたから、私は爆発によってプルトニウムが飛散する危険を懸念していましたのでそのことを菅総理に尋ねたわけです。そうすると菅総理はプルサーマル運転の事実を全くご存じではなく、よく「イラ菅」と呼ばれますが、イライラとした態度で事務官を呼びつけ東電に至急問い合わせしろと怒鳴りました。約五分程度だったでしょうか「プルサーマル運転です」という回答が帰ってきたのです。

この三号機については前の福島県知事の佐藤栄佐久さんが導入に抵抗し、汚職疑惑をふっかけられ辞任するというスキャンダルにまで発展した有名な事件があります。その三号機プルサーマル運転について総理が知らなかったことはびっくりしました。しかし知らなかったと言うと総理に傷がつくかなと、このことはしばらく封印することにしました。

佐藤さんとは脱原発集会でたびたびお会いをしましたが、事故後全国の市民集会に出て行かれ、その時の東電や経産省との攻防を教訓として伝えながら、脱原発を訴えておられます。玄葉外務大臣の義理の親ですから、外務委員会で名前を出して、もっと脱原発で大臣もがんばってほしいと嫌みを言ったこともありました。余談ですが……。

SOSの南相馬市へ

爆発が相次ぎ、事態は緊張の極地になりました。放射能の拡散、住民への避難指示が広がり、在京の各国の大使館が東京から避難する事態になりました。秘書が私に大阪に戻った方がいいのではと言う一幕もあったのですが、「明日から福島に行く」と返しびっくりさせました。

実は南相馬市で「三〇キロ圏内」の屋内退避指示が出ていたのですが、テレビに桜井市長が出てSOSを発していたのです。物が届かない、孤立していると訴えておられました。確かに放射能の危険はあるだろうけど、住民が苦労している現場に行かなくてどうするという気持ちでした。ところが行く手段がありません。東北自動車道は緊急車両のみ、おまけにガソリンが入手できない状態でした。その時に翌早朝杉並区の緊急車両と避難民を受け入れるバスが出るという話が伝わってきたのです。後で世田谷区長になった保坂展人さんが杉並の田中良区長をよく知ってるから、乗せてもらえるように電話してあげるという話になり、OKが出ました。そして区の職員の皆さんと朝六時から向かったのです。高速道路は注水のために現場に向かう東京都消防局の消防車でいっぱいでした。

　杉並区は南相馬市と防災協定を結んでいました。また杉並区と同じく防災協定を結んでいた群馬県東吾妻町の保養施設に杉並区の予算で避難者を四〇〇人迎え入れるために大型観光バスを派遣したのです。田中区長は大変にパワフルで行動力のある方ですっかり圧倒されてしまいましたが、自治体のこの素早いアクションで、防災における自治体間の連携がいかに重要か実感させられました。

2011年3月21日、東日本大震災で被災した仙台市内で

　桜井市長からの話は衝撃的でした。
　一八〇人の老人が入居している老人介護施設の職員が逃げ出して、四人しか残っていない、食事も与えることができない。病院からの搬送に患者を普通の車で移動できない、救急車が足りない。点滴や薬が入ってこない。三〇キロメートルの所に県警が事実上の阻止線を張っていて、車の運転手が怖がって入ってこない、物流が止まっている。福島県から救援のおにぎり二万個を持ってこなくて取りに来いと言われた、などなど。
　中途半端な「屋内」という退避指示が大変な混乱を招いていたのです。しかも一日二日の屋内退避ならまだましも、数週間も屋内退避などあり得ません。私はすぐ官邸に走り、福山哲郎官房副長官に屋内退避をやめてすぐ全面避難指示を出し、特に病院や老健施設などの対応を要請しました。しかし警察が道路の渋滞を心配して反対しているとのことでした。私は当時政府と各党の代表者で毎日開催していた「各党・政府震災対策合同会議実務者会合」などいろんな場面で訴えて対応を促しました。

三月十五日には、ヨウ素剤を三〇キロメートルの範囲の幼児や妊産婦に配布することなど被曝へのさまざまな対策を政府に突きつけていました。

スピーディ（SPEEDI）をめぐるやりとり

官邸で事故直後にやりとりしたのがスピーディ（SPEEDI）の情報公開です。十五日の要請で、情報開示の徹底として、「広域における放射線量測定値の分布状況……気象状況（飛散情報）を迅速かつ定時的に開示すること」を求めました。そしてなぜスピーディの拡散予測を開示しないのか、しなかったのかやりとりしました。

結局開示を渋る官邸の判断は、あくまで予測にすぎないので逆に混乱を招くといったことでした。予測はあくまで予測として情報を出したらいいじゃないかと押し問答をしました。その後もこの国の姿勢に抗議し、外務委員会で何回もとりあげて質問していますので紹介致します。

二〇一一年十一月に議院運営委員会理事会で東北の視察があり、浪江町の役場の避難場所まで行って馬場有町長の話を聞いたときのことです。

スピーディを政府が公開しなかったので、われわれ町民は放射線量の高いところに避難したが、これは犯罪ではないのか、告訴しろという話も町民から出ているという趣旨の怒りの挨拶をされたのです。

国はスピーディを一二八億円もかけて開発し、本番で全く役に立ちませんでした。社民党は十五日に官邸に要請し議論しているわけですから、政府は即決断すべきでした。

後日、実はスピーディ情報は福島県にメール配信されていたことも明らかになりました。しかし誰の目にも触れることはありませんでした。

またアメリカにも情報が送られていることも後でわかりました。アメリカはしっかり情報を入手し分析をしていたのです。自国民には知らせずに、この国の官僚組織は意識も含めて一体どうなっているのでしょうか。

脱原発アクションプログラム

連日の原発事故対応に追われる一方で、事故の深刻さ、放射能被害の深刻さが明らかになってきました。事故直後からメルトダウンという深刻な事故だということはわかっていながら、チェルノブイリ事故と同じレベル七の深刻な事故であることを政府が公式に認めたのが四月十二日、二号、三号機のメルトダウンを正式に認めたのが五月十六日です。

もはや原発推進はありえないことは明確でした。しかし、どうやってどういう手順で脱原発を実現していくか、まだ議論は始まっていませんでした。そこで、それじゃ社民党がまずたたき台でいいから提示しようじゃないかということになったのです。たまたまその話を聞きつけたＮＨＫの記者がいつごろに発表するんですかと聞くものですから、五月には出すよと言ったら、翌日の朝七時のＮＨＫニュースでいきなり流れたのには正直びっくりしました。全国ニュースで予告したようなものですから、これは何が何でも脱原発の行程表を作らないといけないと、必死になったわけです。そうして生まれたのが「脱原発アクションプログラム」です。小冊子にもして七万部配布しました。パワーポイントにして私はその夏から全国五〇カ所ほど講演と説明に回ることになります。

今年になって、「原発ゼロの会」や民主党内の「ロードマップの会」が脱原発に向けたさまざまな行程を提案していますが、その基本形を一年前に発表していたことは大変良かったと思います。

アクションプログラムでは「二〇二〇年までに原発ゼロ、二〇五〇年には自然エネルギーを一〇〇%に」と提案しました。事故の分析や対応、放射能被害、過去の原子力行政の問題点から電力需給や電力改革、自然エネルギーへのエネルギーシフトまで多岐にわたる内容ですが、原発の仕分けや再稼働問題についても先駆的に提案したと自負しています。

原発の新規建設の中止、震源域に立地する原発など危険性の高い原発の即時廃炉、東日本大震災で被災した原発の即時廃炉、老朽炉の四〇年廃炉、欠陥炉マークI《ワン》の即時廃炉です。

再稼働については、提案をまとめた当時は十七機の原発がまだ稼働していました。そして次々と定期点検で停止していきました。二〇一二年春には原発の稼働がゼロとなる可能性を予測し、電力の需要予測と供給能力を徹底的に調べ、原発ゼロでも乗り切って行ける見通しを提示しました。また再稼働の条件として事故の収束と検証、安全対策と住民の同意という四条件をあげました。再稼働の条件という言い方をすると再稼働を認めるのかとよく言われます。しかしいま事故は収束していますか？　いつ収束しますか？　わかりません。検証もいつできるのでしょうか？　検証がされないと安全対策もつくれません。安全対策ができないのに地元が了解できるのかという議論もあるでしょうし、地元の範囲も広がります。この四条件というのは実は非常にハードルが高いのです。

そうすると二〇一二年、二〇一三年と原発は動かせませんし、もっとかかるはずです。

このアクションプログラムを作成するとき、本音では全基即時廃炉と言いたかったのですが、国の政策として実現するには法改正、規制機関の見直し、電力会社の説得、自治体対策、代替エネルギーの確保などさまざまな対策をしながら国民的な合意をとっていかなければなりません。そのために約十年近い期間を想定したわけです。

国会事故調は良かった

福島原発事故の検証作業は極めて重要ですが、政府事故調にまかしていていてもいいのかという議論が国会でありました。国会自身で事故検証できる調査委員会をつくろうと議院運営委員会理事会で活発な議論になりました。特に国会議員が持つ国政調査権を執行できる仕組みにするため、両院合同協議会を設置し事故調査委員を任命すると同時に、事故調から要請があれば両院協が国政調査権を発動できるという二段構えの組織にしました。

また調査委員会のメンバーについても各党から提案、むろん社民党からも提案し採用されました。いままで原子力ムラから「排除」されていた方、たとえば「原発震災」という言葉を広めた地震学者の石橋克彦神戸大名誉教授、津波でなく地震動によって炉心溶融が起きた可能性を指摘しておられた田中三彦さんなどが委員に選任されたことは、大きな成果でした。

はたして今年の七月五日に提出された国会事故調査報告書は期待にそう内容だったと思います。事故を「人災」と断定し、津波も想定外とは言えず、また地震で過酷事故につながった可能性も指摘しました。「規制側が電力事業者の虜《とりこ》」になっていたと、国の規制のあり方を厳しく糾弾してい

大飯原発再稼働に反対してハンスト（2012年4月、経済産業省前で）

ます。

今年の通常国会で、この事故調を受けて国会で議論をするための特別委員会を設置することを求めましたが、与党民主党が渋り、次期臨時国会に先送りされました。私は、国会事故調の報告を受けた議論にとどまらず、エネルギー政策全般を議論できる特別委員会を国会に設置すべきと提案しています。

世論は再稼働阻止に

二〇一二年五月五日のこどもの日に、想定通りに原発の稼働がゼロを迎えました。私はここで局面がまた変わったと思っています。一旦原発ゼロになった、しかも私たちは原発なしでも電気は足りるということが実感できたわけです。しかも国は強引に大飯原発を再稼働しました。それこそ福島事故の収束も検証もなく、新たな安全対策もなく強引に。規制委員会も発足しない状況で。

再稼働への怒りが爆発しました。官邸前の行動は大飯原発の再稼働とともに一挙に増えました。また全国の主要都市の電力会社前で抗議行動が広がっています。この暑い夏が過ぎたいま、大飯原発を動かさなくても電気が足りたということも証明されました。政府は安全が確認されたから再稼働をしたのか？　ＮＯです。電気が足りないから再稼働したのか？　ＮＯです。じゃ、電力会社の経営問題、すなわち化石燃料費の増加等による負担増対策か？　半分ＹＥＳです。加えて原発がこのまますべて止まることへの恐怖感だったのではと思っています。

自然エネルギーの固定価格買い取り制度も、七月からスタートしました。無理のない節電も効果をあげています。原発なしでもやれるじゃないか、そんな声が大きく広がっていると思います。

狭い日本、人口密度の高い日本では事故のリスクはあまりにも高すぎます。一歩間違うと、日本に住めなくなることだってあり得ます。日本は地震の活動期に入り、極めて高い確率でマグニチュード七、八クラス以上の巨大地震が発生すると予測されています。それは五年後かもしれないし二〇年後かもしれない、いや明日かもしれないのです。放射能を人間がコントロールできないことも、よくわかりました。であるならば、原発ゼロを早急に実現しなければなりません。それが即できるかどうかは、再稼働の攻防にかかっていると思います。私は、再稼働を許さず、このまますべての原発を廃炉にできるように全力で頑張っていきたいと思います。

原発の輸出と原子力協定

国内では「脱原発依存」と言いながら海外へは原発輸出をするダブルスタンダードを許すことはできません。政府は「経済外交」として原発輸出を国策として推進しています。そのために輸出先国との「原子力協定」の締結を進めているのです。

３・11原発事故前は、使用済み燃料の処理など核不拡散ＮＰＴ体制を維持するという論点でこの「原子力協定」を議論していました。原発の輸出を許さないという観点での議論がほとんどなかったのが国会の実態でした。

焦点になった「ヨルダン原子力協定」は震災直後に参議院を通過し、五月に衆議院で採決することに一旦はなりました。しかし、外務委員会の理事会でその議事を決めるタイミングで、東京新聞におかしいのではという記事が出たのです。この記事をネタに理事会で議論になり、採決は延期になりました。

外務省はヨルダンの原発の国際入札の締め切りが六月末であることを理由に、採決を求めてきました。延長国会となり、会期末の八月に審議日程が決まったのです。参考人質疑をすることが決まり、私はＮＧＯの方と相談し、「環境・持続社会研究センター（ＪＡＣＳＥＳ）」理事の田辺有輝さんを推薦し決定しました。

この人選と八月二四日の衆議院外務委員会の参考人質疑は大成功でした。田辺氏の指摘は与野党を超えて衝撃を与えました。

ヨルダンの原発予定地が乾燥地で冷却水に下水処理場からの水を使うこと、地震国であること、人口一二〇万の首都アンマンから四〇キロ、人口八〇万の第二の都市から十五キロしかないこと、隣国はイスラエルでテロの危険性もあること、使用済み燃料の処理も決まっていないことが説明され、与党議員までが場所を再検討したほうがいいのではないかと言う始末。翌々日に予定されていた採決は与野党協議の末延期になったのです。社民党が仕掛けたことが見事にヒットしたのです。

しかし今度は与党は秋の臨時国会で強行採決を仕掛けてきました。しかも十分な議論もなく、ヨルダン・ベトナム・韓国・ロシアの四か国の原子力協定が二〇一一年末に一括で強行採決されました。

その後今年に入り五月には当のヨルダンの国会が原発プロジェクトを一時停止することを可決、またベトナムではなかなか国内で声が出せない中で、反対声明への賛同が増えています。ベトナム人有志から日本政府あての抗議文にはこうあります。

「日本政府がベトナムの原発建設を支援するのは無責任、もしくは非人道的、不道徳な行動だ」としています。深刻な福島の事故を起こした私たちはこの声にどう答えていくのでしょうか。原発輸出・建設を止めるために頑張っていきます。

「安全保障に資する」とは?

原子力安全・保安院や原子力安全委員会など国の原子力安全規制組織を統合し、政府からの独立性の高い規制組織をつくることは急務でした。政府は環境省に規制庁を設置する法案を提出しましたが、社民党はもちろん自民党や公明党からもより独立性の高い三条委員会とする考えが提案されました。結局自公が対案を提出、環境委員会で審議されることになりました。しかし衆議院の環境委員会は三〇人の委員会で少数会派は入ってなく、自公を除く野党七会派は、東日本大震災復興特別委員会で審議するよう求めました。しかし与党は環境委員会付託を譲らず、その代わりに小会派は「委員外委員」として採決権はないものの質問は出来ることになったのです。私は社民党から「委員外委員」として質疑に立ちました。

まもなく民自公で修正協議に入り、修正がまとまるといきなり質疑採決。小会派は修正案に目を通す間もなく十分な討論時間も保障されないまま委員会を通過したのです。

原子力基本法などに「安全保障に資する」という文言が挿入されたのは、そのばたばた劇の中でほとんどノーチェックでした。私自身恥ずかしながら、韓国の新聞が一面トップで「日本が核武装へ」という報道を一斉にしているというニュースで認識することになったのです。原子力規制委員会設置法の第一条（目的）、第三条（任務）と、附則で「原子炉等規制法」及び原子力基本法を改正し「我が国の安全保障に資する」という文言が入ることになったのです。

なぜ「安全保障に資する」か。政府は「核の防護」の意味だと釈明しますが、それならそう書けばいいわけです。その背景を探っていくと、原子力の平和利用と軍事利用の切っても切れない関係が浮かび上がってくるのです。いくつかの視点で整理をしてみました。

まず「国の安全保障のために軍事利用が可能」と読めるという法解釈です。私は質問主意書で「非核三原則を放棄するのか？」と質し、「非核三原則を堅持していく方針に変わりはない」と回答がありましたが、原子力基本法が定めた平和利用と矛盾するのではないか、法解釈が一人歩きしないかという大きな問題が残ります。この点を海外メディアは指摘し心配しています。

そもそも原子力の技術、あるいはプルトニウムを抽出する技術を持っていることが潜在的な核武装技術力を持っていることになり、四五トンの余剰プルトニウムの保有、ロケット技術も合わせ、潜在的な核抑止力であるとする考え方があります。いみじくも自民党の石破茂幹事長や谷垣禎一前総裁、森本防衛大臣も就任前にその点に立て続けに言及しています。「潜在的核抑止力」論が浮上して法的な根拠を与えたと言えます。

また技術力を維持することが潜在的な抑止効果をもたらし「安全保障に資する」以上、原発を維持し核燃料サイクル技術を維持するというメッセージとも聞こえます。特に原発の比率が低くなると採算的にも核燃料サイクルの事業の維持が困難になり、そうであれば使用済み燃料を海外から輸入してでも維持する法的な根拠となるという見方もあるのです。こっちはいみじくも経産省の幹部が喜んだといわれています。

最近韓国が二〇一四年に更新をむかえる「米韓原子力協定」の改定交渉で使用済み核燃料の再処理やウラン濃縮を米に解禁するように求めているという報道が流れています。日本は核保有国でない世界で唯一の核燃料再処理やウラン濃縮を認められている国であり、そのかわりIAEAの厳格な核査察を受け入れているのです。韓国は「核主権」という立場で米側に譲歩を迫っていると言われます。しかしより重大なのは一九九一年に朝鮮民主主義人民共和国（北朝鮮）と結んだ「朝鮮半島の非核化共同宣言」に違反することです。朝鮮半島の非核化構想が大きく崩れることになるのです。

もし「安全保障に資する」の文言が入ったことが韓国を刺激したのであれば、日本の責任は大きいと思います。文言の削除に向けて国会で議論する必要があります。

もともとアメリカのGE社沸騰水型原子炉「マークI」は原子力潜水艦に開発されたと言われています。この問題は改めて原発と核兵器の間に垣根がないことを教えてくれました。

原子力ムラの規制委員会人事

七月末に原子力規制委員会の委員長・委員計五名の人事について政府から提案がありました。これは国会同意人事といって両院の本会議で採決が必要な重要な人事です。国会事故調は「規制側が電力事業者の虜の関係にある」と断罪したわけで、規制委員会に独立・公平・中立性の高い人選をできるかどうかは最大の関心事であり最重要課題です。

ところが出てきた人事案を見てびっくりです。まさに原子力ムラの人事です。この人事の撤回を求める声はますます高まっています。通常は人事案が出て十日程度で採決となりますが、提示されて会期末までに採決されず、規制委員会の設置期限が九月二六日に迫る中、政府は国会の同意も得ないまま九月十九日総理が一方的に任命しました。

焦点は大きく二つあります。もんじゅの運営主体である原子力研究開発機構の現職が指名されているわけですが、これが法律が定める欠格条項である「原子力事業者等」に当たらないとするのは違法ではないかという点です。この解釈については国会で私が議院運営委員会を通じて規制委員会準備室に出した質問書に詳しいので資料として紹介致しました。自公を除く野党七党の国対委員長で政府の説明責任と情報開示を求めて書面で申し入れもしました。野党だけでなく与党民主党の環境部門会議でも反対意見が続出です。

もう一点は、委員長候補田中俊一氏や委員候補日本アイソトープ協会の中村佳代子さんの資質、一〇〇ミリシーベルトでも安全だとする低線量被曝に対する考え方のとんでもない甘さです。こんな考えでは住民の健康は守れません。

七、進まない「戦後補償問題」

空襲被害者救済の立法化を

第二次世界大戦の米軍による日本国内の空襲犠牲者は六〇万人とも言われています。旧日本軍遺族や戦傷病者が遺族年金など国によって手厚く支援されているのに比べ、空襲など民間の戦死者などはほったらかしなのがこの国の現状です。私は靖国神社への閣僚の参拝が憲法二十条の政教分離原則に違反するという裁判に長年かかわり、国と戦争犠牲者の補償の問題を考えてきました。

沖縄においては民間の犠牲者、たとえば「強制集団死」の犠牲となった子どもなども「軍の協力者」という名目で靖国神社に合祀された上で援護法の適用を受けたケースはあるものの、国策として国が始めた戦争の犠牲者として正当に賠償を受けることはありませんでした。

しかし空襲で孤児となったり、障害を負って一生苦労した人生は癒されることはありません。東京や大阪では国の責任を求めて裁判がおこり、二〇一一年八月には「全国空襲被害者連絡協議会」が結成され、またその会に呼応する形で「議員連盟」が発足、私も参加しました。法案骨子ができたところですが、「空襲被害者援護法」の実現に向け、私も議連副会長として立法化のために頑張る決意です。

民間人を標的とした大量殺りく行為である「空襲」は国際法に違反し、人道に反する罪です。日本が米軍の空襲を受ける前に中国大陸で重慶を中心に空襲を行っていたことはあまり知られていません。二〇一〇年の十二月、日中友好議連の訪中団があり参加しました。私はそのツアーの最後を抜けて重慶まで飛びました。東京や大阪から空襲裁判の原告や弁護士のみなさんが毎年重慶への旅をしておられて、その一行と合流するためでした。二〇〇〇人が煙に巻かれて亡くなったという地下壕の入り口で献花をし、空襲を後世に伝えるために展示されている市の記念館などを訪問しましたが、あらためて空襲の被害の甚大さを認識しました。今東京地裁で裁判が続けられています。

日本と中国の空襲被害者の闘いを結びつけていくことが、私の役割だと思っています。日本が国策として始めた戦争によって被害を受けたわけですから、軍人に対してであれ民間人であれ、国内であれ海外であれ国は謝罪をして賠償するのが当然ではないでしょうか。

戦後六七年を過ぎた今、残された時間はありません。

韓国併合一〇〇年の菅首相談話

二〇一〇年は朝鮮を日本に併合した韓国併合条約からちょうど一〇〇年を迎えました。この韓国併合条約が違法・強制であったのか、合法であったのかその基本認識すら日韓間では意見が異なっています。日本が軍隊を派遣して強制的に併合し植民地支配を行ったことは歴史を少し丁寧に読めばすぐわかる話です。

菅首相は一〇〇年にあたり談話を発表し、日韓間の戦後処理問題の未解決の三つの課題をあげました。朝鮮王朝儀軌の返還、被強制連行者の遺骨返還問題、サハリン残留韓国人問題です。

朝鮮王朝儀軌の返還については外務委員会を舞台に議論し、宮内庁に保管状態の視察もしました。返還は実現し良かったと思います。しかし民間にもまだ多くの文化財が当時日本に持ち込まれており、今後とも返還に向けた大きな課題があります。

一向に進まないのが民間徴用者の遺骨返還です。私はこの問題を外務委員会で何回も取り上げました。というのは小泉政権下の二〇〇四年日韓首脳会談の合意を受け日本仏教会、特に曹洞宗が全国のお寺で遺骨収集に協力してこられ、中には韓国の遺族までわかったケースもありながら、返還がいまだに実現していないのです。曹洞宗の方から直接話を聞いたり何度か連絡を取り合ってきましたが、外務省が頼むだけ頼んであとほったらかしになっていることに怒っています。当然です。日本政府がきちんと歴史的な責任を認めないことが、遺骨返還という人道上の問題も解決できないでいます。

政権交代して実現した政策に高校授業料の無償化問題があります。しかしせっかくのこの政策が差別の象徴になってしまいました。朝鮮高級学校への適用をいまだに認めていないからです。私も朝鮮高級学校のオモニ（お母さん）たちと一緒に何度も文科省や官邸に足を運びました。菅総理は退陣直前に置き土産のようにして、それまで支給に関する検討を凍結していたのを解除しました。そして、文科省の担当者はやるだけやった、あとは官邸の判断だと。ところが官邸が動きません。

戦後補償問題と根底は同じだと思います。多文化共生社会ということが叫ばれて久しいのですが、この日本列島をどういう社会として作り上げていくのかという理念と歴史観、価値観が根本から問われているのです。

在ソウル日本大使館前の「水曜集会」に飛び入り参加（2011年10月）

日本軍「慰安婦」問題

二〇一一年十月、ソウルの日本大使館前で毎週行われている「水曜集会」に初めて参加し、連帯の挨拶をしました。その二ヵ月前に韓国の憲法裁判所で、政府の不作為を違憲とする判決が出ており、韓国の外交通商部から日本の外務省にこの問題の解決を政府として求めていましたし、また十二月三日の「水曜集会」の一〇〇〇回目を前に解決を求める声が高まっていました。

私が「水曜集会」の場所を離れると産経新聞の記者が追いかけてきました。翌日の新聞には産経、翌々日には読売に名前入りで書かれ、「週刊新潮」にまで書かれ、事務所には嫌がらせの電話やメールが殺到しました。私はなんともなかったのですが、秘書が対応に大変だったと思います。

被害者のハルモニ（おばあさん）達もすっかり高齢で、この問題はもはや一刻も先送りできません。民主党には「戦後補償議連」があり、その議員さん方ともいろいろと相談したり官邸に行ったりしましたが、野田総理が後ろ向きだという声も聞こえてきました。

市民運動の皆さんからは、日本の国会では被害者の証言を聞いたことがないという話も聞き、せめてもと外務委員会に証言の抜粋を配布し、私が読み上げ、政府の姿勢を追及しました。

同年十二月の日韓首脳会談や今年三月の野田総理の訪韓、五月の日韓首脳会談など首脳が政治判断する機会もあったわけですが、結局今日に至るも解決の糸口すら見えていません。

しかも李明博《イミョンバク》大統領が日本政府の対応に怒ったとも言われています。「竹島」への上陸の動機になったとも。

日韓・日中の領土問題は歴史問題です。日本が軍国主義時代、朝鮮半島や中国大陸に対して行った侵略・植民地支配に対して真摯な反省と謝罪を行い、その歴史の文脈の中で冷静に領土問題を話し合い、お互いが対立でなくウイン・ウインの関係となるように努力していくこと、そのことが今最も求められていきます。

繰り返しますが、日本は過去の歴史に真摯に向き合い、被害者の皆さんに謝罪の上賠償することが必要であり、そのことが日本の国際社会での名誉と信頼を高めることになると思います。

日中国交回復四〇年

私は今年二月日中友好七団体の幹部の皆さんと一緒に国交回復四〇年を記念して訪中しました。河野洋平前衆議院議長などそうそうたる面々でした。経済交流・スポーツ交流・青年交流が叫ばれるのはもちろん良いのですが、私はやはりこの四〇年の節目が、戦後補償問題の解決の最後のいい機会ではないのかという思いでした。秋田県花岡鉱山の鹿島建設や広島県のダム建設の西松建設との訴訟の中で、強制労働を強いた民間企業との和解も実現してきました。いま三菱との交渉も進められてると聞いていますが、ドイツのように国が前面にたって解決の枠組みをつくっていかなければあまりにも無責任です。

細菌戦の人体実験で有名な七三一部隊、その遺棄された毒ガスの被害、あるいは実際に行われた細菌戦の被害者の提訴が相次いでいます。外務省は遺棄化学兵器問題については戦後補償問題としてではなく、一九九七年に締結された化学兵器禁止条約の履行の立場から日中政府間で覚書に署名し、まがりなりにも取り組んでいますが、細菌戦問題では活動を裏付ける証拠がないとして事実関係すら認めておりません。しかし、二〇一一年十月、七三一部隊の軍医金子順一氏の「陸軍軍医学校防疫研究報告」(金子順一論文)が発見され、中国国内で実施された細菌戦の詳細の内容が明らかになったのです。私は外務委員会でこの問題を取り上げて追及する予定でしたが、今年の通常国会ではほとんど外務委員会が開催されず、八月に質問主意書を提出しましたが、政府は歴史の事実から目をそむけています。

鳩山政権は「東アジア共同体」を訴えました。ＥＵがもともとは領土や資源問題から国家間の紛争に陥ったことの反省からスタートし、同時に地域の大国であるドイツがナチズムと戦争の反省と賠償によって国際社会の信頼を得た経験を、日本は学ぶべきです。日中国交回復四〇年という絶好の機会を失った日本は、またしてもアジアの一員としてアジアの信頼を取り戻す機会を失いました。

戦後補償問題の解決、東アジアの平和構築は私が国会議員としてやりとげたかった課題の重要な柱です。この問題で国会で声をあげる議員が少ないのは残念ですが、私は頑固に訴えていきます。

八、消費税国会

増税に政治生命をかける野田政権

二〇一二年第一八〇通常国会は最悪の国会でした。消費税増税国会、政局国会で、私のメインステージである外務委員会も全くと言っていいほど開催されず、一月二四日から二二九日間の長い通常国会の会期中に三回しか質疑に立つ機会がありませんでした。六月の玄葉光一郎外務大臣への所信質疑と、七月末から八月初めの質疑の二回です。

なぜこんなに委員会が開かれない国会になってしまったのか。それは消費税増税国会であったことと、政局国会であったことが理由です。民自公三党で増税のための「社会保障と税の一体改革特別委員会」は精力的に動かし、その他の委員会はなかなか動きません。四月には田中直毅前防衛大臣などの問責決議、終盤の八月も総理問責決議で国会がたびたびストップし、委員会がなかなか正常に開催されなかったこともあります。

政権交代のマニフェストになかった消費税増税になぜ「ネバーネバーネバーギブアップ」なのか、「決められる政治」と言いながらなぜ消費税だけなのか。民主党を壊してまでなぜ消費税なのか、財務省や財界のいいなりやと言われます。私にはどうも理解ができません。野田総理は、消費税増税を実現した総理として歴史に名前を残したいというマインドなのでしょうか。多くの人が期待をした政権交代と真逆になってしまい、悲劇いや喜劇としか言いようがありません。

ただ増税決めただけ

そもそも「税と社会保障の一体改革」と言われれば、そのことの議論を否定するひとはいないでしょう。「財政の再建」や「持続可能な社会保障制度」という言葉もそれ自体を切り取って考えれば、必要かつ重要なテーマです。問題はその中身であり方向性です。

もともと「一体改革」の出発点になったのは菅政権でスタートした「社会保障改革に関する有識者検討会」の報告書です。昨今財政の持続可能性ばかりが強調される中で、この報告書は、その前提としての社会の持続可能性そのものが危機に陥っていることを指摘し、雇用政策、たとえば女性を含む現役世代の力を強めること、あるいは高齢者の雇用と地域での役割の見直しなどによって、社会と財政の持続可能性を一体のものとして考え、政策を実現していくことを提言しているわけです。それは富の再分配機能を見直していくことにほかなりません。小泉構造改革の中で、自己責任が強調され市場原理による経済効率性に依拠し社会保障費を削減してきた政策に対するアンチテーゼとして核心的な議論であり、政権交代の意義もそこにあったと私は思います。

しかし、「有識者検討会」の座長であった宮本太郎北海道大学大学院教授自身がおっしゃっているように、野田政権の「一体改革」は単なる「増税のための口実」に堕してしまっているのです。しかも民自公の三党合意で、社会保障制度の全体像や所得税等の不公平税制の見直しはすべて先送りされ、ただただ増税だけが残ってしまいました。

また三党修正案に消費税増税で赤字国債が減り財政に余力が出てきたと判断したら公共投資（「成

長戦略並びに事前防災及び減災等に資する分野」）に増税分を使っていくことが入り、事実それに合わせたように国土強靭化基本法案（自民）日本再生計画（民主）など矢次ぎ早やに出されています。これでは「公共事業と税の一体改革」と言われても仕方ありません。

私はこの社会保障と税の特別委員会で三回、予算委員会で三回、本会議では採決時の反対討論もしました。なぜまず消費税ありきなのか、不公平税制の見直し、国際連帯税や金融取引課税の必要性、逆進性対策、輸出戻し税、中小企業対策、マイナンバー制の問題点など指摘し議論しましたので、第2部第4章の国会質疑や討論をご参照頂きたいと思います。

増税法案は衆議院で六月二六日、参議院で八月十日に採決され成立しました。消費税率は二〇一四年四月に八％、二〇一五年十月に一〇％になりますが、まだ逆進性対策をどうするのか、すなわち食料品などの税率を抑え軽減税率とするのか、低所得者層への給付金の支給とするのか、その実施に向けた課題についてまだ何も決まっていません。また特に悪質なのは「自助」が強調され生活保護制度の見直しが入ったことです。今後十年間の名目三％実質二％の経済成長を謳っている景気条項（附則十八条）の扱いがどうなるのか、デフレ下での増税は中小企業の経営を直撃するのは明らかです。

茶番の三党談合

社民党、国民の生活が第一、共産党、新党きづな、みんなの党、新党大地・真民主、新党日本の中小七党・会派（以上、衆議院の場合。参議院は構成が変わります）は、民自公・増税「談合三兄弟」を批判。終盤国会で参議院の問責決議に際して、自民党が三党合意による消費税増税を糾弾する七会派提出の問責決議案に賛成するという、恥も外聞もない珍事が起こりました。

ことの出発は社民党の国会対策委員会でした。自民党は消費税増税法案が通ったら内閣不信任決議案を出して野田政権を退陣に追い込むと公言していました。不信任決議は大変重い決議で、通れば内閣総辞職か解散総選挙です。しかし消費税増税で談合しておいて成立してから不信任ではおかしい、不信任案を出すのであれば消費税増税を止めるために自公以外の野党で出すべきと決めたのです。盆前の参議院での採決を前に、八月七日に自公以外の七会派七三人で衆議院に不信任決議案を提出しました。同時に参議院には問責決議案を提出しました。

これには自民党が困りました。なぜなら国会のルールで一事不再議の原則があり不信任案を一つの国会で一回しか採決できないのです。自民党は、消費税の参院採決前に不信任決議案を出して解散に追い込むか、増税法案を通すのか混乱しました。自民党は最後は増税を優先し棄権、自民党から七人の造反が出ました。公明党は三党合意を優先して反対、不信任案は否決され、翌八月十日参議院で増税法案はようやく可決されたのです。この時、参議院の問責決議案は採決されないまま「吊るされて」いました。

野田総理と谷垣総裁は二人で会談し「近いうちに解散」を約束しましたが、「近いうち」がいつかわかりません。自民党はこの通常国会での解散に追い込むため参議院に問責決議案を提出しましたが、すでに野党七会派で出していますから、どっちの問責を採決するか決めなければなりません。参議院の議院運営委員会の力関係から、自公は七会派の決議案に乗らざるを得なかったのです。

こうして参議院の問責決議案は可決されるのですが、野田総理は無視、国会は開店休業のまま閉じてしまいました。この喜劇的な自民党の対応によって結局谷垣総裁は退陣に追い込まれましたし、三党合意のもろさも露呈しつつ、三つどもえの国会の状況が明らかになったのではないでしょうか。

九、「自民党よりひどい」野田政権

ＴＰＰ参加推進

聞きなれないＴＰＰという言葉がいま、国政の最重要課題になっています。ＴＰＰは環太平洋経済連携協定とか環太平洋パートナーシップ協定とか訳されていますが、加盟を果たしたい野田政権と、阻止したい超党派議員グループとのせめぎあいがずっと続いているのです。国会は政党ごとの区分けがもちろんあるわけですが、テーマごとにさまざまな組み合わせで動きます。右から左まで超党派で最も盛り上がるのがこのＴＰＰです。

もとはシンガポール、ニュージーランド、チリ、ブルネイの四カ国の連携協定として二〇〇六年にスタートしましたが、その後アメリカ、オーストラリア、ペルー、ベトナム、マレーシアが参加交渉に加わっています。

二〇一〇年秋の臨時国会で菅総理が「交渉参加を検討する」と表明しました。「例外なき関税ゼロ」のＴＰＰに加盟した場合、日本の農業はどうなるのか。農水省の試算によると、「食料自給率はカロリーベースで四〇％から一四％へ。国内総生産は七兆九〇〇〇億円減少、三四〇万人が失業」するというものです。衝撃が走りました。

一方で自動車、電機といった輸出産業や経産省は競争力アップと歓迎しました。

しかしTPP交渉の内容が明らかになるにつれ、非関税障壁の撤廃を求めるアメリカの意図がだんだんわかってきました。二四の作業部会、二一のテーマの交渉分野があり、植物検疫、知的財産権、金融、投資、労働、保険・共済などさまざまな分野の規制の緩和や撤廃があり、かつまた紛争解決についてもグローバル企業に有利な内容となっています。

もうお気付きのように、これは自民党政権時代からずっと行われてきた日米構造協議およびアメリカが要求する年次改革要望書の集大成に他ならないのです。

規制緩和や新自由主義政策が格差を拡大し、だからそれに歯止めをかけようと政権交代が実現されたはずでしたが、全く逆戻りになってしまったのです。

国会では二〇一〇年十月二一日「TPPを慎重に考える会」が発足、代理出席含め一八〇人の国会議員が参加しました。会長の民主党山田正彦議員は「日本をアメリカの五一番目の州にするな!」と呼びかけています。国会院内で学習会や省庁からのヒアリング、抗議集会などが精力的に続けられてきました。

特に危機感をもって精力的に活動してきたJA中央会青年部による国会前徹夜の座り込みもありました。昨年十月のTPP反対国会請願紹介議員には与野党から三五六人(民主一二〇人、自民一六六人、公明二五人、共産十五人、社民十人他)がなりました。日本の医療の皆保険制度が壊れると日本医師会も声をあげ、さまざまな業界に危機感が広がっていきました。

十一月のAPECでの参加表明に反対する衆議院決議の実現へは二三二人(民主九六人、自民九八人、公明十一人、共産党九人、社民六人他)の国会議員の賛同がありました。

十二月には「慎重に考える会」のメンバーが訪米、翌二〇一二年二月には訪韓、アメリカの業界や世論動向、米韓FTAで揺れる韓国の状況を視察しました。三月には東京で「TPPを考える国際シンポジウム」を開催することになり、山田代表から韓国の国会議員を呼びたいと私に声がかかり、当時統合進歩党で「韓米FTA全面廃棄のための国会議員非常事態会議」議長権永吉《クォンヨンギル》議員に来日して頂きました。この一連の動きで明らかになったのは、二〇一〇年九月の世論調査で六九%のアメリカ人が「アメリカと他国のFTAはアメリカの雇用を犠牲にしている」と回答しており、反対の声が非常に高いこともわかりました。韓国では、ISD条項が主権侵害だと反発が強まっていました。ISD条項とは海外企業が投資先の国の制度や政策により不利益があったり正当な利益を上げることができなかった場合に、企業が国を相手にして世界銀行傘下の国際仲裁センターに訴えることができるというもので、実際にアメリカの企業は全世界で提訴をし、巨額の賠償金を相手国から支払わせているのです。

またアメリカは日米の事前協議で関心の高い要求を出してきました。自動車と保険、牛肉です。BSE対策の輸入牛肉の月齢制限の緩和を要求しています。TPPでアメリカが何をしたいのか、はっきりわかるのではないでしょうか。

野田総理が今年の九月のAPECで参加表明をするのではないかということで、八月三〇日に阻止するための超党派議員・国民集会が開催され、官邸に二七二人の国会議員の連名で決議書を届け要請しました。国会をまさに二分する闘いになっています。

それにしてもこんなにTPPにのめり込む野田政権は情けない限りです。

始動した憲法審査会

二〇〇七年に憲法改悪を可能とする国民投票法が成立して五年以上が経過しました。法律の施行は三年後の二〇一〇年五月十八日でしたが、この時期は社民党も入った連立政権だったこともあり、憲法審査会は全く動きませんでした。衆議院の憲法審査会の規程は前年の二〇〇九年六月に麻生政権下で制定されていましたが、与野党逆転の参議院では規程はつくられないまま、施行日を迎えたのです。しかしこの時の参議院民主党の西岡武夫議院運営委員長は「参院は違法状態であり、非常に遺憾だ」と発言しています。

社民党が政権を離脱した菅政権の下で参議院の憲法審査会規程をつくる動きが加速していきます。そして翌二〇一一年五月十八日の本会議でついに制定され、衆参とも完全にお膳立てが済んだのです。

野田政権が発足すると、憲法審査会の始動の動きは急ピッチでした。十月の臨時国会が二〇日に召集されると、いきなり本会議で憲法審査会の委員の選任が強行されました。衆議院が五〇人、参議院は四五人です。社民党の割り当ては衆参各一人ずつですが、社民党は委員の名簿を出しませんでしたので、二〇日の本会議では社民党だけ空席のままの指名になりました。

結局はあとで委員の届けはすることになるのですが、この臨時国会から本格的な審議が始まったのです。

国民投票法では参議院での十八項目の附帯決議があり、法律の施行までに投票年齢をどうするかなどについて検討し、法制上の措置をすることを決めていますが、一切決まっていません。憲法審査会はこうした課題について自由討議からスタートし、現在は憲法の各章毎に各党の意見表明と自由討議をしています。社民党の衆議院の委員は照屋寛徳議員ですが、第三章の「国民の権利と義務」については、私が意見表明をしましたので、その全文をご紹介致しました（第2部第4章）。

憲法審査会に実際に出席して感じたことは、なんと改憲論議のハードルが低くなってしまったのかということです。各党が憲法を変えるという前提で議論しているわけですから、当然といえば当然かもしれません。

今年の四月に衆議院議長宛てに初めて憲法改正案が提出されたのはご存じでしょうか？　与野党一三〇人による一院制（五〇〇人）への改憲案ですが、各所属政党の承認がないため正式には受理をされておりません。

安倍・麻生と改憲派政権が続き、政権交代に至ったわけですが、これで改憲がストップしたわけではありませんでした。野田政権が改憲に舵を切ると、一挙に大政翼賛会のごとく改憲の可能性が高まってきています。本当に今、最も憲法の危機が迫っています。

オスプレイの普天間配備

日米両政府は今年二〇一二年十月、オスプレイを沖縄の普天間基地に強行配備しました。これだけ危険性を指摘されているオスプレイを市街地のど真ん中にある世界一危険な普天間基地に強行に配備するとは何事か、もともと一日も早く移転・撤去しなければならない普天間基地になぜ配備するのか、基地を固定化するのか、大きな怒りが渦巻いています。

今年六月十七日の宜野湾市民大会に参加しました。オスプレイは、今年の四月にモロッコで、六月には米フロリダ州で墜落事故を立て続けに起こし、あらためて危険であることが証明されたので

オスプレイ配備等に反対し10万3000人が参加した沖縄県民大会
(2012年9月9日、撮影 豊里友行)

すが、宜野湾の市民集会はそもそもその二つの事故が起きる前に計画されていたのです。開発段階から数々の事故を起こし、米兵三〇人以上が死亡していました。「空飛ぶ恥」と言われ危険な軍用機であることは明らかでした。沖縄に配備計画が発表され、市民大会を計画中に相次いで墜落事故を起こしたわけですから、言わずもがなです。

七月二三日朝、岩国に陸揚げが強行され、約一〇〇〇人が岸壁に結集し抗議集会が行われ、私も駆けつけました。

九月九日には十万三〇〇〇人が結集する最大規模の沖縄県民大会が開催されました。私は残念ながら参加できませんでしたが、あらためて示された沖縄の決意を受けて、断固阻止にむけて政治の場で頑張って参ります。

オスプレイの配備については長い論戦の歴史があります。なんせ政府は配備計画を絶対に認めませんでした。米軍のトップが配備について発言しても、外務省は外交ルートを通じて聞いていないと、知らぬ存ぜずを貫いてきました。アメリカでのジュゴン裁判で米側から提出された資料から、一九九七年に辺野古の新基地建設がオスプレイ配備を前提に日米の防衛担当が協議している事実が明らかになっても、政府はしらを切っていました。辺野古の新基地の地耐圧などの設計条件がオスプレイ配備を条件としていることもこの時判明しました。しかも米海兵隊が機関紙で配備を初めて明らかにしたのは一九八七年、二五年前といいます。

政府がオスプレイの普天間配備をようやく公式に認めたのは二〇一一年五月です。しかしいったん認めると、今度は一転しての強行路線です。

野田総理の「配備自体は米政府の方針で、どうしろこうしろと言う話ではない」という発言は、政治家の発言として最低です。日米安保条約第六条に基づく事前協議について一九六〇年の岸・ハーター交換公文で、事前通告の対象でないということを言いたかったのでしょう。事前通告については核兵器の持ち込みやミサイル発射基地の建設と限定されているのです。しかし住民が不安を訴え反対しているのに、日米の取り決めがあるから従え、政府としては何もしませんということを宣言しているわけで、許せません。

オスプレイは構造的な欠陥が指摘されています。米側の事故報告書では機体の欠陥を覆い隠しオペレーターの操作ミスを強調しています。しかし二〇一〇年のアフガニスタンでの墜落事故の調査報告書では司令部が事故調査委員会に圧力をかけて、「エンジントラブル」という結論を「操縦士のミス」に書き換えさせたと、当時の調査委員長ドン・ハーベル空軍准将の証言もあります。

また国防省系の研究機関リボロ元主任分析官（オスプレイ担当）は「リスクを承知で開発を進めた」と、とくにオートローテーション機能の欠如を指摘しています。これはエンジンが空中で停止した時、竹とんぼのようにローターが自然に回転し着地する機能ですが、製造メーカーは「ない」といい、日米政府は「ある」という。訓練は危険なためシミュレーターでやっているだけですから、推して知るべしです。垂直運転から水平運転への切り替え時に追い風や気流でバランスをくずしやすい点が指摘されており、モロッコでもフロリダでもこの切り替え時に事故が発生しています。

低空飛行訓練も全国の住民の大きな不安と怒りが沸き上がっています。もともと訓練空域以外で飛行訓練する規定は日米地位協定上ありません。基地間の移動という名目で、なしくずし的にアメリカの言うがまま認めてきたのです。六ルートでの訓練を米側は四月公表の「環境報告書」で示していますが、日本の航空法の規制を受けないため、六〇メートルの低空飛行も実施するようになっています。

低空飛行訓練、普天間基地への配備、やんばるの高江のヘリパットの建設、辺野古の新基地建設を断じて許してはなりません。私も全力で頑張っていきますし、全国的な運動を構築していきましょう。

武器輸出三原則の緩和

武器輸出三原則とは一九六七年四月に佐藤首相が国会答弁で表明し、共産圏諸国、国連決議で禁止した国、紛争当事国への武器の輸出を禁じたのが出発で、さらに一九七六年の国会答弁で三木首相が、三原則対象地域以外でも憲法の精神にのっとり武器の輸出を慎むとして全世界への武器輸出を事実上禁止し、「非核三原則」同様、日本の国是として遵守されてきたものです。また対象も武器だけでなく、武器製造関連設備、武器技術、軍事施設の建設、海外投資も禁止としました。

しかし一方で、例外化の動きもあり、アメリカへの武器技術供与（一九八三年）、日米間のミサイル防衛システムの共同開発（二〇〇四年）、自衛隊の海外活動など例外化を進めてきていました。とくに昨今次世代の戦闘機Ｆ三五の共同開発が進んでくると見直しの声が強まっていたのです。

二〇一〇年菅政権下で民主党の外交・安全保障調査会（中川正春会長）では「防衛計画の大綱」への提言として緩和の方針を打ち出しました。そのなかで「共同開発・生産は先端技術へのアクセス、装備品の開発コスト低減のメリット」があるとしています。防衛産業からの相当の突き上げがあると思われます。

しかし社民党の強い抗議もあって同年十二月十七日に閣議決定された新防衛大綱ではかろうじて「緩和」の文言は回避されましたが、「武器の国際共同開発・生産への参加を検討する」とされました。また「基盤的防衛力構想」を改め「動的防衛力」へ転換、また南西諸島防衛力強化を打ち出したのもこの新防衛大綱です。

そして二〇一一年九月野田政権が発足しました。なんとその三か月後の年末ぎりぎり十二月二七日官邸で開かれた安全保障会議で決め、官房長官談話の形で武器輸出三原則を緩和したのです。

談話では、安保で協力関係にあるアメリカ以外の諸国と「防衛装備品の国際共同開発・生産を進めていく」とし、また「平和貢献・国際協力の伴う案件については、防衛装備品の海外移転を可能とする」と、国際共同開発と武器輸出を可能としたのです。武器輸出三原則は法律ではありませんが、憲法の平和主義の理念に基づき国是とも言うべき高いレベルの規範です。今回の決定は「緩和」というレベルでなく、「大転換」あるいは「破棄」といっていいような重要な決定です。国会や国民的な議論もなく政府見解としてやすやすと決めるなど、全く許しがたい暴挙です。

今年四月さっそく野田首相は、英国との間で武器の共同開発・生産を始めることに同意しました。

このままでは日本はあっという間に武器輸出大国になるかもしれません。

宇宙の軍事利用

一九六九年の宇宙開発事業団の設置に伴い、国会では全会一致で、宇宙開発や利用について「平和の目的」に限るという国会決議をあげました。その二年前には国際的な宇宙条約が結ばれ「平和的目的のため」とうたわれました。しかし今世紀に入り自民党を中心に「宇宙基本法」の制定の動きがあり、そこでは「自衛権の範囲内」における軍事利用を認めるべきだという議論が続いていました。そして議員立法として二〇〇七年六月国会に上程されました。当時民主党は野田さん（現総理）を座長とする「宇宙基本法検討ＰＴ」で検討を重ね、結果として自公民で修正協議し、社民党・共産党などが反対するなか二〇〇八年五月に成立したのです。

問題は軍事利用に歯止めがなくなったことです。「日本の安全保障に資する」という文言が入りました。国会決議の解釈を「非軍事」でなく「非侵略」と緩和し、同時に国家戦略へ格上げしようとするもので、このままでは軍産複合体国家に道を開くことになります。

二〇一二年通常国会国会で野田政権は、ＪＡＸＡ法すなわち宇宙航空研究開発機構法の改正案を提出、六月に賛成多数で成立させました。宇宙の軍事利用に歯止めをかけるどころか、「平和目的に限る」という規定を削除し、軍事目的の人工衛星開発など宇宙の軍事利用に大きく転換したのです。今後内閣府の宇宙戦略室を中心に国家プロジェクトとして推進されていく危険があります。

この改悪案に反対するためオンライン署名活動――「深遠なる宇宙へのロマン」を大切にしたい。だから、宇宙航空研究開発機構（ＪＡＸＡ）法からの「平和目的」削除反対。これからも、日本の宇宙研究・開発は平和主義で行こう！——が展開されたことを報告しておきたいと思います。

ＰＫＯ法改悪・武器使用緩和

国連平和維持活動（ＰＫＯ）に従事中の自衛隊の「武器使用」をどうするのか、この問題にも長い議論の経過があります。私はＰＫＯそのものの違憲性を問う裁判にもかかわってきたのですが、特に武器の使用については武力行使を禁じている憲法との関係で大きな争点になってきました。

イラク戦争の時、駆けつけ警護を認め、それを突破口に武器使用を緩和しようとする動きがあったのですが、いったん封印されていました。またソマリア沖の海賊対策の中では、海賊対処法に「任務遂行のための武器使用」が加わり、それまでいわば「自然的権利」として正当防衛と緊急避難に限定していた武器使用を、たとえば停戦命令を聞かないケースに危害射撃ができるとしたのです。また相手が海賊という私的な集団であり、国際的な紛争における戦闘行為ではないとしました。

今年七月九日、政府は自衛隊の宿営地外にいる国際機関の職員を助けに行く「駆けつけ警護」を可能とするＰＫＯ法の改正案を国会提出する方針という報道が流れました。しかしこの場合、「国または国に準じる組織」との戦闘行為になる可能性があります。

ＰＫＯ五原則では自衛隊を派遣する条件として停戦合意、紛争当事者の同意、中立的立場の厳守が決められていますが、停戦合意がない紛争地に派遣を追求する流れが背景にあり、そのためにも武器の使用の緩和をしないと自衛隊の安全を守れないという議論に飛躍しています。憲法九条をないがしろにする動きです。

結果、通常国会では見送りとなりましたが、今後の動向にしっかり注目していきましょう。

秘密保全法案

政府は「尖閣諸島沖中国漁船衝突事件」の映像流出問題のあと、二〇一一年八月に「秘密保全のための制度のあり方に関する有識者会議」が法制化の提言をしたのを受け、官房長官を委員長とする「情報保全に関する検討委員会」のもとで一八〇通常国会への法案提出を検討していました。私がこうした動きをあらためて認識したのは、今年の二月に開催され、元毎日新聞の西山太吉さんが参加した日弁連主催の院内集会でした。正直その時思ったのは、民主党政権でこんな法律までつくるか!?ということでした。

有識者会議の議事録が作成されていなかったことも大きな問題になりました。事務局は警察庁や防衛省から出向した内閣情報調査室。政府への提言がどういう議論の経過を経てなされたのか、全く秘密です。このことが問題になると、全職員がメモを破棄したと言われ、また公開資料の改ざん・ねつ造も発覚しました。

この法律は究極の秘密保護法と言えます。まず範囲が大きく拡大しました。国の安保・外交分野にとどまらず「公共の安全及び秩序の維持」も対象とされ、いわば何でもあり状態です。規制の対象も国家公務員だけでなく地方公務員、大学の研究者、民間の職員まで拡大されます。国は「特別秘密」を指定するのですが、たとえばこの間TPP交渉の情報開示のなさが問題になり、国はこれを外交秘密に指定することだってできるわけです。「知る権利」を制限、侵害することは絶対許されません。

また罰則規定も未遂・共謀・教唆・扇動にもおよび、「平成の治安維持法」と指摘する人もいます。罰則は公務員の「守秘義務違反」が懲役一年以下、自衛隊法が五年以下の懲役に対して十年以下と強化されています。二〇〇九年から「秘密保全」を名目として国家公務員の身辺調査が行われていたことも明らかになりました。秘密取扱者の「適格」性を認定するための「秘密取扱者適格性確認制度」による調査といいます。今回の法案では、調査に同意をしなかったらその仕事から離れざるを得ないことになります。しかも国会議員に守秘義務を課すことも検討されているというから驚きです。

通常国会では上程は見送られましたが、諦めたということではありません。成立は何としても阻止しなければなりません。

集団的自衛権

野田総理は今年の七月の衆議院予算委員会で、有識者会議「国家戦略会議フロンティア分科会」の提言——集団的自衛権に関する解釈など旧来の制度慣行の見直し等を通じて、安全保障協力手段の拡充を図るべき——という提言を受けて、「解釈の見直しの提言もあった。政府内での議論も詰めていきたいと考えている」と答弁し、集団的自衛権の行使について非常に前向きな姿勢を表明しました。森本防衛大臣を任命したのもその布石と見ています。

私はこの時思いました、自民党よりひどい政権やなと。憲法九条を持つ日本において、集団的自衛権の行使について内閣法制局は憲法解釈上認められないことをたびたび表明してきました。しかしこの憲法解釈になんとか風穴をあけたい、あるいは憲法そのものを変えたいという「努力」が自民党政権で繰り返し行われてきました。やはりその最大の山場は安倍政権だったと思います。二〇〇七年安倍政権は発足させた有識者懇談会——安全保障の法的基盤の再構築に関する懇談会——に四類型について検討を指示しました。第一は公海上の米艦船への攻撃への応戦、第二はアメリカへのミサイルへの迎撃、第三は他国部隊への「駆けつけ警護」、第四がPKOに参加する他国への後方支援です。翌年六月出された報告書は当然、集団的自衛権を認めるべきとの内容でしたが、すでに安倍総理は退陣、受け取った福田総理は報告書を無視、懇談会を閉じたのです。かくして安倍総理の野望は挫折しました。その後麻生政権で「安保防衛懇」報告、鳩山・菅政権で「新安保懇」報告と続きましたが、政治課題に浮上することはありませんでした。しかし野田政権は危ない。なにしろ確信犯なのですから。

最近、北マリアナ諸島のテニアンに日米共同の軍事訓練基地を日本の税金を投入して作ることが検討されています。グアム移転協定のパッケージが外され、日本が拠出する予算の見直しがされ、その中にテニアンの基地建設費用を入れようというのです。訓練が即集団的自衛権の行使にはならないかもしれませんが、日本が税金で外国の基地に共同訓練施設をつくることが違憲ではないのか。今後精査し議論していかなければなりません。

またソマリア沖の海賊対策にかこつけて、P3C哨戒機の基地として建設したアフリカのジブチに本格的な自衛隊の海外展開基地を建設・維持しようとしています。私はこの動きは海賊対策を離れた次の展開を狙っているのではないかと懸念しており、今後の動向をしっかり監視していかなければなりません。

自民党でもやらなかったことをやる野田政権、自民党よりひどい野田政権、もはやいっさいの幻想をもつことはできません。

十、日本政治の危機

政権交代前の秘書時代の二年間、衆議院議員になって三年余、政権交代の前夜から連立政権の発足、社民党の政権離脱と連立政権の崩壊、民主党政権の変質を駆け足で見てきました。民主党への支持が霧散する中で「近いうち解散」、次の政権がどういう政権になるのかを思うと背筋が寒くなります。日本のリベラル政治は現在最も危機に陥っています。

野田総理が民主党の代表に再選され、野田改造内閣がスタートすることになりました。

「自民党野田派」と揶揄されています。自民党はなんと安倍元総理を総裁に選びました。そして橋下《はしもと》徹大阪市長率いる「日本維新の会」が正式に発足しました。安倍・橋下は相思相愛の改憲論者でもあります。どういう連立になろうが、憲法改悪が政治日程に上ってくること、新自由主義的な競争原理が跋扈《ばっこ》していくことは間違いありません。

脱原発基本法

政府は九月十四日にエネルギー・環境会議を開き、「二〇三〇年代に原発ゼロ」の方向を打ち出しました。しかしよく見ると「二〇三〇年代に原発稼働ゼロを可能とするようあらゆる政策資源を投入」と曖昧な表現になっており、「新設・増設は行わない」としながら大間《おおま》など着工済みの原発は工事再開、核燃料サイクル・再処理事業は継続と、期待を裏切るものになっています。ただ、エネルギー選択肢の国民的議論や官邸前の市民の行動など圧倒的な原発ゼロの世論に押されて、政府としてもひとまず「ゼロ」と言わざるを得なかったということではないでしょうか。

ところがこの決定に財界が反発します。決定的だったのはアメリカの圧力の中で九月十九日にあっさりと閣議決定を見送りました。閣議では「……国際社会等と責任ある議論を行い、……柔軟性を持って不断の検証と見直しを行いながら遂行する」という一文のみを決定したのです。

複数のマスコミが閣議決定を回避するようアメリカが要求したと一斉に報道しています。特に私が注目しているのは、アメリカが交渉で、核技術の衰退による安全保障上の懸念を表明したという点です。原子力基本法に「安全保障に資する」という文言が入ったことはすでに書いた通りですが、まさに日米原子力安保同盟の姿が浮かび上がってくるのです。しかもアメリカの原子力産業は日立や東芝に吸収合併されており、アメリカ独自で原発の製造能力を持っていません。アメリカは日米核安保体制を維持するためにも日本の原発技術の維持は死活問題だと映ったのではないでしょうか。

通常国会の事実上の最終日九月七日の朝九時過ぎ、「脱原発基本法案」を国会上程しました。この法案は二〇年以上前に高木仁三郎さんが呼びかけ、三五〇万の署名を集めてなお国会上程に至らず、今回は通常国会に何としても上程したいという大江健三郎さんや瀬戸内寂聴さんなど文化人・弁護士で結成した「脱原発法制定全国ネットワーク」の強い要請を受けて実現しました。三六人の法案発議者・賛成者で提出、他に党の承認が得れず提出者になれなかった民主党議員など六七人を合わせると合計一〇三人の賛同者に達しました。実務を「生活」の松崎議員と一緒に私が担当させて頂きました。とくに議院運営委員会の理事会に出席している私の役回りとして、法案を継続審議扱いにするために民主・自民・公明の各党の国対に駆け込み走り回るという経験もさせて頂きました。

原発を二〇二〇年から二五年の早い時期にゼロにするための基本計画の立案を政府に求める法案で、成立させるためには多数派工作をしなければなりませんが、国会の現状では最大公約数の法案として大きな意義があると考えています。また「全国ネット」の皆さんは、この法案への賛否を来る衆議院選挙の立候補者の踏み絵にして闘うといいます。野田政権の裏切りを許さず、脱原発に向けた日本のエネルギー政策の大転換を必ずやり遂げていく決意です。

アジア外交の再構築を

竹島（韓国名・独島《ドクト》）へ李明博《イミョンバク》大統領が行き、尖閣列島（中国名・魚釣島等）に香港の市民が上陸し、日本と韓国・中国との関係が一挙に険悪になりました。八月に抗議のための国会決議を上げることになりましたが、社民党は反対しました。ナショナリズムを煽ることをすべきでないという見解です。政府は九月十一日に尖閣列島の国有化に踏み切り、中国では最大規模の反日デモが起きました。

私はこの領土問題は歴史問題だと考えています。日本の近代史はアジアへの侵略・植民地政策の歴史であり、そのことの認識を抜きに日中・日韓で起きていることの背景を説明することはできません。日本が日清戦争や韓国併合といった軍国主義時代に強引に自国領土に編入したことが発端であり、中国や韓国はそういう歴史的な文脈で領土問題をとらえていることを、私たちは重く受け止めなくてはなりません。中国は四〇年前の国交回復の時に、大局的な観点から「棚上げにして賢い後世に解決をゆだねよう」としましたが、当時尖閣諸島の実効支配を日本がしていたことを考えたら、大変な「譲歩」だったと思います。今回政府が石原慎太郎東京都知事の挑発に乗り国有化の方針を決めたことは、そうした日中間の信頼を裏切る行為で外交的には下の下です。

二〇一〇年に普天間問題が暗礁に乗り上げたときにも尖閣の漁船衝突問題が起きました。オスプレイの普天間基地配備問題は実は米海兵隊にとっては沖縄からの撤退にもつながる問題と見ていると私は思っていますので、この領土問題を必ず利用します。グアムで九月のこのタイミングで日米合同軍事演習が島への上陸作戦として行われたことで、その意図は明らかになりました。うさんくささを感じます。

日本の対米貿易額が一五％程度、中国・台湾・香港、いわゆる中華圏とは四〇％にまで占める現状では、経済的な側面からも日本にとって何がプラスか、方向ははっきりしています。

韓国と日本軍「慰安婦」問題の解決など国としての謝罪と補償の方針をしっかり打ち出して信頼関係をつくり、「和解の海」としてウインウインの関係を構築する必要があります。

アジア外交、特に東アジア外交の再構築に向けて全力を尽くします。

沖縄は非暴力直接行動へ

十月一日に岩国からオスプレイが飛行し、普天間基地に強行配備されました。九月九日に十万人以上結集した県民大会を無視した日米両政府は厳しく糾弾しなければなりません。私の後援会長は沖縄県読谷《よみたん》村在住の彫刻家金城実さんですが、九月二七日に普天間基地ゲート前で座り込み、警察にごぼう抜きされました。いま沖縄は県民大会をやっても止めることができないことに対して〝けだるさ（チルダイ）〟と怒りが同居していると語っていました。そして、多くの活動家が直接行動しかな

普天間飛行場上空を飛ぶオスプレイ。2012年9月9日の沖縄県民大会の配備反対決議は無視された（撮影　豊里友行）

いと、「非暴力直接行動」に踏みだそうとしています。逮捕を覚悟で米軍基地のゲート前に座り込み、あるいは車でふさぎ、体を張って行動しています。過去の沖縄がそうであったように、長期抵抗闘争に立ち上がっています。辺野古の環境影響調査の時に、海上のたんか ん足場にしがみついて必死で闘ったように。銃剣とブルドーザーによる軍用地収用に対して立ち向かっていった農民のように。

オスプレイの普天間基地配備を受けて辺野古の新基地建設を加速する動きが政府内に出ています。昨年末防衛省は環境影響評価書を沖縄県に送りつけ、県は今年三月に「環境保全は不可能」という知事意見を国に提出しました。今後の展開としては、防衛省は「環境影響評価に関する有識者研究会」の報告を待って環境影響評価を確定させ、来年早々にも公有水面の埋め立て申請を沖縄県に申請する意向と言います。しかし埋立権限を持つ沖縄県は拒否するのは間違いありません。知事の権限を奪う特措法を立法するのか、あるいは県を相手に事務執行の提訴をして、国の代執行を強行するのか、あるいは断念するのか、激しい闘いになります。

辺野古の新基地建設を許さず、普天間基地の固定化・オスプレイ配備を許さずに、粘り強く果敢に闘って行きます。

格差社会・消費税増税NO！ TPP加盟阻止

政権交代後の三年で格差は縮まったのか、NOです。非正規労働者の割合も四割近くまで増加、貧困率も増え、労働者の年収は減少しました。労働者派遣法改正や有期雇用の実効規制を求めるはずの労働契約法改正も抜け道だらけ、結局歯止めはかかりませんでした。最低賃金も時給一〇〇〇円を掲げるも実現しません。むしろ生活保護の見直しなど社会保障の削減策が強化される方向です。

消費税増税で先送りになった社会保障制度改革や所得税などの税制改革、そもそも消費税のあり方、逆進性対策など全く何も決まっていません。社会保障改革国民会議を立ち上げるめどもまだたっていません。富の再配分機能をいかに強化するかという観点に立って、あるべき社会保障制度、雇用など現役世代の応援、不公平税制の是正など精力的に議論し実現を目指していきます。

なぜTPPに反対するのか、一つは日本の農林水産業を守り食料の自給率を上げるためです。ひいては日本の国土の自然環境を守ることにつながります。もう一つは日本の市場にアメリカ型競争原理を導入し、ますます生活格差の拡大につながることを阻止するためです。

野田政権はこの一年加盟のタイミングを計ってきましたが、国会内外の大きな反対に押されて決断することが出来ませんでした。アメリカの大統領選では国内の反対派にも配慮し議論が止まっていますから、焦点は大統領選後の来年に必ず来ます。

格差社会を是正していくことと消費税増税に反対すること、TPP加盟に反対することは、私にとっては同じベクトル上にあります。日米の世界的グローバル巨大資本の利益を優先するのか、憲法に保障された当たり前の生存権を確保するかです。日本に社会民主主義の理念をしっかり定着させなければならないと思っています。

いま、何をなすべきか

こうした政治状況を踏まえて「いま我々は何をなすべきか」が問われています。

私は国会で様々な政策の議論を見てきて、社民党の政策は正しいと思います。普天間・消費税・TPP・原発・格差社会などどのテーマをとっても正しいと確信しています。しかしだからと言って社民党の支持率が増えるわけではありません。正しいことを主張しても支持が増えないというジレンマです。既成政党の一つとして批判的に見られている面もあります。発信力や組織・運動の在り方に問題があるのか、大胆な発想の転換が必要です。社民党が新しく生まれ変わるというメッセージがないと、支持が広がっていかないのではないでしょうか。

今年二月に社民党の党大会がありました。昨年末、突然全国紙で党首選に私の名前が出た時は正直びっくりしました。党の改革に向けていろいろ議論をしました。結局党大会の当日私は幹事長選挙に立候補することになりました。役員選考委員会では直前に副党首にという案も出されましたが、いままで社民党になってから十七年間一度も役員選がなかったと聞きました。選挙することそのものに意義があるのでは、そして社民党が少しでも変わるというメッセージを内外に発信できればと思いあえて立候補しました。どういう社民党にしたいのか、もっともっと議論し活性化していけたらと思いましたが、空回りだったのかも知れません。何の準備もない中で私の声も届かず、その機会は当面なくなりました。

何度も言いますが、いま日本のリベラル政治は最大の危機にあると思っています。戦後社会党が果たしてきた役割、政権交代の時に鳩山政権が果たした役割など不十分さはあっても平和憲法を維持し、戦争できる国つくりへの歯止めの役割を果たしてきたのは事実です。しかし民主党が与党として変質し自民党との違いが見えなくなり、既成政党への失望が高まる中で、ネオファシズムとも言える日本維新の会が台頭しようとしています。どのような政権の組み合わせになろうと憲法が改悪される可能性は戦後最も高くなっていると思います。平和憲法はなんとしても守っていかなければなりません。自民党安倍総裁は次の総選挙の争点は憲法だと言っているんですから。

いままで民主党を応援してきた労組や団体にも問いたいのです。ほんとにこのままでいいのですかと。連合の責任も重いと思います。消費税増税・TPP賛成、三〇年代原発ゼロにまでクレームつけるなど電力や輸出産業、基幹産業などの財界の動きと軌を一にしているように見えます。労働戦線の新たな再編が必要です。

様々な市民団体があり、官邸前の脱原発行動など多くの新しい動きがあります。「平和・人権・脱原発」というこの三つのキーワードで国政への選択肢が必要です。それは社民党だけでは力が弱い、社民党もその中心的な柱の一つとして、もっと大きなネットワークをつくりながら、日本の政治の将来を展望していくことが求められています。国政で多数派になるのは困難としても、もう少し大きな塊をつくって国政のキャスティングボートを握るのは可能ではないでしょうか。

そのためにも社民党が頑張る、社民党自身が変わる。私もその先頭にたって頑張ることをお誓いして国会活動の中間報告をひとまず終わりたいと思います。

2部

国会体当たり奮闘記

第2部では、私が取り組んできた政策テーマについて、国会での質疑や質問主意書をはじめ、各種資料をご紹介します。第1部と合わせて読んで頂ければ、私や社民党の取り組みをよりよく理解して頂けると思いますし、報道だけでは見えてこない大事な論点や裏舞台も浮き彫りになると自負しております。同時に、まだまだ政策実現の道半ばであることも実感しますし、今の政治の機能不全ぶりも痛感します。相当詰め込んだなと思われるかもしれませんが、これでも、紙幅の関係で、多くのトピックを割愛せざるを得ませんでした。テーマごとに整理していますので、順番に読んで頂いてもいいですし、目次を見て興味のあるところから読んで頂いてもよいかと思います。

なお、国会会議録については主旨が変わらない範囲で編集しております（表記については原文のママ）。関心のある方は衆議院のホームページから会議録全文を読むことができますので、ご参照下さい。巻末には、本書に収録できなかったものを含め、私の質問主意書の一覧を付しました。

第1章　3・11で脱原発への決意を新たに

第1節　3・11その時から

東日本大震災と福島第一原子力発電所事故を受けて、社民党は即座に「原子力発電所等事故対策本部」を立ち上げ、私は事務局長に就任しました。社民党では、メルトダウン（炉心溶融）という重大な事態であるとの認識の下で、菅直人総理や官邸を訪ね、至急取るべき対策を数次にわたって要請するとともに、連日開催された与野党・政府の対策会合でも提言を重ねました。福島第一原発事故の検証については、国会、政府、民間、東電の四つの事故調査委員会の報告が出揃い、事故対応についても様々な事実が明らかになっています。改めて3・11直後から私たちが何を申し上げていたかを振り返ると、これらの要請、提案をスピード感を持って実行してもらえれば、少しでも被害の拡大を抑えることができたのではなかったかと悔しく、申し訳ない気持ちで一杯になります。国会事故調は、福島第一原発事故は「人災」であったと断じましたが、事故後の対応についても、「具体的に提案されていたのにやらなかった」という意味で、まぎれもなく人災でした。そして、それは今に至るまで続いているのです。各種事故調の報告書を補完する一つの証言として、首相官邸に直接届けた要請文を掲載します。また、「人災」ということのなかで、SPEEDI（緊急時迅速放射能影響予測ネットワークシステム）の予測が即座に公表されていれば、無用な被ばくをしなくて済んだのではないかと怒りが高まっています。ここでは四月二〇日の私の質疑を掲載します。

もちろん、福島第一原発で何が起こっているのか、見通しはどうなっているのか、その情報公開や説明のあり方も大問題となっていました。私の事務所では三月十一日当日から事実上二四時間体制で情報収集をし、分析をしていました。公表資料や政府・東電の記者会見をリアルタイムで追っていた私たちには、すでにメルトダウンが起こっていて、もしかしたら打つ手のない状況になるのかもしれないとはっきりと感じられました。福島第一原発ではもっとひどい事態が起こり得たし、そうならなかったのは全くの偶然であったのだと今でも思います。

政府や東電の発表があまりに分かりにくい中、情報を整理して私のブログに掲載した福島第一原発の概況（事故後数週間は一日数回更新、その後も十月三一日の第二五五報まで毎日一回更新）は多くの方々から参考になると評価して頂きました。他党のある国会議員からは「いつも最新版を持ち歩いているんです」と言って頂きました。とはいえ、私たちも公表資料を元に分析するしかありません。ですから、国会質疑などの場を通じて、結局何が起こっているのかとか、メルトダウンしているのではないかとか、様々に尋ねました（四月七日の議事録を一例として掲載しました）。でもよく分からんわけです。というより、ちゃんと答えない。事故調報告書が出揃った今では大分事実が明らかになってきましたが、あの三月、四月の時点で、何でももっとちゃんと情報公開をし、説明をできなかったのか。このことは引き続き追及していかないとならないと思っています。

福島第一原発では、とにかく冷やさなければならないという一方で、あちこちから冷却水が漏れ建屋内や敷地内に溜まり、海にも流出するという「汚染水」が大きな問題となっていました――今に至るまで安定した冷却システムは大きな課題です。このことは事故収束作業の障害にもなりましたが、四月四日に「低濃度」の汚染水を海洋へ意図的に放出するという事態が発生しました。政府・東電はやむを得ない措置であったと弁明しましたが、周辺自治体や漁協はもちろん、韓国をはじめとする周辺諸国からも抗議の声が上がりました。私は外務委員ですので、国際法の観点から追及しました。この「意図的放出」は、不透明な意思決定プロセス、不十分な説明責任という今回の事故対応を象徴する事態でした。質疑は重要な記録であると思いますので、ほぼ全文を収録しました。

「さよなら原発十万人集会」参加者は17万人に（2012年7月16日）

　対応が遅かったという意味では、放射性物質で汚染されたガレキや土壌の問題は深刻です。私も四月の時点で委員会で取り上げましたが、この段階では法的な整理もされておらず、どの省の所管になるのかもはっきりしていませんでした。ガレキ処理や除染については未だに混乱が続いていますが、質疑録をお読み頂ければ、このような事態を法律が想定していなかったことに加えて、政府がスピード感ある対応を取れなかったことが大きいということがご理解頂けるのではないでしょうか。

同時に、学校二〇ミリシーベルト問題、福島市渡利のような高線量地区の避難問題など、子ども・妊婦をはじめとする住民の健康に対して国はどうするのかが問われ続けてきました。私も、市民団体の政府交渉のお手伝いをしたり、社民党としてあるいは超党派で政府に申し入れたり、いろいろと取り組んできましたが、政府の対応にはどうにも納得がいかない。やはり、「避難の権利」を保障し、賠償や支援をしっかりとする。東電に責任を果たさせることを含め、国が最後までしっかりと責任を取るということが必要です。社民党も頑張って、超党派の議員立法で被災者支援法ができたところですが、その運用もしっかり監視しないとならないと思っています。健康被害の補償については なかなか損害賠償法の世界だけでは難しいかもしれませんし、いずれにせよ長期にわたる診断・調査や支援が必要になりますので、原爆被爆者の援護法の仕組みにならった包括的な立法措置など、健康・医療保障のための万全の仕組みを作る必要があると考えています。

さらには、福島第一原発の現場で必死に作業に当たっている労働者の皆さんを巡る問題も次々と明らかになっています。「被ばく労働の闇」は以前から指摘されてきたところですが、東電や政府の無責任のつけが現場の労働者に回され、都合よく切り捨てられることがあってはなりません。現場労働者の権利と健康が守られ、労災補償や雇用・生活支援にも遺漏がないよう取り組みたいと思います（以下の要請書や各委員会の文書は発表時のままの表記——数字表記や漢字表記など——を原則としています）。

○メルトダウンを指摘、避難区域拡大を要請

社民党要請書①　２０１１年３月13日

東北地方太平洋沖地震による日本国内の原子力発電所等における事故対応に関する要請

社民党原子力発電所等事故対策本部
本部長　福島みずほ
事務局長　服部良一

東北地方太平洋沖地震の被害への昼夜を問わぬ対応に敬意を表します。社民党としても、「東日本大震災対策本部」ならびに「原子力発電所等事故対策本部」を設置し、被災されたすべての人々の命と健康を守るために公党として全力を尽くす所存であり、政府にも最大限の協力を惜しまないことを、ここにお約束いたします。

さて、この度の大震災の影響をうけ、原子力災害特別措置法に基づく我が国初となる原子力緊急事態宣言が発出され、福島第一原子力発電所1号機における炉心溶融や建屋の爆発、また同３号機における炉心溶融の危険性など、日本の原子力行政が始まって以来最悪の重大な事態にいたっております。

現在避難をされている住民の方々はもちろん、多くの国民が不安な思いで事態の推移を注目しています。また、住民の被曝情報や現場作業員の事故情報も急増するなかで、詳細状況の把握と徹底した安全対策、国民への真摯な説明が、いま求められています。

社民党は、これまでも一貫して原子力発電所等の危険性を指摘して参りました。原子力行政にあたっては、常に最悪の事態を想定した現状認識と危機管理が必要です。また、炉心溶融の有無や建屋爆発の原因、被曝情報等の開示の遅れなど、政府の対応に懸念を表明せざるを得ません。

したがって、日本政府に対し以下の緊急対策を求めます。

1．原子力災害対策本部の機能を補完・強化すべく、電力会社、地元自治体、専門家等を含めた国を挙げた体制を立ち上げること。

2．施設周辺住民の命と健康を守ることを最優先し、常に最悪の事態を想定した徹底した安全対策を確実にすること。その際、病院入院患者や職員、特別養護老人ホームの高齢者や職員等、避難が難しい状況にある方々に十分な配慮と支援を行うこと。

3．事故現場で懸命の努力を続ける作業員や関係者の被曝管理に万全を期すこと。

4．発生した事故や、事故に伴う放射線量値、事故危険性、各種作業に伴うリスク情報など、徹底的な情報開示と安全対策の説明を行い、周辺住民ならびに国民の不安の解消に誠意を持って努めること。

社民党要請書②　2011年3月15日

内閣総理大臣　菅　直人様

福島第一原子力発電所の事故への緊急対応について

社民党原子力発電所等事故対策本部
本部長　福島　みずほ

東北地方太平洋沖地震の被害への昼夜を問わぬ対応に敬意を表します。

さて、大変遺憾なことに、福島第一原子力発電所における数次の爆発や炉心溶融、原子炉格納容器の破損など、日本の原子力行政が始まって以来最悪の極めて危機的な事態が発生してしまいました。現在避難をされている住民の方々はもちろん、多くの国民が大変に不安な思いを抱えて事態の推移に注目しています。社民党は、これまで一貫して原子力発電所等の危険性を指摘してきましたが、今回被災された方々及び放射線被曝の不安をかかえるすべての人々の命と健康を守るために全力を尽くす立場から、以下の緊急対策を求めます。

1. 情報開示の徹底

① 事故状況（第1～4号機すべての状況）はもちろんのこと、広域における放射線量測定値の分布状況、放射性物質の被曝がもたらすリスク情報、気象情報（飛散情報）を迅速かつ定時的に開示すること。その際、常に最悪の事態を想定した現状分析を行うこと。

② 原子力災害対策本部及び統合対策本部による定時会見を即時に実施し、情報発信の一元化を行うこと。なお、定時会見はフリーランスと海外メディアにも開放すること。

2. 被曝被害の最小化と広域避難体制の構築

① 避難対象地域はもちろんのこと、過去の重大な原発事故の汚染状況を考慮し、300キロ圏内の人々、とりわけ幼児や妊産婦に対し、ヨウ素剤（ヨード剤）及び想定される危険性への対応マニュアル等を迅速に配布すること。

② 福島県内のヨウ素剤（ヨード剤）備蓄量が23万人であることに鑑み、全国の備蓄状況を即座に確認し、避難・屋内退避圏内や近隣地域を最優先として移送・配布すること。

③ 子どもや妊産婦、交通弱者等に対する優先的避難を早急に確保すること。

④ 緊急被曝医療体制を構築し、万一の事態に備えること。

⑤ 希望者への速やかなスクリーニングと除染を実施できる体制を整えること。

⑥　スクリーニング時における証明書の発行等、被曝管理を早急に徹底すること。
⑦　避難・屋内退避圏内への適切な立入の制限を行うこと。
⑧　自治体との協力を含め、スムーズな広域避難を可能にする体制を構築すること。
⑨　近隣都道県に対する避難方法の早急な検討指示や教育機関・福祉施設等に対する適切な指示、不要不急の経済活動の自粛要請等を行うこと。

3．放射線量の広域モニタリング体制の構築
①　影響を受ける自治体との連携に基づく、飛散放射線量の広域モニタリング体制を立ち上げるとともに、放射線量の測定値と分布を定時的に公表する体制をつくること。
②　自衛隊による空中モニタリングや海上保安庁による海上モニタリング、原子力安全センターの防災モニタリングロボット及び航空機放射線モニタリング機器など、利用可能なあらゆる資源を最大限に活用すること。

4．国際原子力機関（ＩＡＥＡ）等の国際機関や諸外国に対し、適切に協力を要請すること。

社民党要請書③　２０１１年３月17日

福島第一原子力発電所の危機的事故をうけた緊急要請

社民党原子力発電所等事故対策本部
本部長　　福島　みずほ

大変遺憾なことに、福島第一原子力発電所の事故は、現場作業員の命がけの作業をはじめ関係機関各位の懸命の努力にもかかわらず、放射性物質が大量に漏れ出す恐れが刻々と高まるという極めて危機的な事態に至っています。被ばくの危険にさらされている周辺住民の皆さんのお気持ちを思うと、胸が張り裂ける思いです。多くの国民も大変に不安な思いを抱えています。

この極めて危機的な事態をうけ、困難と不安をかかえるすべての人々の命と健康を守るために全力を尽くしたいとの思いから、以下三点を強く申し入れます。

記

1．20km～30kmの屋内退避指示圏内の住民を、ただちに30km圏外に避難させること。
2．γ線だけでなく、α線も対象とした広域放射線量モニタリングの体制を早急に確保すること。
3．東海地震の予想震源域に位置する浜岡原子力発電所の停止を決断すること。

○SPEEDI公表を要求

2011年4月20日　外務委員会

服部　SPEEDIのデータが二千枚ほどあることが明らかになりました。

文科省が出しているSPEEDIの資料には、こう書いています。放射性物質が放出されたり、あるいはそのおそれがあるという緊急時に、放射性物質の大気中濃度や被曝線量などを迅速に予測するシステムだ、そして国や地方自治体は、SPEEDIネットワークシステムが予測した情報によって、周辺住民のための防護対策の検討を迅速に進めることができる、と。百二十八億円投資して、全然役に立っていない。

二千枚のデータがあるにもかかわらず二枚しか公開されていない。この判断は文科省がされたんですか。

伊藤・文部科学省大臣官房審議官　今回の事故を受けた対応において、放射線の影響を評価する観点から、SPEEDIについては原子力安全委員会において運用されるという役割分担をしたところです。

原子力安全委員会は、三月二十三日、四月十一日にSPEEDIの試算について公表したと承知しています。

服部　きのうの東京新聞に「官邸が公表止めた」という記事が載っていますが。衆議院科学技術特別委員長の川内氏が文科省に問い合わせたところ、対外公表については官邸からの了解が必要だと答えていますが、文科省としては公表できるという意味じゃないんですか。

伊藤審議官　今回のSPEEDIの運用あるいはその成果の公表については、原子力安全委員会において適切に判断されるものと承知しております。

服部　二枚しか出さなかった、これは安全委員会として判断をされたということですね。

代谷・原子力安全委員会委員　安全委員会としては、SPEEDIの結果について、一時間ごとに出るものは参考にさせていただいています。SPEEDIがもともと期待されていた役割が果たせない状況であったことも事実です。SPEEDIを運用する場合に一番大切なところは、どういう放射性の核種がどれだけ放出されているかがわかって、初めて予測が成り立ちます。ところが、今回、放射性物質の放出の源のところがわかりませんでした。そういうことで、安全委員会としては、文部科学省がやっている測定のデータに基づいて、逆計算をして放出源の情報を推測してきた。その精度等の問題があったので、現在までに公表したのが、二枚になったということです。

服部　科学者によれば、天気予報みたいなもので、一〇〇%は当たらないけれども、その予測を出すのが本来のSPEEDIの目的であって、何のためのSPEEDIなんですか。

官邸がとめたという記事がありますが、誤報だと認識していいわけですか。

代谷安全委員　この公表について、そういうようなことがあったという事実は認識しておりません。

○収束見通しを問う

2011年4月7日　災害対策特別委員会

仙台市若林区（2011年3月21日撮影）

服部　国民は、いつになったらこの原子力事故が収束するのか大きな関心を持っています。国は、幾つかのシナリオに基づいて、しっかりとしたメッセージを発する時期、説明する時期に来ていると思います。

一点目、現在進行中のタービン建屋、トレンチ等にたまっている汚染水の除去作業が完了するまでにどれぐらいを要するのか。二点目、タービン建屋内、原子炉建屋内の作業環境を整えるための除染作業にどれぐらいの日程が要るのか。その上で、三点目、安定的な冷却循環機能、電源、配管系の復旧を含めてどれぐらいかかるのか、そして冷温停止が実現するのにどれぐらいかかるのか。

中西・経済産業省大臣官房審議官（原子力安全・保安院担当）　福島の第一原子力発電所一号機から三号機における冷却機能の復旧ということで、その前段階の作業としてのタービン建屋の放射性の排水を除去しています。具体的には、タービン建屋の水を復水器に移すため、復水器の中の水を復水貯蔵タンクに移す作業を進めている段階です。そういった作業を着実に進めていますが、現時点で確たる時間的な見通しを申し上げることは極めて困難です。

服部　全然わからないということですか。冷温停止までに大体どれぐらいかかるという見通しですか。

中西審議官　とにかく冷却機能を安定的にできるように作業をやっています。とはいえ、作業を進めている中で、新しい問題に直面しています。それを一個一個つぶしているのが現状で、具体的な冷温状態に持っていくためのスケジュールは明確にできない状況です。

服部　仮に冷却循環機能が復帰しても、圧力容器、格納容器、圧力抑制室、配管等の損傷がある中で、本当にそれが機能するのかという疑問を持っています。今朝の読売新聞に、石川迪夫日本原子力技術協会最高顧問が、直径約四メーター、厚さ約二メーターの巨大な半熟卵のような塊になってたまっているんじゃないかと。燃料棒が塊になると、表面に冷却水を流しても中の除熱が難しく、炉の冷却にさらに時間がかかることも予想されるという記事も載っています。圧力容器の損傷の実態をどう把握されているのか。さらに損傷が進む可能性はないのか。仮に循環機能を回復したとして、水がじゃじゃ漏れになっている中で、本当に冷却循環が機能するのか。今後の見通しについて答弁を求めます。

久木田・原子力安全委員会委員　原子炉の計測器類がほとんど使えない状態になったので、原子炉の中の状態の推定については大きな不確かさが伴うことは事実です。東京電力が燃料の損傷率として七〇%から二五%といった数値を示していますが、この数値については、ごく限られたプラントデータから推定したものと理解しています。炉心の中の具体的な状況のいかんにかかわらず、冷却を維持し、最終的に冷態停止状態に持っていくこと、そして、その過程での放射性物質の放出を極力抑制することが必要であることは確かです。

石川先生の御指摘については、非常に限られた状況のもとで、これまでに知られている事故についての知見等をもとに推定を示されたものと理解しています。

服部　安全委員会は四月四日の記者会見で、放射能が外部に漏れ出すのを食いとめるのに、現場の状況により、二カ月かもしれない、五、六カ月かもしれないと言っていますが、どうですか。

久木田安全委員　現在の状況で具体的なスケジュール等をお示しすることは大変難しいと考えています。いずれにせよ、月オーダーの作業は必要であると考えています。

服部　細野総理補佐官が数カ月と言われましたが、政府としては、現時点で、どういう見通しを持っているのか。

田嶋経済産業大臣政務官　細野補佐官の発言は、ある選択肢をとれば放射能を外に出すことを抑えられるという期間的な目標という趣旨で発言したものと受けとめている。できるだけ早く収束させることが目標だが、具体的な期間について責任を持って答えられる状況ではない。こう官房長官が答弁しています。現時点では確たる見通しをお示しできる状況には至っていません。

服部　避難している方は、一体いつごろのめどを持って避難生活をすればいいのか、本当に悩んでおられる。最悪のシナリオを描いた場合にはこれぐらいになりますよと、幾つかのパターンで見通しを示すべきです。いつまでも、わからない、わからないでは、かえって国民は不安に感じるんじゃないでしょうか。

○汚染水の意図的海洋放出について

2011年4月13日　外務委員会

服部　四月四日、福島第一原子力発電所から低レベルの放射能汚染水が大量に海に放出されました。海外からも厳しい声が出ています。まず、四月四日、十五時三十分に東京電力から、放出するという発表がありましたが、その三十分後に、外務省として定例で外交団にブリーフをされた。韓国側は、これは放出の検討であって放出するという説明はなかったと記者会見で言っていますが、事実ですか。

松本外務大臣　既にその時点で東京電力が発表していますが、線量の低い水を海に排水して、二号機の高濃度のたまり水を排水できるタンクを確保することを近く始めるという発表があったと承知をしています。

服部 海に放出するということは、十六時のブリーフの時点で明確に言われたんですかとお聞きしている。

松本外務大臣 線量の低い水を海に排水することを近く始めるという発表があったと申し上げました。

服部 いや、韓国側は、まだこれは検討段階だという受けとめだった、と。その後、外務省からファクスを海外に流したということですが、どういう内容で出されたんですか。

松本外務大臣 近く始めるのが本日中だと判明したので、本日中に開始されるということを説明しました。

服部 チェルノブイリ原発事故の現場処理の責任者を務めた環境専門家たちが十一日にモスクワで記者会見をして、日本の措置を国際犯罪だと非常に厳しい指摘をしています。日本は汚染水に含まれる物質を明らかにしていない、その影響に関する科学的予測もなしに放出したと指摘をしています。

ファクスでは、汚染の影響とか、どういう物質がどう出るのかということは説明されたんですか。

松本外務大臣 三時半に発表されるという情報を得て、その時点で我々が承知しているものはすべて出しましたが、第一報をお知らせしたのが四時の段階でしたし、後刻のファクスについても、本日中に開始をされるということをお知らせをしたわけで、科学的なデータを全部付してそろえたかどうかということに関して申し上げれば、必ずしもそこは確認はできていないということです。

服部 極めて不十分であったということなんでしょう。ＩＡＥＡについては、どの段階で、どのような方法で、かつ、いかなる国際法上の根拠に基づいて通報されたんでしょうか。

伴野外務副大臣 福島第一原発において問題が発生した直後から、原子力事故早期通報条約に基いて、放射線の影響を最小のものにとどめるため、ＩＡＥＡに対し、できる限りの情報を提供しているところです。低レベル放射性核物質を含む汚水の放水に際しては、かかる情報提供の一環として、原子力安全・保安院からＩＡＥＡに対して、放水前に情報提供を行ったと承知しています。

服部 ＩＡＥＡには、何時の時点で、どういう方法で連絡されたんですか。

伴野外務副大臣 四月四日、十七時過ぎに原子力安全・保安院から通報をしていると承知しています。

服部　国内でも、漁協の皆さんとか、一体どうなっておるんだと批判が上がりました。

数年前に、海洋政策担当大臣がつくられております。海洋環境の保全あるいは国際的な連携の確保及び国際協力の推進ということもその基本的な所掌にありますが、大畠海洋政策担当大臣に事前通告はされたんでしょうか。

深野原子力安全・保安院長　直接は連絡していないと思います。

服部　農水大臣あるいは厚労大臣には事前に連絡されたんでしょうか。

深野保安院長　農水大臣、厚労大臣に対しても、直接の連絡は事前にはしておりませんでした。

服部　漁協とか農業関係者には事前に連絡されたんでしょうか。

深野保安院長　福島県などの地元自治体には連絡したのですが、漁協等にはしておりませんでした。

服部　福島県、茨城県には何時の時点で連絡したんでしょうか。

深野保安院長　福島県には当日の三時半ごろに連絡したと思います。茨城県については事前に連絡することができませんでした。

服部　今回意図的に放出された、海洋に出た放射線量物質の推計は何ベクレルと見たらいいんでしょうか。

深野保安院長　全体で、千五百億ベクレル程度です。

服部　二号ピットから高濃度汚染水が流出しましたが、この放射線量の推計はどれぐらいでしょうか。

深野保安院長　二号機については、どれほどの量が漏れたかというデータが不分明ですので、幾ら出たかということについては、現時点ではわからないということです。

服部　濃度とか、大体一時間当たりこれぐらい流出しているだとか、いろいろ報告があったじゃないですか。こんな肝心なことを、答弁できないというのはおかしいですよ。

深野保安院長　放射線量については、千ミリシーベルトを超えるという大変高いものでした。四月二日の朝から漏出が発見され、四月六日の朝に流出をとめました。ただ、何リッターぐらい出たかはデータがありませんので、どのぐらいの放射性物質の漏出があったかということについてはデータがないという状況です。

服部　低レベルが約九千トン出た、高濃度のものが約二万トン出たという数字もありますが、この高レベルの放射性物質の排出量を把握されていないというのは非常に問題だと思うんですね。レベル7の評価におけるヨウ素の放出量の中には、海水への放出量は算入されていないと報道されていますが、そういうことなんでしょうか。

深野保安院長　国際的な評価尺度の算定に当たっては、大気中に放出された放射性物質の量と、人が直接被曝をするなりして人に直接影響のあった放射線、放射性物質の量、そういうものを基礎にして評価をしますので、水の中に出ているものについては評価の中には入っていないということです。

服部　日本は国連海洋法条約を締結していますが、これは、人の健康だけじゃなくて、自然、海洋生物に対する害、海洋活動、漁業とかに対する障害、海水の水質を利用に適さなくすること並びに快適性の減殺のような有害な結果等々も含めて、トータル的な環境保護を求めています。ですから、海への放出量を至急お出しいただきたい。

大臣は今回の放出が人への健康への有意な影響はないと思うから国際法上の義務との関係で直ちに問題になるものではないと記者会見で話していますが、現段階で、この海洋への放出の影響をどう認識されているのか。

松本外務大臣　記者会見では、あくまで事実認定と法の解釈ということで、例えば、低レベルの排水は、四月四日から実施した、排出基準を超える放射性物質濃度の海洋排出による人への影響については、全身実効線量として〇・六ミリシーベルトと評価されており、原子炉等規制法に基づく線量限度である年間一ミリシーベルトを下回っているという事実などをもとに話したものですが、今回、やむを得ない措置とはいいながら、低レベルとはいえ、放射性物質を含んだ水を放出せざるを得なかったことは大変残念ですし、海洋法など、海洋を汚染から守るという趣旨から見ても望ましいものではないというのは、おっしゃるとおりだろうと考えています。

服部　海外も非常に不信感を持っている原因の一つに、海洋汚染に対するシミュレーションが日本サイドから全然発表されていないわけですね。ちなみに、フランスは、食物連鎖、濃縮の危険性であるとか、あるいは、例えば、数日中は水深二十から百メートルの海中に汚染物質が漂う、一部は海底に堆積する、それから数カ月後には千葉県以北の太平洋沖に達するとか、十－十五年後には赤道付近に到着する、こういうことを発表しています。日本でも、原子力研究開発機構の方が、五年後には北米に到達する、十年後にはアジア東部に到達する、三十年後には太平洋全域に汚染が広まると。その時点で薄まるということはあるにしても、特に食物連鎖の関係でいくと、昆布とかそういったものに非常に濃縮される可能性があると。こういったことをきちっと出す、シミュレーションして説明することが非常に重要です。

大臣は、緊急やむを得ない措置だとおっしゃるわけですが、ロンドン海洋投棄条約で、緊急の投棄においては、影響を受けるおそれのあるすべての国及び機関と協議を事前になした上で、近隣諸国は投棄をする特別許可を与えることができるということで、近隣諸国がその説明を受けた上で、これはやむなしと許可をしたら投棄ができるという規定になっているんですよ。

何でくどくど言っているかというと、逆のことがある。日本でも、日本海にソ連が核廃棄物を投棄したということが問題になりました。これは一九九二年ですが、ロシア側から事前通告がなかったということで、当時の細川首相は甚だ遺憾なことだから抗議だ、江田科学技術庁長官は周辺諸国に配慮を欠き大変遺憾だ、即時停止を求めたい、それから、外務省は駐日ロシア大使を呼んで抗議している。このときの放射能の排出量は四百億ベクレルと言われていますが、今回の低レベルの放射性排水はもっといっぱい出している。だから、我が身をきちっとしないと海外に文句も言えない。例えば、韓国で同じような事故があったときに一体どうするんですか。そういう意味で、日本としてきちっとやることはあるだろう。その検証及び反省も含めてきちっとしていただきたい。

今回の対応が、国際法上、本当に問題ないのか。関連する条約が三件あるようです。国連海洋法条約、ロンドン海洋投棄条約、原子力事故の早期通報に関する条約ですけれども、今振り返ってみて、今回の投棄が本当に国際条約に違反していないと言えるのかどうか、大臣の所見をお聞きします。

松本外務大臣　我が国としては、国際法上の義務、国際法が遵守された形でいかなければいけないということはこれまでも心がけてきたと考えております。その上で、私どもとしても、各条約の趣旨にかんがみても低レベルの放射性の汚染水を排出せざるを得なかったのはやむを得ない判断だったと説明を受けたところですけれども、望ましくないということは事実ですので、そのことをよく認識して各国に丁寧に説明をし、情報を提供することが必要だということは改めて肝に銘じておきたい、こう思っております。

2011年4月15日　外務委員会

服部　二〇〇七年にはアメリカの原子力潜水艦のヒューストンからの冷却水漏れ事故があり、沖縄でも大変大きな問題になりました。このとき外務省としては、事案の軽重にかかわらず、いかなる場合であっても、すなわち放射能漏れのおそれがない場合であっても、その安全性に関する通報がある場合には、関係省庁、関係自治体に遅滞なく連絡、通報すると決めています。そういう点からすると、今回、放射能を出す側になった政府の対応には、政治の顔が見えないと私は思っています。そもそも、国民への告知の第一報が何で東京電力だったのかも理解ができない。今回の放出は、原子力災害対策本部は協議決定をされたんでしょうか。

中西・経済産業省大臣官房審議官（原子力安全・保安院担当）　今回の低レベルの汚染水の放出については、ピットからの高レベルの汚染水の漏出がとまらない状況の中で、四日の朝、緊急のやむを得ない措置として放出を実施したいという、東京電力よりの連絡を受けました。原子力安全・保安院では、東京電力から、海洋放出が必要となった背景、環境にどういう影響を与えるのか、その後の放出の考え方といったことについて逐次情報を受けながら、経済産業大臣にも報告し、了解をいただきました。その間、総理、官房長官にも了解を得ながら具体的な決定をしたというのが経緯です。

服部　原子力災害対策本部としての協議決定を経たんですかとお聞きしているんです。

中西審議官　一連のプロセスの中で、最終的な判断として、原子炉等規制法に基づいて経済産業大臣が決定しました。その過程においては、総理あるいは官房長官の了解もあらかじめいただいております。

服部　官房長官は、十六時の定例記者会見のちょっと前に連絡を受けたという話もありましたが、放出の意思決定はだれが責任者としてされたんですか。菅総理には何時の時点で連絡があったんでしょうか。

中西審議官　具体的な日時については、手元にはありませんが、最終的な判断をやる場合には総理の了解をいただいていると承知しています。

服部　事前にちゃんと通告しているわけですから、とぼけた返事をしないでほしい。結局、原子力災害対策本部としては協議していないということでしょう。協議しておれば全大臣が参加することになっているわけですよ。ところが、農水大臣知らない、厚労大臣知らない。だから、政治が一体だれの責任でこういう重大な問題を決断したかということなんですが、その際、国際条約を考慮されたことはありますか。

中西審議官　国連海洋法条約では、いずれの国も海洋汚染を防止する一般的義務を負っているということから、放射性物質による汚染を当然防止するということは承知しています。このような観点で、実行可能な最善の手段を用いながら、かつ、自国の能力に応じて、仮にそういう汚染物質を放出するときにも、最小にするための措置をとるということを踏まえながらやることは、一応認識していました。

事前の判断の中に、各海外とのいろいろな約束についてのちゃんとしたサーベイがあったかどうかということについては、やむを得ない判断、処置だった、緊急避難的な放出だったと認識しているところです。

服部　要するに考慮していないということでしょう。もし考慮しているんだったら、これは条約ですから、外務省に事前に協議があってしかるべきだと思いますが、外務省に相談はあったんですか。

また、外務省は、十六時にブリーフをしていますが、その前段で、この海洋法条約について検討はしましたか。

松本外務大臣　十五時三十分に第一報を得たわけですが、その時点で、条約についての適否などについて検討が行われたという状況ではありませんでした。四時からは在京外交団のブリーフがあるということだったので、とにかく、わかっている事実は在京外交団にお伝えをすべきだということで、情報が得られ次第、在京外交団にお伝えをすると同時に、官邸の外国プレスへの説明についても、できる限りの情報はお出しをするということで、させていただいているところです。

その上で、私自身の率直なところを申し上げれば、時間がない、情報がない、対応するための資源がない、もしくはそのいずれもがないというのがある種危機的な状況と言えるとすれば、何をどう選択をするか。恐らくその時点では、極力放射能の外への拡散を全体として最小限に食いとめるということ、さらには、原子炉が、この後、飛躍的に放射能を外へ出してしまうことのないように冷却を続けるということを最優先事項として、それには早くかかる措置をとるべきだという、緊急避難的という話がありましたが、その判断そのものはやむを得ぬ措置であったのではないかなと、説明を聞く限り、私は思っているところであると申し添えます。

服部　原子力災害対策本部でも議論がされなかったし、国際条約の認識もされていなかった。外務省自身もそういう認識を当初持たれていなかったということで、極めて大きな反省点だと思うんですね。

しかも、緊急だったからやむを得ない措置と言われているのですが、このたまり水の問題というのは、三月二十四日からもう発生しているわけなんですよ。NHKは、三月三十日に、東電は、分析の結果、問題がないと確認されれば海に放出することも検討、と報じています。ですから、少なくとも数日間、一週間余り、どうするかという検討がされているんですよ。急で検討する間もなかったというのは、全然答えにならない。

外務省の出されたファクスも見ました。ブリーフィングで簡単に触れた福島第一原発からの低レベル放射能汚染水の放出は今晩遅くに開始される予定である、この説明だけ。放出量も環境影響に対するコメントも一切なければ、影響については今後こう出しますという説明もない。しかも、放出は七時三分からやっているのに、このファクスは七時五分だと。問題が大き過ぎると思います。このファクスは、国連海洋法条約や原子力事故早期通報条約といった国際法に基づいた通報じゃなくて、ただ単に外務省としてはお知らせをした、東電が発表したからお知らせをしたというだけのものなんですね。

松本外務大臣　低レベル放射能排水の放出の際に、連携ないしは連絡に行き届かぬ点があったことで厳しい評価をいただいていることは、真摯に受けとめて、今後改善をしなければいけないと考えているところです。

通報も、各種の条約に記載されていますが、私どもとしては、義務となっている早期通報条約の二条と同様の通報を当初からずっと続けてきているという位置づけです。しっかりとこれからも連絡を各国また国際機関、これは条約に基づけばＩＡＥＡを通じてという部分もありますが、在京も含めて、各国直接も含めて、丁寧に説明をしていきたいと考えておりますが、四日の件については、真摯に受けとめたいというのが率直な立場です。

服部　今回の海への放出は、国連海洋法条約の第二百十条及び第二百十六条、それからロンドン海洋投棄条約の

第四条第一項（ａ）号等に定める「投棄」に当たると解釈していますか。

松本外務大臣　国連海洋法条約上もロンドン議定書上も、「投棄」という言葉の定義だけを取り上げれば、廃棄物等を船舶等から海洋に処分する行為等ということで位置づけており、これらの条約等に言う「投棄」には当たらないということになります。しかし、低レベルとはいえ、放射性物質を含んだ水を放出せざるを得なかったことは大変残念なことですし、また、あらゆる発生源からの海洋汚染を防止するという一般的な義務を定めている国連海洋法条約の趣旨に必ずしも適ったものでないとは思っているところです。

服部　イギリスとアイルランドでは、ＭＯＸ工場からの廃棄で裁判まで起きています。陸上からの投棄なんですけれども。条約は、海からの投棄だと書いているわけですが、例えば悪いですけれども、千島列島あたりに工場ができて、ここは島だ、島だから陸だと。そこからの投棄だから事前通報の対象にならないといっても、そんなことは現実に通用しないじゃないですか。ですから、この条約の趣旨に沿ってきっちり対応していただきたいわけです。外務大臣は四月五日の記者会見で、他国に対して影響を及ぼすような量ではないということで、通報義務は負わない、自発的な連絡であるという趣旨の発言をしていますが、そういう理解なんでしょうか。

松本外務大臣　投棄についても、法的に解釈をして詰めて回答すればということで申し上げましたが、是とされるということで通用する話ではないという指摘については、しっかり受けとめてまいりたい。通報についても、位置づけ、解釈から考えればということで申し上げましたが、一条で義務が課されていることと同様に、通報を、内容そして時期ともにするという意識でしっかりやっていかなければいけないと考えているということです。

服部　通報の義務ないし道義的責任はある、しかし、それは結果的にはできなかったということですか。

松本外務大臣　国際社会の一員としての責務という意味で、国際社会にきっちり説明をあらかじめする、通報することが必要であるという指摘であるとすれば、そのとおりだと思っております。そして、四日の低レベル放射能汚染水の排出については、確かにいろいろ検討されてきた経緯もあるわけですが、できるだけ早く行うことが結果としては放射能全体としておさめるという意味では、早く行動に移したいという部分を含めた緊急避難的要素というのは理解できなくはないわけですけれども、連絡、連携について厳しい評価をいただかざるを得ない結果になっているということは真摯に受けとめたいということです。

服部　政治主導と言いながら、これだけ外交問題になるようなことについて、条約に基づいた検討もされずに、ばたばたとモグラたたきみたいに対応されているんじゃないかということで、非常に懸念をしている。しっかりとした対応を政府に求めます。

２０１１年４月20日　外務委員会

服部　高濃度の汚染水について、放射性物質、どれぐらいの量を放出されたか、数字をお示し下さい。

中村原子力安全・保安院審議官　現在、周辺海水への影響について調査を継続しています。具体的に汚染水の放出量を推計するに当たっては、定量的にどの程度の水量が放出されたのかということを確認することが必要で、その確認を行っているところです。引き続きその推計に努力をしていきたいと思っております。

服部　先日の各党・政府の合同会議でも議論になりましたが、政府の方からも早く出せという指示を出しているということでした。結局、いつ出るんですか。

中村審議官　できるだけ早く出せるように努力をしていきたいと思っております。

服部　私が非常に心配していますのは、先日、保安院から海中モニタリングの報告が出て、沖合三十キロでデータが上がっていますよね。これについて保安院自身が、高濃度の汚染水が漏出した経過があると認めている。それから、放出場所に近いケーブルピットであるとかスクリーン流入水だと、五百二十万ベクレル／立方センチ、あるいは五百四十万ベクレル／立方センチという非常に高濃度の汚染水が発見されている。低レベルの汚染水は六・三ベクレルなんですよね。その比較を単純にしますと、八十六万倍の違いになる。保安院の資料によると、一万三百九十三トンの低レベルの汚染水を放出したということですが、これを割り戻しますと、高濃度の汚染水であれば十二リッターで同等の放射線量になる、もし五百四十万ベクレルのものが出ておればですよ。推測しにくいというのは百歩譲って理解できるとしても、大体ミニマムでこれぐらい、マックスでこれぐらいということを情報開示して警告をするといいますか、そういったことが本来の役目だと思うんですね。情報公開という意味においても非常に問題があると言わざるを得ません。

大臣は、義務となっている早期通報条約の二条と同様の通報を最初からずっと続けている、と答弁をしています。二条に基づくのではなくて、二条と同様の通報。国内的には、第十五条事象発生、原子力緊急事態宣言発令とか続いてきたわけですが、早期通報条約の二条に基づいて正式に通報したということはあるんでしょうか。

松本外務大臣　国際機関、そして関心の高い近隣の国々などに通報することは大変重要なことであると認識しておりますし、国際社会への情報の透明性も大変重要なことであると思っております。大切なことは、できる限り情報を公開して、国際機関を初め関係のところには内容のある通報をせよとすることが早期通報条約の趣旨であると理解をしており、その意味で、義務的な通報と同様の情報公開、通報をしていくということが大切なことだと申し上げてきたところです。通報条約そのものを読んでいくと、二条の場合は、第一条で定義する「他国に対し放射線安全に関する影響を及ぼし得るような国境を越える放出をもたらしており又はもたらすおそれがある事故の場合」の物理的な影響を受けており、または受けるおそれがある国及びIAEAに対する通報を規定しているということで、具体的にこれを解釈していけばどのような通報かということの議論ができると思いますが、大事なことは、二条と同様の通報をずっと私どもがしているということではないかと思いましたので、そのように答弁をさせていただきました。

服部　要するに、条約の趣旨に沿っては対応しているが、この条約二条に沿ってやっているわけではないよ、こういう答弁ですよね。どこまで被害が広がるかわからない、判断がつかなかったとか、いろいろあるのかもしれませんけれども、このレベル7という今の局面において、今でもそういう認識なんでしょうか。

松本外務大臣　レベル7そのものは、事象評価をしたものであって、これによって何か新しいことが起こったということではないと理解しております。高濃度汚染水についても、政府としても、海洋についてもモニタリング調査を行って、そのデータも発表しているところだと思いますが、またSPEEDIも同じような話だったと思いますけれども、元を測ることができないので、出た先から元がどのぐらいであったかを測ろうとしているということで、なかなか数字が出てこないという点で指摘をいただいているんだろうと思います。しっかりとこの状況を把握していきながら、日々どういう状況で、私どもが国際法上もどういうことをしなければいけないかということには遺漏のないようにしてまいりたいと思っております。

服部　煮え切らない返事ですが、国際社会の信用を高めるためにも、しっかりした情報開示をお願いします。

○放射性物質で汚染されたガレキや土壌について

２０１１年４月30日　災害対策特別委員会

服部　松本大臣、放射能に汚染をされた瓦れき及び土壌の処理についてスピードアップするという答弁をしていますが、この所管省は環境省ということでいいんでしょうか。

松本防災大臣（兼環境大臣）　廃棄物処理法上、放射性物質及びこれに汚染された廃棄物は法律の対象から除外されていますが、環境省が中心となってこの問題に当たる必要があると考えています。

服部　これは法の空白にあると指摘されていまして、原子炉等規制法は発電所の中の処理だと。廃棄物処理法で、放射性物質については除外されている。そのほか、原子力災害対策特措法、原賠法、いろいろあるわけですが、どうされるんですか。産廃の法律を変えるのか、あるいは新しく立法するのか、根拠法に対する考え方はどういう議論になっているでしょうか。

伊藤環境省大臣官房廃棄物・リサイクル対策部長　現行法令においては、原子力施設外に放射性物質が飛散し災害廃棄物に沈着する事態は想定していませんでした。そのため、処理方法についてもまだ決められていないということで、現在、関係府省間で、どうやって処理していくかということについて検討しているところです。
服部　検討しているといったって、もう五十日たっているわけで、どうなんですか。
伊藤部長　これは環境省が中心になり、福島県内の災害廃棄物の処理の方向については、放射性物質により汚染されている可能性があるということも考慮に入れた上で、当面の方針について政府部内で取りまとめ、今、福島県に対して、説明をしたいということで申し入れているところです。
服部　どういう方向づけをして説明するということなのかがさっぱりわかりません。
もう一つ、土壌については土壌汚染対策法があって、これからも放射能汚染の処理は除かれている。これも同様の検討が必要だと思うんですけれども、その方向はどうなっていますか。
伊藤部長　福島県内の廃棄物処理の進め方については、避難区域及び計画的避難区域については、当面の間、移動及び処分は行わない、それ以外の地域については、必要性が認められる地域において、当面の間、仮置き場に集積しておき、仮置き場周辺でのモニタリング結果を踏まえて処分方法を検討する、こういう方向です。
服部　郡山市長が、小学校で集めた土壌を東京電力に引き取れと言っているわけですよ。瓦れきについても、津波については確かに、一般廃棄物とすれば国と自治体が負担をして、今回は国が持つよ、こうなっている。そこに放射能がかぶっている。そうすると、東京電力はどういう責任を持つんだ、あるいは原賠法でどうするんだということが当然議論されているわけでしょう。これはいつまでに方向づけされるんですか。
伊藤部長　まずはどういうふうに廃棄物を処理するのかということを決めた上で、それを担保していくにはどうしていったらいいか、こういった手順を踏んでいくんだろうと思います。私どもとして、まずは当面どうしていくのかという方針をきちっと出していきたいと考えている次第です。
服部　お答えがなかなかいただけないんですが。汚染した瓦れきを燃やしたらどういう問題が発生しますか。
伊藤部長　いろいろなレベルがあると思いますが、通常の廃棄物と同じように運ぶことが可能なものであっても、仮に放射性物質により何らかの汚染があるとすると、燃やした場合に、煙の中に放射性物質が入って拡散するとか、あるいは逆に焼却灰の中に濃縮するんじゃないか、こういった可能性があると考えております。

服部　燃やすことによって拡散あるいは濃縮するということで処分が難しいということになれば、それ以外にはどういう方法があるんですか。
伊藤部長　いろいろ専門家の方々の意見を十分聞いていかなければならないと思いますが、もちろん、外に漏れないような格好で、非常に厳重な処分場の中に入れるとかそういう方法もあり得るとは考えております。
服部　瓦れきを保管する、埋めるとか、そういった処分場をつくらないといけないという答弁なんですか。
伊藤部長　まだ十分専門家と議論を詰めた段階ではありませんので、断定的なことは言えませんが、もちろん、そういった方法も当然あり得るだろうなということは想定しております。
服部　大臣、この保管の場所というのは東京電力の中なんですか。それとも、どこか一般の地域なんですか。
松本防災大臣（環境大臣）　郡山の話ですが、掘削した土が校庭の隅にシートで覆われているという現実を踏まえれば、学校に通う子どもたちのことあるいは保護者のことを第一に考えますと、地元福島県とよく相談をして、政府として早急に検討して、学校の外への運搬等を含め検討していかなければならないと思っております。
伊藤部長　当面の措置としては、通常の一時保管場所にまず置いて、モニタリングをしっかりやって、その上で処理方法を考えていく、こういう手順になろうかと考えております。
服部　焼いたらどういう影響があるかということについても、いろいろ検討はされていると思うんですが、もう一つはっきりしないし、では、それをどこの場所に、しかも汚染されているということになりますと、地元住民にしてみたら、そんなもの東京電力の敷地内に置いておけ、こう言いたくなる気持ちもわかる。
　それで、立法措置をしないといけないのかどうか。これは国会でも議論をしないといけないわけで、最後に、大臣、このことについて、環境省が責任を持つのかどうかよくわからないんですけれども、政府としてどういうスキームで検討されるのか、そして、どこをどう法律をさわって、しかもいつまでに結論を出そうとされているのか、南相馬の市長とか関係自治体の長にその気持ちがわかるように、まとめて答弁していただけませんか。
松本防災大臣（環境大臣）　服部委員と南相馬でお会いしてもう六週間たちまして、放射性物質の瓦れきの処理等々については、私もずっと廃リ部を含めて督励をしておりますが、しっかり今のお話を受けて、これから督励をして仕分けをしていきながら、いろいろな意味で関係府省庁がたくさんありますので、環境省もリーダーシップをとりながら、立法措置も必要なのかどうかも含めて検討してまいりたいと思っております。

○学校20ミリシーベルト問題

２０１１年5月25日　外務委員会

服部　一昨日、福島県内の六百五十人のお母さんたちが文科省に来て、二十ミリシーベルト、学校の問題を何とかしてくれと。テレビを私も見ていて、涙ながらに訴えておられて、ついもらい泣きをしてしまいました。その場で、文科省の渡辺科学技術・学術政策局次長が、最終的に一ミリシーベルトにしていくということを回答しました。そして政務三役に速やかに相談をして早急に返事をすると。具体的にはどういう検討をしたんでしょうか。

林文部科学大臣政務官　いまだに福島第一原発の事態が収束をしていない中で、ＩＣＲＰの勧告を踏まえて、今後、合理的な範囲でできるだけ早く、しっかりと継続的にモニタリングをしながら、一ミリシーベルトを目指していきたい。ただ、できるだけ早くというのが一体いつまでなんだろうかということに関しては、この収束していない事態の中で、なかなか我々自身も申し上げることができないというのは、私個人としてもじくじたる思いを抱えているんですが、とにかく子どもたちの被曝量を減らしていくということがまず第一なんだと思います。

現在も、教職員に、腰に線量計をつけていただいて、一メートルぐらいというと子どもの顔の位置になりますので、子どもたちと一緒に行動していただいて、どれぐらいの放射線量があるのか、被曝量があるのかということで、調べてまいりました。四月二十七日から五月八日までの間の平均値で、最低値が毎時〇・〇三マイクロシーベルト、最高値は毎時〇・九三マイクロシーベルトでした。引き続き、全力で低減の努力をしてまいりたい。

服部　文科省が決めている昼間の三・八マイクロシーベルトというのは、年間線量に直すと三十三ミリシーベルトになる。これは昼と夜と平均とって二十だということですが、三・八は、福島県の通常の放射線量の約百倍、一般公衆の基準の約三十五倍。放射線管理区域、病院なんかでマークのあるようなところの約六倍。二十ミリシーベルトというのは、お金をもらって管理区域で働いている人の、大人の基準であるわけですね。そういうところに子どもを放置しておくということがどうなのか、大変懸念をしています。

今、郡山なんかでは、小学校とか中学校の線量を自分たちで決めて、土壌をはぐったりしてやっている。こういう低減策を自治体に任せっきりじゃなくて、国の責任でもう少しきちっとやることが必要だと思います。そのことの見解と、今すぐこの線量の見直しをしてほしい、そのことに対する回答を、もう一度お願いします。

林政務官　自治体の件ですが、まとめて地下に置く方法と土壌の上下置換法について、こうした方法が非常に有効ですよということで国として助言を行ってきたところです。より主体的に国がというお話かと思うんですが、国として具体的にどういう財政的な支援が可能かということについても現在検討を進めているところです。

二十ミリシーベルトですが、原子力安全委員会や原子力災害対策本部などとも連携をしながら検討していきたいと思っていますし、放射線防護と児童生徒の日常生活とか心身の状況とか発達などに関して、専門家から意見を伺う機会を設けることにしております。しっかりと御指摘を踏まえながら取り組んでまいりたいと思います。

服部　これは本当に政治の責任といいますか、大変重たい問題なので、しっかり対応していただきたい。

○避難や住民の健康について

2011年11月9日　予算委員会

服部　福島市の渡利地区で、特定避難勧奨地点に指定をされなくて、住民から非常に不満の声が上がっています。国は、高さ一メートルで毎時三マイクロシーベルトを基準にしていますが、南相馬市では、十八歳以下と妊婦を対象にして、高さ五十センチで毎時二マイクロシーベルト以上という基準で百六世帯を特定避難勧奨地点に指定をしています。ところが、福島市は、同じような地点が三百九世帯も該当しながら、指定されていない。国は、あくまで一メーターの三マイクロだと言うんですが、南相馬市では五十センチで二マイクロを指定している。ダブルスタンダードじゃないのかということで、非常に地元の方が怒っておられる。特に、妊婦とか子どもの健康というのは、大変な問題です。この深刻な放射能被害の中で、もっと国が一貫した方針を持って、南相馬市と同じ基準で福島市も適用すべきではないかと考えますが、所見を伺います。

チェルノブイリ事故の避難基準

区分	土壌汚染濃度 セシウム137（kBq/㎡）	年間被曝量（mSv/年）
特別規制ゾーン（居住禁止区域）	1,480kBq/㎡以上	
移住義務ゾーン（特別放射線管理区域）	555kBq/㎡以上	5mSv以上
移住権利ゾーン（高汚染地域）	185kBq/㎡以上	1mSv以上
放射能管理強化ゾーン（汚染地域）	37kBq/㎡以上	0.5mSv以上

オレグ・ナスビット、今中哲二「ウクライナでの事故への法的取り組み」などから（服部良一事務所作成）

枝野経済産業大臣　ダブルスタンダードになっているという誤解を生じていることについては、しっかりと整理していかなきゃいけないと思っておりますが、国としては、一年間の積算線量二十ミリシーベルトという線を引いて、それを超えると推定される地点とその近傍地点について特定避難勧奨地点にしているということです。

南相馬市についても、基準は国の基準ですが、近傍地点を具体的に特定するに当たっての便宜的な考え方として、南相馬市においておはかりになって、それが基準であるかのように伝えられておりますが、政府の基準は、あくまでも二十ミリシーベルトで、なおかつ、周辺地域の皆さんの地域の事情や家族構成など、諸条件を勘案して決めているものです。福島市の渡利地区についても、そうした線に基づいた上で、その超えていると判明している地域が地理的に地域の端に位置していること、周辺住区の線量率が低いことなどから、除染を優先して行った上で改めて測定をすることを当面の方針として、県や市とお話をさせていただいております。

服部　国の基準の考え方はわかっているつもりですが、実際に南相馬市では、百三十一世帯のうちの八割の百六世帯は、五十センチの二マイクロで指定をされている。それで福島はされていない。この二マイクロでも、年間でいくと十七・五ミリシーベルトという大変高い線量なんですよ。そこに本当に子どもとか妊婦をほったらかしておいていいのか。このチェルノブイリの表を見ていただきますと、一ミリシーベルト以上について、移住の権利地域というのを設定している。移住したくない、離れたくない人はいてもいい、しかし、離れたい人は権利がある。ぜひ、これは検討していただきたい。

○原発労働者について

2011年5月25日　外務委員会

服部　大阪の西成からトラックの運転手として募集をされた労働者が福島第一原発で働いて、健康被害を訴えている事件があります。トラックの運転と思っていたら福島に連れていかれて、しかも防護服を着せられて、管理区域の中であるにもかかわらず、ろくすっぽ事前の説明もない。最初は線量計も携帯していない。そして、いまだに放射線の管理手帳も見たことがない。こんなずさんな状況があるということですが、五月九日の朝日新聞でも大きく報道されています。「求人は『宮城で運転手』　福島原発作業三十日間」。まずこの事実認識、そして厚生労働省としてどのような責任のとり方があるのか、お聞きします。

生田厚生労働省職業安定局派遣・有期労働対策部長　大阪労働局から、紹介をした西成労働福祉センターに確認をしました。本年の三月十七日と十九日に、宮城県のトラック運転手の求人に対して二名を職業紹介しました。

一名が福島第一原発の給水作業、もう一人が原発敷地外で水の運搬作業という、いずれも求人時の条件とは違う作業に従事していたことがわかりました。個別事案の指導内容のお答えをするのはなかなか難しいのですが、一般論としては、職業紹介事業主、あるいは就業先の事業主、あるいは実際に業務に従事していた労働者などから話を伺って、その結果、違反があれば厳正に対処するという対応をしております。

この事件があったものですから、五月十三日には、東京電力を初めとして、主要経済団体、建設業団体、民間の職業紹介事業主団体、求人情報提供団体などの二十団体に、今回のような事例が発生しないように、職業安定法あるいは労働基準法の規定に基づいて、労働者の募集とか、求人の申し込みとか、労働契約の締結をするようにということについて要請を行ったところです。今後とも、こうした事案が発生しないように、労働関係法令に違反する事案に対しては都道府県労働局で厳正に対処するとともに、違反を未然に防ぐように事業主に対する関係法令の周知をきちんとやっていきたいと考えています。

服部　二十日に福島第一原発作業員健康管理等対策推進室が設置されたと聞いています。五次、六次という下請の中で労働者が苦労している、被曝している、ここを国としてもきちっと管理していただきたい。

それから、そもそも、あいりん職安というものが、財団法人西成労働福祉センターという形で、本来の仕事の紹介業務をやっていない。だから、手配師のピンはねなんかが横行している、募集されてもどこに行くかわからない、このような実態になっているという構造的な問題も指摘をさせていただいて、質問を終わります。

第2節　社民党脱原発アクションプログラム

社民党は福島第一原発事故から二ヵ月余り後の二〇一一年五月二五日に「脱原発アクションプログラム」を公表しました。社民党のホームページにデータや参考資料を含め全文を掲載しています。なお、現在掲載されているのは、文言やデータを微修正した第二版（二〇一一年八月三一日）ですが、その後の状況を踏まえ、いま改訂版をまとめているところです。とはいえ、この間の国会での質疑では、「アクションプログラム」を基礎としながら、様々な論点に切り込み、議論を深めていったところですので、ここに収録した質疑録をご覧頂ければ、原発ゼロ・自然エネルギー一〇〇％に向けて何が必要かということを共有しながら、運動を強めていけるのではないかと思っています。

以下、「アクションプログラム」のポイントを示し、現状に照らしたコメントをつけました。

＜アクションプログラムの前提＞

・「福島第一原発事故の早期収束と安全確保に全力」

――昨年十二月の「収束宣言」とまやかしの「冷温停止状態」は私たちが提起した「早期収束」とは程遠いものです。事故直後より大幅に減少したとはいえ、今なお福島第一原発からは放射性物質が放出されており、冷却システムなどもしばしばトラブルを起こしています。四号機の使用済み燃料プールの耐久性も大いに懸念されています。

・「住民の健康管理と被害者への補償の実施」

――この大前提について未だに万全の対応がなされていません。被害に今なお苦しむ皆さんのことを無視して、再稼働とか原発の維持とかが議論されていることに憤りを覚えます。

・「公正・独立の事故検証委員会による真相究明」

――この七月で国会、政府、民間、東電の事故調査委員会の報告書が出揃いましたが、当分原子炉の内部を確認できない状況で推論頼みであることは明白で、真相究明には程遠いのが実情です。継続的な調査・検証、特にそこにおける国会の役割ということが提言されていますので、その責任を果たせるよう取り組んでいきたいと思っています。再稼働との関連では第3節もご参照下さい。

・「安全規制体制・安全指針の全面見直しと対策の完了」

――安全審査指針類や防災指針については質疑や質問主意書で取り上げましたが、現時点では、原子力安全委員会が中間的なとりまとめを行なった段階であり、それをこれから原子力規制委員会で具体化していくことになります。その原子力規制委員会については第4節で取り上げます。

〈原子力行政を大転換させよう!〉

・「新規建設中止、被災炉や老朽炉は廃炉」

――廃炉については〈ステップ1〉で述べます。ここで新規建設中止というのは、当然ながら着工済みのもの（大間、東通、島根）も、上関のように既に計画されているものも含め、一切新たな原子炉は動かさないということです。この部分は、未だに曖昧にされている部分であり、明確に中止に追い込むことが必要です。

・「核燃料サイクル計画はやめる」

——国会質疑でも「もんじゅ」や使用済み燃料の再処理の問題は何度も取り上げました。当時の菅総理から「もんじゅ」廃炉を含め検討、という答弁を引き出すなど、私も議論に一定の貢献はできたのではないかと思っていますが、核燃料サイクルの問題は今まさに正念場です。

・「「大規模集中型」から「地域分散型」へ」

——このことは脱原発・自然エネルギー一〇〇％と並ぶ、社民党のエネルギー政策の核心であると言っていいと思います。各論はステップ一～三に掲げています。

・「2020年までに原発ゼロ、2050年には自然エネルギー100％へ」

——よく「二〇二〇年まで原発を動かすのか」という質問を受けますが、ここでの趣旨は、全ての原子炉の廃止手続きを開始するのが、遅くとも二〇二〇年までにという意味です。第3節で再稼働を巡る議論を詳しく紹介しますが、現時点ではとても再稼働できる最低条件さえ整っておらず、安全基準の見直しや対策の完了、それを踏まえて自治体・住民が納得するかということまで考えると、現実的には何年も再稼働は不可能だし、すべきではないと考えます。

「アクションプログラム」をまとめるにあたっては電力需給を徹底検証し、原発を動かさなくても二〇一一年夏も二〇一二年夏も乗り切れることを明らかにしました。今でこそ政府も電力会社も需給に関わる詳細情報を公開するようになり、需給検証委員会なども行われましたが、昨年の春夏の時点では一向にデータを出してきませんでした。そこで、資源エネルギー庁や電力会社と時に激論を交わしつつ、それでも出してこない部分は各種公開資料を丹念に追って計算しました。その一環として昨年七月に質問主意書も提出しており、この時は政府もまともな答弁を返してきませんでしたが、お読み頂ければ、その後の需給論議の要点を先駆的に提起していたことをご理解頂けるのではないかと思います。

年を追うごとに需要面でも供給面でも対策が進むため、ここを乗り切れば原発がなくても大丈夫だと確信していました。実際、今年の夏は大飯原発三、四号機が再稼働してしまいましたが、再稼働をしなくても問題がなかったことがデータ上も明らかになりました。全原発の廃炉には減価償却の問題とか、立地自治体の財政の問題等クリアすべき課題もありますので、政策実現という意味では、現実的な移行期間が必要であると考えていますが、思いは「今すぐ原発ゼロ」です。私も国会で調整に走り回りましたが、通常国会の事実上の最終日であった九月七日には超党派で「脱原発基本法案」（巻末資料）を提出し、継続審議になりました。脱原発に法律的な根拠を持たせることに努力しつつ、様々な制度・政策の提案も精力的に行い、原発ゼロ社会の実現を目指していきます。

また、二〇五〇年自然エネルギー一〇〇％については、一方で省エネの可能性について各種データを検討し、他方で、環境省が行った自然エネルギーのポテンシャル調査などの現実的な

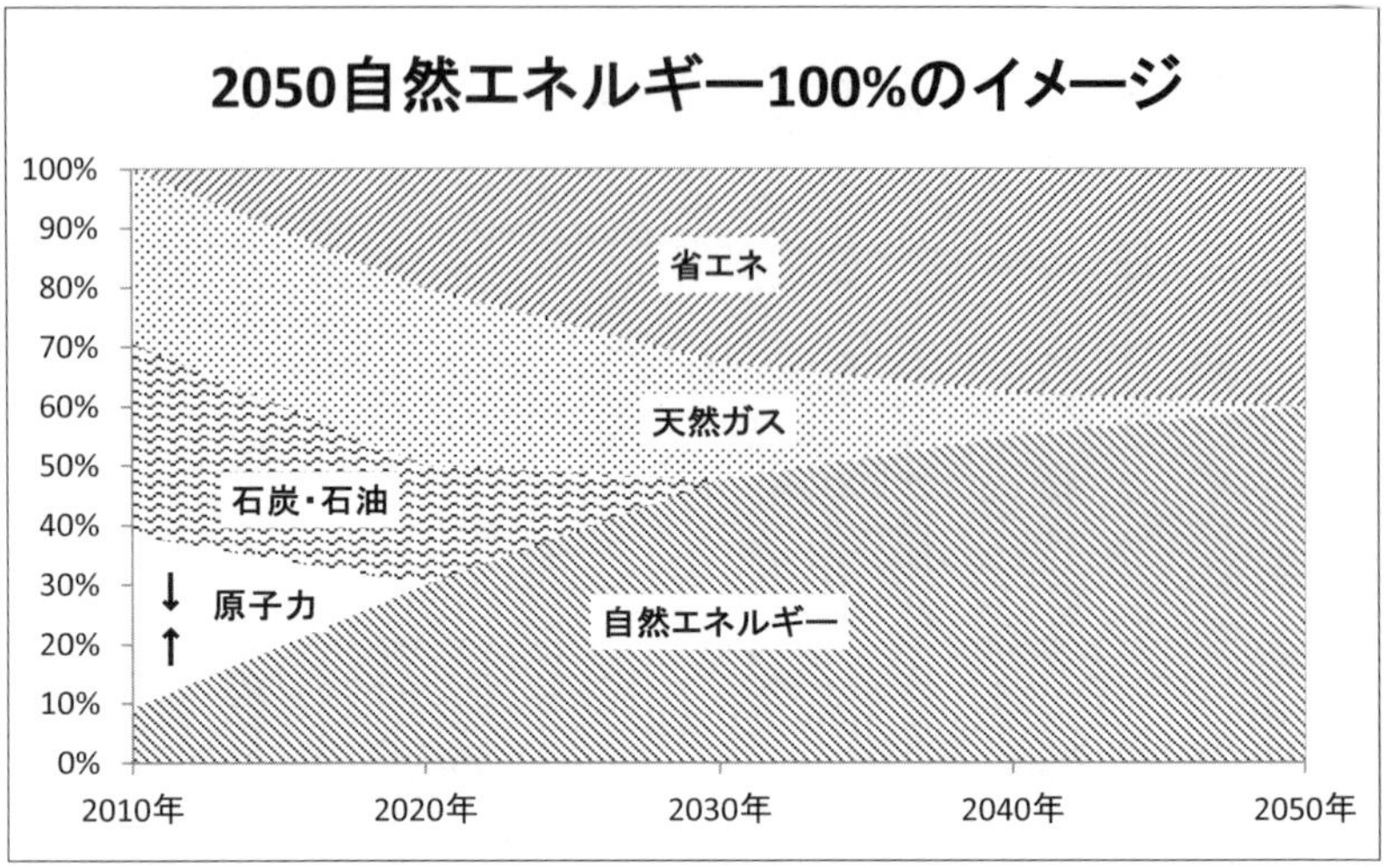

データを精査し、穏当なシナリオを考えても二〇五〇年までに自然エネルギー一〇〇%に持っていけると自信を持って示したものです。

＜ステップ1　今やること＞

・「東日本大震災で被災した原発、福島第一と同型の旧型危険炉GEマークI、四十年経過した老朽炉、地震の危険が大きい立地の原発は即時廃炉」

――これは「原発の仕分け」を先駆的に提言したものと自負しています。現状に照らして補足が必要だと思うので、現時点での整理をお示しします。

①　東日本大震災で被災した原発（福島第一、第二、東通、女川、東海第二）の廃炉は当然ですが、中越沖地震被災という観点から柏崎刈羽原発も即時廃炉対象とすべきと考えています。

②　GEマークIについては、その改良型も対象としたいと思います。

③　四〇年廃炉については、もちろん四〇年ま

浜岡原発全景（撮影 片山通夫）

では安全ということではなく、例えば玄海原発では脆性遷移温度ということで運転に伴う中性子の照射を受けた原子炉のもろさということが問題となっています。今は、より保守的に三〇年を廃炉のラインとすべきでないかと考えています。

④ 地震の危険ということで、昨年五月の時点では浜岡原発が念頭にありました。その後、南海トラフ巨大地震の検討が進み、なおさら浜岡原発は廃止しかないとの確信を強めていますが、この間活断層の調査・評価のあり方が問題となっており、敦賀と志賀は廃炉、他の基準では即時廃炉を免れる可能性のある泊、高浜や大飯も廃炉あり得ると考えるべきだと思っています。

なお、現時点で機械的に線を引いたらどうなるかということをグラフで示しました。繰り返しますが、これは再稼働して、二〇二〇年まで動かすことを私たちが認めているということではありません。

・「すべての原発は安全対策実施まで稼働させない」

――「アクションプログラム」では「再稼働四条件」を示しました。「条件」という言葉が誤解されることがあるのですが、これは再稼働を認めているということではなく、再稼働を言うなら最低限この四つは満たしていないとできませんよね、ということで突き付けたものです。すなわち、①収束：福島第一原発事故の収束、②検証：事故の検証、③安全：安全規制体制、安全指針の見直しと対策の完了、④同意：自治体・地域住民の同意、です。極めて高いハードルですよね。実際、政府は玄海原発の再稼働の寸前で転換を迫られ、ストレステストを導入したものの、なかなか理解を得られませんでした。最後は、再稼働の基準を作り、それも「暫定基準」と認めざるを得ないところに追い込まれながら、強引に大飯原発三、四号機再稼働に踏み切りました。その一連の過程で論点となったのが、まさに私たちが提起した四条件でした。再稼働については第3節で質疑を紹介しますが、ここではその際に使用し

原発再稼働をめぐる論点

✔福島第一原発事故の検証、国会・政府事故調の報告は？
✔検証を反映した安全設計審査指針・耐震設計審査指針等の見直しは？
✔地震動や津波の想定の見直しは？耐震バックチェックは？
✔緊急安全対策・シビアアクシデント対策の完了は？
⇔応急措置だけ？防潮堤が完成しないでいいのか？
✔最低10兆円規模の事故損害に備える保険は？
✔「地元」の範囲は？合意は？
✔防災指針の見直し、防災体制の整備完了は？
⇔官邸も地元も大混乱、その教訓は？
✔原子力規制庁は？
⇔規制の実質が来年1月に施行される前に駆け込み再稼働？
✔老朽化の影響は？旧型マークⅠ原子炉の問題は？

2012年3月1日の予算委員会で提示したパネル（服部良一事務所まとめ）

たパネルをお示しておきます。四条件を具体的要素に分けて、どれもクリアしていないと迫ったものです。大飯再稼働に全く正当性はなく、他の原発も到底再稼働はあり得ないことは明らかです。

・「原発がなくても電力は足りる」
——原発なしでも電力需給に問題がないことをデータに基づき明らかにしたのが「アクションプログラム」最大の特徴の一つであり、その後の需給検証論議を先取りしたものでした。

＜ステップ2　2020年までに原発ゼロ＞

・「老朽炉は順次廃炉」
——三〇年（当初提言は四〇年）を経過していない炉についても、遅くとも二〇二〇年までに廃止手続きを開始するということです。

・「東北地方は自然エネルギーの宝庫　自然エネルギーの発電・研究・生産の拠点に」
——東北地方の原発は廃炉にし、自然エネルギーを復興の柱にという理念が当然ある訳ですが、データを検討し、二〇二〇年に自然エネルギー一〇〇％の東北は十分可能であるとの確信が得られたからこその提言です。数字上の自然エネルギー一〇〇％だけでなく、地域分散型・エネルギー地産地消型の仕組みを先駆的に実現できれば、復興、コミュニティ再建の力になります。

・「自然エネルギー制度の整備（スマートグリッド、全量買取、発送電分離など）」

――二〇二〇年までは、電力システムを作り変えていく中で自然エネルギーを飛躍的に導入していく集中投資・改革期間と言えるでしょう。エネルギー・環境政策の大転換と具体化ができるか、今が勝負の時です。関連して、東電を存続させるのか、法的処理をするのかも議論しなければなりません。昨年、原子力損害賠償支援機構法案の質疑でもいろいろ提起しました。国会でも、支援機構法の見直しを含め、議論を深めないとならないと思っています。

・「自治体支援」

――廃炉となると、立地地域・周辺地域の経済・産業・雇用や財政がどうなるのかということは大きな課題です。「アクションプログラム」では、原発に依存させられた地域経済のあり様を転換し、自立的な発展の道を歩めるような支援策を講じることを提言しています。具体的には、電源三法交付金を見直し、廃炉交付金のような仕組みを作ることなど、立法や財政措置を講じることももちろん必要ですが、それが旧来の公共事業頼みや中央主導の地域振興に回帰しないようにすることも重要だと思います。知恵を絞って具体化を目指していきます。

＜ステップ3　2050年自然エネルギー100％の日本に＞

・「2050年までに化石燃料から脱却、100％自然エネルギーの社会を実現」

・「節電・省エネ対策で電力需要を40％削減／ピーク時の電力抑制策／省エネ技術の開発と実用化」

・「ベース電源の置き換え――石炭・石油火力は順次廃止、LNGコンバインドサイクルに置き換え」

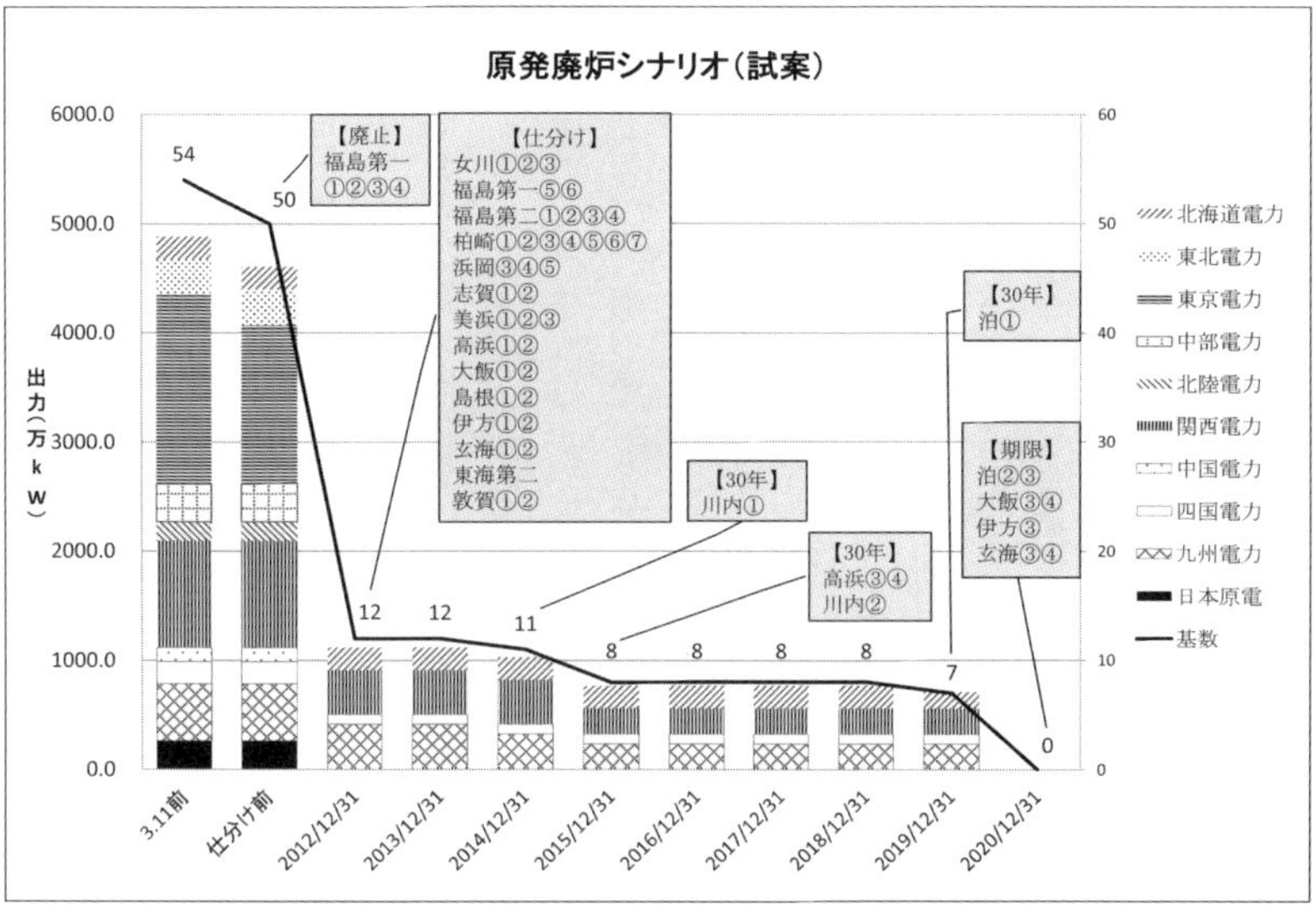

・「自然エネルギーの加速度的普及――ＬＮＧを漸減」

――ここまで申し上げてきたことと重複しますし、詳細メニューは「アクションプログラム」本文をお読み頂ければと思いますが、需要を管理し、減らしていく。それに対して、供給側は過渡的にＬＮＧ（天然ガス）を活用しながら、自然エネルギーを加速度的に普及させ、一〇〇％に持っていく。それが可能なエネルギー・電力システムに転換する。私たちは具体的に積み重ねていけば、自然エネルギー一〇〇％は理想ではなく現実であると確信しています。

○国会事故調について

2011年12月8日　両院協議会

東京電力福島原子力発電所事故に係る両議院の議院運営委員会の合同協議会

服部　黒川委員長初め委員の皆様、歴史的使命を持つ重要な役割をお引き受けいただき、まことにありがとうございます。

高い見識をお持ちの皆様を前に、僭越ではございますが、この際、私どもの問題意識と期待を申し上げます。

私たちは、この福島の事故は人災であると考えています。

東京電力、同時に、監督すべき保安院は、津波の想定を高くする必要があると認識されていたにもかかわらず、対策を実行せず、その事実さえ隠していました。GEマーク1という炉の欠陥や高経年化、老朽化に対する警告も無視しました。避けられたはずの事故を引き起こし、かつ事故後、甚大な被害を拡大させた責任は極めて重いものがあります。東京電力や保安院は、事故当初からメルトダウンあるいはメルトスルーという深刻な事態が指摘されていたにもかかわらず、このメルトダウンという事実をかたくなに認めませんでした。

また、東京電力は、地震による重大な損傷はなく、津波による電源喪失がこの事故の主たる原因であると言っております。しかし、地震により配管破断が起こり、津波が来る前に冷却材喪失とメルトダウンが始まっていたのではないかという有力な分析があるのに、なぜ津波だけが原因であると断定できるのでしょうか。地震動で一体何が起こったのか、この点は徹底的に調査をしていただきたいと思います。

また、現在、これまでに得られた知見を踏まえたという名目で緊急安全対策等が講じられ、安全設計審査指針、耐震設計審査指針等の見直し作業が進められております。さらには、原発の再稼働を判断するためのストレステストが実施され、間もなく最初の評価が示されるのではないかと言われております。

しかし、地震や津波でどこにどのような影響が生じ、事故がいかなる経過で進行したのか、それが明らかでないままに重点的に分析する機器の選択が行われ、イベントツリーが設定されるのは明らかにおかしいと思います。検証が終わらないいままの見切り発車では、再び想定外の事故が起こることは目に見えております。

また、どのような経過、背景によって想定外とされる事故が起こってしまったのか、その徹底的な解明が必要です。たび重なる警告、有力な警告があったにもかかわらず、それらを想定することが不適切と切り捨てた構造を解明しなければなりません。マニュアルが全く役に立たなかったことや防災体制が機能しなかったことなどが、事故の深刻化、被害の拡大をもたらしました。また、ＳＰＥＥＤＩが公表されなかったことにより、放射線量が高い方向に避難することになり被曝をされた地元の皆さんは、これは犯罪であるという怒りの声すら出ております。

避難指示のあり方、学校二十ミリシーベルト問題、食品暫定規制値、緊急作業従事者の被曝上限の引き上げ問題など、政府の判断の妥当性が疑われることが余りにも多過ぎます。厳しい検証が必要です。事故発生後の経過の中で、どのように情報が伝わり、あるいは遮断されたのか、だれが判断をし意思決定をしたのか、どのようなやりとりがあったのか、今に至るまで判然とせず、矛盾した証言が並立しています。判断のおくれや情報公開の悪さは、大きな不安と怒りを生みました。放射能汚染の現実の中で生きなければならず、生活や事業の再建が見通せない不条理が避けられなかったのか、多くの人々が疑問に思っています。

既に政府の事故調があり、保安院や東電でも調査、検証が行われています。民間の事故調も発足しました。しかし、国会に事故調が設置されたのは屋上屋を重ねることではありません。まさに、国民による国民のための検証であります。この事故調の一番の目的は教訓を引き出すことにあります。しかし、その前にまず真実が明らかにされなければなりません。同時に、今後の日本のエネルギー政策の重要な示唆になるものでもあります。

異なる分野からお集まりいただいた皆様が、それぞれの専門性を発揮されるとともに、それをさらに乗り越えて議論を闘わせていただくことによって、重大な使命を遂行されることを切に願って、意見表明とさせていただきます。

○電力需給について

二〇一一年七月二十七日提出
質問第三五二号

今夏の電力需給見通しの詳細及び根拠に関する質問主意書

全国の原子力発電所が順次定期点検入りする一方で、早期再稼働が困難となる中で、今夏の電力需給がひっ迫していると強調されている。また、このまま原発の再稼働が進まなければ、今冬、さらには来夏の電力供給が不足するとの見通しが示されている。しかしながら、枝野官房長官らが強調しているように、電力需給のために安全性を犠牲にすることは許されない。それ以前に、政府及び各電力会社の電力需給に係る情報開示は未だ不十分であり、検証可能な基礎情報が提供されていない。十分な説明がないままに数字だけが一人歩きすれば、必要以上に危機感が煽られかねず、過度の節電等の弊害をもたらす懸念がある。また、原発の再稼働を進めたいが故に、需要の過大想定と供給力の過少見積りに基づく見通しを提示しているのではないかとの疑念を払拭する説明も得られていない。

今必要なことは、電力需給に係る情報を全面的に開示し、客観的データに基づいて幅広く議論をし、有効な対策を推進することである。それでこそ、節電に対する広範な理解と協力を得ることができるのであり、必要以上のエアコン使用回避、過度な生産抑制等の悪影響も回避できる。よって、以下の通り質問する。

一　現在示されている最大電力想定は、本年三月時点で各電力会社が提出した供給計画に記載されたものではなく、記録的猛暑となった昨夏の最大電力（H1）又はこれに基づき算出された数字となっている。また、基本的に、東日本大震災の影響を勘案して再計算した様子も伺えない。停電を起こさないための想定であるという説明だけでは説得的でない。なぜこのような最大電力想定の引き上げを行ったのか、各電力会社毎に根拠となるデータとともに説明されたい。

二　今夏の最大電力想定には節電の効果が反映されていない。確かに、対策がない場合の想定を示すことに意味なしとはしないが、現在のように最大電力と供給力のみを与えてそのギャップを強調する仕方は脅迫的で、不適切である。工場の操業シフトなど大口需要家の節電策については把握できているはずであり、構造的節電効果とも言える領域を特定することは可能である。また、七月二五日の参議院予算委員会で答弁があった通り、需給調整契約により削減可能な総量は一千万キロワット以上であることが明らかになっている。さらには、家庭を含む小口需要家についても、この間の傾向から一定の予測は可能であると思われる。よって、次の諸点につき電力会社管内毎に説明されたい。

（一）　大口需要家による節電策（四及び九で示す自家用発電設備及び特定規模電気事業者の活用を含む）によって最低限確保されている最大電力時の需要削減量

（二）　需給調整契約により確保されている需要削減量

（三）　家庭を含む小口需要家による節電策によって最低限確保されていると見込まれる、最大電力時の需要削減量（九に示す住宅用太陽光発電設備等の寄与を含む）

（四）　以上を控除した場合の、最大電力想定

三　最大電力時の需要構造（部門別、地域別、大口・小口の別によって示されるものを言う。以下同じ。）については、資源エネルギー庁が東京電力管内について行った粗い推計が示されているのみであり、それによって「家庭が三割」という数字だけが一人歩きし、家庭に過剰な節電圧力がかかっている。無理なく効果的に節電を行うためには客観的データが必要である。ついては、可能な限り実績データに基づき、最大電力時の需要構造を示されたい。その際、検証可能なように、根拠データも示されたい。

四　いわゆる「埋蔵電力」があるのかないのかが、大きな話題となっているが、政府及び各電力会社は自家用発電設備の現況及び活用可能性について十分に説明できているとは言えない。ついては、以下の諸点につき、電力会社管内毎に、かつ共同火力等卸供給に用いられているものとその他の自家用発電設備とを区分して、デー

タを示されたい。
(一) 自家用発電設備の容量合計、そのうち稼働不能な容量(理由毎に分類したもの)
(二) 自家用発電設備の昨夏の稼働率及び今夏の想定稼働率
(三) 電力各社の当初供給計画において盛り込まれていた自家用発電設備の容量
(四) 特定規模電気事業者に供給している自家用発電設備の容量(可能であれば、当初想定と今夏の追加対策とに区分して示すこと)
(五) 今夏において追加的に供給力に算入する自家用発電設備の容量
(六) 事業者等が自家用発電設備の稼働率を高めて自家消費を増加し、又は特定規模電気事業者からの調達を増加すること等により減少する最大電力時の電力会社に対する需要量

五 各電力会社は長期計画停止火力を抱えているが、現時点で今夏稼働するのは東京電力横須賀火力の一部のみである。残りの火力については、早期起動が困難であり、「二～三年かかる」などと説明され、具体的な見通しが示されていない。一方で、起動にはそこまでの時間を要しないとの指摘もある。この間、被災し又は故障した火力が押し並べて当初の説明より早く復旧しているという事実もある。ついては、長期計画停止火力の各号機毎に、起動の具体的見通しとその技術的根拠を示されたい。

六 火力発電設備については、大気温上昇による出力減少があると説明されているが、十分に根拠が示されているとは言い難い。よって、設備毎に減少幅、及び実績値等の根拠データを示されたい。

七 揚水発電所については、概ね設備容量未満の数字で供給力に算入されているが、その根拠を説明するとともに、夏期の出力実績値を示されたい。また、実績値に基づく保守的想定を行っている場合には、過度の保守性を排除し、今夏の気候や水量等の傾向から再評価して、現実的な想定幅を示す必要があると考えるが、そのようにして再計算した供給力見通しを示されたい。

八 一般水力発電所についても、概ね設備容量の六割程度の数字で供給力に算入されている。これについては、過去三十年の実績の最低位帯の値を取った等の説明がなされている。しかし、七で述べたことと同様に、過度

の保守性を排除し、今夏の気候や水量等の傾向から再評価する必要があると考える。ついては、現在示されている供給力見通しの根拠、夏期出力の実績値及び再計算した供給力を可能な限り設備毎に細分化して示されたい。

九　再生可能エネルギー（大規模水力を除く。以下同じ）については、需給両面においてその寄与が説明されていない。ついては、以下について明らかにされたい。

（一）　各電力会社の供給力に算入されている再生可能エネルギー発電設備（他社受電分を含む）及びそれらの供給力

（二）　特定規模電気事業者等を通じて供給されており、電力会社の供給見通しに算入されていない再生可能エネルギーの供給力及び、その内、今夏の需給対策として見込まれる追加供給力

（三）　最大電力時における住宅用太陽光発電設備の稼働容量

（四）　住宅用太陽光発電設備及び家庭用蓄電池等の利用による最大電力抑制効果（電源等の別により示すこと）

右質問する。

内閣総理大臣　菅　直人

内閣衆質一七七第三五二号

二〇一一年八月五日

衆議院議員服部良一君提出

今夏の電力需給見通しの詳細及び根拠に関する質問に対する答弁書

一について

今夏の最大電力の想定に関して、東北電力株式会社（以下「東北電力」という。）及び東京電力株式会社（以下「東京電力」という）については、計画停電不実施の原則を維持し、電力需給バランスの確保に万全を期すとともに、電力需要のピーク時間帯における需要の抑制幅を目安として示すため、「夏期の電力需給対策について」（平成二十三年五月十三日電力需給緊急対策本部決定）において、平成二十二年夏の最大電力を参考として想定した値を用いている。また、東北電力及び東京電力以外の一般電気事業者についても、同様の考え方に立って、電力需給バランスの確保に万全を期すとともに、電力需要のピーク時間帯における需要の抑制幅を目安として示すため、「今夏の需給見通し」（「西日本五社の今夏の需給対策について」（平成二十三年七月二十日電力需給に関する検討会合決定）別紙三）において、各一般電気事業者の供給区域内における平成二十二年夏の最大電力又は平成二十三年夏の最大電力見通しのいずれか高い値を用いている。

二について

各需要家における節電の取組は多様であること、需給調整契約のうち計画調整契約については、既に各一般電気事業者の需要見通しに含まれており需給ひっ迫時の削減量として計算することは適切ではないこと、随時調整契約については、同契約に基づく削減量は需要家側の電力使用状況に左右されるものであることから、現時点で最低限確保されている電力需要の削減量について、お示しすることは困難である。

三について

東京電力の供給区域におけるお尋ねの「最大電力時の需要構造」については、経済産業省のホームページに掲載している。

四の（一）について

お尋ねの「卸供給に用いられているものとその他の自家用発電設備とを区分して」及び「稼働不能な容量」の意味するところが必ずしも明らかではないが、電気関係報告規則（昭和四十年通商産業省令第五十四号。以下「報告規則」という）に基づく報告によれば、平成二十三年三月末において、出力千キロワット以上の自家用電気工作物を設置する者が有する発電設備（以下「自家発設備」という）の最大出力は、北海道電力株式会社（以下「北海道電力」という）の供給区域において約二百三十六万キロワット、東北電力の供給区域において約七百三十二万キロワット、東京電力の供給区域において約千六百五十七万キロワット、中部電力株式会社（以下「中部電力」という）の供給区域において約五百五万キロワット、北陸電力株式会社（以下「北陸電力」という）の供給区域において約七十一万キロワット、関西電力株式会社（以下「関西電力」という）の供給区域において約六百八十五万キロワット、中国電力株式会社（以下「中国電力」という）の供給区域において約七百二十七万キロワット、四国電力株式会社（以下「四国電力」という）の供給区域において約二百二十万キロワット、九州電力株式会社（以下「九州電力」という）の供給区域において約五百四十一万キロワット、沖縄電力株式会社（以下「沖縄電力」という）の供給区域において約十一万キロワットである。また、平成二十二年七月に行った自家発設備に関する調査（以下「自家発設備調査」という）によれば、休止中の自家発設備の設備容量は、北海道電力の供給区域において約五万キロワット、東北電力の供給区域において約五万キロワット、東京電力の供給区域において約二万キロワット、中部電力の供給区域において約十五万キロワット、北陸電力の供給区域において約二万キロワット、関西電力の供給区域において約十四万キロワット、中国電力の供給区域において約十一万キロワット、四国電力の供給区域において約十万キロワット、九州電力の供給区域において約十四万キロワットである。

四の(二)について

お尋ねの「卸供給に用いられているものとその他の自家用発電設備とを区分して」の意味するところが必ずしも明らかではないが、報告規則に基づく報告によれば、自家発設備について、平成二十二年八月における発電電力量を、最大出力で同期間稼働した場合の発電電力量で除して得た稼働率は、北海道電力の供給区域において約四十パーセント、東北電力の供給区域において約五十七パーセント、東京電力の供給区域において約五十二パーセント、中部電力の供給区域において約六十パーセント、北陸電力の供給区域において約三十パーセント、関西電力の供給区域において約六十パーセント、中国電力の供給区域において約六十パーセント、四国電力の供給区域において約五十九パーセント、九州電力の供給区域において約五十七パーセント、沖縄電力の供給区域において約二十九パーセントである。なお、今夏の想定稼働率については試算していない。

四の(三)について

お尋ねの「卸供給に用いられているものとその他の自家用発電設備とを区分して」の意味するところが必ずしも明らかではないが、一般電気事業者の供給計画によれば、自家発設備等からの供給力は、北海道電力においては約五十九万キロワット、中部電力においては約八十三万キロワット、北陸電力においては約九万キロワット、関西電力においては約二百六十九万キロワット、中国電力においては約九十万キロワット、四国電力においては約五十二万キロワット、九州電力においては約百三十万キロワットである。なお、東北電力及び東京電力の供給計画については、東日本大震災の影響を踏まえ、今後提出されることとなっている。

四の(四)について

お尋ねの「卸供給に用いられているものとその他の自家用発電設備とを区分して」の意味するところが必ずしも明らかではないが、自家発設備調査によれば、自家発設備から特定規模電気事業者に供給している電力は、北海道電力の供給区域において約六万キロワット、東北電力の供給区域において約三十四万キロワット、東京電力の供給区域において約二百七十七万キロワット、中部電力の供給区域において約十四万キロワット、関西電力の供給区域において約二十六万キロワット、中国電力の供給区域において約八十一万キロワット、四国電力の供給区域において約十四万キロワット、九州電力の供給区域において約三十四万キロワットである。

四の(五)について

お尋ねの「卸供給に用いられているものとその他の自家用発電設備とを区分して」の意味するところが必ずしも明らかではないが、各一般電気事業者によれば、平成二十三年八月において、供給計画における供給力に追加して自家発設備等から受ける供給力は、関西電力においては約三十万キロワット、四国電力においては約十四万キロワットである。なお、東北電力及び東京電力については、東日本大震災の影響を踏まえ、今後、供給計画が提出されることになっているため、追加的に受ける供給力についてお答えすることは困難である。

四の(六)について

お尋ねの「卸供給に用いられているものとその他の自家用発電設備とを区分して」の意味するところが必ずしも明らかではないが、自家発設備の稼働状況は、設置者の利用形態により多様であること等から、「減少する最大電力時の電力会社に対する需要量」についてお答えすることは困難である。なお、自家発設備調査によれば、九時から二十時の間に、一般電気事業者等へ売電可能と回答のあった電力量は、北海道電力の供給区域において約三万キロワット、東北電力の供給区域において約一万キロワット、東京電力の供給区域において約十三万キロワット、中部電力の供給区域において約三万キロワット、北陸電力の供給区域において約二万キロワット、関西電力の供給区域において約十一万キロワット、中国電力の供給区域において約四万キロワット、四国電力の供給区域において約四万キロワット、九州電力の供給区域において約一万キロワットである。

五について

各一般電気事業者によれば、それぞれ長期間停止している火力発電所については、設備の劣化が進んでおり、部品の調達若しくは交換又は大規模な補修等が必要であるため、その起動の可否及び起動見通しについて、現時点でお答えすることは困難である。

六について

一般に、夏は気温が上昇し、タービンに吸入する空気の密度が低下するため、火力発電設備に投入する燃料の量を減らさざるを得ず、その結果、発電出力が低下するものと承知している。なお、過去の事例によれば、発電出力が平均で約十三パーセント低下するとされている。

七について

揚水発電は、夜間に供給される電力によりくみ上げられる水の量及び昼間に揚水発電以外の電力供給のみでは需要を賄えない時間の長さ等により供給力が評価されるため、必ずしも設備容量の全てを供給力として計上できない。なお、一般電気事業者によれば、平成二十年から平成二十二年までの各年の八月において揚水発電の出力が最大であった日における最大出力の平均は、北海道電力においては約二十八万キロワット、東北電力においては約六十九万キロワット、東京電力においては約四百七十八万キロワット、中部電力においては約二百九十三万キロワット、北陸電力においては約十万キロワット、関西電力においては約二百三十万キロワット、中国電力においては約百十八万キロワット、四国電力においては約四十二万キロワット、九州電力においては約百十一万キロワットである。

八について

各一般電気事業者においては、夏の水力発電の供給力については、天候等による変動が大きいことから、過去の実績を踏まえ確実に見込める数値で評価することとしている。なお、一般電気事業者によれば、平成二十年から平成二十二年までの各年の八月における各一般電気事業者の水力発電の設備容量に対する出力の割合の平均については、北海道電力においては約六十九パーセント、東北電力においては約五十五パーセント、東京電力においては約六十三パーセント、中部電力においては約六十三パーセント、北陸電力においては約五十二パーセント、関西電力においては約六十一パーセント、中国電力においては約五十三パーセント、四国電力においては約六十八パーセント、九州電力においては約六十四パーセントである。

九の（一）について

各一般電気事業者によれば、平成二十三年八月における各一般電気事業者の供給力として算入されている再生可能エネルギー発電設備及びその供給力は、東北電力においては地熱発電設備で約十四万キロワット、東京電力においては地熱発電設備で約〇・三万キロワット、九州電力においては地熱発電設備で約十七万キロワットである。

九の（二）について

お尋ねの点については、報告を受けておらず、お答えすることは困難である。

九の（三）について

お尋ねの「最大電力時における住宅用太陽光発電設備の稼働容量」が何を指すのか必ずしも明らかではないが、国内で導入されている住宅用太陽光発電設備の設備容量の合計値は、一般社団法人太陽光発電協会等によれば、平成二十二年末時点で約二百九十七万キロワットである。

九の（四）について

お尋ねの「最大電力抑制効果」が何を指すのか必ずしも明らかではないが、太陽光発電については、晴天時には出力が増加し、曇天時には出力が減少するため、現時点では安定的な供給力として見込むことは困難である。また、家庭用蓄電池は、現時点では普及段階にあるとは言い難く、標準的な利用形態が確立していないため、当該設備を利用することが供給力にどの程度寄与するのかお答えすることは困難である。

○もんじゅ、使用済み燃料再処理等について

2011年8月8日　予算委員会

服部　核のごみは大変深刻な問題です。フィンランドでは、十万年から二十万年もの間、安全に管理しなければならない最終処分場の建設を進行中です。アメリカも悩んでいる。十万年前といいますと、ネアンデルタール人の時代ですね。十万年後の未来というのは、だれも想像ができません。日本でも、六ケ所村再処理工場は既に満杯。各原発の使用済み燃料プールも、もう七年ぐらいで満杯になると言われております。国内の再処理のめどは

立たず、放射性廃棄物の処分方法も場所も決まっていません。総理、何か解決策はあるんでしょうか。

菅総理大臣　七月二十九日に、エネルギー・環境会議において、中長期的な革新的エネルギー・環境政策の策定に向けた中間的な整理を取りまとめたところです。その中では、御指摘のあった問題を含めて、原子力政策の徹底的な検証を行って、新たな姿を追求することとしています。具体的には、使用済み燃料の処理、放射性廃棄物の処分やプルサーマルのあり方、高速増殖炉など、核燃料サイクル政策についても予断を持たないでしっかりと検討していく、今まさにそのことが必要な時期だと考えております。

服部　検討されるのはわかっていますが、核のごみの問題に対する総理としての思いをお聞きしたいんです。

菅総理大臣　たしかプルトニウムの半減期が数万年という単位ですので、それが四分の一、八分の一になるには十万年という年月になろうかと思います。そういったものをそれだけの長期間本当に管理し切れるのかということについては、なかなか困難が伴うし、場合によっては、困難というものを超えて、とても私たちが後世の世代に対して責任を持てるという形での管理は難しいのかな、そういう指摘もたくさんあります。そういったことも十分に検討のときの内容に、考えることの材料にしなければならない、こう思っております。

服部　海外には持っていかない、いけないということであれば、日本のどこかで極めて長時間貯蔵をしなければならないわけで、そういった観点からしても、日本の原発政策というのは、もう破綻をしていると言わざるを得ないと思います。

　福島第一原子力発電所の三号機はプルサーマル運転でした。使用済み燃料から回収したプルトニウムとウランを再利用するMOX燃料を使うわけですが、その加工は現在イギリスとフランスに頼っています。しかし、先週、イギリスの日本向けMOX燃料工場が閉鎖されることが明らかになりました。福島第一原発事故を受けて、日本のプルサーマル計画の見通しがはっきりせず、イギリスの納税者に負担をかけないためには早期の工場閉鎖が唯一の合理的な方策であるとの結論なんです。こんな状況の中で、日本は今後もプルサーマル運転を続けることができるでしょうか。もう撤退しかないと思いますが、いかがでしょう。

菅総理大臣　原子力を考えるときに、今回の事故もそうですが、ウランやプルトニウムを二重、三重、四重に封じ込めて、エネルギーだけを取り出すという、その封じ込めが今回破壊されて、放射性物質が外気に出たという、こういう閉じ込めることが完全に可能かという問題と、使用済み燃料、これは再処理をしてもさらにまた使用済みのものがだんだんと出てきます。それを安全に長期に安定的に管理し、後世の世代に悪影響を残さないで済むかという問題も極めて深刻といいましょうか、原子力の持っている本質的な問題点であると認識しています。エネルギー・環境会議の中では、こういった問題についても予断を持たないで徹底的に検証していこうという姿勢で臨んでおりますし、私としても、その必要性が今こそ改めて問われていると考えております。

服部　ぜひ予断を持たずに検討していただきたいと思います。MOX燃料を使っている高速増殖炉「もんじゅ」、着工から二十五年経過をし、トラブルが続き、これまでに一兆円も税金をつぎ込んでいる。維持費だけで一日五千五百万かかると言われていますが、もう「もんじゅ」は廃炉にするとおっしゃってくださいよ。

菅総理大臣　私は、原発に依存しないでもやっていける社会を目指すと申し上げました。この原発依存の中には、使用済み燃料をどうするか、その一つとしての再処理、あるいは「もんじゅ」といったことも含まれているわけです。ですから、私は、この方向性を十分な議論をしながら、計画的、段階的に目指していくことが必要だと考えておりますので、委員がおっしゃるような、いろいろな重要な課題があるということの中で、しっかり検討を進めてまいりたいと思っております。

○安全審査指針類見直し

2011年5月30日　東日本大震災復興特別委員会

服部　政府の事故検証委員会ですけれども、ことしの十二月に中間報告、来年の夏までに最終報告と報じられていますが、政府としてはどのようなスケジュールで設定されているんでしょうか。

枝野官房長官　事故調査・検証委員会については、何よりも独立性を大事にしなければいけないと思っており、最終的には、委員会の皆さんで自律的にお決めいただく必要があると思っております。ただ、二点だけ、政府としてお願いというか、前提としてあるかなということで申し上げているのは、一つは、最終的な報告は、事故の一定の収束後でないと、今の時点も現在進行形ですので、それは考慮いただく必要があるだろう。一方で、国内的にも国際的にも、この検証についてスピード感を持ってということが求められていますので、可能な限り早く、できれば遅くとも、中間答申は年内ぐらいにおまとめをいただければありがたいということを、内閣の立場からは要望として申し上げようと思っております。

服部　原子力安全委員長、安全設計及び耐震設計の審査指針については、見直しはされるんでしょうか。

班目原子力安全委員長　見直しをする予定です。

服部　いつまでに見直しをされるんでしょうか。

班目安全委員長　安全委員の間などではしきりと意見交換しているところですが、事故の事実関係すらはっきりしないこともあって、今のところスケジュールまでは申し上げられません。事故調査・検証委員会の御意見は、当然尊重しなきゃいけないので、それもお聞きしながら進めていくことになろうかと思っております。

服部　そうしますと、検証委員会との関係ですが、当然、事故の検証を徹底的にやっていただかなければならないわけで、その中身を踏まえて見直すという選択肢もあるでしょうし、あるいは、安全委員会としてより積極的に助言をしていくということもあるのか。安全委員会と検証委員会との関係についてどうお考えなのか。

班目安全委員長　検証委員会の方では、原子力安全委員会自体も検討の俎上にのると理解していますが、安全委員会としては安全委員会として、予断を持たずにしっかりとした検討はしていきたいと思っております。

○防災指針やEPZ（防災対策重大地域）について

2011年7月20日　東日本大震災復興特別委員会

服部　原子力安全委員会の、「原子力施設等の防災対策について」（防災指針）の中で、EPZ（防災対策の重点地域）に対する考え方が示されていますが、「十分に安全対策が講じられている原子力施設を対象に、あえて技術的に起こり得ないような事態までを仮定して、さらに、十分な余裕を持って示しているもの」であると解説されています。このような想定をしたことに対して、委員長として反省の弁はありませんか。

班目原子力安全委員長　原子力安全委員会として真摯に反省しており、今後見直しをしたいと思っている次第です。

服部　いつまでに見直されるんでしょうか。

班目安全委員長　既に先月、防災専門部会に対して全面的な改定をするように指示し、七月十四日、ワーキンググループをつくり、具体的な検討に入っています。優先度をつけて議論をしていって、必要に応じて結果は表に出していきたいとは思いますが、少なくとも年度内には一定の結論をまとめていただきたいと考えている次第です。

服部　年度内というのは、年末じゃなくて来年の三月という意味ですか。

班目安全委員長　一定の結論というか、まとめみたいなものは年度内になりますが、その前にも、必要に応じて考え方みたいなものは示していきたいと考えている次第です。

服部　今、再稼働の問題が絡んでいますから、いつまでも遅らすというわけにはいかないと思っています。まずその見直しなんですけれども、今八キロから十キロということになっていますが、この八キロから十キロは拡大せざるを得ない、これは間違いないですね。

班目安全委員長　国際的な考え方のUPZ（緊急防護措置準備区域）というのがもっと広くとられていることもありますので、そういうものも参考にして議論させていただきたいと考えている次第です。

服部　では、福島第一原子力発電所の事故で、避難地域が二十キロ、それから計画的避難地域は五十キロ。福島で起きた現実の事象ですけれども、これは具体的には参考にされるんですか。

班目安全委員長　防災指針の見直しは、原子力安全委員会として決めるわけではなくて、防災専門部会で議論していただかなきゃいけないものですから、私から指示は出せないんですが、専門部会の委員は福島のことは当然踏まえて決定されると思いますので、おっしゃるようなことは反映されるだろうと思っている次第です。

服部　安全委員会の責任者として、班目委員長としてはどうなんでしょうか。

班目安全委員長　私の個人的な考え方になりますけれども、当然、八キロから十キロというのは不適切であった、広げるべきであるとはっきり思っております。

服部　佐賀での玄海原発再稼働という話が出たときに、長崎が、ちょっと待て、佐賀だけで決めるなという話がありました。ですから、再稼働に絡んで、何キロまでを防災対策の重点地域とするか、先に見直しした方がいいと思いますが、どうですか。

枝野官房長官　ＥＰＺ、防災指針については、独立性を持った委員会である原子力安全委員会、そのもとに専門家の皆さんに集まっていただいたところで適切な判断をいただこうと思っていますので、政治の方であれしろこうしろと言うのでは、独立委員会としての趣旨と異なってしまいます。できるだけ早く結論を出していただいて、それを踏まえて、より安心感を周辺の住民の皆さんに持っていただけるような新たな防災指針をつくってまいりたいと思っております。

服部　私は手続のことを言っているんじゃなくて、例えば滋賀県は若狭の原発から十数キロで琵琶湖があるわけですね。もし同じような事故が起きたら琵琶湖の二千万人の水がめが一体どうなるんだと、地域の住民は心配しているんですよ。そういう住民の生活とか、不安を払拭するというのは、これはまさに政治の責任じゃないですか。ですから、ＥＰＺの範囲をこうするんだ、そして住民に、例えば福井県だけじゃなくて滋賀県の人にも、間違いないという安心感を与えて再稼働する。これが一つの政治の決断じゃないんですか。

二〇一二年三月二十九日提出
質問第一五八号

原子力防災の見直し、強化等に関する質問主意書

原子力安全委員会は三月二二日に「「原子力施設等の防災対策について」の見直しに関する考え方について（中間とりまとめ）」（以下、「中間とりまとめ」という）をまとめた。福島第一原発事故の反省を踏まえて原子力防災を抜本的に見直し、強化することは当然の要請であり、政府及び関係地方自治体においても必要な取り組みに着手していると承知しているが、様々な混乱や不安が生じていることも事実である。そこで、原子力防災の見直し、強化等に係る取り組みの現状及び見通し等について質問する。

一　政府は、防災指針（原子力安全委員会決定「原子力施設等の防災対策について」及びこれに代わり法定化が予定されている「原子力災害対策指針」のことをいう。以下、同じ）、国の防災基本計画、原子力災害対策マニュアル及び関係行政機関の防災業務計画等を改定する予定であると承知しているが、それぞれにつき、本年四月又は「原子力の安全の確保に関する組織及び制度を改革するための環境省設置法等の一部を改正する法律案」が成立し施行される時に改定する内容はいかなるものであるか。前掲法案との関係でそれぞれの改定時期がどうなるのかも併せて示されたい。

二　ＥＰＺ（原子力災害対策重点区域）の見直しを受け、ＰＡＺ（予防的防護措置準備区域）及びＵＰＺ（緊急防護措置準備区域）が導入されると承知しているが、以下の点を明らかにされたい。

1　各原発立地点毎のＰＡＺ及びＵＰＺの線引きについては、どのような手順により、いつ頃設定されることとなるのか。

2　防護措置の発動に必要となるＥＡＬ（緊急時活動レベル）及びＯＩＬ（運用上の介入レベル）などの事項、

手順等については、いつ頃に、一に掲げた文書及び政省令の改定が行われることとなるのか。
3　モニタリング、通信をはじめ、防護措置発動を実効的に裏付けるインフラの整備はいつ頃までに完了するのか。
4　1及び2の事項等の決定以前に、防護措置の発動が必要となり得る事態が生じた場合には、いかなる基準及び手続きにより、いかなる防護措置が発動されることとなるのか。また、その際に、移行期であることによる混乱を回避することは可能であるのか。
5　「中間とりまとめ」においては、「プルーム通過時の被ばくを避けるための防護措置」（ＰＰＡ（プルーム通過時の被ばくを避けるための防護措置を実施する地域）の参考値は概ね五〇㎞）が検討課題として挙げられているが、一の改定においてどのような取扱いとなるのかを含め、今後、どのように具体化していくのかを示されたい。
三　関係地方自治体は、改正が予定されている原子力災害対策特別措置法（以下、「改正原災法」という）の公布後六月以内に、地域防災計画を改定することを求められていると承知しているが、以下の点を明らかにされたい。
1　政府は地域防災計画改定のガイドライン、マニュアル等を準備中であるが、いつ頃関係自治体に提示するのか。
2　現実問題として、改正原災法の施行時期に地域防災計画改定が間に合う見通しが立っているのか。把握できている範囲内で、各自治体の状況を示されたい。
3　地域防災計画の実施に必要となる資機材の整備の見通し、及び財政措置、技術支援その他の政府としての対応策を明らかにされたい。
4　避難等の措置を有効に、混乱なく実行するためには、避難道の整備など、原子力防災の範疇だけでは対応できない施策が必要となると思われる。「中間とりまとめ」も指摘しているように、一般災害対応と重なる部分もあり、原子力防災の枠組みを超えた対応が求められる。政府としては財政措置を含めどのように対応していく方針であるのか。

四　「中間とりまとめ」で提起された以下の課題については、どのように具体化していく予定であり、各地域において対応がいつ完了する見通しであるのか。

1　緊急時対応拠点と対策実行拠点の設置など、オフサイトセンターに係る事項。

2　関連法制度の検討を含む、安定ヨウ素剤の予防的服用に係る事項。

3　スクリーニングに係る事項。

4　緊急被ばく医療体制に係る事項。

五　原子力発電所の再稼働問題の要件たる「地元の理解」について、未だ政府は「地元」の範囲を明らかにしていない。一方で、地元の範囲を矮小化し、同意を求めるのは立地自治体あるいは現行EPZ程度の範囲に止めようとしているのではないかとも疑われている。そこで、以下の点につき、政府の認識を問う。

1　現行の防災指針では、EPZについて「十分に安全対策が講じられている原子力施設を対象に、あえて技術的に起こり得ないような事態までを仮定して、さらに、十分な余裕を持って示しているもの」と説明しており、二〇一一年七月二〇日の衆議院東日本大震災復興特別委員会で班目春樹原子力安全委員会委員長は「原子力安全委員会としては真摯に反省」していると答弁した。これに対して、「中間とりまとめ」では「過酷事故が起これば、深刻な事故を招くと言う潜在的危険性がある」と言明した。改めて、政府として、EPZの過小設定について反省を示されたい。

2　本年三月二七日に原子力安全委員会事務局が公表した資料においては、EPZの目安の見直しに係り、同委員会環境管理課都筑課長が「10㎞超では対策を要する水準にならないことについて、従来のロジックを踏襲したい」と述べ、同委員会樋口技術参与は「日本では［チェルノブイリ事故］のようなことはあり得ないと言っており、従来のスタンスを踏襲して、これからも基本的に同じスタンスで行く」と述べたことが明らかになった（以上、平成二二年一〇月一二日打合せメモに記載）。同じく、電気事業連合会は平成二三年一月一三日付文書において、「UPZを10㎞以上で設定した場合、その領域内に入る新たな自治体は、現状枠組みの自治体と同等程度の取扱い（交付金・補助金）を要求する可能性がある」「現状枠組み自治体と事業者と同等程度の関係構築（たとえば、安全協定、要員派遣などの緊急時対応他）を望む可能性がある」等の「推定」を示している。三月一五日に同委員会事務局が公表した資料では原子力安全・保安院が圧力をかけたことが明らかになっており、一連の経緯により、PAZ及びUPZの導入は見送られ、原子力防災を改善する機会が失われた。福島第一原発事故時の防護措置を巡る混乱及び被害拡大に対する政府及び電事連の責任は極めて大きいと考えるが、いかなる認識か。

3　さらに、原子力安全・保安院が公表した「我が国のシビアアクシデント対応の規制上の取扱いについて」では「SA［＝シビアアクシデント］を法令により規制することは……既に許認可を受けた原子炉（既存炉）の安全性の優劣に疑義が生じ、基本設計の妥当性が争われる行政訴訟上の問題が生じる可能性がある」と記されている。ようやくシビアアクシデント対策が法定化される見込みとなっているが、政府として、シビアアクシデント対策法定化を先送りしてきたことなどをどのように反省しているか。

4　一連の経緯からは、過酷事故の影響を試算し、それに照らして防護措置が必要となる範囲を設定するというロジックが顛倒し、財政負担や原発運営への影響を限定的にするためにEPZを限定し、それを正当化するために事故想定を過少にしたのではないかとの強い疑義が生じる。シビアアクシデント対策でも同様のロジックの顛倒が強く疑われる。そうであれば従来の延長線上で「地元」の範囲を考える正当性は全く失われていると考えるべきであり、原子力安全委員会が福島第一原発事故を踏まえて、事故想定を見直し、試算を行ってPAZ、UPZ、PPAの目安を提示したように、白紙から「地元」の範囲を検討する必要がある。さらに、福島事故の教訓を踏まえれば、過酷事故のシミュレーションを行って、立地点毎に事故影響の及ぶ範囲を検討し、それを「地元」とすべきである。当該範囲の自治体は事故時に、放射能被害はもちろん、生活や経済活動の制約など甚大な影響を被る可能性がある。一方的に防災対策を講じることを求められながら、再稼働を含め原発に係る重要事項に関与できないのは不当である。政府は「地元」がどこであるのかは、一義的に決められないと言うが、最低限UPZは含めるべきであり、PPAや過酷事故想定で影響が及び得る範囲の自治体も排除すべきでないと考える。以上を踏まえて、原発再稼働判断に係る「地元」の範囲又はそれを判断する基準若しくは要素に関する政府の見解を示されたい。

六　現行の原子力防災についてはその前提を含めて瑕疵があり、福島第一原発事故時には混乱と被害の拡大を招いたことに鑑みると、使用済み燃料等のリスクを踏まえ順次対応を進めることは当然としても、原子力防災の見直し、強化が文書上だけでなく、実地に完了することが原発再稼働の最低条件の一つではないか。政府の見解を求める。

右質問する。

内閣総理大臣　野田佳彦

内閣衆質一八〇第一五八号
二〇一二年四月六日

衆議院議員服部良一君提出原子力防災の見直し、強化等に関する質問に対する答弁書

一について

御指摘の「原子力災害対策指針」（以下単に「原子力災害対策指針」という）については、今国会に提出した原子力の安全の確保に関する組織及び制度を改革するための環境省設置法等の一部を改正する法律案（以下「法律案」という）の成立後、速やかに、内閣府原子力安全委員会原子力施設等防災専門部会が平成二十四年三月二十二日に取りまとめ同委員会に報告した「「原子力施設等の防災対策について」の見直しに関する考え方について（中間とりまとめ）」（以下「中間取りまとめ」という）を踏まえ、定めることとしている。その上で、御指摘の「防災基本計画、原子力災害対策マニュアル及び関係行政機関の防災業務計

画等」（以下「防災基本計画等」という）については、法律案、原子力災害対策指針、東京電力福島原子力発電所における事故調査・検証委員会が平成二十三年十二月二十六日に取りまとめた「中間報告」等を踏まえ修正を行うこととしている。また、これらの内容については現在検討中である。

二の1について

お尋ねについては、中間取りまとめにおいて示された予防的防護措置を準備する区域（以下「PAZ」という）や緊急防護措置を準備する区域（以下「UPZ」という）に関する考え方について、原子力災害対策指針に定め、その上で、防災基本計画等の修正を行った後、関係道府県において、地域防災計画を修正することにより、定められるものと承知している。なお、政府としては、関係道府県におけるPAZやUPZの具体的な範囲の検討が円滑に進められるよう、これらの範囲に係る原子力災害対策指針の考え方について、関係道府県に対して説明するとともに、原子力発電所からの放射性物質の拡散シミュレーションを行い、その結果を参考情報としてお示しする予定である。

二の2について

お尋ねについては、法律案の成立後、速やかに進めてまいりたい。

二の3について

お尋ねについて、「実効的に裏付けるインフラ」が何を指すのか必ずしも明らかではないが、現時点において、平成二十四年度までに順次講ずることとしている措置として、例えば、緊急事態応急対策の拠点となる緊急事態応急対策拠点施設（以下「オフサイトセンター」という）等における衛星回線の拡充等の通信体制の強化や関係道府県におけるモニタリングポストの追加整備を行うこととしている。

また、オフサイトセンターの立地を含めた在り方については、中間取りまとめや関係道府県等の意見を踏まえ、可能な限り早期に結論を得るべく検討を進めてまいりたい。

二の4について

お尋ねの場合においては、現行制度の枠組みで対応することとなるが、PAZの考え方を踏まえ、直ちに避難に係る指示を行うなど、可能な限りこれらの新たな考え方を取り入れた対応を行ってまいりたい。また、このような対応について、関係道府県に対して説明会等を行うことにより、仮に防護措置が発動されても現場に混乱が生じないよう努めてまいりたい。

二の5について

気体状又は粒子状の放射性物質を含んだ空気の一団の通過時の被ばくを避けるための防護措置を実施する地域（以下「ＰＰＡ」という）については、中間取りまとめにおいて、「今後、……具体的な対応を検討していく必要がある。」とされており、法律案の成立後速やかに行うことを予定している原子力災害対策指針の策定及び防災基本計画等の修正においては、ＰＰＡに関する事項を盛り込むこととはしていないが、今後、ＰＰＡに関する事項について、可能な限り早期に結論を得るべく検討を進めてまいりたい。

三の1及び2について

お尋ねについて、関係道府県等における地域防災計画の修正に係る状況については把握していないが、当該地域防災計画の検討が円滑に進められるよう、関係道府県等が準備すべき事項等を示したガイドラインやマニュアルを示すこととしている。

三の3について

平成二十四年度においては、原子力施設等の防災対策等に係る交付金を関係道府県に対して交付することとしており、これにより、地域防災計画に沿って、順次、安定ヨウ素剤、防護服、放射線測定器等の防災資機材の整備等が行われるものと考えている。

また、関係道府県が地域防災計画を修正するために避難シミュレーション等を実施する場合には、独立行政法人原子力安全基盤機構を通じ必要な技術的支援を行うこととしている。

三の4について

お尋ねについては、中間取りまとめにおいて、「原子力災害のうち「公衆の防護」に関する対応については、避難など一般災害対応とも重なる部分がある」とされていることも踏まえ、原子力災害の特殊性を十分考慮した防災対策を検討してまいりたい。

四について

お尋ねの事項については、中間取りまとめにおいて今後検討すべき課題等が示されていることから、これらを踏まえ、可能な限り早期に結論を得るべく検討を進め、その結果を原子力災害対策指針に反映させてまいりたい。

五の1及び2について

お尋ねについては、政府としては、当時、東京電力株式会社の福島第一原子力発電所の事故のような短時間で事態が進展するシビアアクシデントが起き得ることの認識や国際的な動向を迅速に取り入れる姿勢が欠けていたことなどの問題があったと考えている。このような中で、福島第一原子力発電所の事故が発生し、それにより避難等の措置を講じた地域の範囲がＥＰＺの範囲を超えたこと等について、真摯に受け止める必要があると考えている。今後は、こうした点を十分に反省し、いわゆる安全神話に陥らず、国際的な原子力規制の動向にも注意を払っていくことが必要と認識している。

五の3について

従来の我が国の原子力安全規制については、お尋ねのシビアアクシデント対策等を含め、国際機関等の動向や研究成果に関する情報を入手し自らの規制活動に活用する努力が十分でなかったこと等の問題があったと考えている。

政府としては、福島第一原子力発電所の事故の反省を踏まえ、シビアアクシデント対策に係る規制を含む法律案を今国会に提出しているところであり、法律案の成立後、当該規制を適切に実施してまいりたい。

五の4及び六について

御指摘の「原子力防災の見直し、強化が文書上だけでなく、実地に完了すること」が何を指すのか必ずしも明らかではないが、原子力防災対策については、常により高い水準を目指していくことが重要であると考えており、福島第一原子力発電所の事故を踏まえ、原子力災害対策指針に係る検討を進めるとともに、関係道府県等における地域防災計画の修正を支援するなど、我が国における原子力防災対策の強化に向けた取組を進めているところである。

こうした原子力防災対策の不断の見直しに取り組む一方で、定期検査で停止中の原子力発電所の安全性については、平成二十三年七月十一日に内閣官房長官、経済産業大臣及び内閣府特命担当大臣において取りまとめた「我が国原子力発電所の安全性の確認について（ストレステストを参考にした安全評価の導入等）」において、安全上重要な施設・機器等が設計上の想定を超える事象に対し、どの程度の安全裕度を有するのかという点について、欧州各国で導入されたストレステストを参考に、新たな手続やルールに基づく安全評価を原子力事業者が行い、その評価結果について、経済産業省原子力安全・保安院が確認し、更に内閣府原子力安全委員会がその確認の妥当性を確認することとなっている。

これらの確認を行った上で、定期検査で停止中の原子力発電所の運転再開については、内閣総理大臣、内閣官房長官、経済産業大臣及び内閣府特命担当大臣が、住民の理解や国民の信頼が得られているかという点も踏まえ、その可否を総合的に判断していくとしており、お尋ねの「原発再稼働判断に係る「地元」の範囲又はそれらを判断する基準若しくは要素」について、具体的にお示しすることは困難であるが、住民の理解や国民の信頼が得られているかの判断に際しては、地方自治体の首長や議会の意見は、有力な根拠になると考えている。

○東電賠償、電力システム改革について

2011年7月20日　東日本大震災復興特別委員会（原子力損害賠償支援機構法案）

服部　今回の賠償スキームは、東電の無条件存続、電力事業の地域独占体制の維持にしかならず、増税あるいは電気料金への転嫁等の国民負担をもたらすのではないかという懸念を持っています。東電は電気事業以外の資産の整理を強調していますが、事業や経営のあり方に踏み込むべきです。東電の事業収益を賠償原資とするということは国民負担に直結するものですから、賠償原資は資産を原則とすべきであり、経営責任の追及を含め、東電が徹底的に身を削ることが必要です。

　徹底した補償と責任の明確化という意味で、約五兆円の送配電資産を一時国有化し、対価として国が賠償債務の一部を引き受ける。あるいは、東電は賠償会社の役割に限定して、電気事業は一時国有化する、その上で発送電部門を分離する。処理の過程で株主、貸し手責任や負担の帰属も明確になると考えますが、いかがですか。

枝野官房長官　今回の法案でも、賠償責任を有する原子力事業者による迅速かつ適切な賠償支払いのための資金確保に必要な場合には、原子力事業者の保有する資産の買い取りを機構が実施することができることとなっております。この場合の買い取り対象資産には、送配電施設や発電施設という、あらゆる資産が対象となり得るという制度になっております。ただ、発送電分離を前提とした一部資産の売却については、エネルギー政策全体のあり方の中で結論を出すべきものと考えております。まずは被害者に対するしっかりとした賠償を進めるということで、可能性は否定しておりませんが、全体のエネルギー政策のあり方の中で検討すべきだと思っております。

服部　法案の第五十二条「当該原子力事業者の保有する資産の買取りを行うことができる」、この中には、理論上は送配電の買い取りもあるという答弁ですね。

枝野官房長官　制度としてはそういうことになっておりまして、ただ、実際それを行うかどうかということについては、エネルギー政策全体の議論の中で判断すべきことと思っております。

服部　送配電部門だけではなくて、将来的に東京電力が経営的に成り立たないという局面があったときに、東京電力を買い取る、国有化するということもありますか。

枝野官房長官　政策判断の話と、この法律で何が可能であるかということの議論とは分けて受けとめていただきたいと思いますが、仕組みとしては、資産を機構が買い取る、機構は事実上の国有という意味では国有かもしれません。別途、株式を保有することもこのスキームにあります。こういった形での実質的国有も制度としてはあり得ますが、エネルギー政策全体の議論の中で判断すべきことが多々ありますので、まずは被害者に対する賠償に万全を期すという観点で法律は運用されると思っております。

服部　東電が立ち行かない場合、国有化も理論上はあるということでいいわけですね。要するに、今回の賠償スキームは、東電の無条件存続を前提としたものではないと受けとめていいわけですか。

枝野官房長官　この法律の前段階における、最終的には関係閣僚の合意だったと思いますが、そこでも、このスキームで今後のエネルギー政策全体の議論に何らかの制約を加えるものではないという趣旨の文章も入れています。

服部　附則の第六条に、原子力損害に係る政府の援助のあり方等について将来的に検討を加えるという文言がありますが、これはどういうことを想定されているんでしょうか。

枝野官房長官　急がなければならないのは、被害者に対する賠償に万全を期すことです。ただ、エネルギー政策全般の議論をしっかりと進めていくことに対して予断を与えることになってはいけない。そういった議論を今後どう展開していくかによって見直すこともあり得るし、率直に申し上げれば、賠償額の全体がどれぐらいになるのか、見通せない状況ですので、さまざまな今後の状況に応じた見直しが必要であるという趣旨で規定を置いたものです。

服部　将来的には電気料金も上げながらやっていくような、小手先のといいますか、そういったものなのか。あるいは、七月三日の毎日新聞には「東電解体極秘プラン」があると載っていますが、本当にあるんですか。

枝野官房長官　記事は拝見しましたが、そういったプランについては全く承知をしておりません。

服部　賠償金額が一体幾らになるのか、さっぱりわからない。事故がスムーズに計画どおりに収束されればいいですが、今から何が起きるかわからない。牛肉の汚染の問題もあり、放射能の汚染が一体どこまで広がっているのか、今、みんな不安に思っていますよ。百キロも離れたところの稲わらから出てくるということは、そのほかのものは大丈夫かと。だれしも思いますよね。この前エネ庁に一体何兆円ぐらい想定しているんだと聞いたら、三兆から四兆、多くて五兆と。ところが、人によっては十兆だとか、いろいろなことをおっしゃる。

巨額な補償、あるいは事故の収束、廃炉、何十年かかるかわからないこの後始末に一体どれだけの資金が要るのか。その中で本当に東電がもつのか。債務超過というか、事実上破綻しているという疑念も多くの国民は持たれていると思います。そういう意味で、いろいろな選択肢を排除せずに、きちっとやっていただきたいと思います。

○エネルギー・環境の国民的議論について

2012年7月9日　予算委員会

服部　エネルギー、環境に関する選択肢について、原発の比率をどうするのか、脱原発にかじを切れるのかどうか、国民的議論を経て八月中に決定をされると言われております。二〇三〇年の原発比率をゼロとするのか、一五%とするのか、あるいは二〇から二五%とするかという三つの選択肢が出されていますが、私はこれは非常にわかりにくいと思っています。同時に、国民的議論も余りにも短過ぎる。

この二〇から二五%というのは、原発の新増設もやっていかなければならない、あるいは運転期間の延長がないと達成できない数字になっています。ここに表で、これは一五%のケースについてエネ庁の資料をもとに試算をしたわけですが、この稼働率が八〇%。新増設はせず、四十年で廃炉にしていくと二〇三〇年には一五%になりますよとエネ庁は言うわけですね。ところが、この十年間で稼働率八〇%なんて全くあり得ない、七〇%を超したのが二年あっただけ。そういうことからすると、この一五%という数字も、新しい原発をつくるという前提、あるいは、例外と言いながら四十年をどんどん延ばしていくという前提のもとに組み立てられているんじゃないかとも見える。また、新規増設をしないということであれば、当然、二〇五〇年ぐらいには原発ゼロになる。だ

2030年原発比率（総発電量1兆kWhの場合）

40年廃炉・新規なし	稼働率 80%	稼働率 70%	稼働率 60%	稼働基数
エネ環試算?（年頭）	15%	13%	11%	20基
年末の稼働炉＊	13%	12%	10%	18基
+女川（被災）	12%	11%	9%	16基
+女川・浜岡（震源）	10%	9%	8%	14基
+女川・柏崎刈羽・浜岡	7%	6%	5%	10基

注：2030年中に40年に達する柏崎刈羽2、5号を廃炉で計算
（服部良一事務所まとめ）

から、二〇五〇年原発ゼロの通過地点として二〇三〇年の一五%があるのか、あるいは、ずっとつくり続けて一五%を維持するのか、いろいろ見方が分かれる。

この国民的議論、八月にも結論を出すと政府は言っていますが、どういうような姿勢、考え方で進めようとしているのか、その基本的な考え方についてお聞きをします。

枝野経済産業大臣　政府としては、昨年来、原発への依存をできるだけ引き下げるという大きな方針を固めています。今回の選択肢も、その枠の中で示したものです。ただ、原子力あるいはエネルギーのあり方については、百人百様の意見があろうかと思っている中で、国民の意見を集約していく見地から、三つの選択肢を示しました。

しかし、この中のどれか一つに固定をされるものではなくて、例えば一五%シナリオについても、一五%シナリオでもいいけれども、必ずそこから先も四十年廃炉をしていって、二〇五〇年ぐらいにゼロになるということでならばいいとか、いや、一五%で維持するのがいいんだとか、多様な意見があるんだろうと思います。できるだけ国民各界各層においてさまざまな議論をいただき、また、そうした多様な意見があることをしっかりと踏まえた上で、できるだけ幅広く柔軟にさまざまな声を踏まえた中で集約をしていきたい。

服部　私は、やはり数字だけがひとり歩きして政策が非常に見えにくい、そういう意見を持っております。

先日、東京電力の新会長と社長が福島第二原子力発電所を視察しました。会長は、廃炉は未定とコメントしていますが、福島県

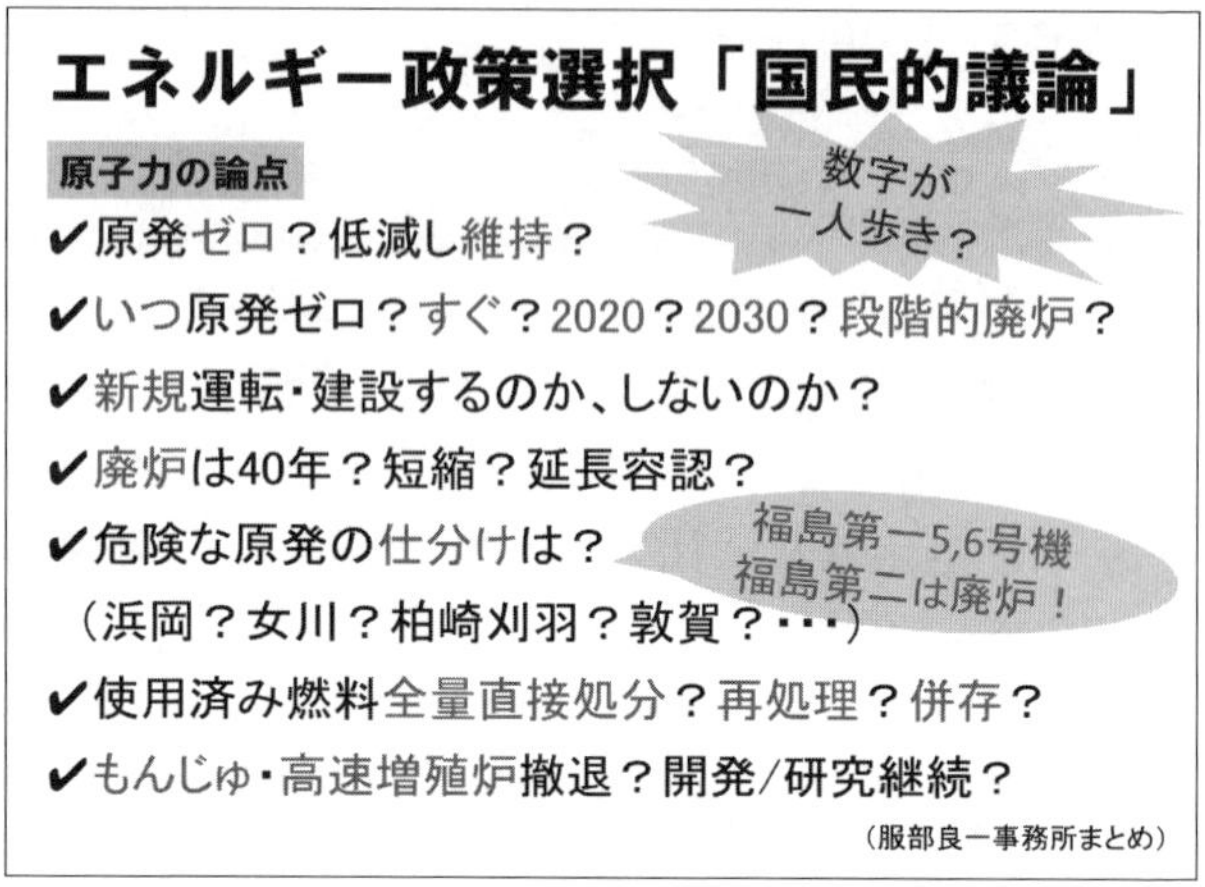
エネルギー政策選択「国民的議論」
原子力の論点
数字が一人歩き？
✔原発ゼロ？低減し維持？
✔いつ原発ゼロ？すぐ？2020？2030？段階的廃炉？
✔新規運転・建設するのか、しないのか？
✔廃炉は40年？短縮？延長容認？
✔危険な原発の仕分けは？
福島第一5,6号機
福島第二は廃炉！
（浜岡？女川？柏崎刈羽？敦賀？･･･）
✔使用済み燃料全量直接処分？再処理？併存？
✔もんじゅ・高速増殖炉撤退？開発/研究継続？
（服部良一事務所まとめ）

は既に脱原発ということを決めて、福島第二原発も廃炉の方針だと聞いております。枝野経産相も、先週金曜日の記者会見で、福島県知事が廃炉を求めていることを踏まえて、廃炉は避けられないと言われておりますが、エネルギー政策の結論をまつまでもなく、福島第二は廃炉が前提であるという理解でいいんでしょうか。

枝野経済産業大臣　これだけの事故で、今も県民の皆さんに大変な御迷惑をおかけしている福島県、地元の意向というのは大変重たいと思っており、そのことを踏まえて対応すると考えております。ただ、会計等にもかかわってくるところでして、政治ベースにおける全体としてのこれからの原発のあり方についての手続や判断、それを踏まえた東京電力における最終的な手続、判断、そして会計上の手続、判断ということがありますので、段階を踏ませていただくということについては理解いただけるのではないか。

そういった手続的な段階があることを前提とした上で、最大限、県の意向を踏まえて対応するべきであるということで、お話をさせていただいているつもりです。

服部　もっとめり張りのある原子力発電所の仕分けをすべきだということを強く申し上げておきます。

第3節　再稼働問題

原発の再稼働の問題については、第2節の冒頭でも書きましたので、繰り返しませんが、以下の質疑録を読んで頂ければ、論点は出尽くしていると思います。時系列で政府の答弁を見ると、いかにおかしな主張を繰り出して大飯再稼働に突き進んだのかもよく分かります。最低限の条件さえ何らクリアしていない大飯原発の再稼働は暴挙であり、いますぐ止めるべきだと思っていますし、他の原発の再稼働はもってのほかであると改めて強調しておきます。

今後の再稼働の判断や大飯原発の活断層問題については、原子力規制委員会の対応が焦点となります。規制委員会については、第4節で詳しく取り上げますので、あわせてご覧下さい。

運転停止中の浜岡原発（砂丘側から。撮影　渡辺幸重）

○原発再稼働阻止のために

2011年12月6日　東日本大震災復興特別委員会

服部　原発事故を想定外と考えることはあり得ないことがはっきりしました。枝野大臣自身、政策仕分けで、事故が起こったらどうするかを想定しないで原発をやることはあり得ないとおっしゃっています。原発の運転、あるいは仮に再稼働をする際に、福島のような事故が起きる可能性があることを前提に考えていくということでよろしいでしょうか。

枝野経済産業大臣　原子力発電所を再稼働する場合には徹底した安全性を求めてまいりますが、人間のやることですので、一〇〇％ということはあり得ません。したがって、常に万一の場合を想定した対応をしっかりとあらかじめ備えることが必要だと思っております。

服部　福島の事故では現時点で損害賠償額（見積り）がおよそ六兆円に上っています。これをもとに、原子力委員会はモデル的な原発の損害額を五兆円または十兆円と算定しています。ただし、これは福島原発事故の損害の全容が明らかになっていない現時点での最低限の見積もりでしかありません。除染も今からどれだけお金がかかるかわからない。あるいは、高濃度汚染地域の対策、中間貯蔵施設、こういった費用は入っておりません。

ちなみに、ドイツでは、十七基の事故損害について最大六百八十兆円になるという試算も出されています。

仮に稼働させるとすれば、このような損害を想定しなければならないということですが、現在の原子力損害賠償制度は事業者の無限責任を定めているものの、あらかじめ確保されているのは一事業者当たり一千二百億円しかない。このギャップは余りにも大きいわけですが、どうすべきであるとお考えでしょうか。

枝野経済産業大臣　ドイツの試算は、試算根拠が不明ですので、評価するのが難しいかと思っておりますが、福島の事故だけをとらえても、こうした事故が起こった場合のコストが全体として最終的にどうなるかはまだ確定できないところですが、仮に五兆であるとコストがキロワットアワー当たり〇・四五円かさむ、十兆であれば〇・

八九円上がるという試算までしているところでして、今後、エネルギーごとのコスト計算に当たっては、こうしたことをしっかりと考慮に入れて、なおかつ、これは幾ら以上かかるであろうということしか現時点では見込めないという状況にあります。これに対する賠償のあり方については、まずは既に動き出している賠償支援機構法によって、すべての原子力事業者が相互扶助の観点からコストを負担するという考え方に基づいて拠出金を出す仕組みになっておりますが、さらに、この機構法の附則六条一項で、国の関与のあり方、責任のあり方等について検討を加えて、原子力賠償法の抜本的な見直しを含めた必要な措置を講ずるとされております。原子力政策あるいはエネルギー政策の抜本的な見直しの中において、一度こうした事故が起きれば、兆単位、それも、一とか二とかというレベルでない兆単位の損害が発生をすることを前提にして議論を進めてまいりたいと思っております。

服部 機構法という話ですが、十兆円もの被害が出て東電がもつのかという話がある。全国のほかの原発の損害賠償を考えると、やはり保険でカバーするしかないんじゃないかと思います。第一歩として、数十兆円規模の損害賠償額を前提に、天災免責の見直し、電力会社、原子力事業者が民間保険で措置をする額を現状の一千二百億円から大幅に引き上げる、残余のリスクを国が引き受けるための明示的な補償措置、保険プラス積み立てを行って、それを原子力事業者から請求をしていく、そういう仕組みをきちっとつくらないとだめだと思いますが、いかがでしょうか。

枝野経済産業大臣 福島の原発事故によって生じた損害については、政府としても原子力政策を推進してきた責任があることを踏まえながら、東京電力が本来負担すべき賠償について肩がわりをするスキームの中で進んでいますが、事故が現に生じている以上、今後については、発電をする電力会社が保険であったり積み立てであったり、当然電気料金に含めてコストを負担することが前提でなければ、原子力発電は推進できないと思っております。

服部 一千二百億円の賠償措置だけで原発を動かすというのは、保険に加入せずに車を運転しているようなものですよ。そういう意味で、今、再稼働の問題が地域の住民の関心、不安になっているわけですが、この賠償の措置をきちんとしない以上、再稼働というものはすべきではないと私は考えます。いかがでしょうか。

枝野経済産業大臣　御指摘の視点は全く同感です。万が一の場合にしっかりと賠償がなされるためのスキームと資金が確保されているということは、原発を再稼働する場合の、周辺住民の皆さんに安心をいただくための一つの要素として欠かせないものだと思っております。そこに向けて、既に施行されている機構においても、電力会社が資金を拠出して、そこがしっかりと、どういう状況になっても電力会社の負うべき損害について負担をするという仕組みはつくられておりますので、万全の賠償を行うという一応の枠組みはつくられていると思っております。

ただ、エネルギー政策、原子力政策の抜本見直しの中で、このスキームについてさらに改善、改良する余地がないかどうかということについては、ゼロベースで検討してまいりたいと思っております。

服部　東京電力の経営支援のための機構ということと賠償の問題というのは本質的に違うわけですね。ですから、この再稼働の問題についても、この賠償の制度をきちっとやっていただきたい。

我々は、この原発の事故で多くの教訓を得ました。一たん事故が起こったらとんでもないことになるということを多くの国民が思ったわけです。事故の収束と検証、あるいは安全対策、地元の合意、万一事故があったときの賠償の制度、その制度の確立なくしては原発の再稼働というのはあり得ない、そのことを強く申し上げます。

２０１２年２月28日　予算委員会

服部　一昨日、ＮＨＫの「日曜討論」に出させていただきました。原発の再稼働問題が大きなテーマとなりました。各党も非常に慎重な意見が出て、与党からも、事故の原因究明もまだだ、ストレステストは再稼働とは関係がない、それから野党からも、事故の教訓を安全基準に生かすための数年間を惜しんではならないという意見も出たわけです。そこで、二月十六日に保安院が出した中間取りまとめの位置づけなんですが、これをもとに暫定安全基準をつくるということなんでしょうか。

枝野経済産業大臣　この間、ストレステストとは別次元で、政府の事故調査・検証委員会においての検証、保安院における技術的側面からの検証、それを踏まえた複数の公開の場での意見聴取会を踏まえて、「東京電力株式会社福島第一原子力発電所事故の技術的知見について（中間取りまとめ）」をまとめております。これをベースにして安全基準を設けたいと思っております。

服部　中間取りまとめは、単なる経過報告であって、何らかの基準を出せるような段階ではないと思いますが、原子力安全委員長にお尋ねします。昨年、私とのやりとりの中で、安全設計審査指針あるいは耐震設計審査指針の見直しについて、事故調の意見は当然尊重しなければならないと答弁しています（注：第2節　p.一五二）。事故の検証をきちんとやった上で、その知見を安全指針に反映させなければならないという意味に受け取ったわけなんですが、そういう理解でよろしいでしょうか。

班目原子力安全委員長　安全委員会では、現在、二つの指針等について見直しを鋭意進めているところです。当然、この見直し作業においては、事故調で明らかになった事実も含めて、最新の知見というのを全て反映して見直しを進めていきたいと思っております。ただ、三月をもって中間取りまとめをする。というのは、四月から新しい規制組織に安全委員会の機能が移されることになっていますので、その場合には、新しい組織の方で、そのあたりも含めてしっかり進めていただきたいと思っている次第です。

服部　事故の検証をきちんとやって、それを安全指針に反映させるという趣旨の発言だったと思うんですが、枝野大臣、それを前提にしか再稼働はできないという理解でよろしいでしょうか。

枝野経済産業大臣　今回の原発事故が与えた教訓というのは、幾つかのものがあります。その一つが、地震や津波、そしてそれによる全電源喪失によるリスクです。これについては、既に緊急対策等を指示し、それが十分な効果を津波や地震に対して持っているのかどうかのチェック、確認をしているところです。もう一つ、今回の事故が与えている教訓というのは、安全に絶対はないということで、いわゆる安全神話から抜け出さなければならない。つまり、一度安全を確認されたということで、これは安全なんだということを前提に対応するのではなくて、常に新しい知見、新しいリスクがないかということについてチェックをしていく必要がある。

そうした見地から、再稼働の問題に限りませんが、あらゆる原発について、その都度、最新の知見を踏まえて、本当に安全なのかということを厳しくチェックしていくことについては、今後、事故の教訓、検証についてさらに詳細な状況等が明らかになれば、それも踏まえて対応していくということです。

服部　事故の検証が終わって、それを安全指針に反映をして、それが再稼働の判断になるということですね。

枝野経済産業大臣　事故の検証は、恐らく何十年続く話だろうと思います。そうしたことの中で、今回、原発事故をもたらしたものと同じような地震や津波によって同じような事故を起こさないということについての緊急対策は既に指示しているところでして、それが本当に機能するのかどうかを確認して、そして地元の皆さんの一定の理解が得られるのかどうか、こうしたことの手順を踏んで、再稼働について判断するということです。

服部　少なくとも、国会、政府事故調の検証結果がはっきりするまで再稼働しないという理解でいいですか。

枝野経済産業大臣　政府事故調においては、津波が今回の事故の原因である、もちろんその津波をもたらしたのは地震ですが、そうした中間報告が取りまとめられております。あるいは、保安院が技術的な知見について、公開の場で外部の専門家を含めた意見聴取会等を進めてきているところでして、これに基づいて、今回のような、それまで十分に対応できていなかった地震や津波に対する対応が十分にとれているのかどうかを確認した上で、なおかつ地元の一定の理解が得られるかどうか、しっかりと判断した上で判断するということです。

事故の検証はさまざまな分野にわたって多岐に及んでいるので、政府や国会の事故調に限らず、きょうは民間の検証も発表されたようですが、さまざまな知見について、新たな事実が出てくれば対応することはもちろん必要ですが、今この時点で得られている最新の知見に基づいて安全性についてチェックをするということです。

服部　事故直後に緊急安全対策がありました。防波堤をつくるとか。年内に完成するのは三カ所だけだという報道もありましたが、もともと二年、三年なんですね、工事の完了に。この状態で再稼働してもいいんですか。

もう一点は、大臣は去年の十月二十六日の会見で、耐震バックチェックの結論が出なければストレステストについてのチェックは行えないと一旦明言をされています。ストレステストの評価について、耐震バックチェックの完了が最低限の条件だと思いますが、見解はどうでしょうか。

枝野経済産業大臣　緊急安全対策には、いつ大きな地震や津波が来るかわからないので、それが起こっても今回のような事故をもたらさないようにという緊急の対策と、中長期にわたって同じように事故を防げる状況をしっかりと確保するという課題と、両面のものがあります。原子力発電所を稼働するしないにかかわらず、津波をかぶって冷却ができなくなるのでは事故に至るので、まずは、今すぐに来ても事故につながらないための緊急対策がしっかりとなされていることが、最低限の条件ということです。ただ、例えば五年、十年単位で原子力発電所は稼働し、あるいはそこに放射性物質がありますから、中長期にわたって安全性を確保するための対策、これは一定の時間をかけて防潮堤等をつくらなければならないので、二段階だと思っております。

それから、耐震バックチェックを進めて、設計上想定すべき地震や津波の評価が新たに確定した場合には、ストレステストの余裕度にも反映されますし、それを踏まえて、安全であるかどうかの確認をしていくことになります。この耐震バックチェックについても、あるところまでやったら、これで絶対、確実で、おしまいである、そういう性格のものではないし、また、そういう物の考え方をしてきたからこそ、いわゆる安全神話につながってきたと思っております。今後も、耐震性等、あるいは、地震がどういうものが起こるのかということについて新たな知見が出てくれば、その段階でそれを取り入れていくという不断の見直しをしてまいります。

服部　防波堤とかは、緊急安全対策として、シビアアクシデント対策として、事業者に指示されたものです。これが終わらないと再稼働はできない、耐震バックチェックも再稼働の条件である、明確にお答えください。

枝野経済産業大臣　緊急対策として出したのは、直ちに、暫定的にでも対応してもらわないといけない。電源等が落ちた場合の電源車のバックアップ等、緊急の中でも緊急にやらないといけない種類のもの。それによって安全性は一旦は確保されるけれども、防潮堤であるとか安定電源であるとかにしなければ、例えば防潮の設備にしても、頑丈な構造でつくられた防潮堤であれば、長期間、見ているだけでも安心できますけれども、例えば土のうを積んでというのは極端かもしれませんけれども、そうしたものについては、日々、それが本当にどの程度の津波に耐えられるのかということをチェックしていかなきゃならないという、暫定的なものです。緊急安全対策として示したものの中にも、暫定、緊急にまずは安全性を確保するべきものと、それを長期にわたって維持するために必要なもの、両方のものが含まれているということです。

服部　去年の十二月六日の復興特ですが、賠償、保険の問題ですね。枝野大臣は、福島と同じような事故を想定した備えが必要だということで、そういった保険の備えがないまま原発の再稼働はあり得ないという趣旨に同意されたと理解しています。そこで、福島規模の事故が起こるかもしれないことを前提にして、十兆円規模の損害に備えた保険に入るといったことをせずして原発の再稼働はあり得ないという理解でよろしいでしょうか。

枝野経済産業大臣　今回、大きな事故によって賠償その他の大きな費用が必要になることについて準備がなされていなかった。こういった状況の中で原子力発電所を運転していくことは、万一に備えた対応として不十分だと思っております。したがって、昨年、原子力損害賠償支援機構法を設けていただき、一応の対応のシステムはでき上がった。ここにどの程度のお金を事業者にあらかじめ積んでいただくのか、あるいは、これとは別に民間ベースを利用したりとか、引当金等のやり方をしたりとか、リスクに見合ったしっかりとしたお金を準備しておくということについては、今後さらに不断の見直しは必要だろうと思っております。

服部　そこがきっちりしないと再稼働の条件にはならないんじゃないですかということをお聞きしているんです。

枝野経済産業大臣　ここでなかなかかみ合っていないことの原因だと思うんですが、いわゆる安全神話のもとになっているのは、ある線を超えたら大丈夫で、ある線の下だったらだめだ、こういう二元論で原子力の安全について今まで判断してきたこと自体がそもそも違っている。原子力については、常に不断の見直しをしながら、その時点における最善を尽くして安全性を確保したりリスクに備えておくことが必要だと思っております。そうしたことの中で、昨年の事故を踏まえて、原子力損害賠償支援機構という枠組みをつくり、事業者がそれぞれ拠出をして万一の事故の場合の賠償等に備える仕組みは一応つくった。しかし、これがあれば絶対安全だと申し上げるつもりはない、不断の見直しは必要であると申し上げているんです。

服部　ＥＰＺの見直し、防災指針の改定等についてはどういうスケジュールで進められていくんでしょうか。

班目安全委員長　防災指針の見直しについては、防災指針検討ワーキンググループ、あるいは被ばく医療分科会等で検討中です。三月中をめどに中間取りまとめをするということで進めていただいているところです。

服部　全部の見直しはいつごろになるんですか、中間というんじゃなくて。

班目安全委員長　原子力安全委員会は、防災に関する基本的な考え方を示すところです。したがって、防災指針というのは基本的な考え方を示しているものですので、これについては三月中に取りまとめを行う。四月以降は新しい規制組織ができますので、このような作業も引き継がれると理解しています。

細野原発担当大臣　原子力規制庁法案の中で、法定化をされていなかった防災指針について法定化をして、しっかりと生かしていくという考え方がとられています。ある程度精度の高いものが原子力安全委員会の中間報告として示されると考えていますので、それを引き継いだ上で、原子力規制庁としてしっかりと対応したいと考えています。

服部　地域も、防災計画をどうするか、大変悩んでおられるんですけれども、この防災指針の改定とそれに対する対応を抜きに再稼働はあり得ないという理解でいいでしょうか。

細野原発担当大臣　地方自治体からも、この防災指針であるとか防災計画についてはできるだけ早く丁寧に対応してもらいたい、そういう要請が来ておりまして、その対応を急ぎたいと思っております。その一方で、こうした防災指針や防災計画のあり方も含めて、常に最善を尽くして、より高い規制を設けていくというのは、大原則でして、これに終わりはありません。したがって、常に規制のレベルを上げていったり自治体の対応を促していくことと再稼働というのは、分けて考えられるべきもので、常に高いレベルを目指していくという考え方がとられるべきだと考えております。

２０１２年３月１日　予算委員会

服部　原発の再稼働について一昨日の予算委員会で整理をした論点をここにお示ししております（注：第2節　p.一三四）。

福島第一原子力発電所の事故の検証が一体どうなのか。国会、政府事故調の報告が一体どうなのか。検証を反映した安全指針あるいは耐震設計指針の見直しがどうなるのか。あるいは地震動や津波の想定の見直しがどうなるのか。耐震バックチェックをどうするか。それから、緊急安全対策、シビアアクシデント対策、防潮堤とか、こういった対応がどうなるのか。あるいは、最低十兆円規模の事故損害に備える保険を準備できるのか。地元の範囲というのは一体どうなるんだ、その上で地元の合意はどうなるんだ。あるいは防災指針の見直し、防災体制の整備というのはいつ完了するんだ。原子力規制庁が発足をしますが、実質的な規制が施行されるのは来年の一月以降だと言われております。その前に再稼働が駆け込みでされるようなことはないのか。あるいは、原発の老朽化のことも問題になっております。既に四十年たっている、あるいは四十年を迎えていく炉をどうするのか。マーク1をどうするのか。そういった議論をさせていただいたわけです。

きょう班目委員長が安全指針が間違っていたとおっしゃった。国会事故調でも、指針に瑕疵があったと答えている。そこまではっきり言われたので、私もびっくりしたんです。一昨日の班目委員長も、事故調で明らかになった事実も含めて、最新の知見を全て反映して見直しを進めたいと言われた。福島の原発の検証をきちっとやって、それを安全指針にきちんと反映をさせる必要があるということをおっしゃっているわけですね。そのことを抜きに、安全と言葉で言ったから原発というのは安全じゃないわけでしょう。一体どういう基準で安全というものを評価するかということですから、検証そして安全指針の見直しがきちっと完了するまで再稼働はあり得ないという、その所見をお聞きしたいと思います。

野田総理大臣　二度と同じような原発の事故は起こしてはいけないということを前提とする上では、今政府で行っている検証は中間報告が出ました。それから、国会の事故調の議論、そして先般、民間事故調からも提起がありました。そういうものを真摯に受けとめて今後に生かしていくことが何よりも肝心だろうと思います。

でも、そういうものが出そろうまで何もしないのかというと、例えば原発の再稼働については、ストレステストを、IAEAのレビューも受けながら、保安院が評価をし、安全委員会が確認をし、最終的には地元の御理解をいただいているか等を勘案しながら政治判断をするということは、当然、全てが出そろってからではなくて、一定の方向性は見えてきているものもあると思いますし、保安院や安全委員会においても、過去の教訓を踏まえながらより厳正な対応もしていると思いますので、そういう中での対応をさせていただきたいと考えております。

服部　歯切れが悪いんですよ。政府の事故調とか国会の事故調の検証結果も出るわけでしょう。それを踏まえて、班目さんも、安全指針の見直しもしなければならないと言われているわけでしょう。ですから、その前に再稼働を判断することはあり得ないんじゃないですか。住民にしても、どう判断したらいいんですか。

野田総理大臣　福島のああいう事故、津波等が来たときに、炉心溶融しないための余裕がどれぐらいあるかというストレステストをやっているわけですから、その評価を踏まえて保安院、安全委員会が確認をしていく中での判断ですので、より安全に万全を期していく意味では全ての報告が出そろってからということはありますが、今からでも、しっかりと安全性をチェックしながら、稼働をめぐっての議論をしていくことはあり得ると思います。

服部　今、原発立地の住民は、万が一事故があったときにどうやって逃げるんだ、どういう対策をするんだということで、非常に議論になり、不安に思っているわけです。先ほどSPEEDIの議論が出ましたが、放射能が高いところにみんな逃げたわけですよ、SPEEDIを公開しなかったがために。ですから、きちっと防災計画が見直されない限り、再稼働を検討することはあり得ないと思いますが、その点どうでしょうか。

野田総理大臣　SPEEDIの活用、それを踏まえた対応ができなかったことはそのとおりで、その反省はしなければいけませんが、再稼働の問題は、しっかり安全性をチェックしながら判断をしていきたいと思います。

二〇一二年三月二十七日提出
質問第一五六号

原子力発電所の安全に対する認識等に関する質問主意書

原子力発電所の再稼働問題については、その手続き、判断基準はもちろん、原発の「安全」の定義も未だ不明瞭である。そこで、以下、政府の見解を質問する。
一　大飯原発三・四号機については、原子力安全・保安院によるストレステスト一次評価結果の確認及び原子力安全委員会による妥当性の確認が完了し、再稼働は総理大臣以下四大臣による政治的判断に委ねられたところである。まず、基本的事項につき質問する。
1　総理大臣らの政治的判断とは、何をいかなる基準によって判断するものであるのか、具体的に示されたい。
2　政府は、原発の安全は専門家が科学的に確認し、地元や広く国民の安心が得られるかどうかを政治的に判断すると説明しているが、再稼働問題に係る説明において政府が用いている「安全」「安心」「科学的」「政治的」という言葉の定義及びこれらの間の関係を明瞭に説明されたい。
3　政府が言うところの「安全」とは「絶対的な安全」であるのか、「相対的な安全」であるのか、政府の「絶対的」及び「相対的」の考え方を示しつつ、立場を明確にされたい。
4　政府は、国会答弁等において、一〇〇％の安全はあり得ないと言明している。その場合には、一定の要件によってリスク・ゼロとみなす等して「安全」の範囲を画することとなると思われるが、政府はそのような立場を取っているのか。そして、それは科学的判断であるのか、政治的判断であるのか、また、そのような「安全」は客観的に定義可能なものであるのか。以上につき、政府の認識を明確に示されたい。
5　政府は、安全については最新の知見に照らして不断の見直しが必要であると答弁してきたが、何を以て最新の知見とし、その時点での安全が確認されたとするのかは不明瞭である。これらに係る判断につき、いかにして科学的合理性を確保するのか、その方策を明らかにされたい。
6　班目春樹原子力安全委員会委員長は、浜岡原発差止め訴訟の証人として静岡地裁に出廷した際に、原発の設計には一定の割切が必要であるとの証言をした。福島第一原発事故後に、この証言について国会や記者会見の場において質された際には、割切の仕方が適切でなかった等の反省の弁を述べている。政府の認識として、それぞれの発言は科学的言明であるのか、あるいは政治的言明であるのかを明らかにされたい。さらに、以上の班目委員長の見解と比して政府の立場はいかなるものであるのか、4及び5の質問に関連して、政府は「安全については一定の割切が必要」と考えているのかという点を含めて、示されたい。

7　政府は、客観的に科学的真理が存在し、課題はそれを発見し、適切に説明することであるといった本質主義の立場を取っているのか、そうではなく、社会構成主義又は社会構築主義の立場を取っているのか、あるいはこれらの学術用語では定義できない見解を有しているのか、その科学観を明瞭に説明されたい。

8　大飯原発三・四号機ストレステスト一次評価結果の確認作業は、原子力安全・保安院意見聴取会及び原子力安全委員会検討会を中心に行われた。しかし、外部有識者の人選や利益相反問題をはじめ、選任された有識者以外の外部からの意見聴取は保安院ホームページでの受付のみであったこと、一部委員の強い異議に反して保安院意見聴取会の議論が打ち切られたこと、及び、四で指摘する事項や制御棒挿入性評価、機器・構造物の強度評価等の本質的な疑問点が解消していないことなどに照らすと、一連の検討過程が十分なものであったのか疑念が残る。しかるに、科学的合理性及び合意形成のあり方という両面から政府の見解を示されたい。

二　福島第一原発事故の検証においては、原子力規制のあり様も重要なテーマとなっており、言うまでもなく原子力安全・保安院及び原子力安全委員会はその中心的な検証対象である。事故の反省故に、政府は環境省に原子力規制庁を設置する等の改革法案を提出したのであるが、これに対しては国会事故調査委員会の黒川清委員長より、「今般の事故を踏まえた「行政組織の在り方の見直し」を含め提言を行うことを任務の一つとして」いる同委員会の調査中に政府が法案を決定したことは「理解できません」との厳しい批判声明が発せられている。そこで一の質問を踏まえつつ、以下の点について政府の見解を明らかにされたい。

1　福島第一原発事故後もなお原子力安全・保安院及び原子力安全委員会が原発の安全について科学的その他の判断をする主体足り得ると政府が判断しているのであれば、科学論的見地を含め、その根拠を明示されたい。

2　新たな原子力規制機関（政府案では原子力規制庁）が原発の安全確認を行うべきであるとの意見及び新たな原子力規制機関は国会事故調査委員会の結論を待って設立されるべきであるとの意見について政府はそれぞれどのような見解を有しており、その根拠はいかなるものであるか。

三　原子力安全・保安院及び原子力安全委員会による大飯原発三・四号機ストレステスト一次評価の確認結果に係り、一次評価の性格及び正当性に関して政府の見解を問う。

1　班目委員長は去る三月二三日の安全委員会記者ブリーフィング（以下、単に「記者ブリーフィング」という）において、「我々は、安全性の確認を求められているとは思っていません」と発言し、従来よりの見解を繰り返しているが、それでは、ストレステスト一次評価に係り原子力安全委員会が何を確認したのかを端的に説明されたい。

2　二〇一一年七月一一日付「我が国原子力発電所の安全性の確認について」では、ストレステスト結果につき、「原子力安全・保安院が確認し、さらに原子力安全委員会がその妥当性を確認する」とされており、同月二一日付原子力安全・保安院の「評価手法及び実施計画」においても「同委員会の確認を求める」とされていたところである。これらの文書においては、安全性そのものについても原子力安全委員会が一定の確認をすることが想定されていたのではないか、政府の明確な説明を求める。

3　記者ブリーフィングにおいて、班目委員長は、「安全性というのは……総合的に見なければいけない」のであって、「それに対して、非常に簡略的な方法で一次評価が出てきた」ので、「二次評価に向けていろいろと意見を付けさせていただいた」と発言している。これらは、複数のレベルないしは種類の「安全」があることを示唆したものである。さらに班目委員長は、一次評価が簡略的評価であることに関し、「現実的な評価を是非、お願いしたい」と述べ、その文脈において、「また変な安全神話が生まれかねない」との懸念も表明している。以上に鑑み、今回の一次評価で確認された安全とはいかなるものであるのか、また、原発再稼働にあたっては、ストレステスト二次評価を要することなく安全が確認できるとする科学的根拠は何であるのか、明瞭に説明されたい。

4　班目委員長は記者ブリーフィングにおいて、「安全性の確認」や「再稼働の是非」に係る質問に対しては直接的に答えていないが、「総合的安全評価としては、一次評価では不十分」であり、「世界的に納得を得られるものではない」ので、「是非今後、二次評価まで含めてやっていただきたい」との見解を表明した。そして、昨年七月六日に安全委員会として「総合的安全評価」を求め、それを受けて保安院から一次評価と二次評価とに分けるとの計画が出てきたのを了承したことについては、「二次評価まで当然、やってくださいますよね」という前提があり、また「当時はまさかこんなに時間がかかるとは思ってない」から「一次評価というのは、さっとやるので、設計許容値等を判断基準にしますよ、ということで了承してしまった」と苦言を呈している。この経緯を踏まえると、ストレステスト一次評価及びそれを用いて原発再稼働の判断を行うことの正当性が失われたと考えるべきではないか。

四　大飯原発三・四号機のストレステスト一次評価の確認結果の内容に係り、以下の点につき説明されたい。

1　原子力安全委員会は、三月二三日付文書（「関西電力株式会社大飯発電所3号機及び4号機の安全性に関する総合的評価（一次評価）に関する原子力安全・保安院による確認結果について」をいう。以下同じ）において、「緊急安全対策は、上記（＝炉心損傷に至り得るような）シナリオの発生を防止する効果を持つものではないが、発生した場合には……炉心損傷を回避して安定的な冷却に至る成功パスの可能性を高める効果を持つ」としている。原発再稼働にあたっては、この水準の安全対策で十分であるとする根拠はいかなるものであるのか。

2　同様に、三月二三日付文書では「シナリオ同定の頑健性」について指摘をしており、「施設の潜在的な脆弱性を把握する際の地震起因シナリオの同定、特に進展速度の速いシナリオのふるい落としにおいては慎重を期すべきである」としている。記者ブリーフィングで班目委員長は、「成功パスをひとつに絞らないで、他のもっと現実的な対策での成功パスみたいなものもちゃんと評価してもらいたい」と解説している。再稼働にあたっては複数シナリオの同定をせずに確認された安全で十分であるとする科学的根拠はいかなるものであるのか。

3　前問にも関連するが、福島第一原発事故の検証作業に係り、政府事故調査委員会は中間報告段階であり、国会事故調査委員会の調査開始からは三カ月余りに過ぎず、事故原因究明はまだまだ途上である。この時点でなされるストレステストにおいては、福島第一原発事故の原因や実際の事象進展がイベントツリー等に十分に反映されていない懸念が強いが、それにも関わらず、科学的に安全が確認できるとする根拠や合理性はどこにあるのか。

4　大飯原発については耐震バックチェックも完了していない。政府はその時点での評価を示し、そのことを含めて地元や国民の理解を求めるとしているが、新たな知見が得られる可能性が抽象的、論理的なものに止まっているのではなく、東日本大震災の知見や教訓を踏まえ、現実に調査・検討が開始または再開されていること、特に、若狭湾の津波痕跡の調査や断層の三連動の検討などが進んでいることに鑑みれば、知見追求の具体的な要請があり、かつ新たな知見が得られる一定の蓋然性が存在するのであって、その帰趨を待たずに判断を下すことは合理性に欠け、瑕疵ある判断をもたらす可能性が高いと考える。政府はそれでもなお安全の確認は可能であるとするのか、そうであればその根拠は何であるのか。

右質問する。

内閣衆質一八〇第一五六号
二〇一二年四月六日

内閣総理大臣　野田佳彦

衆議院議員服部良一君提出原子力発電所の安全に対する認識等に関する質問に対する答弁書

一の1及び2並びに三の3及び4について

定期検査で停止中の原子力発電所の安全性については、平成二十三年七月十一日に内閣官房長官、経済産業大臣及び内閣府特命担当大臣において取りまとめた「我が国原子力発電所の安全性の確認について（ストレステストを参考にした安全評価の導入等）」（以下「三大臣取りまとめ」という）において、安全上重要な施設・機器等が設計上の想定を超える事象に対し、どの程度の安全裕度を有するのかという点について、欧州諸国で導入されたストレステストを参考に、新たな手続やルールに基づく安全評価（以下「一次評価」という）を原子力事業者が行い、その評価結果について、経済産業省原子力安全・保安院（以下「保安院」という）が確認し、更に内閣府原子力安全委員会（以下「原子力安全委員会」という）がその確認の妥当性を確認することとなっている。これらの確認を行った上で、定期検査で停止中の原子力発電所の運転再開については、内閣総理大臣、内閣官房長官、経済産業大臣及び内閣府特命担当大臣（以下「四大臣」という）が、原子力発電所の運転再開に当たっての安全性に関する判断基準に基づき、地震・津波による全電源喪失という事象の進展を防止するための安全対策が既に講じられていることや、原子力事業者が更なる安全性・信頼性向上のための実施計画を明らかにしていること等について確認した上で、住民の理解や国民の信頼が得られているかという点も踏まえ、その可否を総合的に判断していくこととしている。また、三大臣取りまとめを踏まえ、保安院においては、同月二十一日に、「東京電力株式会社福島第一原子力発電所における事故を踏まえた既設の発電用原子炉施設の安全性に関する総合的評価に関する評価手法及び実施計画」（以下「実施計画」という）を取りまとめ、その中で、原子力事業者が定期検査中で起動準備の整った原子炉に対して一次評価を実施し、保安院がその内容を評価し、当該評価結果については原子力安全委員会に報告し原子力安全委員会の確認を求めることとしているところ、原子力安全委員会においては、同日に、実施計画を妥当と判断している。

他方、三大臣取りまとめにおいて実施することとしている総合的な安全評価（以下「二次評価」という）は、運転再開の可否とは別に、各原子力発電所の安全性・信頼性の継続的な向上を図るために行われるものであり、班目原子力安全委員会委員長は、こうした観点から、二次評価によって不断の信頼性の向上に取り組むことが重要である旨を発言したものと承知している。

一の3から5まで及び7について

お尋ねの趣旨が必ずしも明らかではないが、政府としては、原子力発電所の安全性については、いわゆる安全神話に陥ることなく、原子力技術に係る新たな研究成果等を踏まえた最新の科学的知見に基づき、不断に向上させるべきものであると考えている。

一の6について

御指摘の証言については、政府が当事者でない訴訟において、当時原子力安全委員会委員長の職になかった班目春樹氏が個人としての認識を証言したものであるが、いずれにせよ、原子力発電所の安全については、いわゆる安全神話に陥ることなく、最新の科学的知見に基づき、不断に向上させるべきものであると考えている。

一の8について

お尋ねについては、保安院において、公開の会議で外部の専門家の意見を聴きつつ、そこで提起された各論点に対して保安院の考え方を示すことにより、透明性を確保しつつ審査を行い、その上で、保安院において審査結果を取りまとめたものであり、適切な検討過程を経たものと考えている。

二の1について

原子力安全委員会及び保安院は、現行法令下において、原子力の安全の確保について所掌し、そのための組織、人員を確保している。

二の2について

政府としては、東日本大震災における原子力発電所の事故による災害の結果損なわれた我が国の原子力の安全に関する行政に対する内外の信頼を回復し、その機能の強化を図るため、規制と利用の分離及び原子力の安全の確保に関する規制の一元化の観点から環境省に原子力発電所の安全の確保に関する規制等を担う原子力規制庁を設置するほか関係する組織を再編するとともに、原子力の安全の確保に関する規制その他の制度について、最新の知見を踏まえた基準を既設の原子炉施設等にも適用するものとすること、重大事故対策の強化を図ることその他の所要の措置を速やかに講ずる必要があると考えており、国民の不安を和らげるためにも、一日も早く新たな原子力安全規制制度と防災体制を整えることが急務であると考えている。

三の1について

お尋ねについては、平成二十四年三月二十三日に原子力安全委員会が取りまとめた「関西電力株式会社大飯発電所三号機及び四号機の安全性に関する総合的評価（一次評価）に関する原子力安全・保安院による確認結果について」において、「自然現象として地震及び津波ならびにそれらの重畳、安全機能の喪失として全交流電源喪失及び最終ヒートシンク喪失を対象とし、これらに起因して炉心（燃料）損傷に至るまでの事象（炉心損傷シナリオ）を同定し、これを対象として裕度を評価していることを、保安院が確認したこと」等について確認しているとしているところである。

三の2について

御指摘の文書においては、まず事業者が評価を行い、その結果について保安院が確認し、更に原子力安全委員会がその妥当性を確認することとされている。

四の1及び2について

定期検査で停止中の原子力発電所の運転再開については、一次評価を事業者が行い、これを保安院が確認し、更に原子力安全委員会がその確認の妥当性を確認した上で四大臣が、住民の理解や国民の信頼が得られているかという点も踏まえ、その可否を総合的に判断していくとしているが、いまだ運転再開の可否を判断しておらず、お尋ねにお答えすることは困難である。

四の3及び4について

保安院が平成二十四年三月二十八日に取りまとめた「東京電力株式会社福島第一原子力発電所事故の技術的知見について」等を踏まえると、東京電力株式会社の福島第一原子力発電所の原子炉については、平成二十三年東北地方太平洋沖地震の発生直後において、その安全機能を保持できる状態にあり、津波による全交流電源喪失が事故進展の直接的な原因となったものと推定している。また、これまでに得られた知見に基づき、関西電力株式会社の大飯発電所の三号機及び四号機の各原子炉において、福島第一原子力発電所を襲ったような設計上の想定を上回る地震や津波が来襲しても、福島第一原子力発電所の事故のような状況に至らせないための対策が講じられていることを確認できると考えており、そのように判断した根拠については、保安院の「関西電力（株）大飯発電所三号機及び四号機の安全性に関する総合的評価（一次評価）に関する審査書」に示しているところである。

なお、大飯発電所の三号機及び四号機については、御指摘の「断層の三連動」を考慮した地震動に対しても、一次評価で確認された安全裕度の範囲内に収まるものと考えているが、仮に御指摘の「耐震バックチェック」により新たな知見が得られた場合には、当該知見を踏まえて対応を検討することとなる。

○大飯再稼働と活断層問題

2012年6月5日　環境委員会（原子力規制組織改革法案）

服部　政府が大飯三、四号の再稼働を強引に進めていることに対して厳しく抗議します。昨日の毎日新聞でも、「再稼働を急ぐ必要がないが七一％。市民団体が全国五十四カ所で行った街頭投票でも、反対が七一％。賛成は一三％、わからないが一五％」。国民はよく冷静に事態の推移を見ているなと感じました。再稼働を経済界の一部は喜ぶかもしれませんが、拙速な判断は、政権にとっても命取りになるんじゃないですか。

私の事務所にも多くの市民からファクス等をいただいております。その中で、原子力規制組織の審議中に再稼働を決定することがあれば、国会軽視ではないかという声が幾つも寄せられていますが、大臣、この規制組織の審議中によもや再稼働をすることはないですよね。

細野原発担当大臣　この規制組織のあり方も、事故の検証も、さまざまな新しい知見もそうなんですが、常に新しいものが出るわけですね。それでさらに安全性については上を目指していかなければならないというのが、昨年の事故の最大の教訓だと私は思っています。規制組織を早期に誕生させることも当然重要です。国会の事故調査委員会が六月の末に見解をお出しになるということですので、そこに耳を傾けることも、当然、我々はやっていかなければならないと思っています。政府の調査委員会はその後に結果を出すと思います。年末には、IAEAが日本政府と一緒に事故についてのさまざまな検証を行うシンポジウムを行う予定をしております。

つまり、常に新しいさまざまな取り組みがなされる。それにしっかりと対応していくのが、安全神話に陥らない、常に最高レベルの安全を求める政府がやるべき手続だと思っております。そういった手続はしっかりとやっていきながら、最新のさまざまな取り組みに基づいて原発の再稼働についても判断をしていくことになります。

服部　きのう、福井県知事にお会いになったと思いますが、ニュースの言いぶりからして、西川知事は、新しい原子力の規制機関を早急に発足させることなどを求めたと。ですから、この規制機関の審議中に再稼働をゴーサインするようなことはないですね。イエス、ノーだけで結構です。

細野原発担当大臣　去年の夏にはもう閣議決定をして、新しい規制機関についての考え方をまとめ、年明けには法律を出しておるわけです。ですから、できるだけ早く新しい規制組織をつくって、より厳格なものを導入しようと、もう一年近くにわたって政府として取り組んできたわけですね。その問題と、この再稼働をどう考えるか、安全性を現段階でどう高めていくのかというのは、やはり並行してやっていかなければならないと考えます。

服部　一般論じゃなくて、まさにこの審議中にゴーサインはあり得ない話だと私は思いますが、もう一回、端的に。

細野原発担当大臣　西川知事は、再稼働のタイミングとか是非とかとは別に、再稼働の後ということも含めて、規制機関をしっかりつくって、厳しい規制をかけていくべきだという趣旨の発言と私は受けとめております。

服部　いや、この国会の審議中に再稼働することは本当におかしいと強く申し上げます。先ほど、新規制組織が発足した後に大飯の稼働をとめることもあり得るとおっしゃいました。これは大変重要な発言だと私はお聞きしていたわけですが、また一方で大臣は、この大飯の再稼働の判断基準については、暫定的なものであるということも認めておられます。私、この間の議論の中で何回聞いても理解できないんですが、新たな独立した規制機関で事故の検証を踏まえた基準をつくられるわけですよね。そしてバックフィットも導入される。それなのに、古い保安院とか安全委員会で検討した暫定の基準で再稼働を判断されるということの意味がどうしてもわからない。暫定基準での再稼働というのはあり得ないと思います。即時、再稼働の手続を中止すべきだと思いますが、いかがでしょうか。

細野原発担当大臣　私と服部委員とは、そこは考え方を異にするなと感じました。逆に、新しい規制機関ができ、新しい組織が誕生するまでの間は何もしなくていいということになりませんか。再稼働せずとも、ついこの間までは、定期検査に入るまでは原発は動いていたわけですね。プールがあるものは原子炉として存在するわけです。それに対して、最新の知見に基づいて、より高いレベルの安全性を確保していくというのは、政府としては当然の措置だと考えます。そして、新しい規制機関が誕生したら、これまでやってきた基準なり考え方は正しいのかということについて厳しく検証していただくのも、当然のことではないでしょうか。

この考え方というのは、常に安全について、絶対はないわけですから、高いレベルを目指していくというこの一貫した考え方に基づいた措置ですので、矛盾をしているとは考えておりません。

服部　私はどうしても理解ができない。新しい規制機関で厳しく基準を見直して検証していくということであれば、何でその前にゴーサインを出すのか。結局、いかにも安全を確認したプロセスを踏んできたとおっしゃるわけですが、要するに再稼働に踏み切られるその本音は、電気が足りないということなのか、安全が確認できたということなのか、あるいは、電力会社が対策にコストをかけたくないということでそのことに配慮をされているのか、この再稼働の本音というのは一体何なんですか。

細野原発担当大臣　安全性についての確認、これが最も重要な点です。チェルノブイリ事故が起こった後も旧ソ連政府は原発を動かし続けました。スリーマイルアイランドの事故が起こった後もアメリカでは原発が動いていました。我が国は、慎重に判断したがゆえに原発が一基も動いていない状況になっている。

そういう状況の中で、安全性について、福島原発を襲ったものと同様の津波が襲ったとしても炉心の損傷には至らないということが技術的に確認できた。さらには、高いレベルの安全性を求めるという意味でやらなければならないことをできる限り前倒しをして対応できた。そのことを確認した上での再稼働の判断ということです。

服部　国会事故調の中に、津波でなくて地震によって配管系が破損をした可能性もあるじゃないかということを主張している田中三彦先生も入っている。そして、まさに福島の事故検証をやられているわけですよ。一体何が福島で問題があったかを徹底的に検証して、それを反映させるということ抜きに再稼働はあり得ないということが私が言いたいことであって、今、津波は大丈夫ですとおっしゃいましたが、国民は納得しておりません。

２０１２年６月１１日　社会保障と税の一体改革に関する特別委員会

服部　大飯原子力発電所の再稼働を表明したことに強く抗議します。福島第一原子力発電所の事故の収束も解明も終わっていません。国会に設置された事故調査委員会の検証作業も終わっていません。新たな原子力規制組織もできていません。安全基準も暫定的で、今からが本格的検討です。どこまでが地元か、まだ結論がありません。万が一の重大事故のときの防災計画もまだできていません。免震重要棟やフィルターつきベントの施設も三年後です。国のエネルギー政策をどうするのか、使用済み核燃料をどうするのか、まだ一切決まっていません。

総理は国民生活を守るための再稼働と言いますが、こんな状況で、国民の生活どころか、国民の命が守れませんよ。新たな安全神話の始まりであり、野田リスクと言わざるを得ません。大飯原子力発電所の再稼働の手続を即時中止していただきたい。総理、もう一回考え直すとおっしゃっていただけませんか。

野田総理大臣　再稼働に対する私の考え方は、先週の金曜日、記者会見でお示しをしたとおりです。国民の生活を守るという視点で、第一には、福島原発のような事故を二度と起こさないということです。まだ国会の事故調等の議論はあります。ただし、一年以上の間に、ＩＡＥＡあるいは原子力安全委員会を含めて専門家のさまざまな意見が出され、そうしたものをしっかり踏まえた中で安全対策は講じてきたと思いますし、そのためのチェックをしてまいりました。

もう一つは、夏場の需給だけではなく、エネルギー安全保障、あるいは電力価格が高騰したときの国民経済への影響、生活への影響、そういう意味も込めて、国民生活を守るという判断の中で、先般の会見のとおり、私の考え方をお示ししました。これを、私は現時点で変えるつもりはございません。

服部　関西は、過酷事故が起きれば放射能被害が直接及ぶ地元、一千四百五十万人の命の水源、琵琶湖が汚染される危険と直面する地元として、私も不安を表明してまいりました。

口で言ったから安全じゃない。対策をしての安全です。再稼働はしないという決断をぜひお願いします。

2012年7月9日　予算委員会

服部　毎週金曜日の夜、官邸前で、大飯原発再稼働に抗議する行動が行われています。ツイッターなどで知った一般市民が次々と加わっています。十万人とか二十万人とか、六〇年安保闘争以来の人数だとも言われております。総理は、六月二十九日の金曜日には、大きな音だねと言ったそうですね。先週金曜日には音から声に昇格したようですが、私は、大変失礼ながら、政治家として極めて不遜な態度だなと思いました。国民の多くは、安全性が確認されたという説明に納得していません。総理、国民の不安と抗議を真正面から受けとめていただきたい。

そこで、今焦点になっている大飯原子力発電所のＦ－６断層について質問します。私も、超党派の国会議員五名と、変動地形学の専門家、東洋大学の渡辺満久教授と一緒に、六月二十七日、大飯原子力発電所敷地内に入って調査をしました。断層はあっちこっちにありますが、一番長く走っているのがＦ－６断層です。大飯三、四号機の増設申請書に添付された図面を検討した渡辺先生が、地層のずれ、それから粘土の存在から、これが活断層ではないかと指摘をされているわけです。F－6断層の上には、耐震安全上重要で、活断層の上には設置してはいけないというSクラスの非常用取水路が横切っています。もしこれが活断層ということであれば、再稼働はおろか、違法建築、違法設備ということになるわけです。

先週七月三日には、保安院の専門家会議でこのF－6断層の問題が取り上げられることになっていましたが、何と関電は写真などの資料を出してこなかったために、先送りになってしまいました。こういうことになると本当に怪しいんですよね。国会事故調の報告書は、福島第一原発事故は人災だった、何度も事前に対策を立てるチャンスがあったと断じています。専門家の指摘を無視する大飯再稼働も新たな安全神話であり、人災を招くものではないかと思います。

渡辺先生は現地を見て、三カ所は掘ることが可能だと特定して、一週間ぐらいで調査できると判断されています。大飯の再稼働を一旦ストップして、このF－6の断層の調査をすべきだと思いますが、いかがでしょうか。

枝野経済産業大臣　渡辺先生の指摘は、昭和六十二年の、大飯原発をつくるときの安全審査の際に使われたスケッチをもとにされていると承知してます。このスケッチを踏まえて、昭和六十二年にも、トレンチ調査などによって、この破砕帯が十二から十三万年前の地層が動いていないものだということを、専門家に既に確認をいただいているところです。

その当時も使われていた資料からの指摘ですので、新たな知見には当たらないと考えておりますが、安全神話に陥らないようにしなければならないという考えから、継続的に意見を聴取していくことが重要と考えており、前回、資料が整わなかったことは遺憾ですが、次回の意見聴取会において、関西電力にはそれまでに最大限追加資料を提供するよう求めており、公開の場で専門家に議論をしていただくこととしております。

服部　渡辺先生は、活断層であるか否かの判断は地震学者にはわからないとおっしゃっているんです、地形学者でしかわからないと。この八五年の三、四号機の増設の設置申請書で、トレンチの図面があります。それを見て、これは活断層の可能性が極めて高いと言われているわけですよ。こういうことにきちっと対応していかないから、また安全神話になるわけじゃないですか。

七月三日に関電は資料は持ってこなかったということですから、ここは所管としてきちっと事業者を指導していただいて、必ず調査をしていただきたいということを強く申し上げます。

国会の事故調の報告書が出ました。福島第一原子力発電所の事故は人災であった、国の規制機関が電力業界のとりことなっていた、あるいは、事故はいまだに収束をしていないなどの幾つもの重要な指摘がなされたわけです。重要なことの一つに、津波の前に、地震によって冷却材喪失といった重大な損傷事故が起きた可能性を指摘されています。

政府は、再稼働の判断基準の中では、地震の影響については、安全上重要な設備、機器が安全機能を保持できる状態にあったと推測されるという前提で考えていますが、今回の事故調の指摘によって、再稼働の前提が崩れたということにはなりませんか。

枝野経済産業大臣　政府としては、これまでの分析結果をもとに、安全上重要で主要な設備については、微少な漏えいが生じるような損傷が主要な設備に生じたかまでは現時点で確かなことは言えないが、安全を保持できる状態にあったものと推定をしています。

他方、国会事故調の報告書で、これに関連する部分について指摘をいただいております。安全神話に陥ることなく、新しく得られた知見を常に適切に反映していく必要があると考えておりまして、現在、この事故調査報告書について分析を進めております。大変大部のものですし、専門的な問題ですので、もう数日お時間をいただきたいと思いますが、決して無視するつもりはございません。ここでの指摘を踏まえて、適切に対応したいと思っております。

服部　我々は繰り返し、事故の検証なしに再稼働するのはおかしい、少なくとも国会事故調の報告が出る前に再稼働を決断するようなことはとんでもないことだと申し上げてきました。国会事故調の報告を真剣に受けとめていただいて、私は、この再稼働についても見直すべきだということを申し上げておきます。

○大飯原発の断層調査に関する要望書

２０１２年８月９日

経済産業大臣　枝野幸男　様
原子力安全・保安院長　深野弘行　様

国会議員有志（注）

福島原発事故後に唯一再稼働を強行した大飯原発３・４号では、これまで関西電力と国が活断層ではないと判断してきたＦ－６断層（破砕帯）について、活断層の可能性を指摘する専門家の警告や国会議員、市民の強い要望により、そして国の「地震・津波に関する意見聴取会」の委員からも「活断層ではないという証拠は示されていない。再調査すべき」との厳しい意見によって、断層の再調査が行われることになった。超党派の国会議員５名は、渡辺満久教授（東洋大学・変動地形学）とともに、６月27日に大飯原発敷地内の視察を行い、はやい時期から、トレンチ調査が可能な３地点を選定するなど、断層調査を早期に実施するよう求めてきた。

しかしながら、保安院は７月18日に再調査を関西電力に指示しながら、同日夜には大飯４号機の再稼働を容認した。安全性に根本的な疑念が生じているにもかかわらず、起動を強行したことは断じて許されることではない。

さらに、断層再調査の公平性・信憑性にも大きな疑念がある。調査・評価の実施主体は、関西電力と(株)ダイヤコンサルタントが主体となっている。(株)ダイヤコンサルタントは三菱マテリアル(株)や三菱東京ＵＦＪ銀行が株主である大飯３・４号機の建設を行った三菱重工と同じ三菱グループの企業である。問題となっている建設当時のトレンチ調査を行い、活断層ではないと判断した会社である。

福島原発事故によって、これまでの国と電力会社、さらに国の「専門家」による安全審査のあり方が根本的に問われているにもかかわらず、その反省もなしに、旧態依然としたやり方で断層の再調査を行うなど、もはや通用しない。

大飯原発の断層再調査にあたっては、その信憑性を確保するために、原子力関連企業による調査ではなく、専門家の渡辺満久氏の2012年8月7日付け要望（別紙参照）にあるように、少なくとも、「原子力安全・保安院の専門家だけではなく、活断層学会等が推薦する第三者の専門家を立ち会わせることが必要」である。

要望事項

1. 断層のトレンチ調査の実施主体は、関西電力や三菱グループの関連会社ではなく、国の責任で中立的な調査会社を選任すること。
2. 断層の調査・評価には、信憑性を確保するために、活断層学会等が推薦する第三者の専門家を立ち会わせること。
3. 国会議員が調査への立ち会いを求める場合は、それを認めること。
4. 調査方法・調査結果については、全ての情報を公開すること。

（注）呼びかけ：服部良一ら5議員、賛同：49議員

第4節　原子力規制委員会について

福島第一原発事故を受けて、原子力規制行政のあり方も大きな問題となりました。社民党は従来から原子力の推進と規制を厳格に分離すべしと主張しており、民主党、国民新党との連立政権協議でも、原子力安全・保安院を第三者機関に組織変更し、強化することと提案しました。社民党の「脱原発アクションプログラム」でも「原子力ムラ」の問題等々指摘し安全規制体制の全面見直しを提案しています。

そういったところで、政府からは環境省の下に原子力規制庁を設置する法案が提出され、自民党・公明党からは、さらに独立性を高め、独立行政委員会（いわゆる「三条委員会」）として原子力規制委員会を設置する対案が提出されました。私たちの問題意識としては、もちろん「利用と規制の分離」ということは大前提なんですが、いくら器を立派にしても実質が伴わなければ意味がない、運用で骨抜きにされてはたまらないということがありました。特に政府案では、体制だけでなく、規制のやり方についてもいろいろと重要な提案（四〇年廃炉とか、最新の知見に基づく基準に適合しない原発は運転させないというバックフィット制度など）が含まれていたので、それもちゃんと機能するのか、ということもありました（当初の自公案ではこの部分は触れられていませんでした）。

実はこの法案、もともとは四月一日に新規制組織を発足させるという前提で政府は進めていました。それが国会の混乱のあおりも受け、ようやく五月末に審議入りということになった訳です。とはいえ、拙速に審議して上げてしまっていい法案ではありません。国会や政府事故調の最終報告も目前というタイミングでした。中途半端なものを作るのではなく徹底審議すべきでした。

どうして政府が急いだのかと言えば、やはり原発再稼働との絡みだと思います。政府は大飯原発の再稼働について目論見が外れ、五月五日に原発稼働ゼロを迎えてしまった。おそらくこの頃、大飯再稼働については規制庁に関係なく押し切る腹を決めていたんだと思うのですが、その他の原発については規制庁ができないと進まないと焦っていたのでしょう。ともあれ、成立ありきで強引に審議日程を組んできました。それでも、私たちも頑張り、例えば本会議での質問について、少数会派にもしっかり時間を割り当てさせたり、環境委員会での審議には委員外委員として参加できるようにさせたりしました。もちろん、それで十分なわけではないのですが、とにかく一つでも多く担保を取らないとならないと考え、論点をぎゅっと詰め込み質問をしました。

質疑録をお読み頂きたいのですが、一定の枠をはめる答弁をいくつも引き出すことができました。具体的には、人事ルール、事業者との接触ルール等の中立性・透明性確保策、四〇年廃炉やバックフィット運用についてなどです。これらは今後規制委員会の働きを監視する上でもとても重要なことだと思いますので、是非ご活用下さい。


ところが！　政府は「原子力ムラとの決別」という理念の真逆を行く委員長・委員人事案を提示してきました。原子力規制委員会の委員長・委員の任命には国会の同意が必要なのですが、結局国会では同意の採決をしないままに九月八日閉会し、野田総理が例外規定を適用して九月十九日に原案のまま委員長・委員を任命し、規制委員会を発足させたのはご案内の通りです。実はこの間いろいろと攻防があり、私も議院運営委員会の場など最前線で頑張らせてもらいました。規制委員会は総理任命という形で発足しましたが、この人事は国会で事後同意が得られなければ、総理は罷免をしなければならないのです（この事後同意を福島第一原発に係る緊急事態宣言発令中は先延ばしにすることが法律上は可能なのですが、政府がその規定を発動するかは現時点で不明です）。さらに、今回の委員長・委員人事については法律や政府の指針で定める欠格要件に抵触するのではないかという問題があります。そういう意味で、通常国会での経過は記録という以上に、今も継続中のことなのです。

七月二六日に衆参の議運理事会で、事前報道通りの人事案が提示されました。マスコミ各社は、委員長候補の田中俊一氏は、「原子力ムラにありながら深く反省し、自ら除染作業をしているいい人」というイメージに沿った記事を流していました。もちろん、事前報道が七月二〇日に出た時点で私たちもいろいろと調べ始め、田中氏はもちろん、他の委員候補も問題があり、これでは新しい規制委員会はムラそのものになると危機感を強めていました。

そうしたなかで、私が「あれ？」と思ったのは、日本原子力研究開発機構という「もんじゅ」を運営している原子力事業者そのものである団体に所属している更田氏が候補となっていることでした。中村氏が所属している日本アイソトープ協会も放射性廃棄物を扱っているので「おかしいぞ」と。実は、国会審議で委員長・委員に誰がなれるのかということでいろいろ議論があり、政府は国会審議を踏まえ七月三日に「直近三年間に原子力事業者等にいた人は委員長・委員になれません」という指針を発表していたのです。私は法案成立後も、規制委員会の発足準備についてフォローしていたので、すぐに気付いたのです。それで政府に問い合わせたりしたのですが、納得のいく回答がない。それどころか、どうも政府が七月三日に自ら公表した指針をいいように解釈している、もっと言えばこの人事案に合わせて後付で趣旨・内容を歪めている疑いが出てきました。

また、田中氏について調べているうちに、所属先の高度情報科学技術研究機構が事業収入の約七割を日本原子力研究開発機構から得ていて、関係法人となっていることも判明しました。そうなると、これも原子力事業者に当たるのではないか。疑念は深まる一方でした。それで、NGOや弁護士のみなさんにも投げ掛けて議論したのですが、これはクロだよね、と。結果、脱原発弁護団全国連絡会が、そして日本弁護士連合会がこの人事案は違法ではないかという声明を発表したのです。NGOも当初は田中氏らの資質を問題にしていて、もちろんこれも第1部で書いた通り、とても許し難いことなのですが、それ以前にこの人たちが委員長・委員の欠格要件に該当していて、国会が同意する、しない以前の問題なのだということも訴え始めたのです。この欠格要件問題については、議運理事会を通じて政府に説明要求をし、質問主意書も提出しましたので、詳しくはこちらをご覧下さい。

さて、国会の同意人事には「十日ルール」というものがあります。これは採決の十日以上前に国会に内示せよという申し合わせですが、逆に言えば、内示から十日経過したらいつでも採決できてしまうということです。私は議運理事会に出ていますので、まさにこの同意人事の採決時期を判断する現場にいるわけです。国会議員が問題を認識しないままに採決に持ち込まれてしまったらおかしなことになる、違法の疑いのある人事を採決にかけ、仮にも同意してしまったら国会の尊厳はどうなる、という思いで、他党の議運理事会メンバーにも声をかけながら、まず政府が説明責任を果たすべきということで頑張りました。議運に入っていない他の少数会派にも声をかけ、自公以外の野党七会派で衆参議運委員長それぞれに申入れも行ないました。この申入書も収録しました。

通常国会終盤の議運理事会では、野党である自公が採決を促し、身内に反対派を抱える民主党がどうしようかと困るという奇妙な場面が何度かあったのですが、私は、野党七会派の申入書への回答など政府が説明責任を果たすことが先だと突っぱね、結局採決に至らないまま通常国会は閉幕しました。報道では、民主が造反を恐れ、先送りしたと解説されがちで、確かにそれもあったと思うのですが、私たち野党の問題提起に政府・与党が立ち往生し——恐らく民自公幹部間でも話はついていたのでしょうけども——押し切ることができなかったという面もあるのだと思います。もちろん、民主党内に反対が広がったのも、私たちや精力的にロビイングをされたＮＧＯ・市民団体の声が浸透したということもあるはずです。

人事案の撤回まで持ち込めなかったことは大変残念ですが、通常国会で採決させなかったことには意味があり、火種をまだ残したと言えます。問責決議でも際立った自公以外野党の存在感や、ＮＧＯ・市民団体との連携・連動ということが一定の成果を上げたと言えるでしょう。

さらに、原子力規制委員会設置法の制定に合わせて、原子力基本法がどさくさに紛れて改正され、「我が国の安全保障に資する」という文言が追加されたことは第1部で詳しく紹介しましたが、この件について私が提出した質問主意書と政府答弁書、それを踏まえて野田総理に確認を迫った予算委員会の会議録を収録しました。是非ご活用下さい。

○原子力規制委員会設置法案の審議について

2012年5月29日　本会議

服部　社会民主党・市民連合を代表して、政府提出、原子力規制制度改革法案等及び自民、公明両党提出の原子力規制委員会設置法案に対して質問をいたします。

冒頭、両法案の付託先が環境委員会になったことに抗議します。社民党など八党は、連名で、東日本大震災復興特別委員会での審議を要請してきました。原子力規制行政の見直しは、三・一一の反省、教訓を踏まえた、復興に不可欠の柱であり、かつ、今後の日本経済社会に大きくかかわる国民的関心事です。また、政府案は、新組織の設立にとどまらず、原子炉等規制法、原子力災害対策特別措置法など十七本の法律改正にかかわり、規制のあり方、内容も総合的に見直そうとするものです。平時の規制だけでなく、原子力防災、緊急時対応も重要なポイントであり、国だけでなく、地方自治体との強いかかわりがあります。このような日本の将来にかかわる法案こそ、全会派が正式に参加する場で徹底審議し、全会派による修正協議を経て国民的合意をつくるのが重要です。

そもそも、総理、原子力規制行政見直しの歴史的意義をどのように認識されているのですか。総理の言葉でお答えください。そして、総理としては、本国会でどのような審議を期待されていますか。

さて、両法案は、原子力の利用と規制を分離することが目的です。社民党は、新たな原子力規制組織を三条委員会とすることが、独立性と権限という点で望ましいと考えます。政府は、三条委員会は危機対応の面で問題があると指摘しますが、重要なのは、指揮系統と判断基準、責任の所在が明確となっていることであり、三・一一の反省、教訓を踏まえて機能する仕組みを整備し、政治と一線を画した制度設計とすることです。総理、いかがですか。

もちろん、形だけを整えても意味がありません。独立性や中立性が阻害されず、法律上の権限が適正に行使されるための実質的な裏づけが必要です。その点、両法案ともに、方針や基準の立案、個別の審査や評価がどのような場、手続で行われるのかが、必ずしも明らかではありません。これらを、どこで、誰が行うのか、細野大臣及び提出者より、具体的に御説明ください。

この間、二〇〇六年の耐震設計審査指針改定時に保安院が安全委員会に旧指針でも安全と表明するよう求めた事件を初め、防災指針、シビアアクシデント対策、スマトラ沖津波を受けた溢水勉強会など、保安院や事業者が安全対策や原子力防災の見直し、強化の先送りを図ってきた事実が次々と明らかになっています。原子力委員会のいわゆる秘密会議や事務局体制、民間出向問題も、原子力村の閉鎖性と癒着の象徴です。疑惑を招いて遺憾という言葉だけでは済みません。立派な組織をつくっても、非公式の場で物事が決まったり、不当な影響力が行使されたりするのであれば意味がありません。アメリカNRC、原子力規制委員会では、委員が三人以上集まれば、公式の委員会となり、記録に残されています。三・一一直後の膨大な記録も公開されました。新たな規制組織は、透明性を徹底的に確保すべきであり、非公式な会議や接触は原則禁止とすべきです。情報収集の必要性はあったとしても、その場合も、会議や接触の事実を即座に公表し、資料や議事録も公開すべきです。以上の提案について、細野大臣及び提出者は、どう受けとめられますか。

政府案の安全調査委員会委員であれ、自公案の規制委員会委員であれ、その職に誰がつくのかが重要です。独立性を実質的に確保するためには、兼職制限だけでは不十分であり、経歴制限や厳格な利益相反排除が必要です。また、保安院や安全委員会の委員や有識者について、これまでさまざまな利益相反の疑いが指摘されてきましたが、自己申告制と個人情報保護が壁となって、検証が阻まれてきました。申告情報の開示や、中立的な第三者が経歴や利益相反について判断する仕組みが不可欠です。さらに、審査専門委員や各種の外部委員も当然対象とすべきです。これらの中立性確保策につき、細野大臣及び提出者の見解をお尋ねいたします。

実効性が問われるのはノーリターンルールも同様です。細野大臣は課長級以上に原則適用すると表明されましたが、実務者も大事です。全職員を対象とすること、中途採用者や技術参与らも例外としないこと、民間出向は禁止すること、当然ながら、天下りは排除することが必要です。そして、抜け道を塞ぐために、ノーリターンルールを明文化し、監視の仕組みを設けるべきです。これらの提案について、細野大臣及び提出者より、明確に御回答願います。

次に、規制の中身の関係です。まず、提出者にお伺いしますが、自公案には、政府案の原子炉等規制法等改正案など、規制内容に係る事項が入っておりませんが、いかなる立場で審議に臨まれるのか。すなわち、規制内容に係る政府案を、そのまま、あるいは条件つきで受け入れられるのか、全て新たな規制委員会が考えるべきこととするのか、明確にしてください。

実効性のある規制の中身について、以下、具体的に伺います。原子力安全委員会の安全審査指針類及びその見直しに係る中間取りまとめと、新規制組織が定める各種安全基準との関係につき、細野大臣及び提出者は、どう想定されているでしょうか。

政府案に盛り込まれたバックフィット、つまり、最新の基準を既存の原発に適用する仕組みは、新たな規制体系において不可欠ですが、運転停止命令等は、「できる」規定となっている等、運用ルールが明確ではありません。四大臣会合でまとめられた再稼働基準三のように、猶予期間を設けるのであれば、骨抜きです。バックフィットの完全義務化と厳格な適用が必要であり、細野大臣にはその運用ルールについて、提出者にはバックフィットに対する考え方について、伺います。

社民党は、国会及び政府事故調の最終報告を初めとする福島第一原発事故の検証を踏まえて新たな安全基準が策定され、対策が完了することなしに再稼働はあり得ないと訴えてきました。保安院、安全委員会が信頼を失墜し、安全審査指針類の明白な瑕疵が認識され、バックフィットが導入されようというのに、現時点で再稼働判断をするのは、明白な論理矛盾です。あたかも規制庁が発足したら再稼働できるかのような議論もありますが、新組織のもとで事故検証を踏まえた新たな基準が策定されていない以上、再稼働に向けた手続は中断すべきです。総理、提出者、双方の見解をお示しください。

政府案では、原子力発電所の四十年運転制限が盛り込まれています。まず、総理、既に四十年を経過した敦賀原発一号と美浜原発一号、ことし七月に四十年を迎える美浜原発二号は、即時廃炉にすべきではないですか。お答えください。

美浜二号については、保安院が高経年化技術評価を進めていますが、総理、当然中止すべきだと考えますが、いかがですか。

運転制限については、政府案では最長二十年の例外的延長規定がありますが、これは削除すべきです。そもそも四十年の妥当性も問われるべきであり、例えば、設計寿命とされる三十年とする案も含め、検討すべきです。延長規定の削除及び四十年の再検討につき、細野大臣及び提出者の見解を求めます。

ここで、総理に、脱原発依存、エネルギー政策転換への決意について、改めてお聞きします。福島第一原発事故の深刻な被害に苦しんでいる方々に響く言葉でお答えください。

私は、電力需給の検証データや省エネ、需要管理、デマンドレスポンスなどの具体的提案を見て、この夏を第一歩として、原発なしでも電気が賄える、すなわち、原発を、ベース電源ではなく、当面バックアップと位置づけ、最終的に原発ゼロにできる道筋が見えてきたと考えます。社民党は、脱原発アクションプログラムで、老朽炉りといった観点からは、原子炉の仕分けをすべきときです。社民党は、脱原発アクションプログラムで、老朽炉三炉に加えて、被災地東北の全ての原発、危険なマーク1タイプの原子炉、浜岡など地震、津波の危険が特に高い立地の原発を廃炉とし、新増設は中止することを提言しております。総理に、これらの具体的な原発版仕分けへの見解を伺うとともに、決断を求めます。

さらに、脱原発依存の前提、「もんじゅ」や再処理施設のトラブルの歴史、高レベル廃棄物の処分問題、コストなど数々の判断材料を踏まえれば、「もんじゅ」廃炉、使用済み燃料の全面直接処分、核燃料サイクルからの完全撤退が合理的な選択肢であると考えますが、総理、いかがですか。国民的議論と逃げずに、まずは総理自身のお考えをお示しください。

両法案では、公開性、透明性、市民参加について、必ずしも明確になっておりません。傍聴やパブリックコメントも必要ですが、一方通行ではなく、例えば双方向の対話フォーラムなど、より実質的に市民に開かれ、その意見が反映される仕組みを構築することが必要であります。細野大臣及び提出者より、具体案をお示しください。

次に、原子力防災について、細野大臣に、三点、お伺いします。原子力安全委員会が三月に取りまとめた防災指針の見直しについて、改定スケジュールを明確にお示しください。

防災指針改定については、ＰＡＺ及びＵＰＺの運用基準、オフサイトセンター、被曝医療、沃素剤事前配布など、多くの重要課題が積み残しとなっています。これらについて、具体的に、いつ結論を得、改定するのでしょうか。

班目安全委員長らが認めているとおり、現行指針には明白な瑕疵があります。実質的に無効化した現行指針と見直し案とが併存している今、事故があった場合に大混乱が生じることは明らかです。再稼働前に、防災指針の完全改定、地域防災計画改定、そして、ハード、ソフト両面での整備が完了している必要があると考えますが、異論はありませんね。

加えて、社民党が再三追及してきましたが、大飯原発で過酷事故が起きた場合の放射能拡散予測を滋賀県が再三要望しているにもかかわらず、ＳＰＥＥＤＩの試算結果が提供されていません。それどころか、いまだに試算に着手さえされておりません。平野文科大臣、滋賀県は、よく御存じのように、大飯からわずか十数キロです。近畿一千四百五十万人の生命の水源、琵琶湖のある滋賀県に、なぜ、提供もせず、試算さえもしないのですか。この場で、すぐ出すと、明確にお約束ください。

同時に、細野大臣、防災指針改定を前提とした地域防災計画改定を自治体に要請されている立場として、文科省の対応はおかしいと思いませんか。

最後に、国会事故調との関係について伺います。なぜ最終報告を待たずに法案が出されているのかという黒川委員長の痛烈な批判は、真摯に受けとめるべきです。総理の御認識を伺います。

とはいえ、だらだらと保安院と安全委員会が存続する現状は望ましくありません。新規制組織の発足が先行する場合でも、事故調最終報告の反映を確約し、そのスケジュールを明示することが必要です。一方、事故調の提言への対応が決まるまでは、規制庁の仕事は、停止中の原発の安全確保に必要な事項等、最低限の対応にとどめるべきです。以上、事故調との関係につき、細野大臣と提出者は、どうお考えですか。

規制庁であれ、規制委員会であれ、適正な運営を外部から監視し評価するシステムが欠かせません。加えて、賠償を初め事故処理は、今後何十年にもわたる長期的なプロセスであり、何らかの監視機能が必要です。そこで、提案いたしますが、国会事故調の後継組織を設け、原子力規制行政の監視・評価機能をあわせ持たせてはいかがでしょう。総理と提出者の御所見を求めるとともに、同僚議員に検討をお呼びかけし、私の質問を終わります。

野田総理大臣　社民党服部議員の御質問にお答えいたします。

まず第一に、原子力規制行政見直しの歴史的意義についてのお尋ねがございました。今般の原子力規制組織等の見直しは、東京電力福島第一原発の事故の反省の上に立ち、放射線の有害な影響から人と環境を守るという観点からそのあり方を全般的に見直すものとして、大きな意義があります。具体的には、原子力安全規制と利用の分離、原子力安全関係業務の一元化、環境省のもとでの原子力規制庁の設置に加え、放射性物質による大気汚染等の防止措置の環境基本法への追加等の見直しを盛り込んでいます。

審議につきましては、議員提案も提出されていますが、新しい原子力規制組織を早期に発足させる必要があるという点については、考え方は共有されていると考えています。一日も早く新しい規制組織と制度を導入できるよう、国会において建設的な議論を進めていただくことを期待します。なお、国会における議論の進め方については、国会において適切に御判断いただいているものと承知をしております。

次に、事故の反省、教訓を踏まえた制度設計についての御質問をいただきました。今般の事故における政府の危機管理対応の反省、教訓として、政府内の指揮系統、中央と現地対策本部との役割分担、関係省庁の責任関係などがあらかじめ整理できておらず、混乱が生じたり、対応が不十分であったりしたものと認識をしています。このため、政府提出法案に基づく原子力防災の危機管理体制については、原子炉等規制法に基づく事故そのものの収束への対応は基本的に原子力規制庁が助言、指示するなどして行うことや、モニタリングの司令塔や被災者の健康管理は環境省が担うことなど、緊急時の対策の責任を明確化することとしています。また、避難や食品摂取制限等の実施基準は原子力災害対策指針に規定するなど、判断基準や行動手順についても、マニュアルの改定などにより準備をする考えであります。

他方、政治的配慮への御懸念については、こうした緊急時の対応についても目を光らせ、環境大臣などに勧告等を行う権限を付与することで、規制組織等を監視する原子力安全調査委員会が対応することと考えております。

次に、再起動の判断についてのお尋ねがございました。原子力発電所の再起動については、安全性の確保が大前提であります。これまでの政府事故調査委員会や保安院の意見聴取会、民間独立検証委員会による事故検証等を通じて、事故原因については基本的な共通理解が得られたと考えています。政府としては、昨年三月以降、緊急安全対策等の対策を指示、確認するとともに、昨年七月にはストレステストの実施を指示し、専門家やＩＡＥＡにより、慎重に確認してまいりました。また、事故検証により得られた知見を踏まえ、新たな規制の方向性として、三十の対策を取りまとめたところです。先般、四大臣会合で取りまとめた原子力発電所の再起動に当たっての安全性の判断基準は、こうした積み重ねを、国民の目から見てわかりやすく整理したものです。この判断基準は、今回の事故のような地震、津波に襲われても燃料損傷には至らない十分な安全性が確保されていることを求めており、大飯原子力発電所三、四号機については判断基準を満たしていることを確認しています。

次に、原子力発電所の廃炉及び高経年化技術評価についてのお尋ねがございました。高経年化した原子力発電所等については、厳しい規制のもと、安全を確保した上で運転することが求められますが、安全が確保できなくなったものは廃炉となります。また、運転年数の原則四十年制限等が盛り込まれた改正法が成立した場合には、こうしたルールに基づいて、個々に、廃炉すべきかどうか、判断がなされることになります。いずれにしても、こうした改正法が成立し、運用が開始されるまでは、高経年化した原子力発電所等の安全性を確保するためにも、現行制度の枠組みのもとで粛々と安全性の評価を行うことが必要と考えています。

次に、原発の廃炉及び新増設についての御質問をいただきました。高経年化した原子力発電所等については、厳しい規制のもと、安全を確保した上で運転することが求められますが、安全が確保できなくなったものは廃炉となります。

また、原発の新増設については、現状では困難な状況に置かれていると考えています。他方、建設中の原発等については、進捗状況もさまざまであり、立地地域の方々の御意見も踏まえながら、個別の事案に応じて検討していく必要があると考えています。

また、原発を含む今後のエネルギー政策については、中長期的には、原子力への依存度を最大限引き下げていくという方向を目指すべきと考えています。今後、国民が安心できる中長期的なエネルギー構成を目指し、幅広く国民各層の御意見をお伺いしながら、ことしの夏をめどに新しい戦略と計画を取りまとめてまいります。

いずれにせよ、原子力発電所については安全の確保が最優先であり、御指摘の提言にある原子力発電所も含め、こうした確認を厳格に行ってまいりたいと思います。

次に、「もんじゅ」と核燃料サイクルについてのお尋ねがございました。現在、昨年末にエネルギー・環境会議で決定した基本方針を踏まえ、核燃料サイクル政策を含む原子力政策の徹底検証を行う中で、原子力委員会において、核燃料サイクル政策の選択肢の提示に向けた検討を進めています。その際、再処理方針に限らず、高速増殖炉「もんじゅ」や直接処分も含め、幅広く議論をいただいています。その上で、原子力委員会等の検討を踏まえ、原子力を含む中長期的なエネルギー構成や核燃料サイクルのあり方について、本年夏の革新的エネルギー・環境戦略等の策定に向けて、経済性や国際的な視点等も含め、エネルギー・環境会議等の場でしっかりと議論を進めてまいります。

次に、国会事故調との関係についてのお尋ねがございました。東電福島第一原発の事故により、原子力安全行政の信頼は大きく損なわれました。原子炉は、稼働か否かにかかわらず、常にしっかりした安全規制が必要であり、国民の不安に応えるためには、新たな組織のもとで、一日も早く、放射線から人と環境を守る規制、制度と防災体制を整えることが急務です。もとより、立法府において設置された国会事故調査委員会の重要性は言をまたず、そこで事故の総括を通じてまとめられる提言を踏まえて、政府においてさらなる検討を行わなければならないと認識しています。昨年八月の閣議決定においても、当面の見直しを行った後により広範な検討を行うこととしており、今後、国会事故調の提言等を含めて、新組織が担うべき業務のあり方や、より実効的で強力な安全規制組織のあり方について、平成二十四年末を目途に成案を得るべく取り組んでまいります。

最後に、原子力規制行政の監視、評価機能についてのお尋ねがございました。今般のような原子力事故は、二度と起こしてはなりません。そのためにも、御指摘のとおり、規制機関から一歩離れた中立的な立場から原子力安全規制行政のあり方を監視、評価する機能は極めて重要と考えております。政府提出法案においては、原子力規制庁とは別に原子力安全調査委員会を設置し、規制行政の有効性の監視、原子力事故の原因調査等の役割を担わせることとしているのは、そうした認識に基づくものであります。

残余の質問については、関係大臣から答弁をさせます。

細野原発担当大臣　服部議員から、十一問、御質問をいただきました。

まず、方針の策定、個別の審査等の手続について御質問をいただきました。安全性の判断やその基準の策定などに当たっては、科学的な知見に基づく合理性、客観性が重要であることは言うまでもありませんが、より幅広い知見を集約するため、規制組織外の有識者による調査審議や意見の聴取を行うことも不可欠であります。こうした外部有識者の知見も活用し、規制組織自身が、安全に係る基準の策定、個々の許認可等に係る審査を行い、最終的な安全性の判断をすることが基本となります。こうした考え方から、政府提出法案では、原子力規制庁に原子力に関する高度な専門的、技術的知見を有する審査専門委員を置き、原子炉の設置許可等の処分を行おうとする際にはあらかじめ審査専門委員の意見を聞くことを明記し、手続を明確化しているところであります。

次に、透明性の確保、情報公開について質問をいただきました。御指摘いただきましたとおり、新たな規制組織の透明性の確保は最も重要な課題であり、原子力規制庁の意思決定プロセスは、国民から見て透明性のあるものとすべきと認識しております。具体的には、原子力施設に係る安全審査、種々の安全基準の策定等について、できるだけそのプロセスを公開していくルールを設定する必要があると考えております。今後、米国の原子力規制委員会の例なども参考にしつつ、記録のとり方や公開のあり方について、対象範囲、手法などについて検討を行ってまいります。

次に、外部の有識者の中立性の確保について御質問をいただきました。御指摘のように、大学等に籍を置く専門家などの有識者が原子力安全の規制の許認可等に関与する場合、規制対象となる事業者との関係で利益相反が生じず、中立的な立場で参画することが重要です。このため、政府が提出している法案においては、原子力規制庁の原子力安全調査委員会の委員に係る要件を法定化しています。それに加えまして、原子炉等規制法に基づく許認可等に当たって意見を聞く審査専門委員についても、利益相反について厳格なルールを設定し、中立性を確保する必要があると考えております。

次に、ノーリターンルール、民間企業からの出向等について御質問をいただきました。原子力規制庁の人事については、指定職は例外なく、また、課長クラスも原則として推進側の府省へは戻れない、ノーリターン人事とすることとしております。しかしながら、原子力規制庁の立ち上げに必要な全ての職員をノーリターンとしてしまうと、強い意欲を持って規制業務への参加を希望する優秀な職員が少数にとどまることが懸念され、円滑な業務実施が困難であると考えられます。他方、原子力規制庁の中で専門性を持った職員を育てていくことが重要であり、長期的な観点から、適性のある職員の採用と適材適所の配置をしつつ、将来の管理職や幹部となる人材を含め、職員をしっかりと育成してまいります。また、原子力規制庁においては、規制対象となる事業者への職員の出向は行わず、その事業者の従業員が一定期間後にもとの企業に復職することを前提として出向することも受け入れない方針であります。その運用を徹底してまいります。天下りの排除については、原子力規制庁においても、ルールにのっとって適切に対応してまいります。

次に、原子力安全委員会の安全審査指針類及びその見直しの中間取りまとめと、新規制組織が定める各種安全基準との関係について御質問をいただきました。今般の事故の教訓等を踏まえ、原子力安全委員会においては安全審査指針類に反映させるべき事項について、また、原子力安全・保安院においては今般の事故の技術的知見について、それぞれ中間的な取りまとめがなされております。新たな安全規制基準については、こうした検討の結果等を踏まえて、新たな原子力安全規制組織においてその詳細を検討していくこととなります。

次に、バックフィットの運用ルールについて御質問をいただきました。最新の技術的知見を規制に取り入れ、既に運転している原子力施設にも適用していくことは、今般の事故の教訓を踏まえた安全規制強化の根幹です。このいわゆるバックフィットの運用に当たっては、適用される個々の対策の特性に応じた適切なルールを設定することが必要です。例えば、今回の法改正に伴う安全対策の強化策の中には、施設の設計思想の大幅な見直し等を伴うものもあり、ただ単に対応のみを急がせると、設計や工事に不備が生じ、実効的に施設の安全性を向上させることができなくなる可能性もあります。こうした点も踏まえて、一定の準備期間や対応措置期間を含めた運用ルールが必要であります。また、一たび適用されることになれば、バックフィットの適用で要求した基準を満たせない原子力施設に対しては運転の停止や許認可取り消しといった強制措置があり、必要な安全対策を厳格に義務づけていくこととなります。

次に、運転期間の制限に係る延長について御質問をいただきました。運転期間の年限を原則四十年としているのは、原子炉設置許可の審査に関して、必要な設備、機器等に係る設計上の評価が運転開始後四十年の使用を想定して行われていることが多いことを考慮したものです。また、個々のプラントごとに施設の状況が異なることも踏まえ、運転期間の例外を一切排除するのではなく、一定の要件を満たして認可を受けた場合には、運転期間の延長を可能とする余地も残しています。ただし、最新の技術的知見を踏まえた基準を満たすことが求められることから、実際の延長が認められるのは例外的な場合に限られると考えております。なお、運転期間の制限制度は、原子炉の運転を四十年間認めるのではなく、今回提出している法案による規制強化が施行されますと、最新の技術的知見を踏まえた技術基準に適合していない原子炉は、四十年以内であっても運転をすることができなくなるということをあわせて申し上げたいと思います。

次に、公開性、透明性、市民参加について御質問をいただきました。御指摘のとおり、原子力の安全に関する情報は広く公開するとともに、原子力規制庁の意思決定プロセスやその根拠等について、国民から見て、オープンで、透明性のあるものとすべきと認識しております。したがって、原子力施設に係る安全審査等、原子力規制庁における意思決定は、主として有識者による議論や意見を踏まえたものとなりますが、こうした意思決定の過程を公開していく考えです。また、有識者のみならず、市民との対話、情報共有の機会を設け、国民各層の声を直接に聞くような広聴活動にも注力してまいります。

次に、防災指針の見直しについて御質問をいただきました。防災指針については、今般提出している法案において、原子力災害対策指針として新たに法定化することとしており、その内容につきましては、本年三月の原子力安全委員会の中間取りまとめを踏まえて本法案の施行の段階で告示するなど、順次反映していくこととしたいと考えております。とりわけ、UPZやPAZ、オフサイトセンターについては、地域防災対策の見直しを進める上で極めて重要な事項でありますので、本法案施行直後の告示に反映をする考えであります。他方、被曝医療等、引き続き専門的、技術的な検討を要するものにつきましては、関係府省で可能な限り早期に結論を得るべく検討を進め、原子力規制庁に引き継いで、その結果を原子力災害対策指針に順次反映していく予定としております。なお、防災対策については、これで全て完了というものではありません。いわゆる安全神話に陥らず、不断の向上を図っていくことが重要であり、防災指針や地域防災計画等についても継続的に見直しを図っていく所存であります。

次に、SPEEDIの試算結果の自治体への提供について御質問をいただきました。今回の事故の教訓を踏まえた防災対策については、新たな体制のもとで、防災対策の強化に向けて、現在、関係省庁や自治体など関係機関と具体的な検討、準備を進めているところであります。一方、原子力防災の見直しは寸断なく進めていくものであることから、現行の体制においても可能な限り準備を進めていくことが重要であると考えます。このため、御指摘のSPEEDIの試算結果の提供に係る要望につきましては、法律案の成立後、できるだけ早い段階で準備を整えて対応できるよう、私としても最大限協力していきたいと考えております。

最後に、国会事故調との関係について御質問をいただきました。立法府において設置された国会事故調査委員会の重要性は言をまたず、そこで事故の総括を通じてまとめられる提言を踏まえて、政府においてもさらなる検討を行わなければならないと認識しております。昨年八月の閣議決定でも、当面の見直しを行った後により広範な検討を行うこととしておりまして、今後、国会事故調査委員会の提言等を含めて、新組織が担うべき業務のあり方や、より実効的で強力な安全規制組織のあり方について、平成二十四年末を目途に成案を得るべく取り組んでいくこととしております。

いずれにしても、原子炉は、稼働か否かにかかわらず、常にしっかりとした安全規制が必要であり、一日も早く、新たな組織のもとで、放射線から人と環境を守る規制と防災体制の強化を実現することが必要と考えております。

平野文部科学大臣　服部議員から、滋賀県へのＳＰＥＥＤＩの試算結果の提供についてのお尋ねがございました。文部科学省におきましては、これまで、従来のＥＰＺに係る十九道府県につきましては、各都道府県の要望に応えたＳＰＥＥＤＩの試算の実施及びその結果の提供を行ってまいりました。その結果につきましても、文部科学省のウエブサイトにおいて公開しているところでございます。先ほどの細野大臣からの御答弁と多少ダブりますが、政府といたしましては、原子力規制庁の設置等に係る関連法案の成立後、速やかに、原子力安全委員会が本年三月に取りまとめました防災指針の見直しに関する考え方を踏まえて、新たに原子力災害対策指針を定める、こういうことにいたしております。本方針を踏まえて、ＵＰＺの設置に伴う滋賀県へのＳＰＥＥＤＩの試算結果の提供を含め、やるべきであると考えております。文科省としましては、これまで、関係地方公共団体との間で、計算条件についての調整など、可能な準備については前倒しして取り組んできたところでございますから、滋賀県の要望につきましても、新たな指針を踏まえ、速やかに対応してまいる所存でございます。

２０１２年６月15日　環境委員会

服部　原子力規制委員会設置法案が成立し、委員会が発足したら、ストレステストを導入した昨年七月十一日の三大臣文書「我が国原子力発電所の安全性の確認について」と、総理以下四大臣で原発再稼働の政治的判断をする枠組みは当然失効すると思いますが、それをどう認識されていますか。

それから、少なくとも大飯以外の原発について、原子炉等規制法の改正に基づき策定される新たな安全基準とバックフィットによる適合が確認されなければ再稼働できないと私は理解しますが、本法案の立法趣旨からしてそういう理解でいいのでしょうか。

大谷議員（民主党）　他の行政機関や政治的な影響から独立した技術的、専門的な観点から、原発の再稼働についての手続も改めて検討されることとなります。この法案が施行されると、既に許可を受けた原子力施設も、最新の知見を踏まえた新たな安全性の基準に適合させるいわゆるバックフィット制度が導入され、新たな基準に適合しない原子炉施設に運転は認められないと理解をしております。

三大臣、四大臣の枠組みというのは、私の方では、政府のことですので、答えられません。

服部　仙谷さんが、「ストレステストが済めば、その他の原発も粛々と動かすべきだ」ということをおっしゃっている。新しい規制機関が発足する中で、どういう精神でやろうとしているのか、大臣の答弁を求めます。

細野原発担当大臣　原子力規制委員会が誕生すれば、定期検査中の原子力発電所の再稼働についても、また、稼働中の原発の継続についても、全てそこで判断されることになります。したがって、大谷提出者の方から、バックフィットの件については、政府の考え方も踏まえて発言いただきましたが、そういったものが適用されることに制度上ももちろんなるわけです。そこも含めて全ては新しい組織の専門家の判断になりますので、私から、こうするべきだということについて発言をする立場にはない。独立した委員会ができるわけですから、そこでしっかりやっていただくということだと思います。

服部　ストレステストを導入した七月十一日の三大臣文書及び四大臣での政治判断の枠組みは失効するという理解でよろしいですね。

細野原発担当大臣　ストレステストは行政指導でやりました。当時の状況からすると、ストレステストを課していなければ秋から順番に再稼働していましたので、菅総理の判断で昨年の夏、ストレステストが導入されたわけです。その扱いをどうするかも含めて、新しい規制組織で考えるものと思います。

服部　法案提出者は政府の判断だと言われるし、はっきりしないなと思いますが、我々とすれば、当然失効して、新たな規制組織の中でやるものだと理解をさせていただきたいと思います。

四十年運転制限については、骨抜きではないかという報道も出ております。先ほどの田中委員（自民党）の答弁ですと、そういうことではないということですが、確かに、四十年たっていないのに脆性遷移温度が非常に高くなっていると懸念される炉もある中で、これは厳格化もあり得る、四十年を短縮したり例外的延長規定を削除したりすることもあり得る、そういう趣旨だということでよろしいでしょうか。

大谷議員（民主党）　はい、そういうことです。

服部　ただ、法文をそのまま読む限りにおいては、本当に信用していいのかなと懸念をしているところです。細野大臣も、四十年制限というのは政府提出案の肝だとおっしゃってこられたわけですが、先日、美浜二号について、経年劣化の評価について延長もあり得るというような、これは駆け込みで審査したんじゃないかと言われるわけですが、この美浜も含めて、今回、新たな規制委員会で四十年を延ばすか延ばさないか、改めて議論をされるという理解でよろしいんでしょうか。

細野原発担当大臣　御指摘のとおりです。美浜の二号機で行われたのは高経年化の技術評価ですので、動いていなくても、プールの中には燃料がありますから、安全について確認をすべきだということでなされたものです。再稼働について判断をしたものでは全くありません。この美浜二号機も含めて、新しい規制組織でしっかりとやっていただくということです。

服部　バックフィットの運用ルールの原則についてお聞きします。例えば、新たな基準に適合するまでの猶予期間を設けるとして、その間の運転は認めるのか、そうでなくて、一旦停止をして対応して、そして期限までにできないということになれば、許認可の取り消しだとか廃炉にするというやり方をされるのか。

細野原発担当大臣　一言で申し上げるならば、新しい規制組織の判断になろうかと思います。今おっしゃったやり方も確かにあると思うんです。ただ、結果的にそのことによって、何年かかかるような対策を突貫作業でやられても、困るわけです。ですから、時間をかけて着実にやるべき場合に、その猶予期間については稼働を認めるか認めないのか、それは一概には言えない。ケース・バイ・ケースの判断になろうかと思います。ただ、バックフィットで対応できないとなったものについては運転しないということですから、この原則はしっかりと確立をしているということです。

服部　今まで安全だと決めつけて曖昧な対応をとってきたことが事故につながっているわけですので、どういう具体的な適用をするか、これはぜひとも慎重に検討いただきたい。

それから人事の問題です。修正案に規制委員長あるいは委員の寄附制限が追加されたことは評価しますが、罷免の要件に寄附制限違反は含まれるのか。あるいは、委員長、委員の経歴制限についてはどのような認識をお持ちなのか。二つの専門審査会の委員やその他の外部有識者についても、経歴制限あるいは利益相反排除、寄附情報の公開等について明確なルールが必要ではないかと思いますが、提出者にお尋ねします。

大谷議員（民主党）　委員長、委員、それから外部の人も含めてですが、中立公正な立場で仕事をしていただくことはもちろんですし、そのためにいろいろなことを考えていきたいと思っております。一方、原子力事業者と全くかかわりない方だけということも、一つ大事なところの視点が抜けてしまうと考えております。そのため審査専門委員については、少なくとも、個別の許認可等の審査に参加できない場合を明確にしておくとか、原子力事業者との関係について情報公開を徹底するとかなど含めて、利益相反しない厳密なルールをしっかりと作成していきたいと考えています。

服部　大臣も有識者についてのルール策定をお約束いただけると思っております。さらに、中途採用者や技術参与などの非常勤職員の採用基準とか利益相反排除についても厳格なルールが必要だと考えております。在籍出向はあり得ないと答弁されていますが、これについてもルールを設けるということでいいのかどうか。いずれにしても、有識者の部分も含めて中立的な人事監視の仕組みが必要だと思いますが、まとめて答弁をお願いします。

細野原発担当大臣　全体としてまず申し上げると、審査専門委員や技術参与も含めて、何らかの判断に影響を及ぼし得る専門家が、疑念を持たれることがあってはならないと思います。したがって、一つは、一定の基準を設けてそれを採用していく。もう一つは、徹底した情報公開をしていく。もちろん、最大限、例えば電力会社からなどの影響力は排除するようなガイドラインを設けたいと思いますが、全ての電力会社の関係を断ち切ってしまった場合に、技術のわからない人だけ集まっても意味がありませんので、そういった場合には、徹底した情報公開をすることによって、その事実も知っていただいた上で役割を担っていただくことになるのではないかと思います。その際も、個別の審査には、例えば電力会社から何らかの金銭の授受があったメンバーの場合には、当該電力会社の許認可にはかかわらないなどの厳格な運用というのもあわせて必要だと考えております。

服部　原子力委員会で問題になった非公式会合の禁止であるとか、事業者等への情報照会等にかかわる明文のルールが必要ではないかと思いますが、どうでしょうか。

細野原発担当大臣　情報公開の徹底と透明性は、新しい組織にとって死活的に重要であると思っております。御指摘のような、実質的な議論が秘密裏に行われるような会合はあってはならないと思っておりまして、委員会の会合の開催とその公開について一定のルールを設けることを検討してまいりたい。事業者と全く接触せずに本当のところの規制はできないという面がありますから、必要な接触はあると思うんです。が、記録にしっかり残しておくといったことも含めて対応が必要ではないかと考えております。

服部　旧態依然の人が集まって本当に規制ができるのかと。この不信というのは、国民の中から払拭できていないと思うんですね。そういう意味で、いろいろ答弁いただいた趣旨でしっかりとした規制機関としてやっていただきたいということを強く申し上げます。

○同意人事について

2012年8月1日　議院運営委員会（原子力規制委員会・田中俊一委員長候補所信聴取）

服部　原子力委員会の秘密会議が問題になっていますが、過去十年以上にわたって非公開会合が毎週開かれていた、しかも、重要案件の実質審議までしていたと報じられています。田中先生は、二〇〇七年から二〇一〇年まで原子力委員長代理でしたので時期が重なっていますが、御自身はそのような会合に参加していたのか。また、こういった原子力委員会と事業者との関係について、御自身のことを含めて、どのように認識を持っているでしょうか。

事業者との癒着を断つということは原子力規制委員会の絶対条件ですが、規制委員会における事業者との接触のあり方、透明性の確保についてどのようにお考えなのか。及び、核燃料安全専門審査会の委員やその他の外部有識者の人選のあり方についても所見をいただきます。

昨年九月十五日の日経ビジネスの先生のインタビューの中で、百ミリシーベルト以下なら健康への影響は大きくない、野菜不足、運動不足、肥満などは、百ミリシーベルトの被曝よりリスクが大きいという統計がある、一番のリスクは被曝を恐れるストレスと言われていると説明をされてます。今回の事故による被曝と日常生活上のリスクを並べて論じるのは極めておかしいと思いますが、非常に誤ったメッセージを伝えられているのではないかと思います。

それから、田中先生は、二〇一一年度に、原稿料や講演料として、原子力の啓発活動などを行う日本原子力文化振興財団から二十万円、放射線関連商社、日本原子力産業協会から受け取ったと報道されていますが、過去三年で年間五十万という欠格条項にはかからないものの、原子力産業からお金を受け取っていたことに対しては、どうお考えでしょうか。

原発の再稼働は、新たな安全基準とバックフィットをクリアすることが最低条件になると思いますが、その点についてお聞かせください。

大飯原子力発電所の断層について、活断層であれば中止と表現されましたが、Sクラスの耐震基準の施設が活断層を縦断していることもあり、これは当然廃炉だと思いますが、いかがでしょうか。

田中俊一原子力規制委員会委員長候補　原子力委員会で秘密会議と言われているのは、次の週の委員会、公開の委員会の打合会というのが大体前の週に基本的に行われて、どんな議題になるかということについて、短時間ですけれども、そういった話がありました。ただ、ちょうど私が原子力委員を拝命していたときは、もう既に原子力政策大綱が決まった後でしたので、政策的な議論というより、実際の具体的な進行ですね、原子力政策の、個別のいろいろな課題がどういうふうに進んでいるかとか、予算がどうなっているかとか、そういった話が多かったように思います。ですから、今回、いろいろ御批判があると承知していますけれども、事前に電力事業者に意見を求めるとか、そういったことはなかったと私は記憶しています。

それから、事業者との関係というのは、これは非常に大きな課題ですけれども、先ほど来申し上げていますけれども、やはり、透明性というのが最大のとりでになるんだというふうに思います。特に、もしどうしても事業者との話が必要なときには、きちっとした透明性を確保する、公開でやるというふうにしていきたいと思います。

それから、審査会の人選ですが、これは、技術的な審査指針とかそういったものを見ていく場合には、やはり、多様な人材とともに、それぞれの分野でのできるだけ専門的知識を持った方、そういった方を中心に選ぶことになりますが、具体的には、今、私、何も、誰がどうだというふうなアイデアは持っておりません。

百ミリシーベルトの件ですけれども、例えば運動不足というのが二百ミリシーベルトぐらいに相当する、こういったそのデータ自身は、示したのは事実です。それは、国立がんセンターがそのことを示していますので、放射線によるがんのリスクはこういう状況ですというデータが出ておりますので、それを紹介したのです。チェルノブイリの、いろいろIAEA等の評価でも、一番の弊害というか健康被害がストレス障害であるというふうに言われておりますので、福島の方もすごいストレスがかかっています、日々、食事をするとか、その辺を歩くと被曝をするのではないか、特に、食べ物の中で放射能を取り込むのではないかとか、いろいろなストレスがかかっていますので、そういったことをできるだけ和らげて、被曝以上の、ストレスによる健康被害がないようにしていただきたいという思いでそういったデータを示してきています。例えば、先日も、伊達市のある小学校に、プールをどうするか、使うかどうかという話を父兄に説明しに行きました。学校の先生が、最近、子供を外で、グラウンドで走らせると、転ぶ子が多いんですよということなんです。これは大変なことだなというふうに私は思いました。ですから、そういったことを含めて、確かに放射線の被曝というものはできるだけ少ない方が、それにこしたことはないんですけれども、一個の個人の健康ということを考えたときは、やはりトータルとして判断しないといけませんよというか、した方がいいんじゃないでしょうか、もちろんそれはお母さんとかお父さんが判断することですけれどもということを申し上げています。

それから、原文振とかから昨年いただいたのは、実は、楢葉町とか富岡町とか川内村とか、郡山とかいわきに避難されている人たちに対して、除染とかこれからの生活の仕方についてお話をしていただきたいというお話がありましたので、喜んで私は行きました。その結果として謝金をいただいたわけですが、それは、どちらかというと、先ほども申し上げましたけれども、この一年間で大体七、八十日、伊達市とか福島、それから飯舘、川俣の方に出向いておりますので、そういったときの足代とか、そういったものに使わせていただいているということで、大変ありがたく受けとったということは事実であります。

再稼働についてのバックフィットの問題は、先ほど来申し上げましたとおりでありますので、省略させていただきます。

大飯三、四号炉についても同じです、先ほどお答えさせていただきましたので。

原子力規制委員会委員長・委員の欠格要件について

2012年8月6日
社会民主党　服部良一

政府が8月3日に提出した「原子力規制委員会委員長・委員の要件等の考え方について」は、7月3日に政府が発表した「原子力規制委員会委員長及び委員の要件について」、特にその中で使用されている「原子力事業者等」の定義につき、同文書でも、発表時の細野担当大臣の記者会見でも一切言及がなかった「電力会社から距離を置くことを確保するため」のものであるとして、「電力会社」「メーカー」等に限定され、大学、独法、公益社団は含まれないとの解釈を示している。

しかしながら、原子力規制委員会設置法7条7項3号や炉規法、原賠法、原災法に照らせば、「原子力事業者等」の定義はこれらに限定されないのであり、7月3日付文書に注釈がなく、細野大臣会見でも特段の説明がなかった以上、設置法や炉規法等の既存法令に従い解釈されるのが当然である。

よって、「原子力事業者等」については、8月3日付文書で記されている通り、あくまで政府が、「明示していなかったが、実はこう想定していた」と主張しているだけであり、公式資料・発言で何ら言及がなかった以上、事後的に定義付けを行った可能性も排除されない。

8月3日付文書は設置法及び7月3日付文書の解釈を改めて確認するものではなく、これらとの整合性を欠いた全く新たな文書であるとともに、事前に提示された公式指針たる7月3日付文書を遡及的に改定するものであるとみなさざるを得ない。

このような重大な事態であるにも関わらず、7月3日文書発出時の「想定」を示すだけの文書では到底説明になっておらず、政府は議運に対して、欠格要件について法令や論理に基づいて説明し、疑義に答える義務がある。


【参考】
○原子力規制委員会設置法7条7項（欠格要件）
三　原子力に係る製錬、加工、貯蔵、再処理若しくは廃棄の事業を行う者、原子炉を設置する者、外国原子力船を本邦の水域に立ち入らせる者若しくは核原料物質若しくは核燃料物質の使用を行う者又はこれらの者が法人であるときはその役員（いかなる名称によるかを問わず、これと同等以上の職権又は支配力を有する者を含む。）若しくはこれらの者の使用人その他の従業者
四　前号に掲げる者の団体の役員（いかなる名称によるかを問わず、これと同等以上の職権又は支配力を有する者を含む。）又は使用人その他の従業者

○原子炉等規制法58条1項

製錬事業者、加工事業者、原子炉設置者、外国原子力船運航者、使用済燃料貯蔵事業者、再処理事業者、廃棄事業者及び使用者（旧製錬事業者等、旧加工事業者等、旧原子炉設置者等、旧使用済燃料貯蔵事業者等、旧再処理事業者等、旧廃棄事業者等及び旧使用者等を含む。以下「原子力事業者等」という。）（略）

1．設置法の欠格要件は「兼職禁止」だが、就任までに辞職していればいいのか

・政府の説明は、「辞職予定」だから欠格要件に該当しないというものである

【ポイント】

⑴　直近まで欠格要件に該当する職にあったものが、就任にあわせて辞職したからいいということは、法の趣旨に照らして問題。事実上、違法に当たる。

⑵　7月3日政府指針で示された「直近3年間」要件は、「現職ではないからいいという訳ではない」という国会での議論を踏まえたもの。3年以内が問題となるのであれば、直前まで該当職にあった者の就任が認められないということは当然すぎる前提。

2．設置法の欠格要件と7月3日付文書の欠格要件は連続している

・上述の通り、政府の解釈は、指針の趣旨は「電力会社から距離を置くこと」。よって、指針中の「原子力事業者等」は営利企業を「想定」。大学、日本原子力研究開発機構（JAEA）等の独法、公益社団は含まれない。なお、JAEAが設置法7条7項3号に該当することは政府も認めている。

【ポイント】

⑴　7月3日付文書でも、公表時の細野大臣会見でも「電力会社」「営利企業」には一切言及せず。「原子力事業者等」を設置法7条7項3号や、「原子力事業者等」を定義した炉規法や原賠法・原災法（「原子力事業者」を

炉規法に基づき定義）といった既存法令と別に解釈する余地は全くない。

(2) 逆に、そうなるとメーカーが排除されるが、「メーカーならいい」との指摘に強く反論できない文書を7月3日に出してしまったということ。直近3年間の職に係る欠格要件は何かという議論以前に、形式・論理の上で無効な説明を政府はしている。

(3) JAEAを非営利性を理由にアプリオリに排除する根拠はない。また、日本アイソトープ協会は法7条7項3号に該当する可能性があり、同様に、7月3日付文書の「原子力事業者等」から排除されることは自明ではない。7月3日に想定が示されていれば、原子力機構等の扱いや、旧動燃と旧原研で差をつけるのか等を含め、議論が起こったはずである。議論を封じ、後出しじゃんけんをしたことは不当であり、更田氏及び中村氏を就任させるがための恣意的解釈との誹りは免れない。

3. 田中氏は実質的に「原子力事業者等の役員、従業者等であった者」に該当する

【ポイント】

(1) 昨年度の高度情報科学技術研究機構の収入は7億1，221万円、内事業収入は7億1，096万円。そのうち、日本原子力研究開発機構からの事業収入が5億2，089万円。実に総収入、事業収入の73%。高度機構は原子力機構（＝原子力事業者）の関係法人であり、実質的に一体であって、「原子力事業者等」に該当するのではないか。

以上

原子力規制委員会同意人事に係る政府への資料要求について

２０１２年８月６日
社会民主党　服部良一

以下の資料を内閣官房原子力安全規制組織等改革準備室に要求したところ、各法人の所管ではなく、情報を保有していないと回答があった。

下記情報は本同意人事について判断する上で必要なものであり、一議員として関係省庁に個別に照会するのではなく、政府としてとりまとめて提出するよう議運から要請すべきものと考える。

なお、吉田忠智参議院議員に文科省が回答したところによると、高度情報科学技術研究機構は平成23年度に日本原子力研究開発機構から約５億２千万円の事業収入を得ており、これは高度機構の事業収入の約73％を占めている（添付資料）。高度機構は原子力機構の関係法人である。

【参考】

○　原子力機構によれば、「関係法人」とは次のいずれにも該当する法人であり、高度機構は関係法人として関連情報が公開されている（http://www.jaea.go.jp/02/keiyaku/kankei.pdf）。

①　原子力機構との取引高が、総売上高又は事業収入の３分の１以上を占めている。

②　原子力機構の役員経験者が再就職している又は課長相当職以上経験者が役員、顧問等として再就職している。

○原子力機構「独立行政法人から関連法人への補助・取引等及び再就職の状況」においても、高度機構は「関連公益法人等」として情報公開の対象となっている。（http://www.jaea.go.jp/01/koukai/kanren.pdf
http://www.jaea.go.jp/01/koukai/kanren/h22-01.pdf）

記

1．下記の法人の過去3年度の事業収入
①　高度情報科学技術研究機構
②　放射線安全フォーラム
③　放射線被ばく者医療国際協力推進協議会
④　日本地震学会
⑤　日本活断層学会
⑥　日本アイソトープ協会
2．1．の内訳（特に、各年度の上位10者等の情報）
3．金額の多寡に係らず、1に掲げる法人が原子力規制委員会設置法7条7項3号及び4号に規定する事業者、設置者及び団体から得た過去3年度の事業収入
4．1に掲げる法人の3に掲げた事業者、設置者及び団体との本年度の取引・契約状況
5．高度情報科学技術研究機構が日本原子力研究開発機構の関係法人であることの事実確認

以上

【添付：文部科学省提出資料】

御質問に対するご回答

（問）高度情報科学技術研究機構の収入構成について。特に事業収入の内訳を教えてほしい。電力事業者からの収入はないのか。

（答）

１．高度情報科学技術研究機構の平成23年度年間収入の内訳について、同機構に問い合わせたところ、以下のとおり。

○平成23年度年間収入合計　7億1、221万円

財産運用収入　74万円

寄付収入　0万円

事業収入　7億1、096万円

雑収入　51万円

○事業収入（上位5者）

独立行政法人日本原子力研究開発機構　5億2、089万円

富士通株式会社　7、987万円

独立行政法人理化学研究所　3、150万円

国立大学法人東京大学　1、867万円

独立行政法人海洋研究開発機構　1、523万円

２．また、平成23年度事業収入のうち電力事業者からの収入はないかと同機構に問い合わせたところ、「ＲＳＩＣＣユーザ会」会費として、中部電力株式会社、日本原子力発電会社等7機関から会費（1機関につき年間20万円）として、合計１４０万が同機構に支払われているとのこと。

「ＲＳＩＣＣユーザ会」

同機構（ＲＩＳＴ）は、米国オークリッジ国立研究所・放射線安全情報計算センター（ＯＲＮＬ／ＲＳＩＣＣ）と契約を結び、同機構に設置した「ＲＳＩＣＣユーザ会」会員に対し、ＲＳＩＣＣが開発した原子力関係のシミュレーションのためのソフトウェアを配布している。「ＲＳＩＣＣユーザ会」の加盟機関数は、平

成23年度末で51機関。

二〇一二年九月五日提出
質問第四〇九号

原子力規制委員会委員長及び委員の欠格要件に関する質問主意書

原子力規制委員会委員長及び委員の人事案については、本年七月二十六日に内閣が国会に提示し、八月二十四日に同意を得たい旨の要求書を送付したところであるが、当初より、複数の候補者が法律及び政府指針に定める欠格要件に該当するとの指摘があり、政府の欠格要件の解釈そのものにも疑義が示されている。本件については、本院議院運営委員会理事会等で提起してきたところであるが、未だ政府より合理的な説明を得ていない。

よって、以下質問する。

一　原子力規制委員会設置法（以下、「設置法」という）は、「原子力に係る製錬、加工、貯蔵、再処理若しくは廃棄の事業を行う者、原子炉を設置する者、外国原子力船を本邦の水域に立ち入らせる者若しくは核原料物質若しくは核燃料物質の使用を行う者又はこれらの者が法人であるときはその役員（いかなる名称によるかを問わず、これと同等以上の職権又は支配力を有する者を含む）若しくはこれらの者の使用人その他の従業者」（第七条第七項第三号）及び第七条第七項第三号「に掲げる者の団体の役員（いかなる名称によるかを問わず、これと同等以上の職権又は支配力を有する者を含む）又は使用人その他の従業者」（同第四号）は委員長又は委員となることができないと定めている。政府はこの設置法上の欠格要件に係り、「更田豊志（ふけたとよし）氏が所属している独立行政法人日本原子力研究開発機構（ＪＡＥＡ）が該当しますが、同氏は委員に就任するに当たり、

ＪＡＥＡを辞職することとしておられるので、同法に違反することはありません」（内閣官房原子力安全規制組織等改革準備室「「原子力規制委員会委員長及び委員の同意人事に関する申入れ」について」平成二十四年八月二十四日。以下、「八月二十四日付文書」という）としている。設置法第七条第七項第三号又は第四号に現に該当する者であっても、就任に当たって当該職を辞するのであれば違反にはならないとの論は設置法の立法趣旨に照らして疑義があるが、このような政府の解釈はいかなる理由により妥当とされるのか。

2　政府は、同じく委員候補である中村佳代子氏が所属している日本アイソトープ協会は設置法上の欠格要件に係る事業者ではないとしているが（八月二十四日付文書）、同協会は「原子力に係る廃棄の事業を行う者」に該当するとの指摘もある。政府が同協会が設置法上の欠格要件に係る事業者でないとする根拠を示されたい。

3　委員長候補である田中俊一氏が所属する高度情報科学技術研究機構（以下、「高度機構」という）は事業収入の約七割を日本原子力研究開発機構（以下、「原子力機構」という）から得ており（平成二十三年度実績）、原子力機構は高度機構を「関係法人」であるとしている。この事実に鑑みれば、高度機構は設置法上の欠格要件に係る事業者であるとみなすべきであると思われるが、政府の見解はいかがか、その根拠と併せて示されたい。

二　政府は本年七月三日「原子力規制委員会委員長及び委員の要件について」（以下、「政府指針」という）を公表し、「法律上の欠格要件に加えて欠格要件とする事項」として「就任前直近3年間に、原子力事業者等及びその団体の役員、従業者等であった者」を欠格要件とするとした。本文書において「原子力事業者等」の定義に係る記述は皆無である。この政府指針は、国会審議において、設置法の欠格要件が現に該当職にある者のみを対象としていることに対して、過去にその職にあった者も対象としなければ、「原子力に係る利用と規制の分離」、「原子力ムラとの決別」といった設置法の立法趣旨が果たされないとの共通理解が得られたことを受けて公表されたものである。この政府指針の内容に係り、例えば、本年六月十九日の参議院環境委員会では、水野賢一委員の「法案の七条にもいろいろと書いてあることというのは、つまり原子力関係者たちは駄目よみたいなことは確かに書いてあるんですけど、これを見ると、法文だけ見ると現在のことのように見えるんですけど、これは現在だけじゃなくて過去もそれに準ずるという、法文上は現在だけのことを書いているように見えるけれども、過去も準ずるという理解でよろしいんでしょうか」との質問に対し、近藤昭一衆議院議員は「準ずるということでございます」と答弁している。そこで、政府指針は立法意思に則して定められ、かつ解釈されるべきところ、まず、政府指針で欠格要件の対象期間を「就任前直近3年間」と限定したことにいかなる根拠があるのか、政府の認識を示されたい。

2 政府指針の「原子力事業者等」については、前述の通り定義に係る記述がなく、「法律上の欠格要件に加えて欠格要件とする事項」として示されていることからも、設置法第七条第七項第三号を指示していると解釈する他ないが、仮に別様の解釈の余地があるとするならばそれはいかなる根拠に基づくのか。政策論ではなく、純粋に論理的解釈の問題として答えられたい。

3 設置法第七条第七項第三号には「原子力事業者（等）」という記述はないが、本法が直接関係する原子炉等規制法では、第五十八条第一項において「製錬事業者、加工事業者、原子炉設置者、外国原子力船運航者、使用済燃料貯蔵事業者、再処理事業者、廃棄事業者及び使用者（旧製錬事業者等、旧加工事業者等、旧原子炉設置者等、旧使用済燃料貯蔵事業者等、旧再処理事業者等、旧廃棄事業者等及び旧使用者等を含む。以下「原子力事業者等」という）」として「原子力事業者等」が定義されている。政府指針において「原子力事業者等」の別の定義なり注釈なりが示されていない以上、既存のかつ基本的な法律である原子炉等規制法と矛盾し又はこれより限定して「原子力事業者等」を解釈することは当然に排除されるが、仮にそうでないとするならばそれはいかなる根拠に基づくのか。前項同様、純粋に論理的解釈の問題として答えられたい。なお、設置法第七条第七項第三号が原子炉等規制法に基づくものであることは明白であり、このことからも前項で示した通り、政府指針の「原子力事業者等」が設置法第七条第七項第三号を指示しているとの解釈が支持されると考えるが、異論があるのであれば、併せて答えられたい。

4 政府は、政府指針の「原子力事業者等」に係る私の照会に対して、政府指針の欠格要件は「委員長及び委員が電力事業者から距離を置くことを確保するため」であり、「電力会社や原子力設備のメーカーなどの営利企業を想定して」いると回答した（二〇一二年七月二十七日付回答文書）。八月二十四日付文書でも「電力会社から距離を置くことを確保する」趣旨から、「電力会社を主として想定し、これに加えて、原子炉等を有していない電力会社の影響が強い電力会社の子会社、原子炉設備メーカー等も含めています」としている。政府はこのような「想定」あるいは「趣旨」に照らして、原子力機構等の独立行政法人、日本アイソトープ協会等の公益社団法人、又は大学は政府指針にいう「原子力事業者等」には該当しないとしている。しかしながら、前述の通り、政府指針では「原子力事業者等」の定義が示されていないだけでなく、ここで引用したような「想定」又は「趣旨」には一切言及されていない。同様に、政府指針を公表した細野担当大臣の記者会見でも言及は皆無であった。そうであるならば、このような「想定」又は「趣旨」は無効であり、仮に有効であるとするならば、政府指針を遡及的に修正するものであるとの誹りは免れない。仮に政府が、政府指針でも細野大臣の記者会見でも言及のなかった「想定」又は「趣旨」が有効であると主張するのであれば、その正当性を明示されたい。

5　同様に、国会審議においても、前述の通り、政府指針で定めるべき欠格要件は設置法に「準ずる」とされていたのであり、「電力事業者（電力会社）」への言及がなかったことをはじめ、前項のような「想定」又は「趣旨」に限定することを求める質疑及び答弁は皆無であった。よって、政府が現在示している政府指針の解釈は立法意思に反することは明らかであるが、政府の解釈はいかなる根拠により正当化されるのか示されたい。

三　政府は八月二十四日付文書で「仮に政府の候補者要件における「原子力事業者等」を原子炉等規制法と同様に考えますと、ＪＡＥＡのみならず、東京大学、京都大学をはじめとする原子炉を有する原子力の研究組織が全て含まれることとなり、原子力の実践的・専門的知見を有する研究者を原子力規制委員会の委員長・委員とする道が閉ざされることとなってしまいます」とし、細野大臣の国会答弁や記者会見等でも同様の主張が繰り返されている。しかしながら、この回答に論理的正当性がないことは前問までで明らかである。仮に政府がこれらの研究組織を欠格要件の対象としないことが望ましいと考えていたのであれば、その旨を明示し公開の議論に付すべきであったのではないか。もとより、政府指針は立法意思に係るものであるのだから、改めて国会の意思を問うべきであった。逆に、設置法の欠格要件では対象となっていない電力会社子会社及び原子力設備メーカーを政府指針で欠格要件に追加することについては、立法意思に照らして許容されると考えられるが、政府指針に記述がなかった以上、政府指針の欠格要件に該当するとの解釈が不当であるとの異議が申し立てられた場合に対抗できない可能性がある。仮に政府が、政府指針の「原子力事業者等」の解釈を設置法第七条第七項第三号又は原子炉等規制法と同一とすることに問題があると考えるのであれば、政府指針は撤回し、国会での議論を経て、改めて指針を定めるべきでないか。その際には、設置法を改正し、法律上欠格要件を追加することが望ましいのではないか。以上につき、政府の見解を求める。

内閣衆質一八〇第四〇九号
二〇一二年九月十五日

内閣総理大臣　野田佳彦

衆議院議員服部良一君提出
原子力規制委員会委員長及び委員の欠格要件に関する質問に対する答弁書

一について
　原子力規制委員会設置法（平成二十四年法律第四十七号。以下「法」という）第七条第七項は、「次の各号のいずれかに該当する者は、委員長又は委員となることができない」としており、同項各号において欠格条項を定めている。これは、原子力規制委員会の委員長又は委員（以下「委員長等」という）に任命される時点において適用されることは文言上明らかである。

一の2及び3について

公益社団法人日本アイソトープ協会及び一般財団法人高度情報科学技術研究機構の役員及び使用人その他の従業者は、いずれも法第七条第七項第三号及び第四号に該当しない。

二及び二の2から5まで並びに三について

政府としては、平成二十四年六月十八日の参議院環境委員会における原子力規制委員会設置法案の審議等を踏まえ、委員長等が電力会社から距離を置くことを確保する観点から、法において定める欠格条項とは別に、「原子力規制委員会委員長及び委員の要件について」（平成二十四年七月三日内閣官房原子力安全規制組織等改革準備室。以下「政府文書」という）を作成しており、その中においては、「原子力規制委員会設置等に関する件」（平成二十四年六月十五日衆議院環境委員会決議）や「原子力規制委員会設置法案に対する附帯決議」（平成二十四年六月二十日参議院環境委員会）等を参考にしつつ、「就任前直近三年間に、原子力事業者等及びその団体の役員、従業者等であった者」又は「就任前直近三年間に、同一の原子力事業者等から、個人として、一定額以上の報酬等を受領していた者」に該当しないことを委員長等に求めている。ここでいう「原子力事業者等」が何を指すかについては、委員長等が電力会社から距離を置くことを確保する観点から政府文書を作成した政府において明らかにすべきものであり、同年八月三日の参議院議院運営委員会理事会等において、電力会社及びその子会社等の経済的に強いつながりが認められる者を指し、独立行政法人及び公益社団法人は含まれていない旨を明らかにしている。

○原子力基本法改正「我が国の安全保障に資する」問題について

二〇一二年六月二十二日提出
質問第三一三号

原子力基本法改正等において「我が国の安全保障に資する」との文言が追加されたことに関する質問主意書

原子力規制委員会設置法（以下、「設置法」という）が本年六月二十日に成立したが、同法の目的及び原子力規制委員会の任務に係り「我が国の安全保障に資する」との文言が盛り込まれるとともに、同法附則において原子力基本法並びに核原料物質、核燃料物質及び原子炉の規制に関する法律（以下、「炉規法」という）が改正され、それぞれに「我が国の安全保障に資すること」との文言が追加されたことについて、我が国の非核三原則の放棄及び核武装を意図したものではないのか、あるいは拡大解釈の余地を残し、軍事転用に道を開くものではないのかといった懸念が引き起こされている。報道によれば、日本国内のみならず、韓国等海外からも懸念の声が上がっているとのことである。法案提出者の立法意思及び内閣の解釈は参院環境委員会での審議等において表明されているところであるが、改めて内閣としての解釈及び見解を確認するため、以下、質問する。

一　日本が非核三原則を放棄し、核武装を目指すことは将来にわたってあり得ず、原子力利用は平和目的に厳格に限定されるということを内閣の意思として明確に示されたい。

二　設置法附則第十二条において原子力基本法が改正され、同法第二条（基本方針）に、第二項「前項の安全の確保については、確立された国際的な基準を踏まえ、国民の生命、健康及び財産の保護、環境の保全並びに我が国の安全保障に資することを目的として、行うものとする。」が追加されたが、ここにおいて「我が国の安全保障に資することを目的と」するとはいかなる意義であるのか、内閣の解釈を示されたい。

2　同法第二条第一項では「原子力利用は、平和の目的に限り、安全の確保を旨と」するとされており、今回新設された同条第二項は前掲の通り「前項の安全の確保については」となっていることから、原子力の平和利用の原則は将来にわたりいささかも揺らぐものではなく、今回の法改正により軍事転用の余地が一寸たりとも開かれたものではないと解釈するが、見解を示されたい。

三　今回疑念が引き起こされているのは、設置法附則において「原子力の憲法」と言われる原子力基本法が改正されたという取扱い、及び設置法案が衆院提出と同日にわずか二時間の環境委員会審議を経て通過し、参院においても衆院通過と同日の本会議質疑及びわずか三日間（かつ連続した三日間）の環境委員会での審議を経て成立に至った経過があるためである。原子力基本法という重要な法律の改正については、より慎重な手続きを踏むべきであったのではないか。内閣としても拙速な改正を慎むよう公式、非公式に要請をすべきであったと考えるが、その反省を含め見解を示されたい。

2　今回の原子力基本法改正等が疑念を招いていることを踏まえ、速やかに又は設置法附則第五条（原子力利用における安全の確保に係る事務を所掌する行政組織に関する検討）に基づき改正を行い、原子力平和利用の原則及び非核三原則の堅持を内外に改めて表明する必要があると考えるが、見解はいかがか。

四　設置法第一条においては、法律の目的として「我が国の安全保障に資すること」が挙げられ、同第三条では、原子力規制委員会の任務として「……我が国の安全保障に資するため、原子力利用における安全の確保を図ること」が掲げられている。また、同法附則第五条（原子力利用における安全の確保に係る事務を所掌する行政組織に関する検討）においては、「放射性物質の防護を含む原子力利用における安全の確保に係る事務が我が国の安全保障に関わるものであること等を考慮」するものとされている。ついては、「我が国の安全保障に資する」こと又は「我が国の安全保障に関わるものであること」を掲げたこれらの条文の意義及び解釈を、その根拠とともに示されたい。

五　炉規法第一条の改正により、同法の目的は「国民の生命、健康及び財産の保護、環境の保全並びに我が国の安全保障に資すること」となったが、炉規法が「我が国の安全保障に資すること」を目的とすることの意義及び解釈を、その根拠とともに示されたい。また、改正炉規法第一条についても、条文構成上、質問二の2と同様の解釈が成立すると考えるが、あわせて見解を示されたい。

2　同法改正については、軍事転用の懸念に加えて、使用済み核燃料の再処理路線の維持を図ったものではないかとの声も聞かれる。実際、報道によれば、経済産業省幹部が、外国の使用済み核燃料を日本が引き取り再処理することで、岐路に差し掛かっている再処理路線を維持する根拠ができたという旨の発言をしたとも言われている。仮にそのような意図が明示されることなきままに設置法案に潜り込み、又は都合よく解釈される余地が残されているのであれば大きな問題であるが、認識を示されたい。

右質問する。

内閣衆質一八〇第三一三号
二〇一二年七月三日

内閣総理大臣　野田佳彦

衆議院議員服部良一君提出原子力基本法改正等において「我が国の安全保障に資する」との文言が追加されたことに関する質問に対する答弁書

一及び二の2について

原子力規制委員会設置法（平成二十四年法律第四十七号。以下「設置法」という）による改正前の原子力基本法（昭和三十年法律第百八十六号）第二条においては、原子力の研究、開発及び利用は、平和の目的に限り行うものとする旨が規定されており、設置法による改正後の原子力基本法第二条においても、この旨の規定内容に変わるところはなく、設置法は、我が国の原子力の研究、開発及び利用は平和の目的に限るという方針に何ら影響を及ぼすものではない。また、野田内閣としては、非核三原則を堅持していく方針に変わりはない。

二、四、五及び五の2について

お尋ねの設置法第一条等並びに設置法による改正後の原子力基本法第二条及び核原料物質、核燃料物質及び原子炉の規制に関する法律（昭和三十二年法律第百六十六号）第一条において「我が国の安全保障」という文言が規定された趣旨については、平成二十四年六月二十日の参議院環境委員会における原子力規制委員会設置法案の審議や「原子力規制委員会設置法案に対する附帯決議」（平成二十四年六月二十日参議院環境委員会。以下「附帯決議」という）等を踏まえ、設置法により原子力規制委員会が原子力安全規制、核セキュリティ及び核不拡散の保障措置の業務を一元的に担うという観点から規定されたものと理解している。また、一及び二の2について述べたとおり、原子力基本法第二条の原子力の研究、開発及び利用は、平和の目的に限り行うものとする旨の規定内容は、設置法による原子力基本法の改正前後を通じて変わるところはなく、設置法は、我が国の原子力の研究、開発及び利用は平和の目的に限るという方針に何ら影響を及ぼすものではない。

三について

お尋ねの件については、国会の運営に関することであり、政府として見解を述べることは差し控えたい。

三の2について

政府としては、附帯決議も踏まえて、我が国の原子力の研究、開発及び利用は平和の目的に限るという方針を国内外に適切に説明していくこととしている。また、原子力利用における安全の確保に係る事務を所掌する行政組織については、設置法附則第五条に基づき、設置法の施行状況等を踏まえ、原子力利用における安全の確保に係る事務が我が国の安全保障に関わるものであること等を考慮し、今後、適切に検討が加えられ、その結果に基づき必要な措置が講ぜられるものと考えている。

２０１２年７月９日　予算委員会

服部　先日成立した原子力規制委員会設置法で、原子力基本法などに、「我が国の安全保障に資する」という文言が盛り込まれました。日本国内だけでなく、韓国などからも、核武装に道を開くのではないかと懸念をする声が出てきております。私の質問主意書にも七月三日に答弁をいただいておりますが、総理、改めて、原子力の軍事転用はしない、非核三原則は守っていくということを明確に明言していただけませんか。

野田総理大臣　原子力規制委員会設置法第一条や改正原子力基本法第二条等において「我が国の安全保障」という文言が規定された趣旨については、参議院環境委員会における法案の審議等を踏まえ、設置法により、原子力規制委員会が原子力安全規制、核セキュリティー及び核不拡散の保障措置の業務を一元的に担うという観点から規定をされたものと理解をしております。原子力基本法第二条の、原子力の研究、開発及び利用は平和の目的に限り行うものとする旨の規定内容は、原子力基本法の改正前後を通じて変わるところはなく、設置法は、我が国の原子力の研究、開発及び利用は平和の目的に限るという方針に何ら影響を及ぼすものではございません。したがって、野田内閣としては、非核三原則を堅持していくという方針に変わりはございません。

服部　一九五五年に原子力基本法ができたときにも、当初、安全保障という文言があり、国会での議論の末に削除した経過もあります。疑念を招き、拡大解釈が懸念されるような文言は、速やかに削除すべきだと思います。

第5節　原発輸出、モンゴル核処分場構想について

原子力協定の顛末については第1部で書きましたので、ここでは外務委員会の参考人として大きな役割を果たされた田辺有輝さんの発言録を含め、関係議事録を収録しました。

原子力協定は承認されてしまいました。しかし、具体的な案件についてはどうかといいますと、まだ止めることができると思っています。

また、原発輸出とも関連する問題として、私が取り上げた問題に、モンゴルに核処分場を建設するという構想がありました。日本はもちろん、世界中で核のゴミをどうするのかが問題となっている中であまりに無責任な話と言わざるを得ません。国内、国際両面で質してきましたので、是非お読み下さい。

○原発輸出・原子力協定

2011年7月27日　外務委員会

服部　ベトナムに対する原発輸出に際して、ベトナムは発注条件を六つ提示し、そのうちの一つが、使用済み核燃料、放射性廃棄物管理支援であると把握しておるんですが、間違いないでしょうか。

横尾資源エネルギー庁電力・ガス事業部長　ベトナムは、原子力発電所の建設のパートナーに幾つかの条件をつけており、その中に、使用済み燃料、放射性廃棄物の管理に係る支援というのが含まれています。

服部　昨年の十月の首脳会談で、日本がパートナーになることが決まっており、日本とベトナムの共同声明に際して、菅総理も、プロジェクトの全期間にわたる廃棄物処理における協力、あるいはベトナムが示した条件を満たすことを保証したと明記をされております。ベトナム側は、使用済み核燃料の処理、あるいは管理について、具体的に日本にどうしてほしいと言っているんでしょうか。

横尾部長　具体的な協力内容については、先方のニーズを踏まえて今後検討していくことにしています。

服部　日本側で引き取るという選択肢もあるんでしょうか。

横尾部長　今後、ベトナムとの協議の中で、どういうことが可能か検討していくということです。

服部　当時、直嶋経産大臣は、廃棄物の処理はそれぞれの国でやってもらうしかないと述べられていますが、産業界等では、日本も将来的に六ケ所の再処理工場で外国の燃料を再処理するかどうかの議論をする時代が来るかもしれないと言っている方もいる。しかし、現実には六ケ所村は貯蔵能力が三千トンで、二千八百三十四トンでしたか、もう満杯になっている。これは日本の原発問題でもそうなんですが、使用済み核燃料の処理をどうするのか。六ケ所も満杯、各発電所にもどんどんどんたまっていて、あと七年したらもう満杯になる。今から海外プラントを建設するという中で、よくトイレのないマンションと言われますが、一体これをどうしていくのか。

松本外務大臣　使用済み燃料、放射性廃棄物の処理は、我が国においても大変大きな課題として引き続きあることは御指摘のとおりと思っております。今後、原子力の平和利用を行う国々にとっても、これは課題であることは間違いないわけですので、管理などの支援が求められており、我が国の技術なり知見なりを提供することを想定しているんだと考えているところです。

服部　モンゴルでの核処分場計画が、最近報道されています。東芝がアメリカの政府高官にモンゴルでの建設計画の推進を要請する書簡を送ったとか、日本と米国とモンゴル、三カ国政府の合意文書の原案が判明したとかありますが、御存じでしょうか。

松本外務大臣　いわゆる包括的燃料サービス構想ということで、燃料供給から使用済み燃料の引き取りまで一連のサービスを提供する国際的な枠組みですが、これに関する協力について、米国、モンゴル、日本の間で非公式な意見交換があったことは報告を受けておりますが、何か結論が出るようなものであったとは聞いておりません。

モンゴル政府外交・貿易省は、モンゴルにおける使用済み燃料の貯蔵について他国と協議を行ったことはないという公式の発表をしております。また、同国の国内法上、外国の使用済み燃料を引き取ってモンゴル国内で埋設処分することは困難と説明をされていると承知しております。

服部　将来的に、モンゴルとか海外に使用済み核燃料の処分場をお願いする選択肢は、日本政府としてはあるんですか。

松本外務大臣　今後、今我が国にある使用済み核燃料をどのような形でクリアするかということについては、直接答弁をする立場にはありません。

ただ、モンゴルは、モンゴルの国内法上、どこかの国がモンゴルに持ち込んで埋設処分することは困難だと説明をしたと理解をすべきだと思います。つまり、それぞれの国が他国のものを引き取るということについては、モンゴルにおいても困難だと言っておりますし、さまざまなことを考えたときに、その選択肢が、今全くないということを言えるかどうかは別として、必ずしも簡単なことではないというのが率直なところだと思います。

服部　七月二十三日のモンゴル外務・貿易大臣との会談で、原子力協力について意見交換を行ったとされているんですが、具体的にどのような内容であったのか、核処分場計画についても議論されたのかどうか。

松本外務大臣　モンゴルの外相との間では、多様で豊富なモンゴルの資源をどのように活用するかという議論が中心的なことで、その中で、ウラン開発を含む原子力の平和利用に関する互恵的な協力の推進についても意見交換を行いました。その文脈で、モンゴル側からは、先ほど申し上げた、核廃棄物の国内での受け入れは困難であるという立場の表明があったと記憶しております。

服部　私は、自国の、あるいは日本がプラントをつくったところの使用済み核燃料を第三国に持っていくというのはとんでもないことだと思っています。個人的にはどう思われますか。

松本外務大臣　各国とも課題として残っているという状況だろうと思いますが、他方で、使用済み核燃料は不拡散の観点からすると、ある程度しっかりとコントロールされている必要がある物質の一つだということにはならざるを得ないと思います。ごみをよその家に持っていくのかということと、どこかしっかり管理をできるところがまとめて管理をした方がいいのではないかという議論と、この辺を安全性も含めてどう整理をするのかということが課題であるということまでしか今の段階では申し上げられないです。

服部　安全に管理してくれるところがあれば、第三国にあれば、選択肢として排除しないという回答ですか。

松本外務大臣　今直ちに我が国のものを外国へ持っていくということを申し上げているつもりはないわけですが、全体としては、原子力の導入について前向きに進めている国が決して少なくないと感じておる中で、使用済み核燃料についても、どういう形で透明性を持って国際社会全体でも管理をされるべきかということも、不拡散ということから見ると今後は課題になってきます。どういうふうに取り扱うのか、それぞれの国だけでやってくださいという一言で済むのかどうかということは議論があるのではないかと申し上げました。

服部　ＥＵの理事会は十九日に、放射性廃棄物及び使用済み核燃料の管理に関する指令を採択して、加盟国に対して二〇一五年までに核廃棄物処理計画を報告するようにということを求めています。これはもう世界的に大きな問題になっている。後始末のできない廃棄物の問題がある以上、海外へのプラント建設、一体どこまで面倒を見るのか、それにどれだけのコストがかかり、どれだけのリスクがかかるのか。ここは十分、経済外交の責任者としての外務大臣としてもよくよく考えていただきたい。

2011年8月8日　予算委員会

服部　菅総理は、八月六日、広島の平和記念式典で、原発に依存しない社会を目指すとおっしゃいました。一方、ベトナムへの原発輸出は総理みずから推進されてきました。昨年十月の日本とベトナムとの共同声明には、プロジェクトの全期間にわたる廃棄物処理における協力を保証したと明記をされていますが、これは核廃棄物をベトナム国内に保管するという前提なのか、あるいは日本が引き取るということ、あるいは第三国に移動するということも選択肢としてあるんですか。

菅総理大臣　原発の輸出先で発生する使用済み燃料や放射性廃棄物の処理の具体的な方法については、基本的には、当該国が責任を持って取り組むべき課題であると認識しています。現時点では、ベトナムから使用済み燃料や放射性廃棄物を引き取ってほしいという要望は聞いてはおりません。なお、我が国として、使用済み燃料や放射性廃棄物の処理に取り組んできた経験をもとに、助言を行うなど、できる範囲で協力していくことは必要だと考えています。

服部　モンゴルに核処分場を建設する構想が取りざたされています。七月二十九日の外務委員会で松下経産副大臣が、日本で発生をした使用済み燃料や高レベル放射性廃棄物をモンゴルあるいは外国において貯蔵、処分する意向は一切有していないと答弁しました。これは日本政府の公式見解と理解してよろしいでしょうか。

菅総理大臣　我が国で発生した使用済み燃料や高レベル放射性廃棄物について、外国で貯蔵、処分するといったことは現時点では考えておりません。

2011年8月24日　外務委員会

田辺有輝参考人（「環境・持続社会」研究センター（JACSES）理事）　私は、そもそも原発輸出をこれから積極的に推進していくべきではないと考えていますが、仮に原発輸出をするにしても、ヨルダンの現状の計画の立地それから条件で行うということの妥当性はかなり低いのではないかと思っています。そのような視点から、八点ほど、ヨルダンの原発の問題について申し上げたいと思います。

第一点目ですが、一番驚きだったわけですが、立地の問題です。原発、軽水炉というのは基本的に大量の水を使用しますので、海岸とか河川、大規模な河川のわきに建てるというのが通常設置する場所です。ところが、現在予定されているマジダルというところは世界有数の乾燥地の内陸部でして、小規模な河川はありますが、大規模な河川はありません、海岸でもありません。そのような場所なので、慢性的な水不足に見舞われている土地です。そのため、計画では、下水処理場を拡張して、その水を冷却水に使用することが予定されています。仮に、何らかの影響でこの下水処理場の水が供給できなくなった場合に、例えば福島の事故では海水を利用しましたが、このような事故が起こった場合に対処できるのかどうかということが非常に懸念されています。

第二点目ですが、ヨルダンは地震のリスクを抱える国です。福島事故においては、原発本体の地震による影響というのはまだ調査中ですが、少なくとも送電線の鉄塔は地震によって倒れたわけですね。原発そのものだけではなくて、周辺のインフラが地震に耐えられる設計になっているかということは非常に重要な点です。この原発においては、送電線ということもありますが、下水処理場を使うということですので、この下水処理場がきちっと耐震性が行われているかどうかというところは非常に大きなものになります。

第三点目ですが、これも非常に驚いた点ですが、原発立地の周辺の人口が余りに多いことです。人口約百二十万人の首都アンマンが四十キロ圏内にある。それから、人口八十万人のヨルダン第二の都市で、工場の五〇％が集中するザルカが十五キロの位置にあります。福島の事故でいまだに二十キロ圏内を立入禁止にしている国が、このような十五キロで人口八十万人が住むところに原発立地を支援しようというのは問題ではないか。さらに、原発予定地の下流域ですが、野菜や果実の一大生産地であるヨルダン渓谷のかんがい地域、同国における農業の中心地です、そこが広がっています。福島では大量の排水を海に流しましたが、これが起こった場合に影響ははかり知れないものになる。福島の事故の経験が生かされていないのではないかと考えております。

第四点目に、テロの危険性です。一般的に、原発はテロの危険性が言われますが、特に同国においては武器がかなり広まっている、ロケット弾や爆弾などの武器が広まっている地域である、それから、パレスチナ問題の火種がいまだにくすぶっている地域であるというところです。格納容器は割と頑丈につくられているので、もしかしたらロケット弾で壊れない可能性もありますが、ただし、いろいろな周辺のパイプラインとか下水処理場等原発の運転に不可欠な施設がすべて、このような爆破とかテロに対する防御が完全にできるかどうかというところは非常に重要な点です。

第五点目に、ヨルダンの経済の脆弱性があると思います。ヨルダンの一人当たりの年間所得はいまだに三十万円程度です。依然として外国の援助に依存している国です。外務省のウエブサイトによると、非常に経済に脆弱性があるということが指摘されています。所得格差や貧困、それから慢性的な財政ギャップがあると外務省も書いています。このような国で果たして電気料金を徴収して回収できるのか。それから、ＪＢＩＣが多額の融資を行ったときに、それを回収できるのか。それから、例えばアメリカなんかでは、原発は経済的に不利として約三十年間建設されていないわけですが、これが果たして経済的にフィージブルなものなのかどうかというところはあると思います。加えて、原発事故が発生した場合、日本でもいまだに財政的にはかなり厳しい状況にあります。このような小さな国は、財政的に致命的な影響があると言えるのではないかと思います。

六点目は、使用済み燃料の処分です。これは日本でもいまだに処分方法は決まっておらず、いずれ大問題になってくると思いますが、ヨルダンにつくる場合には、この問題をきちっと計画した上でやっていくべきではないかと思います、もし仮にやるのであればということですが。

七点目ですが、情報公開、市民参加の点です。一月以降、中東各地で民主化を求める抗議行動が頻繁に起こっていまして、ヨルダンにおいても起こっております。この半年間、原発に関する抗議行動も活発化している中で、報道では福島事故にも言及されているというところで、このような社会的な抗議行動が拡大していくのであれば、社会的な不安を起こす不安定要因になるのではないかという懸念もありますので、非常に注視すべき問題ではないかと思っています。

八点目ですが、再生可能エネルギーの代替策が十分潜在力がある国であるということです。ジェトロが指摘していることですが、太陽熱発電と風力発電の潜在力がかなり高いということを言っていますので、原発の代替案としては十分にある国ではないかと思っています。

最後に、このヨルダンへ原発輸出をするのであれば、これらの問題をきちんとクリアしていく必要性があると思います。特に、福島事故で悲惨な影響を受けた我が国においては、その経験に基づいて、リスクを適切に把握して、危険性の高いものには支援をしないという選択肢も必要ではないかと思っております。

服部　特に、きょうは田辺参考人の問題点のレポートを見させていただいて、これはもう全くあり得ない選択だなということを改めて強い思いをいたしました。

まず、原発の肝である水、これが内陸の砂漠地に建設されるということで、水の確保が非常に厳しい。それから地震国であるということ、人口密集地の近くに建設されるということ、そしてテロの危険性。ヨルダンは安定だというような話もありましたが、その周辺国はまさに世界の火薬庫と言われている、そういう地域であるということ。それから、ヨルダンの経済の脆弱性からして、資金回収の採算性が合うのかどうかという問題もあり、使用済み燃料の問題も非常にグレーだということを考えますと、ヨルダンに原発をつくるということ自身が本当にあり得ない選択ではないだろうかと私は思います。

私も機械メーカーで二十年間営業をやっていましたので、物を売るときは、必ず自分の技術力と安心、安全性をどう売るか、これは一つの基本。もう一つの基本は、顧客に対するリスクヘッジなんですね。資金回収の面もある、あるいは、そこに建設することによってどういうリスクが生まれてくるか。ここはよっぽど真剣に考えていかないと、オール・ジャパンでとんでもないことになってしまうということじゃないかと思います。

そこで、田辺参考人に、このヨルダンの地元での動き、福島の事故がどういうふうに受けとめられているかとか、反対運動も起こっているということなんですが、その辺の状況についてお聞きをしたいと思います。

田辺参考人　ヨルダンの地元の反応ですが、例えば、六月には、原発建設中止を求めて、地元の団体と環境NGOが共同で、首相府前で抗議行動を行いました。それから、つい先週も、地元の自治体の庁舎の前で、同じ地元の団体と環境NGOが共同で抗議行動が行われた。注意しなければいけないのは、民主主義に若干制約がある国でこのような抗議行動が行われている。今後、社会不安の要因になってくる可能性があるということだと言えます。

服部　先ほど、民主党の議員さんからも、この立地そのものを見直しをする必要があるんじゃないかという発言もありました。このヨルダン原子力協定の前提が崩れていると思いますし、こういう形で早急に採決に踏み込むということについては、改めて私は反対の意見を申し上げておきたいと思います。

それで、使用済み核燃料の処理の問題。日本ですら、どこにどう処分して貯蔵するかということが決まっていない状況の中で、海外で発生する使用済み核燃料は一体どうなるのかという問題は極めて深刻だと思います。この使用済み核燃料の処理について、もしヨルダンでプラントが実際に動き始めて、どういう可能性があるのかということについて、知見ないし意見があればお願いします。

青柳長紀参考人（元日本原子力研究所研究員）　最終処分という形になりますと、世界的にまだ全く確立されていません。例えばドイツなんかは割に進んでいますが、アメリカは最終処分の問題でもはっきりしていないという段階ですし、世界的に見て、ほとんどこれははっきりしていません。めどがないです。ですから、これは暫定保管という形になり、いわゆる中間貯蔵という概念が大体世界的に今共通の部分になっています。要は自国において使用済み燃料を中期的に保存していくという程度のこと。これはほとんどの国がそういうところへ収れんしていくであろうと思いまして、我が国においてもそのとおりでして、恐らく、どんどん出てくる使用済み燃料は、中間貯蔵する以外にないと思います。

田辺参考人　中間貯蔵を仮にヨルダンでやる場合、やはりこの地域の安全保障が非常に重要になってくると思います。この五十年間余りでも幾多の戦争がこの地域では行われており、テロも非常に多く発生しておりますので、貯蔵する場合に、その安全性というのが非常に大きな問題になってくると思います。

服部拓也参考人（日本原子力産業協会理事長）　使用済み燃料の管理という観点では幾つかの選択肢があるわけですが、事ヨルダンについては、中間貯蔵を推奨するのが最も妥当な方法だと思っております。再処理、プルトニウム利用については、この地域で推奨はできない。これは、世界的な、周辺地域も含めて理解が十分進まないと、そういう方向に進むのは適切じゃないと思っております。ということで、五十年ないし百年ぐらいのオーダーで中間貯蔵をしていく。ただ、その際には、テロ対策、あるいは保障措置、核不拡散の観点から十分な管理が必要だと考えております。

服部　聞けば聞くほど不安になっていくんですけれども。

田辺参考人からＪＢＩＣ（国際協力銀行）の問題を言われました。ＪＢＩＣの融資あるいは貿易保険の引き受けなど、手厚い支援策が講じられることになるんでしょうが、このような高リスク案件に官民一体で巨額を投資して取り組んで、本当に財政的、財務的にも大きなリスクを引き受けることにならないのか。個別企業もしかりですし、あるいは日本の財政的にも経済的にも、本当に投資に見合ったリターンというものが見込めるのか。とても見込めない、それ以上のリスクをかぶるんじゃないかと思うわけですが、もう一度お願いします。

田辺参考人　ヨルダンの原発においては幾らというのは出ていないんですが、震災の前にＪＢＩＣが検討していたサウス・テキサス原発（アメリカ）は報道では三千億から四千億程度の融資がＪＢＩＣから期待されていたとなっています。この額はＪＢＩＣの資本金の約三割から四割に当たりますので、仮にこういった額が焦げついた場合、国民負担になっていくということで、非常に深刻な問題ではないかと思っております。

２０１１年11月30日　外務委員会

服部　日越の合意ではＪＢＩＣ（国際協力銀行）の融資が見えるわけですが、ＪＢＩＣが融資をするために審査が求められる。その際に、環境社会配慮ガイドライン、あるいは今後策定する原発輸出にかかわるガイドラインに合致することが必要であると理解していますが、それでいいのか。

そのガイドラインに基づく審査をどのように行うのか。審査の結果、融資が不可能になるということもあると理解していいのか。ヨルダンでは水の少ない砂漠地帯、ベトナムでも国立公園の中あるいはウミガメの産卵地に原発の建設が進められるとしているわけで、あるいは財政基盤の非常に弱いところに巨額の投資をして本当に回収ができるのか、その辺の考え方についてお聞きをしておきます。

山崎財務省国際局次長　ベトナムへの融資の件はまだ、現時点では具体的な融資の主体とか条件等は決まっておりませんで、今後、ベトナム側からの要請とか準備調査等の進展を踏まえて、両国の関係者で協議していくことになります。仮に、もしＪＢＩＣが融資をすることとなった場合、まず返済不能かどうかという点について、これはもともと法律上、ＪＢＩＣはきちんと償還確実性というものを見なければいけません。そういう観点からきちんと審査を行って、必要に応じて担保等についてもきちんと考えることになります。

環境社会配慮の点、原発の安全の点については、それぞれガイドラインとか、あるいは原発の安全については今まさに政府全体として安全確保の取り組みが行われておりますから、これをきちんと踏まえて、その上でＪＢＩＣは融資等の審査をしっかり行っていくことになります。当然、融資ありきということではありません。

２０１１年12月2日　外務委員会

服部　玄葉大臣は九月二日の就任会見で、原発の輸出に関してこうおっしゃっています。「私自身は、やはり気持ちの中でどうしても積極的になれるかと言われたら、私は必ずしもなれない」。そのとき大臣はどういう思いでこの発言をされたのか。

玄葉外務大臣　原子力の依存率をどのくらいにできるのかとか経済全体のバランスとか、そういったことを考えて減原発ということを私自身も打ち出したわけでして、そういう中で、原発輸出も含めて、相手国がこれだけ日本の技術に期待を寄せている、そして日本の技術を使って安全性を向上させたいと言っているときに、しかも交渉の積み重ねもあるときに、それを無視するわけにはいかない。我々は、今回の事故を踏まえて、教訓をきちっと原子力安全の向上にも役立てるという意味で、やはり協力はしていかないといけないんじゃないか、それは本当にそう思っています。

服部 ならば、何もばたばたと輸出を進めなくても、踏みとどまるという選択肢もあるじゃないですか。今、国は原子力政策の見直しを論議している。前の総理は脱原発ということもおっしゃっている、国内では減らすとかやめると言っておいて、海外には輸出するなんておかしいじゃないか、これはもう圧倒的な国民の声ですよ。

まず、ヨルダンの原発について、もし福島と同じような事故が起きた場合に、本当に水が大丈夫なんですか。

糟谷資源エネルギー庁電力・ガス事業部長 水源として近隣のサムラ下水処理場の処理水を利用する予定とは聞いております。それと別に、日本とフランスの提案によると、サイト内に運転用の貯水池、それから非常用の貯水池を設置する提案をしていると聞いております。

服部 冷却水が本当に足りるのか、私は非常に疑問に思っている。

二点目。このマジダルは、人口百二十万の首都アンマンから四十キロ、それから八十万人の第二の都市から十五キロ。そして、この地域にヨルダンの製造業の半分が集中している。また、下流域にはヨルダン渓谷という穀倉地帯、農業の中心がある。もしここで何かあったら、ヨルダンが壊滅するような事態になりかねない。大臣は、向こうから協力してくれと言われるから協力するんだと言われるけれども、こんなところに建てていいんですかという話なんですね。こういうところはまずいですよと言うのも日本の助言じゃないですか。防災計画とかその裏づけについて、きちんと確認はされているんですか。

糟谷部長 ヨルダン政府は原子力安全条約に加盟をしております。防災計画、避難計画などの具体的な策定は、今後、具体的な建設計画が明らかになるに従って、ヨルダン政府がするものと理解しておりますが、その条約の中では緊急時の計画をちゃんと立てることが義務になっておりますので、ヨルダン政府としてしっかりと対応されると理解をしております。

非常に人口密集地に近いのではないかという点について、ことしの九月にＩＡＥＡのミッションがヨルダンを訪問して、サイトの調査、選定プロセスの評価をやっております。ヨルダンのサイト調査、選定プロセスはよく構成されていて、適切なＩＡＥＡ基準が適用されている評価をされたものと承知しております。

服部 いや、日本政府としてどう判断しているんですかとお聞きしている。ヨルダンが判断します、ＩＡＥＡは判断していますじゃなくて。

ベトナムの立地、これも国立公園にかかるか隣接。ここには絶滅危惧種のウミガメの産卵地やサンゴ礁など貴重な生態系がある。こういう立地点を正確に特定できているのか、また、環境影響評価について我が国として確認しているのかどうか。

糟谷部長 現在、ベトナム政府が原子力発電所の建設を予定している場所は、ニントゥアン省ビンハイのヌイチュア国立公園に隣接している、国立公園の外側ではありますが隣接をしている土地であると承知しております。現在、ベトナムの天然資源環境省がベトナムの環境保護法に基づいて、これは環境アセスメントの手続を定めた法律ですが、原子力については今のところガイドラインがありませんので、これを来年前半に定めるべく作業中と聞いております。このガイドラインが策定されたら、これに従って、ベトナムそれから日本原子力発電がフィージビリティースタディーを実施しておりますので、適切に環境影響評価が実施されるものと考えております。この環境影響評価については、ベトナムの天然資源環境省が確認、検証することになると理解しております。

服部 それも結局ベトナム任せですよ。ＪＢＩＣ（国際協力銀行）が融資するためには環境社会配慮ガイドラインあるいは原発輸出に関するガイドラインに基づいて審査が行われる。この環境配慮ガイドラインにはこうある。「重要な自然生息地または重要な森林の著しい転換または著しい劣化を伴うものであってはならない。」あるいは、「原則として、政府が法令等により自然保護や文化遺産保護のために特に指定した地域の外で実施されねばならない。また、このような指定地域に重大な影響を及ぼすものであってはならない」。これは、少なくとも国立公園の真横、場合によっては重なるかもしれない、そういうところで立地をするということは、このガイドラインに抵触すると考えるべきではないんですか。

山崎財務省国際局次長　ＪＢＩＣに対する要請はまだ来ていませんので、ＪＢＩＣのガイドラインの審査はまだ始まっていませんが、仮にこのガイドラインに基づく審査を行う場合には、きちんと事業主体がこのガイドラインに従って適切な環境配慮をなしているかということを審査します。特に、もしこれが環境に大きな影響を及ぼすプロジェクトであるということになると、そもそもベトナム自身が環境アセスメントをきちんとやっておるか、その中で地域住民等のステークホルダーとの協議もきちんと行っているかということも含めて詳細な審査をすることになります。

服部　これはベトナムが環境の評価をしますという他人事じゃなくて、もしＪＢＩＣを使うということになれば、間接的に我々の税金が使われるわけじゃないですか。国として進めるということであれば、環境に影響があるのかないのかというのは、ベトナムの調査を待つまでもなく、我が国として当然判断すべきことだと思われませんか。

山口外務副大臣　今は融資のことについて枠組みを協議しているわけですから、それが決まった段階で、ＪＢＩＣのしっかりした審査が行われると承知しております。

服部　ベトナムとは、ここのサイトにつくりましょうという二国間の話が進んでいるわけでしょう。何でも言われたから輸出すりゃええというようなものじゃないんですよ。

　三菱重工が今度組んでヨルダンに輸出するというフランスのアレバ社がフィンランドに建設しているオルキルオト三号機は、三千五百億円で契約している工事が赤字赤字で、組んでいたジーメンスも離脱、今度はアレバの経営危機にもなる。そして、今や一兆五千億円。こういうリスクもあるわけです。そして建設場所のリスク。ですから、こういったことを本当に精査したのかどうか。そういったことを抜きに、あるいは福島の原発の収束と検証、このことを抜きに原子力協定を進めるべきではない、そのことを強く申し上げます。

服部　野田総理は、国内の原発新設については難しいとおっしゃったことがあると思いますが、原発の輸出に対して、積極的な気持ちになれない、あるいは積極的なのか、どうなんですか。

野田総理大臣　我が国の今回の事故の教訓、知見、経験をお話しをさせていただく中で、相手国が希望する場合に、核不拡散、平和利用の観点からどうなのかとか、それぞれの事情を勘案しながら判断をするということですので、積極的に輸出をするということとは違うということは申し上げたいと思います。

服部　それで、私が出している資料、ヨルダンへの原発輸出の問題点、あるいはベトナムへの原発輸出の問題点、いろいろ指摘をさせていただいております。ヨルダンとかベトナムの原発の建設場所について、こういうもろもろの問題がある、リスクがあるということについては、総理、お認めになりますか。

野田総理大臣　ヨルダンについては、懸念を参考人の方が示されたという話は承知をしています。

ベトナムについても、服部委員の議論を少し聞いていたので、その指摘があることは承知しました。

服部　では、日本政府として、このリスクに対する安全性、あるいは事故リスク、融資リスク、これがクリアされていると思われますか。しっかり判断をしたと、言うことができますか。

野田総理大臣　政府から人を派遣して、水は水の問題でクリアできる等々聞いてきて、そういうリスクはクリアできるという判断をしたということです。

服部　いや、外務省がどういう視察に行ったのか、この議論を聞いていて、全く外務省に真剣さが見られない。これをもって、建設場所の安全性あるいは事故リスク、融資リスク、これを日本政府として検証したとは言えない。あるいは、環境影響評価も結局はベトナム任せ、ヨルダン任せなんですよ。そして、国のお金をつぎ込もうとしている。これが国策、外交なんですか。

先ほど総理は、既に話が進んでいる国あるいは交渉中の国については進めると。しかし、ヨルダンについては、これからが交渉ということであれば、しっかりここで立ちどまるという必要があるんじゃないでしょうか。

野田総理大臣　ヨルダンについては、サイトの選定、原子炉の選定等、原発の建設、運転に必要な事項について、IAEAや米国の国際的な基準を十分に踏まえて計画を進める意向であると確認させていただいたということです。

服部　総理、いかにも日本の原子力技術そのものだというふうな感覚で、最高水準の安全性を頻発されておりますが、事故の検証が今からというところで本当に最高水準の安全性ということを今言えるんですか。

野田総理大臣　我が国は、今回の原発の事故の経験と教訓を国際社会と共有していくことのできる唯一の国です。とともに、原子炉の多くに最新鋭の原子力技術が採用されている国です。核兵器を持たない、平和利用の中でしっかりと技術を蓄積してきた国ですので、最高水準の安全性ということを言うことはできると思います。

服部　福島の事故の検証が終わっていない中で本当に今の日本の技術的な知見が最高水準と言えるんですかということをお聞きしているんです。

野田総理大臣　それは、我が国の自己判断だけではなくて、今回の交渉相手国においてもどういう評価をするかということも踏まえて、日本の水準は高いという評価があるとは思っております。

服部　いや、それがまさに今から国会でも議論をされる。きょうの本会議で、事故調のメンバーがやっと決まった。メンバーの中には、もっと検証しないといけないということを指摘されている専門家が大勢いらっしゃる。その作業が終わらない間に、最高水準の安全性という言葉は使うべきではないと総理に申し上げておきたい。

きょうは、資料の中で、日本の原子力の損害の状況、五兆八千八百六十億円だとか、この中には、今からつくられる中間貯蔵施設であるとか除染の問題はまだ含まれておりません。保険会社に言わせると、原子力とロケットというのは保険の対象になり得ない、極めてリスク物件だという認識なんですね。ですから、各国の保険会社でそのリスクを分散する、そういう形で保険を掛ける。貸し倒れ懸念が非常に高い案件に本当に自信を持って日本が金をつぎ込んでいくことをよしとされますか。

野田総理大臣　当然のことながら、そのリスク審査をしっかりやらなければいけないと思います。

服部　ですから、そういうリスクのある原発の輸出はやめるべきだと再三申し上げている。先ほどもフィンランドのケースを言いました。三千五百億円の初期契約が、トラブルで一兆五千億までなっている。これは工事のリスク。コストがそれだけ上がってしまった。それに加えて事故のリスク。ヨルダンなんか、万が一事故が起きたら二百数十万人が避難をしないといけない。工場の五〇%がサイトの近くにある。下流域にはヨルダンの穀倉地帯がある。しかもそこに日本の税金がＪＢＩＣを通じて投入される。野田総理、こういうリスクがあるということをまず認識してくださいよ。そして、福島の事故も検証が終わっていない中で、本当に日本が最高水準の技術と言えるのか。そういう意味で、この原子力輸出、立ちどまって考えることをぜひお願いしたい。

野田総理大臣　事故のリスクの問題も当然気をつけなければいけません。返済不履行のリスクについては、ＪＢＩＣを含めて、しっかり審査はするということが前提であるということです。こういうプロセスで慎重に検討しながら判断をしていきたいと思っています。

服部　慎重な検討になっていないから申し上げている。八月に参考人の意見の中で、皆さんが採決を見送ろう、それで外務省が現地に行ったということですが、本当に外務省が慎重に検討しているとも思えない。本当にやる気ないですよ。こんな中で、何で通せ、通せと。

しかも、前回の八月はヨルダンだけですよ。今回はベトナムも。では、ベトナムのどんな場所に建設されるのか、皆さんだれも御存じない。この前、外務省に国立公園の中じゃないのかと言ったら、それに答えられない。ＪＢＩＣ自身が融資の条件に書いているわけでしょう、環境に影響があったら融資はできないと。

ですから、ここはしっかりと踏みとどまって政府も考えていただきたいし、きょうは外務委員会としてもそういう立場で今後の裁きをお願いしたい、そのことを田中外務委員長にも強く申し上げます。

２０１１年12月6日　議院運営委員会（原子力協定の本会議採決延期動議提出）

服部　本日の議事日程第一ないし第四を無期限に延期すべきとの動議を提出いたします。

その理由を、以下、申し述べます。

ロシア、韓国、ベトナム及びヨルダンとの原子力協定については、全くもって審議不十分であり、そもそも撤回すべきと考えます。

日本は、福島第一原発事故を引き起こし、原発がいかに甚大な被害をもたらすか、身をもって経験しました。原発は、数千億円もの投資を必要としますが、一たび事故が起きれば、何兆円、何十兆円もの損害をもたらします。そもそも、人の命や健康、そして豊かな生態系が放射能で破壊されるということの重さは、とてもお金で換算できません。事故はまだ収束していません。生活の再建、環境の回復には長い年月を要します。もちろん、事故の原因究明、検証は終わっていません。三・一一前の前提は覆され、安全指針や防災指針などは見直しの最中です。地震、津波の想定や発電コストも、改めて検証されているところです。それなのに、なぜ、最高水準の安全性を提供するなどと言えるのでしょうか。諸外国との信頼関係を言うのであれば、三・一一前の計画をそのまま進めていいのですかと問いかけることこそ、誠実な態度ではないですか。そもそも、エネルギー・環境会議を中心に、白紙からエネルギー政策の見直しをしているところではないですか。原発輸出だけは別というのは、論理が破綻しています。

外務委員会での審議で問題の一端が明らかとなりましたが、ヨルダンの計画は、内陸部の砂漠という世界にほとんど例のない立地条件であり、冷却水の確保など大きなリスクがあります。ベトナムの建設予定地は、貴重な生態系を擁する国立公園に隣接しており、環境影響が強く懸念されます。国内では脱原発依存、世界では推進というのは、甚だしい矛盾です。通常国会で、ヨルダン原発建設計画の大きなリスクが明らかになり、採決が見送りになった事情にかんがみると、わずか三時間の一括審議で、何ら疑問が解消しないままに採決に至ったことは、暴挙と言わざるを得ません。

先週金曜日の本会議で国会事故調査委員会の委員が任命され、国会においても、ようやく事故検証が始まります。なぜ、今、原子力協定を承認しようとするのでしょうか。

以上、無期限延期動議を提出する理由です。委員各位の賢明な御判断をお願い申し上げます。

2012年6月15日　外務委員会

服部　ヨルダンでは、先月の三十日、下院議会が、原発計画には経済性と安全性に懸念があるとして、一時停止をする議案を可決しました。この委員会でも、内陸の乾燥地での冷却水の確保の問題なんかについてもいろいろ議論がありましたが、極めて不十分な中で採決をされてしまったわけですけれども、議会を通じてヨルダンの民意が明らかになった意味は非常に重大だと思っております。それから、ヨルダンの原子力委員長が、朝日新聞のインタビューに、シリア情勢などの安全保障上のリスク、あるいは資金調達等の課題を挙げて、それが解決するまで三、四年の計画延期もあり得るとおっしゃっている。大臣、このヨルダンの民意をしっかり受けとめるべきだと思いますが、所見をお願いします。

玄葉外務大臣　相手国が日本に対して信頼と期待があって、相手国の事情、ＩＡＥＡの問題等々を考えれば、原子力協力そのものは、この間の知見について共有をしていく、そのことには意義があると思うんです。ただ、それとセールスの問題とは、次元の異なるところが私はあると思っているんです。

ヨルダンがどういうエネルギー政策をとるかというのは、ヨルダン政府自身が決めることであると思います。議会からこういう意見が出てきている、あるいは専門家からこういう意見が出てきているというのは、それぞれあるだろうと思います。ちなみに、ヨルダンは今、シリアの難民を受け入れたりいろいろしていて、かつてよりは安定しています。ただ、あえて申し上げると、ゴールデンウイークだったと思いますが、ヨルダンに少しの時間、参りました。外相と話をしたときも、中東和平の話を中心にいたしました。私は、原子力のセールスのようなことはしないと思って、あえて、ヨルダンの外相との会談ではしなかった。

私は、パッケージ型のインフラ海外展開は絶対必要であって、ウイン・ウインにするように積極的に後押しをしていくことが必要であると思っています。ただ、原発のビジネスの輸出については、行け行けどんどんというか、何でもありということではないだろうと。日本のエネルギー政策、原子力の問題についての一つの区切りというのをどう考えていくかということも踏まえながら、私は、政府がどのくらいビジネスそのものを応援するかということについては考えていかないといけないんじゃないかと思っています。

服部　国会の決議というものは非常に重たいわけで、まさにヨルダンの民意だと受けとめるべきだと思います。こういった事故を起こして、海外に出すということのリスクも含めて、ここは本当に立ちどまって慎重にやっていただかなければならないと思うんです。

ベトナムでも今、声が上がっています。四百五十三人が署名した抗議文書が日本政府宛てに提出をされております。その中では、日本政府がベトナムの原発建設を支援するのは無責任、非人間的、不道徳と批判をされております。こういったベトナムの声が上がっているということも十分深く受けとめていただきたい。

第2章　沖縄・基地・平和

第1節　普天間基地移設問題について

まず、福島大臣罷免、鳩山辞任に至る攻防が繰り広げられた二〇一〇年四月～五月に外務委員会で岡田外務大臣と交わした論戦をご紹介します。

結局、政権交代にも関わらず辺野古案に回帰してしまったわけですが、その後アメリカのなかからも、しかも有力な議員や学者、軍関係者からも異論が噴出し、アメリカの財政問題と相俟って、アメリカからのメッセージが明らかに変化してきました。沖縄の民意も辺野古反対、県外移設であることが明確になりました。しかし、肝心の日本政府が一番辺野古にこだわり、何もできないでいる、その様子もまた昨年から今年にかけての国会論戦で浮き彫りになっていますので、時系列で質疑録を掲載しました。沖縄の声、あるいはアメリカ国内の動きも取り上げてきましたので、大きな流れもつかんで頂けるのではないかと思います。また、この間、ウィキリークスで官僚主導の対米従属ぶりが暴露されました。これは第3節で外交密約問題を取り上げますが、実に根の深い問題です。

○辺野古回帰の中で

2010年4月28日　外務委員会

服部　先週の二十五日、沖縄で大きな県民大会が開かれました。普天間飛行場の早期閉鎖・返還と、県内移設反対、国外・県外移設を求める県民大会ということで、読谷の会場には九万名、八重山、宮古も入れると九万三千七百名が参加したと言われています。沖縄県知事も参加しましたし、四十一ある自治体の長が、二人の代理を含む全員が参加した、あるいは全会派が参加をしたという意味で、非常に画期的な大会だったと思います。

私も参加しました。那覇から読谷まで通常、車で一時間ぐらいの距離なんですが、三時間たっても会場に到着できず、地元の人にバイクを出してもらって、三十分おくれてようやく到着したという混雑ぶりでした。

政府として、この沖縄県民の声、その思いをどのように受けとめておられるでしょうか。

岡田外務大臣　多くの沖縄県民の皆さんが、そして知事や首長の皆さん、議会の皆さん、超党派でお集まりになったということで、重く受けとめさせていただいているところです。

服部　鳩山首相が、四月二十四日に、辺野古の海が埋め立てられることは自然に対する冒瀆だと、かなり強い言い方で海への思いを語られました。大臣はどういうお気持ちでしょうか。

岡田外務大臣　私も現場に行きましたので、いろいろな思いはございます。同時に、海兵隊が、日本の国民の生命財産を守るために役割を果たしていると考えておりますし、地域の平和と安定のためにも役割を果たしているとも思っております。海兵隊を初め米軍の果たしている抑止力というものと沖縄の負担軽減をどうバランスさせていくか、そういう問題であると認識しております。

服部　沖縄の負担軽減というのは、自然を壊してもいいということにはなりませんので、私は、そういう思いを鳩山さんは言われたんじゃないかなと思って、大変心強くしたわけです。

四月二十三日に岡田大臣がルース駐日大使に会われた記事が飛び交っています。辺野古案を大筋受け入れとか、現行案修正で調整という報道もされています。ワシントン・ポストでも幾つかの項目を立ててその中身を報道していますが、もし可能であれば、どういう話をされたのか、お聞かせいただければと思います。

岡田外務大臣　普天間移設の問題に関して、ルース大使との間で何度かやりとりを行っています。その中身について明らかにすることは、途中の経過ですので、申し上げるべきでないと思っています。いろいろな報道がありますが、私は何も話していませんので、憶測に基づく記事であると理解いただければと思っております。

服部　まだ政府案としてまとまっていないのは私も承知していますが、何も言っていないということは、極端な言い方のような気がするわけです。ワシントン・ポストなんかを見ますと、修正案を受け入れるといいますか、現行計画の大部分を受け入れる、滑走路の設計を変更する、海兵隊設備の一部を沖縄から約百六十キロ離れたところに移す、これは徳之島のことかと思いますが、同時に、日米で実務的な協議を開催するということも決めたかの報道がされている。その辺の内容についてはいかがなんでしょうか。

岡田外務大臣　いろいろなレベルで意見交換は行っていますが、おっしゃるような実務レベルで云々と、何か決めたという事実はございません。

服部　日米間の実務者協議を開催し、日本側の提案をさらに詳細に検討することで合意をしたというくだりもあるんですが、今後、そういう日米の実務者協議が具体的に開催されることになっているんでしょうか。

岡田外務大臣　実務者協議という特定のものがあるわけではありません。ただ、日米で関係者が会う機会はたくさんあります。そういう際にこの問題について議論するということは、当然あると思っております。とにかく、日米間で意見を交わしながら、現実可能で、沖縄の負担軽減につながる案について次第に固めていかなければいけない、そういう段階に今ある。一定の段階になれば、それは政府案になるわけですが、そのためには連立のパートナーである御党も含めてきちんと相談しなければいけない。まだそこには至っていないということです。

服部　ここに来て辺野古の修正案が出てくるのは、非常に残念です。くい打ち方式にしろメガフロート方式にしろ、どういう方法をとられるということを想定されているのかよくわかりません。そのこと自身もまだ決定されたことではないことは承知していますが、ここまで普天間問題、いろいろ議論をさせていただいて、結局辺野古の修正案に戻るということになると、沖縄の人たちがどういう受けとめをしていくのか、本当に心配するわけです。

名護の市長は海にも陸にも基地はつくらせないと言われていますが、現行案、修正案も含めてだめだというのが名護の民意だと私は思うんですが、大臣は、その点はどうお考えでしょうか。

岡田外務大臣　昨日、大会の主催者代表の皆さん、あるいは議員の皆さんや市長さん、町長さん、大臣室にお見えいただきまして、三十分ほど意見交換をさせていただきました。名護市長もおられましたので、御発言があって、直接お聞かせをいただいたところです。一月に選挙があって、名護市への移設反対、キャンプ・シュワブ沖への移設を反対した、そういった候補者が勝利して市長になられたことは事実であり、そのことはきちんと受けとめなければいけないと思います。

それ以上のことは、さまざま議論を行っているところですので、今の段階で何か申し上げるべきではないと思います。昨日も、名護市長の意見に対して、何か私の考え方をお伝えするということはしておりません。

服部　せっかく政権交代をして新しい政権になった。この政権がまたしても沖縄の思いを踏みにじるような政権であってほしくないという、本当にそういう強い思いを私自身持っております。鳩山政権が誤った選択をしないように、ぜひとも判断をお願いしたいし、我々もそのために頑張っていきたいと思うわけです。

五月までに決めないといかぬということがずっと言われているわけですが、何で五月までなのか。これは鳩山首相が言ったからだということになるのかもしれませんが、先日も、八十八歳の九州におるおふくろが電話してきて、自民党前政権で十四年間もかかってできないものを鳩山政権で数カ月で決める必要はないと言っていました。いろいろな集会で、日米が合意をして地元も合意できるような案が五月までにできると思いますかと言うと、ほとんどの皆さんが無理だろうと言うんですね。そもそも、この五月までに決めるというのはどこから出てきた話なんでしょうか。

岡田外務大臣　五月末というのは総理の思いです。

振り返ってみると、昨年の十二月の段階でいろいろ議論をしました。福島党首も入っていただいて、基本政策閣僚委員会も開かれました。そういう中で、早急に結論を出さずに半年ぐらい時間をかけてしっかり議論をしよう、こういうことで五月末ということになったと理解しております。

服部　少しでも早く結論が出ればそれにこしたことはないんですが、一番最初、スタートしたときは五月をめどと言っていたような記憶があるんですが、いつの間にか、そのめどという言葉がとれて五月、五月と。

基本的なことがまだ明らかになっていない中で、引き続き日米で協議するという形できちんとした道筋をつければ、私は、多くの国民は納得していただけると思っております。

○行政不服審査法をめぐって

2011年2月4日　予算委員会

服部　名護市が辺野古の新基地建設に係る環境現況調査を許可しなかったということで、一月二十八日に沖縄防衛局長名で、行政不服審査法に基づく名護市長等への異議申し立て、並びに漁港漁場整備法に基づく農水大臣に対する審査請求がなされています。これは沖縄防衛局長名なんですが、当然、防衛大臣決裁、あるいは大臣の指示で行われたという理解でよろしいですか。

北澤防衛大臣　局長から私に対して、こういう不服申し立てをしたいということでしたので、許可しました。

服部　農水大臣、漁港漁場整備法に基づき国が審査請求をした事例はありますか。

鹿野農林水産大臣　過去に政府機関が漁港漁場整備法に基づき漁港管理者の処分に対して農林水産大臣に審査請求を行った事例はないと承知してます。

服部　総務大臣、行政不服審査法に基づき国が申し立てた事例はありますか。また、国あるいは沖縄防衛局に不服申し立て適格があるとお考えでしょうか。

片山総務大臣　不服申し立ての総件数は総務省として把握をしておりますが、国または地方公共団体が不服申し立ての当事者になったかどうかは、総務省としては掌握をしておりません。

行政不服審査は、国民の権利救済を図り、行政の適正な運営を心がけるということですが、その国民に国や自治体が入るかどうかということになると、国や自治体が私人とは違う立場、特権的立場といいましょうか、優越的地位に基づく場合はこれに該当しないという解釈になっております。ところが、私人と同じ立場で法の適用を受ける場合がありますので、その場合には行政不服審査法の不服申し立ての主体になり得るということです。

服部　行政不服審査法は第一条に法の趣旨をうたっております。「行政庁の違法又は不当な処分その他公権力の行使に当たる行為に関し、国民に対して広く行政庁に対する不服申立てのみちを開くことによつて……」「国民の権利利益の救済を図る」とあり、国ではなく国民の権利保護のための法律であることは明らかなわけです。

防衛大臣、こんな法律を使ってまでも防衛省として名護市に異議申し立てをする。恥ずかしいと思いませんか。即時撤回してください。

北澤防衛大臣　国にも与えられている権利として国民のために行う行為を恥ずかしいという言葉で言われることは適切でないと思いますし、国も一事業者としての立場で、固有の資格ということでさせていただいております。

服部　この法律の第一条をどう読み返しても、これは国の行政行為に対して国民が不服を申し立てるための法律だ、こういう解釈だと私は思うんですよ。その国がこの法律を使って名護市を訴えるというのは理解ができない。

本件も含めてですが、名護市に既に決定済みの交付金が不支給となりました。それから、四十四人体制の名護市の防衛事務所が設置される。高江ではヘリパッドを、沖縄はきのう旧暦でお正月なんですが、工事が強行されて、住民にけが人まで出ている。一方で、沖縄の皆様に誠心誠意説明し、理解を求めると菅総理がおっしゃっていながら、現場では、どう見ても兵糧攻めとか実力行使。これでは永久に理解なんか求めることはできないと思うわけですが、官房長官、政府としてこういう防衛省のやり方に対してどのようなお考えでしょうか。

枝野官房長官　名護市の処分に対する不服申し立てですが、これは技術的な事項について法令に基づいて粛々と行ったものでして、国であれ、都道府県や市町村、公の法人も、公権力の主体として優越的な立場で権限行使、権力行使をするという立場と、一般社会の中で一私法人と同じような立場で行動する側面と、両方あります。今回の不服申し立ては、民間の事業者や個人と同じような立場で、同じ手続の中で技術的な事項について申し立てを行ったものです。この手続が普天間飛行場の移設問題そのものを、地元の意思を完全に無視した形で強引に進めようという種類のものでないことは理解いただければと思っております。

もちろん沖縄については、普天間の問題だけではなくて、それとは全く別に沖縄の振興という問題がありまず。それから、普天間の基地の問題を別としても、基地の負担軽減という問題があります。そういったことについては基地の問題とは切り離して粛々としっかりと進めてまいりたい。私は、沖縄担当大臣も務めておりますので、そういった立場でしっかりと進めさせていただきたいと思っております。

その上で、普天間基地の移設問題については、地元の皆さんに繰り返し状況、事情を説明申し上げて、理解を得られるよう最大限の努力をしてまいりたいと思っております。

服部　言っていることとやっていることが全然ばらばらなんですよ。ここではきれいごとをおっしゃるんだけど、現地では大変な状況になっているということを官房長官としてもしっかり認識いただきたい。

行政不服審査法の解釈についても、私が総務省から事前に手に入れたペーパーでは、国や公共団体は行政不服審査法に基づく不服申し立てをすることはできないと考えられる、そういう解釈になっている。

片山総務大臣　先ほど申し上げたとおりでして、国は二つの立場があるわけです。国が特権的な地位、優越的な地位を持っている立場としては、行政不服審査法の不服申し立ての主体にはなれません。国、自治体が固有の立場としてこの法律を使うことはできない。

ところが、一般私人としての立場もある。例えば、土地を持っていて、そこを掘削するとか開発行為をするとかということはあり得る。そういう場合には、行政不服審査法に基づいて、必要があれば不服申し立てをし、その後、訴訟をすることができる、こういう解釈です。

服部　総務大臣、これは名護の辺野古新基地建設に絡む環境調査の話なんですよ。その背景をしっかり認識していただいて、その上でこの法律が適時適切なものか。現地は大変怒っているということを申し上げておきたい。

一月十三日にゲーツ国防長官は、普天間問題と日米同盟深化は切り離す、普天間問題については日本の指導に従うという言い方をしています。日米合意の見直しのための対米交渉、及び辺野古関連予算の削減を政府には求めます。

○アメリカから「辺野古は非現実的」

2011年5月11日　外務委員会

服部　グアム移転協定について、ウィキリークスで流出したアメリカ公電で、米軍のグアム移転費が水増しをされた、日本の負担割合を低く見せかけられているという疑惑が報道されました。日本政府は、これについてはコメントしないと言っていますが、大臣、もしこれが事実だとすれば、問題だと思いますよね。

松本外務大臣　ウィキリークスについては、不正な方法によって外交上の秘密とされる文書が公開をされたということで、極めて遺憾だとまず申し上げ、ウィキリークスについて確認もコメントもしないということは改めて申し上げたいと思います。

その上で、グアムの移転関連費用としては、百二億七千万ドルというのがロードマップそれから二〇〇九年のグアム移転協定の前文に書かれてまして、その内容の説明は政府としても受けているわけです。ただ、これはあくまで試算の数字であるということも改めて申し上げなければいけないと思っております。

一般的に、信頼関係のある二国間の関係で、もし虚偽なりがあるとすれば問題だということになるということであるとすれば、そうだと思います。

服部　問題がある、と受けとめたんですが。

軍用道路という十億ドルを上積みし、そのことによって約六億ドルが、ある意味ごまかされたと。この公電を信じるならば。しかし、政府として、税金を預かる立場からすれば、こういうことがあったらまずいですよね。そういう意味で、改めてグアム移転費の金額を、もう一度精査すべきだなとは思われませんか。

松本外務大臣　試算だと申し上げたわけですが、グアム移転経費で必要となってくる金額については、精査をされた上で予算に計上して、審議いただいて支出をされるという位置づけになっていると理解しております。

なお、このグアム移転協定においては、ある意味で定められているということで大切な点は、いわゆる真水資金の上限二十八億ドルと定められていることだと私は理解しております。

服部　当時も大変な問題になりました。米軍住宅の単価が高過ぎるじゃないかと。当初、一戸当たり八千万円以上ということで、しかも土地代は別。そして七千万円台に修正されたという経過がある。そのときは、上下水とかそういうインフラの整備の金が要るんだとか、いろいろなことをおっしゃっていました。労働者を海外から持ってこなければいかぬだとか、台風が多いからとか、何かよくわからぬ説明もいろいろ聞きました。そのときから、何かこのグアム移転経費というのはおかしいなと感じていたわけなんですよ。

それで、ニュースの信憑性は別として、一割水増しされたかもしれないということが、朝日新聞の五月四日のトップで出ているわけですから、これに対する説明責任はあると思われるでしょう。

松本外務大臣　少なくともその報道についてはウィキリークスを起源としていると理解をしておりますし、不正な方法によって外交上の秘密を得たものであるということを考えますと、コメントも確認もしないという立場をしっかり申し上げてまいりたいと思いますし、これをもとに何らかの確認の行動を起こす予定はありません。

服部　それには異論がある。この報道が正しいかどうかという議論はおいておきましょうよ。しかし、ひょっとしたらそういう水増しがあったんじゃないかということがトップニュースで出たのであれば、当然、外務省として、念のために当時の査定金額を見直してみようというのが当たり前じゃないですか。

松本外務大臣　ウィキリークスについて、遺憾であると申し上げたわけでして、これに基づいて私どもがコメントをする、確認をする、行動を起こすということはすべきではないと考えています。

服部　では、ウィキリークスはいいですよ。私が言ったとしましょう、これは水増ししているんじゃないんですかと。外務省としては、そういう国民の声、あるいは国会議員でもいいですけれども、そういう声があれば、それはもう一度精査しないといけないなと思うのが当たり前だと思うんです。そういう意味で、どうですか。

松本外務大臣　民主党としてさまざまな議論をしてきたことはよく承知しております。議論の結果成立したものを、政権交代という形で政府として引き継がせていただいた。今後も、協定に基づく支出になるとはいえ、内容については、この百二億七千万ドルは試算であるということで、詳細な金額については、毎年の予算で計上するに当たって、精査の上計上して審査をしていただくということですので、政権をお預かりしている立場として精査をしなければいけない、そのことは肝に銘じて進めたいと思っております。

服部　これは税金をどう使うかという話ですからね。一たんこういう疑惑が、信憑性は十分検証していただいたら結構ですが、上がった以上は、やはり外務省として説明責任があると思われるのは当然だと思うんですね。しかも、仮定の話ですが、もしこれが事実だとすれば問題であるという認識も大臣は表明されたと私は認識しましたので、今後、しっかりお願いをしたい。

同じく海兵隊が何人グアムに行くかという話ですね。これも水増しと報道をされた、ウィキリークスでは。その当時どんな議論になっていたかなというのをいろいろ資料を探していましたら、二〇〇九年、グアム移転協定の審議中に、朝日新聞に「八千人移転」は水増し？」というのが出ているんですよ。全然おかしかったんですよ、人数の話が。そもそも、ロードマップが合意された二〇〇六年のとき、沖縄には海兵隊は一万三千二百人しかいなかった。その後、減りました。最近ちょっとふえているということですが、今現在は沖縄の海兵隊員は何人いるんでしょうか。

松本外務大臣　二〇一〇年三月末現在で、私どもが承知をしているのは一万五千人ということです。

服部　実数として、この一万五千人が、グアムに何人移るんですか。

松本外務大臣　グアム移転に係る協定第一条などに言う第三海兵機動展開部隊の要員約八千人及びその家族九千人というのは、この要員八千人というのは実員数ではなくて、ロードマップに係る協議の過程で米側から示された海兵隊要員については定員数と理解しております。実員については、常に変動する数字であると理解をしておりますので、グアムに移転する具体的な人数については、この八千人という定員数に基づいて、移転の実施に伴って最終的に決まると理解しております。

服部　八千名じゃないということですか、実数で。

松本外務大臣　今申し上げられるのは、八千人は定員ということであり、実員数というのは必ずしも定員と一致する概念ではないということです。

服部　本当に数字のトリックなんですよ。海兵隊が八千人、家族が九千人に移るからということで、我々の税金を使ってその住宅をグアムに建設しようという話なわけですね。ですから、税金を預かる政府の立場として、もっときちんとした説明責任を果たしていただかないと。ウィキリークスは違法だとかいろいろおっしゃいますが、みんなそう思っていないですよ。私の言いたいことは、恐らく大臣は百も承知だと思います。

2011年5月13日　外務委員会

服部　四月十二日のアメリカの上院軍事委員会の公聴会でウィラード太平洋軍司令官が、グアムの移転費が相当膨らんでいるという証言をしています。それから、レビン、マケイン、ウェッブの三上院議員の共同声明の中でも、財政状況の見直しということが指摘をされている。アメリカも財政の問題あるいは配置の人員の問題、この見直しを議論している。そういう背景の中で、グアム協定における日本の税金の拠出の問題、人員の問題であるとか、ロードマップについて、外務省として見直す、検討していく意思はありませんか。

松本外務大臣　確かにグアム移転の経費についても、増大をするという見方がある。我が国も震災復興で、これまでも厳しかった財政事情がさらに厳しくなってきていますが、米国においても財政再建が大変大きなテーマになってきて、軍事費の削減が、具体的な議論になっていると承知しておりますが、日米の間で、グアムの移転、また、米軍再編の計画を変更するという提起、協議というのは、今の段階で行っているとは理解しておりません。

私どもとしても、普天間の移設、危険性の除去という課題も受けておりますので、まずは昨年五月の合意を、我が国、最終的には沖縄の方々にも理解いただいて、そこに資するものとして進めていけるように、関係者の皆さんの理解も得られるように努力をしていきたいと思っているのが、今の基本的な姿勢です。

服部 アメリカの動きなんかをいろいろ見て、見直しを検討する時期に来ているという思いは持たれませんか。

松本外務大臣 今回も、レビン軍事委員長を初めとする方々の提案が出ております。この八年間の間でも、何度かさまざまな議論が出てきていたと理解しておりますし、特に米国の議会と政府の仕組みからすれば、上院の軍事委員長自身の存在は大変重いと思っておりますので、私どもも注視をしていきたいと考えておりますが、カウンターパートの米国政府の姿勢も基本的に変わったということは全くないと考えられておりますし、昨年五月に合意をした内容は着実に推進をするということが今最も必要なことではないかと考えております。

服部 レビン上院議員らの共同声明では、辺野古の移設は非現実的だと書かれております。大臣自身は、現時点で、辺野古移設というのは現実的だと思われますか。

松本外務大臣 誠意を持って説明申し上げた上で沖縄の皆様に理解いただきたいと思っていますが、その状況は厳しい。これについては、私どもの過去の民主党政権の対応も含めて、さまざまな指摘をいただいていることも真摯に受けとめなければいけないと思っています。その中で、最終的には、沖縄の皆様にも何とか理解をいただいて進めることが、最も国として進むべきではないかということで昨年合意をされたと理解していますので、その実施に向けて努力をしたいと思っていますし、努力をするということは、その目標が最終的には達成可能だということで、するということだと私は理解しています。

服部 レビンさんたちの共同声明は幾つかの理由を挙げています。沖縄の強い反対、グアムの環境問題、インフラ整備問題、その費用について、アメリカも、そして日本の震災の問題も入れて、財政的な負担は不可能だ。そういうことから見て非現実的だと。真っ当な判断だと私は思うんですが、大臣の考え方は、今の時点でも現実的であるという話なんですか。希望を持っていても、実現できるかできないかというのは、また別の問題じゃないですか。

先日、我が党の阿部知子議員、自民党の塩崎議員、国民新党の下地議員、民主党の糸川議員が訪米して、シファー国防次官代理から、移設が頓挫したら普天間が継続使用されるような趣旨の発言があって、沖縄は大変今怒っている。前の前原大臣は、辺野古がうまくいかない場合は普天間の固定化もあるという趣旨のことをおっしゃったことがある。だから、地元の小学校、ちょっとどいた方がいいよという発言も地元紙に出ました。

もし辺野古の基地建設がうまくいかないというような局面の中で、普天間基地が固定化されるというお考えは松本大臣はお持ちじゃないでしょう。

松本外務大臣　普天間の移設を進めたいという多くの皆さんの気持ちがあって、移設をする道筋として昨年五月の合意があると思っておりますので、それを着実に推進したいということを申し上げ続けてきているということです。

服部　新・下田会議の資料を配付しました。下田会議は、一九六七年から始まった非常にインテリジェンスの高い日米の政策会議ということで、それがまた、ことしの二月に再開になったわけです。アメリカ側からの参加者は、超党派の国会議員、あるいは財界、マイクロソフトだとか、大物もみんな来ている。そして、前原外務大臣も当然参加をされている。

ここでジェラルド・カーティスさんが、基調報告的な形で配付された「日米関係の将来」という文書がありまず。沖縄の住民の反対がこのように激しい中、沖縄に辺野古基地の建設を強要するのは東京、ワシントンのどちらの政府にとっても政治的コストが大き過ぎる。あるいは、住民がこれだけ反対している中、日米合意に基づいて基地移設を強行するのは無謀である、沖縄の反基地感情を悪化させ、沖縄における米軍の軍事プレゼンスそのものを危険にさらすという言い方もされています。それから、辺野古移設計画は初めから欠陥があった。そして、「はっきりと認識しなければならないのは、沖縄には米軍施設が多すぎるという否定できない事実である。辺野古に新しい、更に大きな米軍基地を建設するのではなく、米国は強制される前に迅速に沖縄の軍事プレゼンスを削減すべきだ」と。

> **ジェラルド・カーティス「日米関係の将来」**
> **【抄】**
>
> ○沖縄住民の反対がこのように激しい中、沖縄に辺野古基地の建設を強要するのは東京、ワシントンどちらの政府にとっても政治的コストが大きすぎる。
>
> ○住民がこれだけ反対している中、日米合意に基づいて基地移設を決行するのは無謀であり、沖縄の反基地感情を悪化させ、沖縄における米国の軍事プレゼンスそのものを危険にさらす。
>
> ○東アジアの安全保障環境は日米が安全保障関係を強化するための契機とはなる」としつつも、それが「普天間基地移設計画を政治的に可能にするわけではない。
>
> ○普天間問題の不手際に関する責任は鳩山氏だけにあるわけではない。辺野古移設計画は初めから欠陥があった。自民党は移設計画を10年以上進めようとしたが、それができなかった。
>
> ○はっきりと認識しなければならないのは、沖縄には米軍施設が多すぎるという否定できない事実である。辺野古に新しい、更に大きな米軍基地を建設するのではなく、米国は強制される前に迅速に沖縄の軍事プレゼンスを削減すべきだ。
>
> ※論文全文は(財)日本国際交流センターHPに掲載
> URL: http://www.jcie.org/japan/j/pdf/gt/newshimoda/curtis_j.pdf

こういうアメリカのメッセージというものを、外務省はきっちり、この文脈というのは見逃すべきではないと思うんですね。それが、今回の米上院の軍事委員会の日本への視察、そして今回の提案と結びついておりますし、やはりできないものはできないんですよ。だから、こういう動きがあるということは、政権にとっても物すごくいいチャネルじゃないですか、アメリカにもこういう意見があるのかと。これは政策を変える絶好のチャンスだと私は思うんです。

2011年5月20日 外務委員会

服部 前回、新下田会議のジェラルド・カーティスさんの論文「日米関係の将来」を紹介させていただきました。また、レビン上院軍事委員長の訪日、訪沖、それからそのレポート、その問題も議論をさせていただきました。今、アメリカからさまざまなメッセージが発せられている。

五月の連休に超党派でアメリカに、うちの阿部議員も行ったわけですが、その中で、オバマ政権の安全保障担当のジョーンズ前大統領補佐官がこういうことを言われている。この方は元海兵隊の総司令官でもあるので、大変重たい発言だと思うんですが、「海兵隊はどこに移転しても構わない部隊であり、米軍全体の計画が在沖海兵隊の移転先に左右されることはない」。要するに、海兵隊はどこに移転してもいいんだ、どこにいてもいいんだと。韓国移転もあり得るということも言われている。それと、この方は大浦湾という辺野古の建設場所、ここでダイビングをした経験についても触れて、「日米両政府が辺野古移設に初めて合意したときから大浦湾が埋め立てられるとは思えず、計画の実現すら想像できなかった」、ここまで言われているんですね。何でもっとはよ言わんのやと思うんですが。

辺野古に基地をつくらなかったら日米関係がとんでもないことになるんだとか、いろいろマスコミが書いたり、いろいろありましたが、見ている人は見ておるんですね、アメリカでもきちっと。

鳩山さんが、在沖海兵隊の抑止力は方便だったという発言をされましたが、大臣、この発言に対してはどういう感想をお持ちですか。

松本外務大臣　ジョーンズ米大統領補佐官も、昨年五月の合意時には、ホワイトハウスにおいて責任ある立場におられた方だと理解しております。おやめになった後の発言について、外務大臣の現職をお引き受けしている者としては、コメントをするのが適当ではないと思っております。

また、鳩山前総理の発言についても、既に総理の職を引かれた方について外務大臣として何か申し上げるというのは適切ではないと思っておりますが、これまで行動をともにしてきた民主党の先輩である鳩山議員には、この発言そのものは大変残念に思うと申し上げたいと思います。

服部　グアム移転協定の前文には、沖縄からグアムへの移駐がアジア太平洋地域における抑止力を強化するものであると両政府は認識していると。要するに、抑止力というものは、アジア太平洋全域での米軍の抑止力、プレゼンスということであって、それが何が何でも沖縄でなければならないというような議論はもはや通用しないと私は考えております。

2011年8月8日　予算委員会

服部　菅総理、コロンビア大学のジェラルド・カーティス教授は御存じですよね。ことし二月に開かれた新・下田会議、日米賢人会議とも言われるこの会議で基調報告的な論文を出され、その中で、沖縄に辺野古の基地を建設するのは政治的コストが大き過ぎるということを断言されております（P.二七一参照）。

それから、ジョーンズ前大統領補佐官は五月に、辺野古移設に初めて合意したときから計画の実現すら想像できなかったと最近明かされております。

五月十一日に発表されたアメリカの有力上院議員三名の共同声明は、辺野古移設を初め現行の米軍再編計画は非現実的で、実行不可能で、財政的に負担困難だと言い切っています。

いずれも有力者の発言で重みがあるわけですが、日本政府はいまだに辺野古にこだわり続けております。

総理は一連のアメリカのメッセージをどう受けとめておられるのか。今、アメリカの議会は、グアムの基地建設の予算を凍結しているわけですよね。辺野古移設は実現不可能だと思いませんか。

北澤防衛大臣　それぞれ著名な方ではありますが、その意見が米国政府の政策を左右するところにまではいっていないと承知しております。

ジェラルド・カーティスさんは若いころからよく承知しておりますが、今の一文だけでは彼の真意は出ていないので、彼自身も安全保障については深い洞察がある方ですから、全体の文脈を見ないと軽々には論じられない。それから、レビンさんやウェッブさんは、あくまでも予算の問題として懸念を表明しているにとどまっているのではないかと思います。

服部　予算の問題は大きいですよ、予算がつかなかったら何も進まないんですから、日本でもアメリカでも。

菅総理、カーティス教授とお会いになっていろいろ議論されていると思いますが、一言コメントを。

菅総理大臣　服部さんの資料の中に「辺野古基地の建設強要は」と書いてありますが、私たちも、全く理解が地元沖縄で得られない中で、例えば大反対運動を何かこう物理的に押しのけて強要するといったようなことは考えて

辺野古移設は実現不可能！～アメリカからのメッセージ

ジェラルド・カーティス・コロンビア大学教授（2月、新・下田会議）

○ 沖縄に辺野古基地の建設を強要するのは、
- ✧ 政治的コストが大きすぎる
- ✧ 沖縄の反基地感情を悪化させ、沖縄における米国の軍事プレゼンスそのものを危険にさらす
- ✧ 米国は強制される前に迅速に沖縄の軍事プレゼンスを削減すべき

ジョーンズ前大統領補佐官（元海兵隊総司令官）（5月）

○ 海兵隊はどこへ移転しても構わない部隊

○ 辺野古移設に初めて合意した時から、計画の実現すら想像できなかった

レビン、マケイン、ウェッブ3上院議員共同声明（5月）

○ （辺野古移設など）現行の米軍再編計画は、
非現実的で、実行不可能で、財政的に負担困難である

2011年8月8日、予算委員会で提示したパネル

おりません。やはり理解をいただかなければと思っております。

その中で、本当に考えてこの一年間私なりの姿勢をとらせていただいたのは、二〇一四年の予定もやや延期ぎみになっておりますが、現在の普天間の固定化を、何とか早く固定化ではなくて撤去を実現し、一方で、新たなところへの建設がある程度の時間の間に実現可能なところと考えたときに、沖縄の皆さんにとってはベストではないことはわかっておりますが、普天間の返還だけではない、他の地域の返還も含めて、トータルとしては基地負担が相当程度縮小されるということで理解いただけないかという姿勢で臨んでまいりました。

このことは、前の鳩山政権のときのいろいろな経緯もありまして、政府としては、その姿勢でやはり理解を求めていく、そのことが今やれる実現性のある数少ない道だ、こう考えております。

服部　六月の2プラス2の協議の後に、ゲーツ前国防長官が、向こう一年間で具体的な進展が得られることが重要だと言われました。これは、アメリカ政府としては、一年猶予をやるからちゃんとやれよと言われているように私は思うわけですね。

具体的進展とは一体何なのか。アメリカの議会は、沖縄県知事が公有水面埋め立ての許可にサインすることが具体的な進展だと理解をされている。総理、具体的進展とは一体何ですか。

北澤防衛大臣　ゲーツさんが言われたことは、日米で共同の目標を立てて、そのことについて両国政府がそれぞれ具体的な成果を上げていってほしい、こういう願望から言われておるわけでして、要するに、米側が常に言っているような政治的持続性をきちんと担保してほしいと言っているわけですから、我々とすれば、沖縄の理解をまず得るということが大前提になるわけです。

そのためには、まず、基地の共同使用であるとか、あるいは訓練の海外移転、さらには訓練海域の一部返還、そういったものにしっかり取り組んで、その結果として沖縄の皆さんに理解を深めていただく、そういうものを追求していく、その果実がまさに一年以内の具体的な進展になるんだろうと理解しています。

服部　アメリカは具体的、日本は抽象的という感じがします。

○「辺野古特措法」を阻止

2011年11月9日　予算委員会

服部　政府は、沖縄県民の反対を押し切って辺野古の新基地建設を推進、しかも、回り回ってV字滑走路案に逆戻りしました。

米側は、ことし六月の2プラス2協議後のゲーツ前国防大臣の記者会見、あるいは、この九月に日米首脳会談が行われましたが、オバマ大統領からも野田総理に具体的な進展を求めたと言われております。具体的進展とは、公有水面の埋立許可を沖縄県知事が出して、工事が着工されること。そのために、防衛省は年内に環境アセスの評価書を出す方針と言われております。
　防衛大臣は、十月二十七日の参院外交防衛委員会で、辺野古移設について、沖縄県知事の公有水面埋立許可権を奪う特措法の制定は全然念頭にないと答弁をされています。特措法は選択肢にないという確認でよろしいでしょうか。

一川防衛大臣　私が前に答弁したとおりでして、念頭にございません。

服部　十月二十八日の記者会見で、藤村官房長官は、特措法は今の時点でも将来においても念頭にないと明言しました。政府の統一見解として、辺野古移設に関して特措法を初めとする強硬手段は将来にわたって一切排除していると、この国会の場ではっきりとおっしゃっていただけませんか。

藤村官房長官　沖縄の皆様には誠心誠意御説明をし、努力している最中でして、特措法について全く念頭にございません。

服部　菅前総理も、予算委員会で「決して沖縄の皆さんの声を無視した形で、特措法という言葉も出ましたけれども、そういった形で強引なやり方をするということは念頭に全くありません」。そして、北澤防衛大臣も、「菅内閣とすれば、そういう手法はとらないということであります」と、菅内閣としてはそうだと明確におっしゃっておりますす。今、防衛大臣と官房長官の方から同趣旨のことをおっしゃったと思いますが、菅前政権のこの方針、これを野田政権に引き継ぐ、そういう理解でいいですね。

一川防衛大臣　前内閣がそういう方針だということを私は十分知りませんでしたが、全くそれでよろしいと思います。

服部　年内に環境影響評価の提出をされるやに聞いていますが、十月二十五日に、パネッタ国防長官との会談で、一川大臣は年内提出を確約したという報道があります。これはアメリカに対して確約をしたということでしょうか。

一川防衛大臣　正確にお話ししますと、十月十七日に仲井真知事さんの方に出向いて、年内に環境影響評価書が提出できるように準備をさせていただきたいというお話をさせていただきました。それで、十月二十五日のパネッタ国防長官に対しても、年内に環境影響評価書を提出できる準備をします、日本の野田内閣としての基本姿勢ですということをお話しさせていただきました。ですから、その報道はちょっと正確ではないと思います。そういう準備をしますということをお伝えしたということです。

服部　その会談の中で、十二月までに沖縄の理解を取りつけたいとパネッタ長官に言われたということも一部報道で出ていますが、沖縄の理解が評価書提出の前提になるんでしょうか。

一川防衛大臣　そのことも正確に報道されていないと思いますが、今回の評価書にかかわる環境影響評価法の手続については、期限を切って沖縄にお話をしているということは一切ございません。パネッタ長官も、アメリカ側の意向として、期限を切っているということは一切お話しされておりませんし、会見のときも、そういう質問がありましたが、パネッタ長官は否定しておりました。

服部　十二月までに沖縄の理解を取りつけたいという趣旨について、特に十二月とかいう期限はないという答弁ですか。

一川防衛大臣　理解を求めるという表現を使ったのは、評価書の準備をさせていただき、それを提出する場合にも、沖縄県側と十分話し合いをさせていただいて、それで理解を求めたいということをお話ししたと思います。ですから、沖縄県の知事さんを初め関係当局の皆さん方に、我々が準備したものを十分丁寧に説明させていただくということを前提にお話しさせていただいております。

服部　説明はするけれども、理解していただけるかどうかはまた別の話。ということは、理解がなくても出すときには出すということになるわけでしょうか。

一川防衛大臣　環境影響評価書の内容について、沖縄県、知事さん以下の皆さん方の意向がその場ですぐオーケーだということは、なかなか難しいと思うんです。その後の手続として、知事の意見を言う手続がありますし、その知事の意見を受けて評価書を補正する作業も残されているわけですから、理解を求めるというのは、内容について理解を求めるというよりも、環境影響評価法に基づく手続について理解を求めるということです。

服部　そういう手続のことを聞いているんじゃなくて、この年末にも評価書を出すんじゃないかと沖縄県民はかたずをのんで見ている。その提出について沖縄は少なくとも反対しているわけでしょう。その反対が賛成に変わらなくても、とにかく出すんですねという政治判断をお聞きしているわけです。

一川防衛大臣　我々は、提出するまでの間、今の影響評価書の作業が終えてくれれば、沖縄県側に丁寧に説明をさせていただく。期限を切って提出することは一切言っておりません。

服部　アメリカの議会から米軍の方にマスタープランの提出を求めています、米軍再編、グアム移転等について。防衛大臣は参院外交防衛委員会で、環境影響評価書に影響を与えるような問題を把握することは大前提なので、はっきりしないまま提出しても信用されないから、しっかりチェックしていきたいと言われている。ということは、米軍が米議会に出すマスタープランを待って、それをきちんと防衛省として検証した上で環境影響評価については出す、そういう整理をされているという理解でよろしいでしょうか。

一川防衛大臣　我々は、沖縄の海兵隊でグアムへ移転する部隊構成が、まだアメリカ側として最終的に固まったものになっていないという話を聞くものですから、まず、その移転する部隊構成をはっきりしてほしいと。それがはっきりしないと、沖縄に残る海兵隊の部隊構成によっては環境影響評価にも影響しかねないということをお話し申し上げたわけです。ですから、パネッタ長官にも、そのあたりを早く決めていただきたいということと、グアムのいろいろな必要な予算は、我が方も予算措置しているわけですから、しっかりとそれを執行してほしいということをお願いしたわけです。

2011年11月30日　外務委員会

服部　今回の田中沖縄防衛局前局長の発言（環境影響評価書の提出時期について「これから犯しますよと言いますか」と非公式記者懇談会で発言）、本当に心の底から憤りを感じるわけです。テレビで玄葉大臣が言語道断であると明確におっしゃっていた。そこで、どういう意味で言語道断なのか、中身ですね。アセスが進められないから言語道断なのか。

玄葉外務大臣 もう言語道断で、絶対に許されない発言だ。つまり、沖縄の皆さんの気持ち、特に、これまでの歴史、経緯、そして、この普天間の問題がどこから発生したか、そういったことも含めて、どんなにお酒を飲もうが、どんな場だろうが、絶対に発言をしてはいけない、そういうことを彼は言ったと私は思っています。

服部 言語道断だけではちょっとわかりにくいわけで、例えば琉球新報の社説は、名護市辺野古への代替施設建設を犯すと表現することで、県内移設が正義にもとる行為だとみずから白状したと。どうですか。

玄葉外務大臣 沖縄県民の皆さんがそういうふうに考えてしまう、連想してしまう。そういうようなこともあるかもしれない、あったんだろうと思えば、さらにそれは許されない話だと思います。

服部 この文脈からいって、環境アセスを出す出さない、その話の中で犯すという言葉が出てきたということになれば、環境アセスを、評価書を出すという行為そのものが犯す行為、犯罪行為ということを防衛省みずからが言っているように私には聞こえるわけですが。

玄葉外務大臣 私がこの公の場でこれ以上申し上げるのは余り適切ではないだろうと思います。

服部 沖縄は、環境アセスはノーだということを県議会を挙げて決議しています。嫌だと言う者に、なおかつそれを無理強いしてくる。まさに防衛省の、これは沖縄のトップですからね、防衛省の顔ですよ。この方がそういう姿勢でいたのかということになるじゃないですか。この発言は、沖縄に対する差別だと思われませんか。

玄葉外務大臣 ありとあらゆる角度から、もう言語道断であるということです。

服部 沖縄に対する差別であると思われませんか。

玄葉外務大臣 さまざまなとらえ方をされてしまうような発言であると思います。

服部 沖縄に米軍基地が集中している構造的な問題、あるいは過去、沖縄戦という地上戦を経験した歴史、あるいは沖縄には琉球処分という言葉もあるのを御存じだと思うんですね。ですから、こういった言葉というのは、やはり沖縄に対する差別だと沖縄の人は受けとめていると思うんですね。ですから、玄葉大臣の歴史観について、沖縄に対する思いについて一言しゃべっていただけませんか、沖縄の人に伝わる形で。

玄葉外務大臣　私も、琉球王朝の歴史も、「琉球処分」という本も読ませていただきました。私は琉球王朝というのはとても尊厳を感じます。琉球王朝は、実は武器は持っていたということなんですが、極めて軽武装であった。そういう中で薩摩侵攻があって、その解釈はいろいろあるけれども、その後、住民の四人に一人が犠牲になるという地上戦が日本で唯一繰り広げられた。糸数壕にも参りまして、最終的には病院ごうのような形になっていったわけですが、あの沖縄戦の凄惨きわまりない状況が生々しく伝わります。そういう状況を経て、さらに米軍統治下二十七年、そういう中で沖縄がある。

同時に、〇・六％の面積の中に米軍専用基地が七四％も集中しているという現実で、本当に心苦しいです。日本全体でもっと負担を分かち合うということをしなきゃいけないとつくづく思います。ただ、今の安保環境とかさまざまなことを総合的に勘案して今の考え方になっているということなんですが、これまでの歴史に思いをいたすときに、本当にさまざまなことを深く考えさせられるというのが率直なところです。

服部　これは女性に対する人権侵害であるということは大臣もお認めになると思うんですね。

沖縄での米軍のレイプ事件が頻繁にあるわけですが、まさに普天間問題の出発は、九五年の少女暴行事件ですよね。あれから十数年、普天間基地の危険性をどうやって除去するか、いろいろ議論をしてきたわけですが、その問題に携わっている日本のトップの官僚の中からこういう発言が出てくるということは、普天間問題を何にもわかっていない、沖縄の状況を何にもわかっていない。

次に、十月二十六日の外務委員会でのいわゆる特措法の問題について、「頭にない」という言葉を何回も玄葉大臣は発言されていますが、きょう、その特措法については「念頭にない」と。「頭にない」と「念頭にない」がどう違うかよくわかりませんけれども、今回の「念頭にない」というのは、その意味をわかって、そういうことはしませんという意味に私は理解するわけです。

日本政府にアメリカ側が具体的な進展を求める。具体的進展というのは、環境アセスを出し、出したら、その後に公有水面の埋め立てというプロセスになるのは、これは明らかな話であって、政権としては、環境影響評価書を出すということは、次はどうなる、これを全部政治のプロセスの中に読み込んでおっしゃるわけでしょう。

それと、公有水面の埋め立ての許認可権を持つ県知事の権限を奪う特措法をつくるのかというのは、沖縄がノーと言っているのに対して強行をするんですかという意味の中の一つの象徴的な問題として言っている。

去年十月の予算委員会で菅総理は、強引なやり方をするということは全く念頭にありません、決して沖縄の皆さんの声を無視した形ではやりませんとおっしゃっているわけですが、そういう理解でよろしいでしょうか。

玄葉外務大臣　菅内閣のときの菅総理大臣の答弁が変更されたということではないと申し上げたいと思います。

服部　環境影響評価の評価書を出すということになりますと、九十日以内に知事の意見を聞き、その後、公有水面の埋め立てとなるわけです。その埋め立てのプロセスの中に、助言、勧告をして、是正の指示をして、裁判に訴える、特措法をつくらずとも強制代執行をすることも法的には可能なのかどうかということが一部議論にあると承知しておるんですが、特措法だけじゃないそういったことも含めて、菅総理が言われたみたいに、決して沖縄の皆さんの声を無視した形ではしない、そういう理解でよろしいですか。

玄葉外務大臣　とにかく、菅総理の答弁は変わったというふうに認識していません。

服部　玄葉大臣も、特措法について念頭にない、それ以外の強行的な措置についてはしない、あくまでそういう強引なやり方はしない、決して沖縄の皆さんの声を無視した形では強行はしない、そういう趣旨の答弁であると私は受けとめました。もし違うなら、違うとおっしゃってください。（玄葉国務大臣「同じです」と呼ぶ）はい、ありがとうございます。しっかり受けとめさせていただきました。

服部　きょうの新聞を見ていますと、防衛省幹部から、もう辺野古建設は無理じゃないかという声も出ている。今回の事件を踏まえて、準備、準備とおっしゃるんですが、防衛省としては、本当に環境アセスの評価書を年末に出されるつもりなんですか。

下条防衛大臣政務官　日米合意がございます。その中で、環境アセスの部分については、その準備が年内にできるように進めていきたいと思っております。いずれにしても、今まで以上に真摯に努力して、沖縄のそれぞれの方々に理解いただけるように努めていきたいと思っております。

服部　環境アセスの評価書を提出したら、次はまた、やれ埋め立てがどうとかいう形になるわけです、一つのプロセスとして。ですから、政権としてもよくよく熟慮して、アメリカ側からもいろいろなメッセージが発せられています。辺野古の新基地建設をやめて別の形を考えていく決断のときだということを申し上げます。

○「パッケージ外し」の動きの中で

2012年2月15日　予算委員会

服部　野田総理に、先日の宜野湾市長選の結果に関する所見をお聞きしておきたい。防衛大臣は新市長と連携を密にと記者会見でおっしゃっています。官房長官も一つの転機だとおっしゃっている。佐喜真さんが当選されて、総理としては、よかったな、これで辺野古の新基地建設に弾みがつくなとお考えなんでしょうか。

野田総理大臣　直近における宜野湾市における民意が出たということですので、そのことを踏まえて、市長さんとはコミュニケーションをとっていきたいと思います。

服部　二月の二十六、七日ですか、沖縄に行かれると報道がありますが、佐喜真さんは、基地の現状の固定化を絶対阻止するとも言われている。同時に、普天間基地の県外移設を公約として当選されたという認識は総理にはありますでしょうか。それから、きょうの毎日新聞に、辺野古移設の環境づくりに沖縄に行かれるという記事が載っているんですが、そうなんでしょうか。

野田総理大臣　日程は現時点では調整中です。

お訪ねをする際には、これまでいろいろな曲折がありましたし、去年の沖縄防衛局長の発言等々も踏まえて、おわびをするところがスタートだと思います。その上で、政府の姿勢、日米合意に基づいて、沖縄の負担軽減を図りながら、普天間の固定化を絶対避けなければなりませんが、そういう意味での理解を得るべく、政府の基本的な姿勢も改めて説明申し上げると同時に、今、日米で協議も行われつつあります。そういうことも含めて、あるいは沖縄振興についても法案の閣議決定をしました。もろもろについて報告させていただきたいと考えております。

服部　佐喜真新市長が普天間基地の県外移設を公約として当選されたということの認識は。

野田総理大臣　報道等を通じて、どういう主張をされたかということは、承知しているつもりです。

服部　きのう外務省からもヒアリングしたんですが、沖縄から移る海兵隊員は八千名、これはパッケージが外れても変わらない。その内訳についてはまだはっきりしないという説明でした。家族が九千名移るということにそもそもなっているんですが、これについてはどういう協議になっているでしょうか。

玄葉外務大臣　確かにロードマップには、八千人、そして家族が九千人と書いてあります。定員あるいは実員、毎月のように変わっていきます。ロードマップがつくられたときに、一万八千人だったという政府答弁がありま す。ですから、残留する沖縄の海兵隊員が一万人であるということに変わりはないということを、繰り返し申し上げています。家族を含めたその詳細については、今この場で明確に申し上げることはできません。

服部　家族のことについて全然協議されていないんですか。八千名軍人というのと家族九千名というのはセットなんですよ。どういうことでしょう。

玄葉外務大臣　あの当時ロードマップで示された、沖縄に残る海兵隊の数が一万人である、それは変わりない。それ以外のところはこれからまさに協議をしていく。もちろん、非公式には静かな議論はしております。

服部　隊員八千名、家族九千名というのは、これは一つの大きな柱なんですよ。家族九千名というのは、司令部機能が移るから家族も移るという一つの前提があるわけなんですね。戦闘隊員だけだったら、まだ単身者が多いですから必ずしも家族を伴っているわけでもない。そういう点からすると、与党のときに私も検討委員会のメンバーで、家族住宅がグアムにつくられる現場も見てまいりました。

このグアム移転協定は、もう破綻というか、全く中身が変わってしまうわけですから、家族がもし移らない、あるいは人数が変わるということになれば、協定に書かれている金額の見直しも当然あると思います。この協定をこの通常国会で変更するなり廃棄するなり、予算の見直しも含めて、されるということでいいですね。

玄葉外務大臣　これまで非公式な協議をしてきて、これから公式な協議を開始するということです。したがって、部隊構成、人数、さまざまな議論が出てくると思います。結論が出て初めて協定が見直されるかどうかが決まってくるということだと思います。その結論の時期次第で、国会にお願いするのかしないのか、お願いをするとすればいつなのかが決まってくる。それまでは現在のグアム協定が有効であるということだと思います。

服部　昨年五月、アメリカのレビン上院軍事委員長らが辺野古を視察されて、辺野古移設を非現実的だという声明を出されました。これが大きな転機になっていると私は思っておりまして、今回のパッケージの見直しについても、共同発表は非常に不十分だとレビン上院委員長は言われているんですね。

今回の見直しは、アメリカ政府が米議会を説得することが条件になるんでしょうか。

玄葉外務大臣　辺野古へのコミットメントあるいはグアムへのコミットメント、日米共同で発表したことに対して、アメリカ政府として責任を持つということだろうと思います。

服部　今回は、二月八日に共同報道発表という形で出されております。その中に、「両国は、普天間飛行場の代替施設に関する現在の計画が、唯一の有効な進め方であると信じている」と書いてある。英文を見ると、ビリーブと書いてあるんです。これは、辺野古の新基地建設というのはもう神頼みという意味なんでしょうか。

玄葉外務大臣　日米両政府とも、辺野古移設に対しては強くコミットしているということでして、決して、神頼みとかではなくて、今回の趣旨は、膠着状態にあったこの状況を打開する、そのために沖縄の負担軽減を先行させていく、同時にアジア太平洋全体の抑止力というものを維持向上させていく、普天間の移設については丁寧に理解を求めて進めていく。服部委員だって、外務委員会で私にさんざん、強行するんですかとかお聞きになられたじゃないですか。私は、丁寧に理解を求めながら進めていくというのが本来だろうということで、こういう判断を総理の指示のもとでさせていただいているということです。

服部　こういった外交文書ですね。辺野古を信じるというようなのはあるんですか。この信じるとは何ですか。

野田総理大臣　今回の日米共同文書は、外務大臣がおっしゃった位置づけでして、抑止力を維持しながら沖縄の負担軽減を早期に具体的に進めていくことによって、辺野古移転への沖縄の皆様の理解を得るための環境整備として私は資するものだと思いますし、そうしなければいけないと思っております。ビリーブと書いてあるのかどうかはわかりませんけれども……（服部委員「いや、書いているから聞いている」と呼ぶ）そうなんですか。基本的には、そういう日米のコミットメントは従来と変わらないということです。

玄葉外務大臣　ウイ・ビリーブと確かに書いてありますが、基本的には、シンクよりは強いですよね。信じるということは、強く考える、そういうことではないかと思っていますし、日米両政府とも、この辺野古移設に対しては強くコミットしているということを申し上げたいと思います。

服部　いや、自信がないからじゃないですか。辺野古が無理だということをぜひ総理には信じていただきたい。

第2節　日米地位協定について

差別法である日米地位協定は、主権・人権・環境の観点からみて問題だらけですが、私は特に人権の立場から被害者がいかに放置されているかという問題に取り組んできました。

米兵からのレイプ被害者ジェーンさん支援にかかわり、文章を書きましたが、アメリカに帰国した米兵相手に裁判を始めるなど、被害者が正当な賠償金を勝ち取るためにいかに苦労しているか。本書では転載した拙文を一読いただければと思います。

地位協定の改定に時間がかかるなら、その前に日本政府として米軍の駐留を認めている責任において救済の法律をつくるべきだと「米軍人軍属による事件被害者の会」の海老原さんは訴え、以下の法案骨子を早くから提案しています。海老原大祐さんが一人息子を失ってから早や十六年以上が過ぎました。この立法が遅々として進まない、地位協定の改定もやる気がないのでは、どうしようもありません。日米安保の是非を越えた人権の問題であることをぜひ理解して頂きたいと思います。

日本国に駐留するアメリカ合衆国軍隊の構成員等による損害賠償法（案）

（目的）

第一条　この法律は、日本国とアメリカ合衆国との間の相互協力及び安全保障条約に基づき、日本国に駐留するアメリカ合衆国軍隊（合衆国軍隊という）の構成員、軍属、若しくは被用者による公務執行中に行われたものでない不法行為又はこれらの者の家族による不法行為によって、被害を受けた場合における損害賠償制度を確立することにより、被害者の保護を図ることを目的とする。

（定義）

第二条　この法律で、合衆国軍隊の「構成員」、「軍属」、「家族」とは、日本国とアメリカ合衆国との間の相互協力及び安全保障条約第六条に基づく施設及び区域並びに日本国における合衆国軍隊の地位に関する協定（以下、日米地位協定という）第一条に定める者をいう。

2　この法律で、合衆国軍隊の「被用者」とは、合衆国の使用者（日本国民である被用者又は通常日本国に居住する被用者を除く）で日米地位協定第一四条第一項により日本国の法令に服する者をいう。

（損害賠償責任）

第三条　国は、合衆国軍隊の構成員、軍属、若しくは被用者による公務執行中に行われたものでない不法行為又はこれらの家族による不法行為により損害が生じたときは、その損害を賠償する責に任ずる。

（民法の適用）

第三条　合衆国軍隊の構成員、軍隊、若しくは被用者による公務執行中に行われたものでない不法行為から生じる損害賠償責任、又は、その家族による不法行為から生じる損害賠償責任については、前条の規定によるほか、民法の規定による。

○米兵によるレイプ被害者、ジェーンさんの闘い

ジェーンさんの闘い
――米兵による相次ぐ事件事故と日米地位協定

加害者〝米兵〟を発見する!

ジェーンさんに慰謝料が支払われたころ（第1部～P.一五～一六）、ジェーンさんのもとに一通の電子メールが届いた。アメリカからの見も知らぬ女性のメールである。そのメールを見てジェーンさんはびっくり仰天した。思い出したくもない加害者の名前が書かれていたのである。その女性は〝彼〟と交際している中で彼を不審に思いインターネットで個人情報を取り寄せている内に、日本での裁判の事実を突き止め、その本人確認のために原告であるジェーンさんにメールをしてきたというのだ。このことがきっかけで加害者の職場・住所が判明することとなった。

「服部さん、犯人がわかったのよ～!」ジェーンさんからの電話だ。「直接謝罪もさせたいし、賠償もさせたい!どうしたらいいかな～?」今にもアメリカに飛んで行ってしまいそうなジェーンさん。「う～ん～」と、うなる私。

被害者と加害者を直接対面させることは危険だし、意味もない。米兵が日本や沖縄でやりたい放題やってその罪も償わず無罪放免されていることをアメリカ市民に伝えることが重要だとも話し合った。本人の謝罪も必要だ

が逃がした米軍の責任もある。しかしそもそも加害者は裁判の判決を知っているのか？　判決文の英訳も必要になる。本人に賠償金額を請求するとなると、防衛省からの慰謝料はどうなるのか？　むしろ防衛省が本人に請求するべきではないのか？　思わぬ事態に、あらためていろいろな疑問が沸いてくる。

「求償はしません」

まず、防衛省の補償課にすぐ連絡した。

「アメリカで加害者が見つかりました。頂いた慰謝料ですが、防衛省としてその金額を加害者に請求されるつもりはありませんか？」

「しません。この支出は米側に求償するような性格のものではありません。あくまで防衛大臣が被害者が困っていると判断して慰謝料として支払ったもので、米側に求償するためのお金ではないんです。」

「米軍人軍属による事件被害者の会」は損害賠償法の制定を求めて運動をしているが、米兵の公務外の不法行為による賠償について、日本政府が立替払いをし、追って米側に求償する制度つくりを求めているのだ。日本に米軍基地を置き、米軍の駐留を認めているのは日本政府自身だ。ならば日本政府の責任で被害者への賠償を、たとえ公務外のケースであってもするべきだと主張しているわけだが、一方で米兵たちの公務外＝私的不法行為の賠償金を日本の税金で支払うのはおかしいではないかという世論もある。そこで一旦政府が立替払いをして米側に求償していくのがベストだという考えに行き着いたわけである。

しかし、今回ジェーンさんに支払われた慰謝料はそういうお金ではないと言うのが防衛省の考え方だ。その考えの是非はともかく、じゃ、遠慮無しに加害者に賠償金を請求してもいいではないかと……。

次に判決文の送達である。民事訴訟法第１０８条に外国における送達がきめられており、通常判決が確定した裁判所から最高裁判所事務総局を経て、さらに外務省領事局を通じて米政府当局、さらに本人へと渡される。今回のケースは本人の住所が不明のため「公示送達」となっていた。しかしあらためて相手の住所が判明したわけだから再度送達できないか、外務省地位協定室にかけあった。しかし、返事は「NO！」だった。「公示送達」であれ所定の手続きに基づいて送達手続きは過去に完了しており、再度送達をすることはないとの返事だった。じゃ、どうすれば判決の内容が本人に伝わるのか!?

AP通信が自宅訪問

アメリカの現地の弁護士に依頼をして、強制執行手続きをしたらどうかという話しが浮上した。加害者は米ウイスコンシン州ミルウオーキー市のカジノで働いていることがわかっている。日本人で同州の弁護士資格を持っている人が協力してくれればいいなと探した。アメリカ移民弁護士協会という組織があることがわかり、その会員の弁護士と国際電話がつながった。アメリカの裁判所は日本の裁判所の決定を尊重してくれるので、アメリカで行動を起こす意義があることもわかった。しかしそのためには代理人に依頼しなければならない。費用もかかる。どうしても二の足を踏んでしまう。

ほんとうに本人かどうかも知りたかった。ジェーンさんが、そのカジノに電話をかける。たしかに加害者と同じ名前の人物が働いていることが確認できた。突然本人に代わると言われて、あわてて電話を切るジェーンさん。そこに〝犯人〟がいると思うと、ゾクッとする緊張が走り、尻込みする。六年目にしてやっと探し当てた〝達成感〟と嫌悪感が混ざり合う。

話しを聞きつけたAP通信がアメリカの自宅を確認のために訪問してみたいと言う。お願いする。六月、カメラマンと記者が行った。対応した〝本人〟は、間違いなく本人だった。しかしその本人は記者に対して、事件そのものは認めたが自分は悪くない、罪ではないと語ったという。多分不起訴のことを言いたかったのだろう。いずれにしても間違いなく本人であることが確定したのだ。

オーストラリア首相からの手紙

本人に謝罪をさせたい、賠償をさせたいと言うジェーンさん。どうしたら実現できるのか、考えあぐねていると、思わぬ朗報が入った。オーストラリア政府から手紙が届いたというのである。今年の六月十一日にジェーンさんが首相あてに出した手紙への返事が来たのだ。手紙は首相の代理からとしてジェーンさんの勇気ある行動に賞賛をおくり、オーストラリア政府として米政府との交渉をアシストする意志を伝えてきたのだ。なんとすばらしい政府かと思った。自国民の人権にために、しかも名もない一個人のいわば直訴の手紙に首相が丁寧に返事をくれるなんて、すばらしいではないか。同じことを日本政府がしてくれるだろうか、否だ。被害者の声を無視し、米側の盾になってきたのが日本政府ではないか。

ジェーンさんは早速、オーストラリア大使館に依頼をした。判決文をアメリカにいる本人に届けるために協力をして欲しい。オーストラリア大使館から米大使館に連絡が入った。米大使館は正式に受け取ると言う。私はジェーンさんと米大使館に向かった。中に入ってくれと言うが、ジェーンさんは拒む。米大使館の中に入りたくないと言う。担当者が正門に出てきて、そこでジェーンさんの手紙と判決文を手交。

米大使館を離れると、有楽町に向かった。外国人記者クラブでの記者会見のためだ。

会見の趣旨は以下の通りだ。

①逃亡米兵の所在がわかりました。謝罪と補償を要求します。米国W州のカジノに勤務中でした。

②豪州首相から豪州駐日大使館あてに書状があり、私のこの6年間の苦悩をねぎらう文面でした。私についての民事裁判判決文を添えて、駐日米国大使館へのこの事実通告が指示されています。米国政府は逃亡米兵に対して、この事実を通告するものと思われます。

③当時米兵を逃亡させた米国政府の責任追及を行います。私が当時の米兵を訴えた民事裁判中に、意図的に「通常人事による除隊」と称して米兵を逃亡させた責任は重大です。私が日本国内で得た上記裁判の判決内容は米

国でも尊重され、米国政府の責任がこれから明らかにされるでしょう。

ジェーンさんの闘いから教えられるもの

九月の初めの時点でまだその後の動きはない。判決文は英文に翻訳されて、米政府から州政府、州政府から本人に渡されるはずである。そのことによってその後どういう展開になるのかはわからない。本人が逃げるのではないかとジェーンさんは心配する。しかしまず、米政府の対応を見よう。その局面にあわせて、また行動が浮かんでくるだろう。州の知事・議会・裁判所、そして市民にも広く訴えたい。あなたの国の軍人によるレイプ被害の実態を。

今ジェーンさんは日本におけるレイプ被害者のための24時間救援センターの設立を訴えている。そのキャンペーン用のＤＶＤも作製した。しかしこの六年はジェーンさんにとってほんとに苦しい六年であった。家族もいろいろあり大変だったと聞いた。なによりも本人自身がＰＴＳＤ（心的外傷後ストレス障害）で悩んでいる。

米兵からのレイプ事件は数知れず発生している。そのほとんどが不起訴だ。不起訴にもめげず米兵相手に民事訴訟をおこした例を私は知らない。そして賠償命令を勝ち取った。日本政府が賠償金額と同額を慰謝料として支払ったケースももちろん初めてだ。アメリカに逃げた加害者を見つけ出したのも極めて希だろう。沖縄では犯罪を犯した米兵が本国に逃げ帰るのは日常茶飯事の光景だった。そんなもんだと頭から諦めさせられてきた。しかしジェーンさんは諦めなかった。ついに探しあてた。それだけではない、さらなる闘いが続くのだ。まだまだ続報が必要になるかもしれない。

この一連の出来事、ジェーンさんの体験は、多くの被害者の現実そのものだ。ぜひジェーンさんの体験を共有して頂くことで、米兵との事件事故による被害者の置かれた実態をともに考えて欲しいのだ。そしてそうした現実を放置している日本政府や日米地位協定の問題を考えて欲しい。

（初出　月刊誌『むすぶ』）

○米軍による事件被害者に向き合って

2011年7月29日　外務委員会

服部　ことし一月に沖縄で、米軍の軍属の男性との交通事故で十九歳の青年が亡くなりました。那覇地検は、公務中だったとして加害者の米軍属を不起訴にしたのですが、この事件について沖縄県民の怒りが改めて高くなっております。六月二十五日に沖縄で抗議集会も開かれて、私も参加をしてきましたが、五月二十七日、那覇の検察審査会は、不起訴処分を不当として、起訴相当という議決をしております。その理由として、公務認定の裏づけが不十分である、二点目に、アメリカの裁判所あるいはＮＡＴＯの解釈を踏まえ、軍属に対しては日本で第一次裁判権を行使すべきである、それから三点目に、五年間の運転禁止という米側の処分は軽過ぎる。その上で、日本の裁判所で審理できないのは非常に不合理であって、日米地位協定の改定を求めるという判断をしています。

検察審査会で起訴相当の議決がなされた場合には、事件を再検討して、三カ月以内に起訴、不起訴の判断をすることになっていますが、今回の議決を受けて、公務証明書の根拠及び内容について米側に照会はされているんでしょうか。

甲斐法務省大臣官房審議官　那覇地検においては、この議決を受けて、直ちに事件を再起して、現在捜査を行っているところです。当然、検察審査会の議決を踏まえて所要の捜査をすると思っておりますが、個別具体的な捜査については、捜査機関の活動内容に関する事柄ですので、お答えしにくいところです。

服部　公務証明書の根拠及び内容について、米側に照会はされているんですか。端的に。

甲斐審議官　米側への照会等については、まさに個別の捜査事項ですので、ここでつまびらかにするということはいたしかねます。ただ、当初の処分のときも同じなのですが、米側から公務証明書が提出された一事をもって公務であるという認定をするわけではありません。当然、検察当局においては、それについての裏づけ捜査を行った上で、公務であるかどうかの判断をするものと考えております。

服部　この公務証明書が恣意的につくられているんじゃないかという問題が、常に、繰り返し指摘をされるわけです。今までノーチェックで受け入れているんじゃないかという批判もされてきました。今回の事件を契機に、この公務認定のあり方について見直す、あるいは基準をつくる、そういったお考えはありませんか。

甲斐審議官　公務証明書をノーチェックで受け入れるということはしておりません。事件が起きたときの状況とか経緯等をよく捜査した上で判断すべきものですので、今後ともそのようにしていくものと思っております。

服部　人を殺しておいて五年間の免停だけでは軽いじゃないかという不満、批判が非常に出ているわけですが、そもそも米側は軍事裁判を開いて裁判権を行使したと理解されているのか、あるいは行政処分であると理解されているのか、どっちなんでしょうか。

甲斐審議官　日米地位協定の十七条の第一項においては、合衆国の軍当局は、刑事及び懲戒の裁判権を行使する権利を有するとしています。したがって、軍当局においては、刑事処分だけでなくて、懲戒の処分も行うことができるということにされています。

　個別の処分について、それが条約上のどういうものに当たるかというのはまた個別の事件の話ですが、条約上はそういった刑事裁判だけに限られているわけではないということを申し上げたいと思います。

服部　アメリカの最高裁、連邦裁判所あるいはＮＡＴＯでは、軍属については、平時において、軍法裁判にはかけないとなっていますが、その点についてはどうなんですか。

甲斐審議官　まさに今回の検察審査会の議決でも指摘を受けたところです。検察当局においては、そういった指摘も踏まえて適切に対処することになろうと思います。

服部　適切に対処しているように見えないんです。人を殺しておいて免停五年。こういうことがまかり通っている、沖縄では。外務大臣にもぜひ力になっていただきたいわけですよ。アメリカとの交渉の窓口ですから。

　検察審査会の議決に基づいて公訴を提起する場合には、裁判権を日本側で行使するという旨の質問主意書への答弁が出ております。この問題の解決のために、大臣の決意をお伺いしたいと思います。

松本外務大臣　この件に関しては、法に基づいて検察において再捜査が行われているところだと考えておりまして、それぞれの事案の捜査もしくは法的手続について、私どもとして直接コメントをすることは必ずしも適当でないと考えております。

その上で、これまでも、大変残念ながら、在日米軍関係者にかかわる事件、事故が発生してまいりました。今回も、十九歳の方が、成人式を控えた状況ですか、帰省をされた際に交通事故に遭われて命を落とされたということで、御家族の痛みはいかばかりかと思いますし、お悔やみを申し上げたいと思っております。

まず事件、事故の発生そのものに対して徹底的な再発防止をお願いしたい、こう思っておりますし、地位協定については、しっかりと運用すると同時に、これまでも必要な対応はとられてきたと思っておりますが、沖縄の皆様の声を受けて、私どもにできることについてはしっかりと対応して、理解いただけるように、前進をさせられることがあればしていきたいと考えております。

服部　そういう一般論じゃなくて、今回の事件、例えば裁判権を日本側に移せとか、そういうことを具体的に、日米合同委員会に提起するとか、そういった点についての決意はどうなんですか。

松本外務大臣　個別事案の法的な手続が進められているものについて、外務大臣としてコメントをするということは考えておりません。

服部　これは日米地位協定の改定の問題が絡んでいるんですよ。

民主党、国民新党、社民党の三党で、二〇〇八年に日米地位協定の改定案をつくりました。これ、今どうなっているんですか、たなざらしですか。少なくとも提起するということは言ったんでしょう。

松本外務大臣　地位協定の改定に係る三党合意があるということは承知しておりますし、私も民主党の一員として、その意味では非常にコミットしているという立場になるのではないかと考えております。

民主党自身も、マニフェストで、地位協定については改定を提起するということを申し上げてまいりました。私自身もそのマニフェストを掲げた民主党員の一人であるということはしっかり受けとめ続けていって、その責任があるという自覚のもとに、これからの行動についてもまた考えていかなければいけないと思っております。

服部　安保、日米関係もいいんですけれども、まず国民の生命と財産をしっかり守ってください。

2011年8月8日　予算委員会

服部　ことしの一月に、米軍属男性が基地の外で交通事故を起こして、十九歳の青年の命が奪われました。この軍属について、那覇地検は公務中の事故だったとして不起訴としましたが、これに対して、五月二十七日、那覇検察審査会は不起訴処分を不当とした。要するに、起訴すべしとしたわけです。

総理、一人の命を奪っておいて、アメリカの処分は免停五年ですよ。裁判に訴えることもできないこの青年の母親の無念な気持ちに対して、総理、一言おっしゃってください。

そして、民主党は、参議院選挙のマニフェストあるいは衆議院選挙のマニフェストで日米地位協定の改定を提起するということを何回も書いてます。三党の連立政権の中でもそれを決めてきたわけですが、なぜ日米地位協定の改定を提起しないのか。まず提起しないと一歩も進まないじゃないですか。そこはどうなんですか、総理。

松本外務大臣　事件、事故については、家族や被害者の方々のことを思えば、なくすように努力をしていくと同時に、しっかりと対応してまいりたいと思っております。

地位協定については、今後とも日米同盟をさらに深めていく中で、普天間などの喫緊の課題の進展を踏まえつつ検討するということで、私どもとしても、日米地位協定の改定を提起するということをマニフェストにも記載をしたところですので、そのことはしっかりと胸に刻みつつ、残念ながら今のところはまだ改定を提起する状況に至っていないということを申し上げてまいりました。

菅総理大臣　今回の交通事故は、成人式のために沖縄に帰省されていた十九歳の青年がとうとい命をなくされたと承知しております。私も、やはり人の命が、一人亡くなった中で、その処分が、少なくとも日本の中の常識的な感覚からすると、五年間の免許停止というのは余りにも処罰としては弱いのではないかと、御家族には大変申しわけないと思っております。

また、地位協定の問題は長年の大きな課題でして、御党とも議論を重ねて、しっかり取り組んでいきたいと思っております。

2011年8月10日　外務委員会

服部　日米地位協定では、軍属が公務中に犯した罪について、米側に第一次裁判権があるとされております。しかし、一九六〇年のガリアルド裁判など、累次にわたるアメリカ連邦最高裁判決を通じて、軍属を初め文民に対する米軍法会議の管轄権は否定をされています。つまり、平時においては、公務中であると否とにかかわらず、軍属に米軍の裁判権は及ばないというのが米国における司法判断なのですが、この司法判断に対する外務省の見解はいかがでしょうか。米軍属に対する裁判権の帰属先を、どう認識されているでしょうか。

松本外務大臣　御指摘の判決に限らず、私どもとしても、必要な法的な整理は行っていかなければいけないと思っておりますが、今御指摘の件については、過日の那覇検察審査会の議決において展開された議論そのものですので、私どもからコメントをするということは、申しわけないながら、すべきではないと考えております。

服部　日米地位協定第十七条第一項においては、合衆国の軍当局は刑事及び懲戒の裁判権を行使する権利を有するとされていますが、アメリカの最高裁判決では、米軍は軍属に対して裁判権を行使できないとしています。外務省は、これらの判決の解釈として、懲戒は含まれるのか、要するに懲戒の裁判権も行使できないと認識されているのかどうか、お尋ねします。

松本外務大臣　お答えは同じになってしまいますので、御容赦いただきたいと思います。

服部　外務省が出している日米地位協定に関する取り扱いの文書がありますが、外務省はこういう認識を持っているわけですよ。合衆国の軍法に服する者の範囲について、米側の公式の立場と合同委員会合意の内容との間に差異があるまま放置しておくのは好ましくないので、本件合同委員会合意にはなるべく早い機会に必要な修正を行うべきであると考えられる、と。要するに、アメリカの判決と日米合同委員会との判断には違いがある、これは外務省としても早い時期に必要な修正を行うべきであるという認識を示している。御存じでしょうか。

松本外務大臣　冒頭で、地位協定について必要な法的整理は常に行われなければいけないと申し上げたのはそのような趣旨ですが、当該まさに今進行中の案件となっておりますので、ここで個別に立ち入ってコメントをするのは御容赦いただきたい。

服部　それでは、必要な修正はやはりその都度行わなければならないという答弁でよろしいですね。

松本外務大臣　必要なことはやらなければいけない、こう思います。

服部　地位協定の改定も含めて必要なことはいっぱいあって、それをやられてきたとは、にわかに信じがたいところはあるんですが、大臣がそうおっしゃるのであれば、ぜひとも必要なところの改定をよろしくお願いします。

この米軍属の裁判権の行使、アメリカでは、平常時では軍法会議にはかけないということになっている。明らかに地位協定とのそごがある、このことはぜひ認識いただきたい。

２０１１年11月30日　外務委員会

服部　私が日米地位協定の問題について、何でこだわっているかといいますと、兵庫県の方の息子さんが、海老原さんという方なんですけれども、米兵との事故で沖縄国際大学に入学する直前に亡くなって、そのサポートをさせていただいたことがあるのです。ですから、事件、事故があって、日本の裁判で裁けない、その遺族の気持ちというものを本当に真剣に外務省に考えていただきたいわけです。

軍属というのは、軍が雇っている民間人なわけですね。これを軍人と同じ処遇ではおかしかろうということで、アメリカの裁判所が、軍事法廷じゃなくて司法手続ですべきということを決めているわけです。ところが、日米地位協定では、軍属も、軍人と同じように公務中の事件に対する裁判権が日本にない。アメリカでは当たり前のことが地位協定では当たり前じゃない。ですから、地位協定の改定をすべきだということを我々は言っている、沖縄を含めて。

今回、運用の改善ということなんですが、好意的配慮ということでしょう、あくまで。それは、ないよりましと言ってはいけないですが、一歩前進であるのはそうでしょう。しかし、これを見ますと、まず、米側が公務中に犯罪を犯した軍属を刑事訴追するか否かを決定して、日本側に通告する、そしてそういう事件に対して米側が好意的配慮を行うと。玄葉大臣、満足はしないけれども一定の前進だという趣旨のことをおっしゃったと思うんですが、これを改定まで持っていく。少なくとも、連立政権が発足したときの合意は、改定を提起する、その前の民主党のマニフェストは、改定を実現するということだったわけでしょう。それが、改定を提起もできないまま今まで来ているわけじゃないですか。どうですか、外務大臣として、その決意は。

玄葉外務大臣　第一次裁判権の話というのは、専ら犯と軍人軍属の公務中は、第一次裁判権はアメリカである。しかし、それ以外は日本が第一次裁判権を持っているということです。公務中以外の方はもともと日本に裁判権がある。問題は、公務中の軍人軍属の裁判権、これを本当にアメリカ側に持たせておいていいのかという問いがまず一つあるんだと思います。それは、ＮＡＴＯの地位協定もそうです。軍人等の公務執行中の罪、これは、ＮＡＴＯもいわゆる米韓の地位協定も、基本的には派遣国側、つまり米側が第一次裁判権を持つのだと思います。逆に、第三国と米側が締結をしている地位協定で、公務執行中の罪について接受国側が第一次裁判権を持つとされているものを私は知りません。

服部　米軍人と軍属、軍が雇っている民間人とは違いますよという話なんですよ。アメリカの最高裁判決とかは、軍属も軍人と一緒に軍事法廷で裁くのはおかしかろうということで、軍属については通常の司法手続で裁こうという話なんですね。ところが、日米地位協定では軍人も軍属もとなっている。実際は、運用で公務中の認定をアメリカがあえてしてこなかったのが、ずっと二〇〇六年まで続いているわけですね。それをいつの間にか、公務証明を米側が発行して、結果的には裁判権を向こうが奪うという形になっている。アメリカの国内法で軍属は司法手続で裁くということになっていて、その運用が二〇〇六年までずっと続いているのに、日米地位協定の改定もせずにずっと来たという、そのことはどうなんですかということをお聞きしているわけです。

玄葉外務大臣　ＮＡＴＯも、軍人も軍属も第一次裁判権はアメリカなんです。

それで、御指摘のＭＥＪＡ（米軍事域外管轄法）ができて、もっと言えば、以前は日本に裁判権を譲っていたのに何だという話は、率直に言うと、私もじくじたる思いがありましたよ、報告を聞いて。二〇〇六年から、しかも、懲戒処分しかできていないというわけですから。だから、私は、今できる範囲で、とにかく一つでも二つでも解決しよう、そういうことで、今回の日米の新しい枠組み合意に動いたんですね。

日米地位協定そのものに対してそのほかの問題も、問題意識として私もあることはあるんです、いろいろな。その上で、日米地位協定全般の話というのは、実際、今回の話になると、そうはいったって刑事裁判にかかわる根幹の話です。しかも、できるだけ早くその解を出さなきゃいけないということがあったので、今回で一定の前進だと思っています。さらに一つ一つ積み重ねていくということをまずやっていきたいと思います。日米地位協定そのものを、また全体をどうするかということになると、相当の時間がかかると思います。その中で、運用の改善が並行してできるならいいんですが、恐らく、それはそれとしてまた大変な時間がかかって、運用の改善はできないということになってしまうおそれがあるなと思っておりましたので、今のようなアプローチの仕方をしたということです。

地位協定そのものについては、全体の、基地も含めた全般的な進展を踏まえながら、地位協定の改定全般、そういう問題については検討していきたいと考えています。今は、一つ一つ積み重ねていきたい。そして、できるだけ早く、一つ一つ、努力だけじゃなくて実現をする、結果を出すということがどこまでできるかということを今追求しているというのが今の状況であり、私の今の考え方です。

服部　改定を提起するじゃなくて、検討するということですか、今のは。今まで時間がかかっているわけですよ。今からまたさらに時間がかかるでは、これは未来永劫できないということをおっしゃっているに等しい。韓国でも、ＳＯＦＡ（韓米地位協定）の改定をやっていますよ、アメリカと交渉して、二度ほど。全然改定がないのは日本だけですよ、これだけいろいろ問題がありながら。

新しい政権になって、ひょっとしたら改定が動き出すのかなと恐らく沖縄の県民は期待したと思うんですね。そこはぜひ、大臣の間に提起するぐらいの強いアタックでやってくださいよ。でないと、いつまでたっても、大臣がかわるだけで全然進展しない。

第3節　外交密約問題について

私は、外交密約問題を国会で正面切って取り上げたことは政権交代の唯一最大の成果だと思っています。国会では私の所属する外務委員会が検証の舞台となったわけですが、ここでは岡田外務大臣=当時=が就任当日に外務省に調査を指示し、その報告が出た時の質疑、そして、密約を告発し闘ってきた元毎日新聞記者の西山太吉さんらをお招きした歴史的な参考人質疑、そこで浮かび上がった新たな六本の密約など残された課題を取り上げた質疑を掲載します。

対等・平等な日米関係を標榜した鳩山政権が倒れ、民主党政権が対米追従路線に回帰するなか、この密約問題の解明も宙に浮いた格好になってしまっています。前節の日米地位協定を巡る質疑でも取り上げましたが、米軍犯罪の第一裁判権放棄に係る密約も指摘されているわけで、これは過去の問題ではなく、今につながっている問題なのです。そもそも、対米追従という大きな枠の中で起こっている話ですので、まさに戦後史や日本外交の核心に関わることなのであって、この本で取り上げている沖縄や基地をめぐる問題、原子力、ＴＰＰ等々の重要課題と関連付けて考えないとならないと思っています。

○歴史的な「密約」質疑

2010年3月17日　外務委員会

服部　先日の外務委員会での密約問題に関する報告を大臣から聞かせていただきました。その中で一つ残念だったのは、非核三原則の堅持という言葉が見当たらなかったことなんです。大臣は、非核三原則は堅持すると再三おっしゃっていますが、改めてその決意をお聞かせいただきたい。

そして、非核三原則の堅持というのは、それをどう担保していくかが非常に重要な問題で、核搭載艦船の日本寄港、領海通過がない、あるいは今後それをどう担保していくのか、アメリカのＮＣＮＤ（核兵器の所在を肯定も否定もしない）政策との両立をいかにしていくか、その考え方も含めてお聞かせいただきたいと思います。

岡田外務大臣　鳩山内閣として、非核三原則を堅持してまいります。これは内閣の方針です。

ただ、ぎりぎりの局面で内閣としての判断を迫られることが将来全くないということではない。それはそのときの内閣が判断するしかないと思います。しかし、そのときに大事なことは、国民にきちんと説明することだと思っております。

服部　鳩山内閣としては堅持をするという言い方なんですが、私は若干違和感を感じるわけです。

一九七一年に「政府は、核兵器を持たず、作らず、持ち込まさずの非核三原則を遵守するとともに」ということで国会決議を行っております。これは一九七一年の十一月二十四日衆議院本会議。一九七六年には衆議院の外務委員会、同じく参議院の外務委員会において「政府は……非核三原則が国是として確立されていることにかんがみ、いかなる場合においても、これを忠実に履行すること」という決議をしております。それから、一九七八年、衆議院本会議においても「唯一の被爆国であり、非核三原則を国是として堅持する我が国は」という決議を上げております。一九八一年には衆議院の外務委員会で「唯一の被爆国として、持たず・作らず・持込ませずの非核三原則を国是としているわが国は」。それから、一九八二年、これは衆参の本会議ですが、「非核三原則を国是として堅持する」。過去、こういう決議が上がっている。

では、国是とは何かということですが、憲法があり、法律があり、そして衆議院、参議院の本会議あるいは委員会での決議があり、ここで国是という言葉が使われているわけです。

社民党は、従来から、非核三原則を法制化してきちっと日本政府としての理念として打ち出すべきではないのかと考えております。そういう意味で、ただ鳩山政権でのみこれを遵守するということじゃなしに、むしろ日本の被爆国としての政治的な理念として確立すべきものなのではないのかという考えを私は持っていますが、非核三原則を法制化する考えはないでしょうか。

岡田外務大臣　鳩山内閣として、そういう考え方は持っておりません。内閣の方針はそういうことですが、国会の中などでも議論していただきたいテーマだと思っております。

率直に申し上げますが、法制化する際の問題点、私は少なくとも二つあると考えております。一つは、領海とはいえ、そこを艦船が通過するときに何らかの条件を付すということは、国際法上認められるのかどうかという問題があります。原則として述べている限りにおいては、そういうことはシビアな問題になりませんが、法制化するということになると、そういう問題をどう解決するか。もう一つは、私は米国の九一年の政策によって戦術核を持った艦船が日本の領海を通過するということはないと思っておりますが、それ以外の国、例えばロシアや中国の艦船が日本の領海を核を積んで通過しないという担保をどうとるのかという問題もあります。

そういう問題について明確に決着がつかないと、法制化というのは私は難しいと判断しております。

服部　今度、元毎日新聞の西山太吉さんが参考人質疑でお見えになります。今七十八歳ということで、四十年前にこの密約問題を提起といいますか、新聞紙上で報道をして、その後、警察に捕まり、非常に苦労をしてこられました。謝罪と損害賠償を求めて裁判も起こされて頑張ってこられたわけです。

先日、大臣が西山さんについて、外務省がどうかかわっていくべきなのかについて少し頭の整理が要るという旨の発言をされていますが、私も、せっかくこの委員会に参考人としてお呼びするに当たって、西山さんの名誉回復が必要ではないのかと思うわけです。本人は謝罪と損害賠償を国に求められていますが、長年苦労された西山さんに対して大臣としてどういうエールを送られるのか、どういうお考えなのかを含めてお聞きをしたいと思います。

岡田国務大臣　私は、記者会見で、西山さん、ジャーナリストとして非常に優秀な方であったし、惜しいことだと申し上げました。ただ、西山元記者は、この沖縄返還交渉をめぐる取材に当たって、国家公務員による秘密漏えいを唆し、その取材行為が正当な取材活動の範囲を逸脱しているということで有罪とされ、その判決は既に確定をしております。そういう意味では、もう過去の話ではありますが、そういう経緯があったということも事実です。

名誉回復という言葉の意味にもよりますが、こういった過去、最高裁で判決として確定したことについて、私は、それが違っていたとか、申し上げるつもりは全くありません。

服部　司法の場でということだろうと思いますが、司法そのものもこの密約の存在を知ることができなかったという時代的背景もあると思うんですね。

この密約問題をどうとらえていくか。きょうの議論の中でも、うそも方便じゃないけれども、密約がある時代はやはり仕方がなかったんじゃないか、現実的な判断としてあったんじゃないかというニュアンスの発言もあったわけですが、一九七一年に国会で非核三原則の決議が上がった。この決議は、当時、与野党すべての国会議員が賛同して上げているわけです。

冷戦時代が終わってからもなおこの密約が隠されていたのは理解しがたいという趣旨の岡田大臣の発言があるわけですが、そうじゃなくて、国会決議できちっと上がっている、そのことが無視をされ、行政それから一部のごく限られた政治家によってこの密約が続けられていたということ自身は、国民を欺く行為であると同時に、国会を欺く行為であると思うわけです。

そういう意味で、この密約の問題を、冷戦以降の脈絡の中でどうだとか、現実的な感覚ということでなくて、これは行政と国会、あるいは国民と国会、行政と国民との基本的な信頼関係をも破壊するものだと私は思いますが、その点に対する認識をお伺いしたいと思います。

武正外務副大臣　私ども、国会議員としても、国会の委員会での決議、また本会議の決議は大変重く受けとめなければなりませんし、政府としても同様だと思います。その中で、過去六度の国会決議、今回の密約についての一連の調査対象とは、時期的なものではずれがあるということは委員御承知だと思いますが、こうした決議について重く受けとめていくことは既定のことだと思っております。

ただ、その時々の政権としての判断が日本の外交、安全保障上さまざまな形で確定をされていること、それについて後世しっかりと判断できるようにということで、今回の密約の解明の発端があり、有識者会議からも提起がされ、きのうも第一回の会合を行いましたが、これから大臣、本部長のもと、この外交文書の公開に取り組んでいくことが、国会決議の重みをしっかりと踏まえていくことにつながるのではないかと思っております。

服部　私、大学に入学したのが一九六九年で、七〇年安保の時代でした。この時代は、七二年の沖縄の返還を前にして大変な国民的な議論が続いていた時代だったわけですが、沖縄の核抜き本土並み返還ということを信じて、当時、多くの人たちがいろいろな行動に参加をした。私もその後からついていった一人ですが、これが今度の密約によって物の見事に裏切られていたのだなという思いをするわけです。

このとき、交渉に当たられた若泉さんがこういうことをおっしゃっています、決定的なことをやってしまった、あとは歴史の評価を待つしかないと。沖縄への核持ち込み疑惑については、合意文書がありながら、密約ではないという判断がなされているわけですが、若泉さんはその当時の議事録をキッシンジャーさんと一緒につくった当事者ですけれども、この方が、決定的なことをやってしまった、沖縄に申しわけないと何度も口にされていた。そして、歴史に対して負っている重い結果責任をとり、武士道の精神にのっとって自裁します、自裁というのは自決ですね、ということで、本当に自殺をされた。この密約の問題というのは、それにかかわった当事者にとっても大変に重たい歴史的事実だったんだなということを、改めて若泉さんのお言葉から感じるわけです。

ですから、あの七二年の沖縄返還のとき、沖縄の人たちがどういう思いで、核抜きの返還を望み、闘っていたのか、しっかり思いをはせていただきたいと思うわけです。

先日、岡田大臣からも、うちの沖縄出身の山内議員の質問に対して、結果的に沖縄の人々を欺いたという国会答弁もありましたが、再度、答弁をお願いしたいと思います。

武正外務副大臣　沖縄返還に当たっての、核抜き本土並みを基本方針として米側との交渉を行った結果、これが実現をし、一九七二年、沖縄返還協定、祖国復帰ということになったわけです。ただ、今回の調査の結果、本件合意議事録は外務省の文書からは発見されず、また本件文書について、当時、外務省として何らかの関与または知識があったことを示す文書の存在も確認されなかったということです。

両首脳間での合意議事録についても、両首脳間の約束であったと考えられますが、歴代の内閣に引き継がれていないことから、両国政府を拘束するような効力を持っているとは考えないということも、今回の有識者会議でも出されたところです。

委員の一九七二年当時の思い、これはやはり沖縄の皆さんが同様に感じている思いであったと思いますので、この件に関しては密約はないという結論が有識者会議では出ておりますが、沖縄の皆さんの基地の負担、そしてまた核に対する考え、こうしたものをしっかりと政府として踏まえて対応していく必要があると思っております。

服部　今回の有識者会議の報告書は、即外務省の見解ではないと理解しておりますし、裏を返せば、今後、外務省としてどういうきちんとした見解をまとめていくのかということは、当然課題として残ると思っています。

きょうの朝日新聞ですが、「沖縄核やはり密約では」ということで、再持ち込みについて研究者から多くの異論が出ておると。一国の首相と一国の大統領が署名した合意議事録がある。ところが、それが外務省になくて佐藤さんの個人宅にあった。これも一つの摩訶不思議で、こういう問題を今後の課題として丁寧に議論を続けていただきたいし、これはやはり密約だという一つの政府としての見解も、当然私はそうすべきだと理解をするわけです。

今後、文書の公開について、三十年で公開するんだという話が出ております。ただ、その前に、大量の文書が破棄をされていたんじゃないかと指摘されている。この有識者の報告書を見ても、「当然あるべき会議録・議事録や来往電報類の部分的欠落、不自然な欠落、あるいは交渉経緯を示す文書類が存在しないために、外務省内に残された記録のみでは十分に復元できなかった」と記述されております。それから、「重要な交渉について、戦前期の記録文書の多くが残され、戦後期の文書に欠落が目立つのはなぜか、という疑問がのこる」あるいは、「歴史的に重要な文書の不用意な廃棄や不適切な処理が行われていたことは、いずれの行政官庁も多かれ少なかれ認めざるを得ない」という指摘もあるわけです。

今回の作業の中で、特に、二〇〇一年ですか、情報公開法が施行されるときに、外務省によって大量の資料が破棄をされたという報道がありました。今回、外務省としては、そういった大量の資料の破棄について具体的な調査をされたんでしょうか。

武正外務副大臣　今回の調査の結果、有識者委員会の報告書において指摘されておりますように、存在が確認できない文書、あるいは会談記録に欠落がある事例がありました。その原因については、確たることを申し上げることは困難です。また、意図的な文書の廃棄が事実として確認されているわけではなく、事実関係が特定されていない状況であるということも申し上げなければなりません。

そうした状況の中、仮定に基づいてのお答えというのは差し控えたいと思いますが、他方、徹底的な調査を外務省そして有識者会議と、半年間やってきたわけですね。この中で、多くの重要文書も確認することができて、密約問題に関する事実関係も相当程度明らかになったと考えております。

ただ、文書管理及び記録公開については、三点、具体的な大臣の指示を受けて、これから対策本部で検討していく。一点目は外交記録公開に関する規則の制定、二点目は外交記録公開についての体制の強化、そして三点目は文書管理に関する各種改善措置ということで、外務省として精力的に取り組んでいきたいと思っております。

○参考人質疑

2010年3月19日　外務委員会

服部　私もいろいろな市民集会で何度か西山さんのお話を聞かせていただきました。正直者がばかを見るではいけませんが、密約の当事者の一人である佐藤元首相はノーベル平和賞までもらっている。西山さんは、告発をし、逮捕され、そして今七十八歳とのことですが、人生をむちゃくちゃにされたとはちょっと言い過ぎかもしれませんけれども、いろいろな思いがあって、国に対する損害賠償や名誉毀損の裁判までやって闘ってこられたと思います。

せっかくのこの機会ですので、国や外務省に言いたいお気持ち、今までの人生を歩んでこられて言いたいお気持ちを、あればお聞かせいただきたいと思います。

西山太吉参考人（元毎日新聞記者）　個人的な問題を、こういう最高度の、国会において述べるということについては、私の内的な面からいえば、心理的な面からいえば、余り好ましくないことです。

ただ、私が言いたいのは、公平なる裁き、法の前の平等という司法の最大の原則というものは完全に破られてしまったということであって、裁く場合は全部法の前に平等に裁くべきである。だから、私からいえば、裁かれてしかるべき者が全く裁かれていないままに今日に来ている。

要するに、機密、秘密という問題の事件であった場合は、その機密、秘密はどの程度要請があるのか。国のための秘密なのか、政府のための秘密なのか。そして、その秘密というものについて、ではどの程度追及されたのか。全く追及されないままに終わった。そして、密約を含めて機密の問題が、ようやく三十数年たって今検証されている。

要するに、日本全体を覆っているグレードの低さというのが問題なんであって、それは、司法も政府権力も、極端に言えばメディアも、あるいはまたは主権者、大衆の政治意識状況というものも、全部その中に入っているわけなんです。だから、これを一概に、だれがどうだ、何だといって、個人的に、あるいはまたは一つの単位を相手にして、そういうのに私は怒りを覚えているわけじゃなくて、日本全体の構造というものがこの問題に反映しているんだということであって、それを矯正するのはやはり政治主導であって、要するに、政治家が国会という国権の最高機関を舞台にして矯正していくということでなくてはならぬというのが私の思いです。

それで、今、私は開示請求訴訟を起こして、これは私一人じゃなくて、二十五人の原告団、多数の優秀な弁護団でやっております。そして、これは私個人の問題を全部乗り越えて、一つの大きな、主権者対国、主権者対権力というものに問題を置きかえて、いや、この問題は本来そういうものなんです、それを今展開しておりますけれども、これがどのような結果を生むか。この結果によっては、非常に大きな、情報公開の問題も含めて、民主主義の根幹に触れるような前進があるんだろうと思って、私は今、個人の問題を超えて、そういった大原告団が今闘っております開示請求ということの方に重大な関心を寄せております。

2010年4月2日　外務委員会

服部　今回の報告書の中で、沖縄への核の再持ち込み密約について、密約とは言えないという判断がなされています。

そこで、有識者委員会を担当された坂元、春名両参考人にお聞きしますが、報告書の三ページに、「全員で議論を重ね、統一をはかってはいるが、必ずしも細部に至るまで全員が一致しているわけではない」というくだりがありますが、沖縄への再持ち込み疑惑は密約と言えないという判断の部分について、両参考人はどういうお考えだったのかをお聞きします。

春名幹男参考人（名古屋大学特任教授）　密約の基本的な問題にかかわると思うんですが、私の解釈としては、佐藤栄作総理大臣はこの問題をいわば外交技術の一環として利用したのではないかと思います。若泉敬さんという密使を務めた方の本がございます。「他策ナカリシヲ信ゼムト欲ス」なんですが、佐藤総理はこの密約の紙などは破ってもいいんだよと言っていたと書かれている。したがって、これを本当に実効あるものとして残すためには、佐藤さんは関係部局に対して連絡をして周知徹底をすべきだったのではないかと思いますが、そういうことが行われていないということだと思います。

坂元一哉参考人（大阪大学教授）　調査を始めて、いわゆる密約というのは一体何が起こったかということの真相の解明にもちろん力点を置いたわけです。実は、それを何と呼ぶかということについては最後まで余り大きな関心を払っていたとは言いがたくて、私自身は、何が起こったのかということを暗黙の合意という形にしたわけです。それを密約と呼ぶか呼ばないかということで、その後、問題になりまして、特に第三密約のことですが、委員の中にはいろいろな議論があり、私も、必ずしも第三章の執筆者と同じ見解ではないということです。

結局、最後に、全員の意見が一致しての結論ということではなくて、それぞれ担当者の結論を尊重しようということになった次第です。

服部　坂元参考人はこの結論部分については異論があると。春名参考人についてはどうなんですか。

春名参考人　この結論については議論があることは十分承知しております。

しかしながら、この結論はやむを得なかったと思っております。

服部　先ほど我部参考人は、この沖縄核再持ち込み密約は、密約の中の密約だと言われたわけです。解釈が大きく違っているわけです。

一九六九年十一月十九日のニクソン・佐藤合意議事録は、佐藤内閣の後継内閣を拘束する効力を持っていない点が密約でないという大きな判断材料になっているわけですが、一方でアメリカ政府にとってはどういう効力を発揮したのか、その点についてはどのような検証なり議論がされたんでしょうか。

坂元参考人　私も、この調査を始めるときは、すべての文書を読んで、全部についていろいろなことを調べようと思ったんですが、とても時間がありませんで、私のところだけでタイムアップになってしまったわけですが、その限界の中で申し上げますと、アメリカ側がどう受けとめているかの前に、佐藤政権下においては、効力を持っているわけなんですね。ですから、そこのところをどう考えるかというのが一つ問題があると思います。

アメリカ側でまだ文書が出ておりませんし、これについての議論はほとんどなくて、一体、アメリカ側もどういうふうに引き継いでいるのか、全くわからない状況です。ただ、アメリカ軍がこうした文書なり保証なりを求めていたのは事実ですから、軍の方に何かこういうことを行ったよということを言っているとしたら、軍はそれがあるから沖縄返還にも応じようということになったとしたら、割とこれは重要な文書だったということになるわけです。

服部　春名参考人がお書きになった二〇〇八年七月の文芸春秋、「日米密約　岸・佐藤の裏切り」という文章がありまして、その中には、日米で密約に対する認識の違いがある、アメリカにとって密約というものは、「大統領の個人的判断などではなく、あくまでも組織として機関決定し、政府対政府が取り交わすものであり、政権が変わっても受け継がれる」と書いてあります。私もそうだと思うんですね。大統領と日本の総理大臣が署名した密約があって、それが密約でないということがどう考えても私には理解ができないわけですが、結局、アメリカ側がどうこれを受けとめていたかということに関して、どのような見解をお持ちでしょうか。

春名参考人　あの文書を私は大変重大な文書と思っております。アメリカ政府においては非常に重要に受けとめたというふうに考えております。といいますのは、再持ち込みをするという場所まで設定しており、しかも、スタンバイだと書いている。つまり、有事の際には配置できるように常に備えておかなければならないという意味だと思います。

しかも、嘉手納、那覇、辺野古、ナイキハーキュリーズ、この四カ所を示している。アメリカは核兵器の置く場所については非常に厳重な基準が決まっており、核兵器を扱う人員についてはテストを通らないと扱えないようになっているわけでして、したがって、非常に重大な危機が生じたときには、それが実行できるような状態をアメリカが保っている可能性が十分にあると考えております。

ただし、これについては、やはり事前協議の対象になるわけなんですね。その歯どめがあるんじゃないかということも言えるかと思います。

服部　これが密約でないという二つ目の理由として、この合意議事録が共同声明の内容を大きく超える負担を約束していないという指摘があるわけですが、先ほど我部参考人からそうではない、今、春名参考人からも、中身的には違うという見解だったと思います。

若泉敬さんが、決定的なことをやってしまった、沖縄に申しわけない、歴史に対して負っている重い結果責任をとって自裁しますということで、現実にみずから命を絶たれたという非常に重たい事実がある。それがどうして表にある共同声明の内容を大きく超えてないと言えるのか。この点も、どう考えても納得ができないのですが、有識者委員会を担当された両参考人からコメントをいただきたいと思います。

坂元参考人　私自身も、あのような文書がなければ、あの時点で、沖縄が核抜き本土並みという形で返ってこれたかどうかということには、やや疑問を感じているわけです。大きな文書だったというふうに考えております。表に出たものより、やはり踏み込んだものだったと思っております。ですから、若泉さんのなさったことは、歴史に非常に大きな結果を残されたと思っております。

春名参考人　表に出たものを超えているのは確かでして、ただ、首脳会談の席で通訳も席に置いたまま小部屋に入っている。通訳も入れていない。日本側に伝わらないということはアメリカ側も知っていたと思われる。それとともに、若泉さんが交渉の経緯の中で話されているのは、この問題は四人しか知らないとも書いているわけなんですね。そういうことで有効性が保てるのかどうかというところについては、やはりニクソン大統領と軍部との関係について、軍部に知らせるだけの目的だったのかもしれませんし、その辺にやや疑義があるということが言えるかと思います。

服部　これは、ぜひ引き続き議論すべきだと私は考えております。

非核三原則を国是とするという国会決議は衆参において六回も上がっています。しかし、現実には、これはある種、虚構であったと言えると思うんですが、この非核三原則を改めて我々は守っていかなければいけない、そのためには法制化という考えも提起をさせていただいております。

あるいは、神戸市は、一九七五年に非核港湾決議をして、入港する外国艦船に核兵器を積んでいないことを証明する積み荷証明書の提出を義務づけていますが、その結果として、三十五年間、米艦船は一度も入港していない。

そういったことも含めて、非核三原則をどうやったら担保できるのかということを真剣に考えていく必要があると思いますが、先ほど我部参考人から、九二年以降は公開情報を見る限り核の持ち込みはないというお話があったと思いますけれども、そういう認識でよろしいんでしょうか。

我部政明参考人（琉球大学教授）　はい、そのとおりです。

服部　同じことを新原参考人にお聞きします。本当に非核三原則は、九二年以降も守られているのか、私は非常に疑問だと思っています。

新原昭治参考人（国際問題研究者）　実は、九一年、九二年のときに一つの問題がありました。ＮＣＮＤ政策、つまり核兵器の所在を海外で否定も肯定もしない政策を続けるということを九一年当時に国務、国防両省の首脳が明らかにして、その理由として、再び有事その他のときに海外に持ち込む必要があるだろうからということを言いました。

　それから、もう一つは、クリントン政権になって、九四年の九月に核体制見直しを出しました。そのときに、水上艦艇からは核兵器をおろすけれども、攻撃型原子力潜水艦に核巡航ミサイルを積載する体制をとり続ける、これがずっと続いております。続いている証拠に、二〇一三年ごろ、それをやめにするかどうかということで、麻生政権のときに、それをやめる前に相談してくれということを秘密のペーパーでワシントンの日本大使館が申し入れたというのが比較的最近流れたニュースです。

　この実態は続いておりますから、我々が知らないうちに持ち込まれている可能性は、実際に存在していると思います。

服部　非核三原則を担保するためにはどうしたらいいのか、新原参考人のお考えはいかがでしょうか。

新原参考人　非核神戸方式のような方式を国がとる、あるいは非核三原則を法制化する、あるいは、政府の方針としても、入ってこようとするすべての国の軍艦に核兵器を積んでいないことを証明させる、そういう措置をとって、非核三原則を実際に守るしかないんじゃないかと思います。

服部　同じく我部参考人にお聞きします。九二年以降は持ち込まれていないという御発言でしたが、今、非核三原則は担保されていると理解をしていいのか、あるいは、担保するためにもっとこういうことを国の政策としてすべきではないかというお考えがあれば、ぜひお聞かせいただきたいと思います。

我部参考人　極めて限定的な情報しか入っておりませんが、核兵器の持ち込みはないと考えております。攻撃型原子力潜水艦の戦術核というものがあるのかもしれません。それについては確認はしていないのでよくわかりません。

非核三原則をどうすべきかという点ですが、核兵器について、特に軍事力というのは、どちらかというとあいまい性を持っているものです。軍事機密について余り公言をしないというのが、日本でもそうですし、どこの国もそういうことをとっています。これがある意味でいえば抑止力を持っているというところであるので、当然、それを突き詰めようとすると、軍隊を持つ限り無理だと思うんですね。どこかでグレーゾーンが生じることは明らかではないかと思います。

ただ、そういうグレーゾーンの問題ではなくて、国是という意味と基本の原則はどうするかというところの方がより重要であって、有事の際のことをいつも考えるのではなくて、平時の際のことの方がより日常的、ふだんのことなんです。そのことがないという平時の際のことを担保していくことの方がより重要であって、有事の際のことを基準にして物事を考えていくのは間違いではないのかなと思います。日常生活は平時なんです。

例えば、嘉手納飛行場の騒音というのは、有事の際の訓練をしているんですね。人々は平時の生活をしているので、あの飛行機の音のうるささは有事の際の準備をしているから我慢しろということになるわけですが、それはできないわけです。平時の際において飛行機がうるさいんだと言っているわけですね。

やはり、我々の政治の基本は、平時の中でどういうのが担保できるかを基本に考えるべきであって、有事の際を基準に考えていくのは戦時であるということを意味しているわけですから、そうではないんだと思います。

服部　今回、四つの密約の問題について解明がされているわけですが、戦後の日米関係の中の密約というものは、もっとこれ以外にもいろいろあると指摘をされています。

新原参考人は、砂川事件、伊達判決にかかわる密約問題、あるいは米兵との事件、事故に関する日本側の第一次裁判権の放棄にかかわる密約の問題等を指摘されていますが、四件の密約以外にどのような密約があるのか、あるとお考えなのか、また、それを引き続き解明していくべきとお考えなのかどうか。

新原参考人　今回の四密約の問題と非常に接近している問題で、一九六〇年の核持ち込み密約には実はもう一本あるということはアメリカの解禁文書からわかっています。これは、文字にされない口頭の了解と理解していますが、核を貯蔵するということについてアメリカが申し入れてきた場合に好意的に回答するという内容らしいと私は見ています。

それから、裁判権放棄の密約、これは実は、今回発表された外務省の関連文書の中に、一九五八年十月四日の岸首相とマッカーサー大使が出た第一回改定交渉の記録がありました。その中に図らずもこのことが出ていて、裁判権放棄密約を公開してくれということをマッカーサーの方が言うんですね。日本側はそのときはオーケーを言っていない、実際は拒んだわけですが、これがれっきとしたもので、一つの焦点になっています。

ほかに、原子力艦船が日本に寄港した場合の密約があると思われていて、非常に明確にわかっているのは、一九七一年の末に、アメリカ側が、それまで空中のサンプリング、モニタリングを原子力艦の二十メートルそばまで近づいてモニタリングをしてよかったのを、異常放射能が出たものですから五十メートル以上離れろということを要求しまして、二年がかりで密約がつくられた。これは非常に明確な密約があります。

それから、非常に大きな問題としていいますと、一九六〇年の安保条約改定のときに、かなり対米追随的でなくなったかのようなことを岸内閣は言ったんですが、実際には、新しく地位協定になった元行政協定の第三条に関する密約があって、基地の権利、ベースライトと英語で言うんですが、基地の特権と言ってもいい、基地権を旧安保条約の当時と同じまま続けるということが密約されております。

こういう問題について、国会でも今後とも調査あるいは解明をぜひ進めていただいたらと思います。

服部　同じことを我部参考人にもお聞きしたいと思うんですが、特に沖縄の基地問題、直近の問題でいきますと、外務省、防衛省がオスプレーの配備を隠しているとか、いろいろありますけれども、そういった今日の沖縄の基地問題につながるような密約があるのかないのか、お考えはいかがでしょうか。

我部参考人　密約について調査委員会がやっていたことの一つは、密約という紙があるか否かということです。紙についての佐藤の認識、そういうものだけに限定をしていけば、余りないのかもしれません。なぜならば、紙をつくることについての責任が後で問われるので、紙はつくらない方式の方がいい。

日米関係の中で、アメリカは、日本に対して軍事的な作戦行動にかかわるような情報については一切基本的には出さない方針のようです。日本側も聞かなければ、アメリカも答えない。日本は、むしろ聞きたくないことについては話してほしくないという関係になっています。オスプレイについても、日本側はこの話は聞かなかったことにするというのが記録に出てきますので、結局こういう形で、日米間の、密約と言ったら変ですが、やりとりをこれまで何度も繰りかえしてきているので、何らかの形で、何かこれを合意するということはありません。

先ほど新原さんから出ていた密約というものは、日本側の行動を規制するものです。それは、アメリカ側の行動を規制するものではなくて、日本側の行動を規制するために密約は必要になってくるわけです。つまり、日本側はどうしろということをやるためであって、アメリカのことを規制するようなものは基本的にはとても数が少ないと考えるべきだと思いますね。

服部 この四件以外にもいろいろ密約があるというお話もありました。今後とも、密約の解明ということで、委員長におきましてはぜひ引き続き御努力をよろしくお願いします。

○密約解明・残された課題

2010年4月9日 外務委員会

服部 先日の参考人質疑の中で、四件の密約以外に、砂川事件の密約等々、委員の方からも参考人の方からも指摘がありました。

砂川事件の密約については、先日、情報開示がされました。それから、米兵犯罪の第一次裁判権を放棄する密約については、副大臣の方でその存在を認めるということでした。それ以外に、原子力艦船が日本に寄港した場合の空中サンプリング調査に関する密約、核の貯蔵について米国が申し入れてきた場合に好意的に回答するとした密約、基地権を旧安保条約下と同様に続けるとした行政協定第三条における基地の権利に関する密約、それから、旧安保条約の当時、旧行政協定の二十四条に関連して、有事の際に日米が共同作戦を行い、その際に米軍の指揮下に自衛隊が入るとした密約があるということが、前回の当委員会で指摘をされておるわけです。これらの密約については、外務省としては認識をされているでしょうか。

岡田外務大臣　砂川事件に関する日米間での問題ですが、当時の外務大臣と米国側とで意見交換が行われたことについては、情報公開法規に基づいて四月二日に開示したわけですが、その前に、三月九日に関連の情報を開示しておりまして、その中に既に含まれていたものです。

それ以外のことについては、なかなか根拠がはっきりしないものがあります。

空中サンプリング調査、これを密約と言うのかどうか、これについては、米原子力艦船が日本に寄港する際に、日本政府は同艦船から五十メートル以内で空中サンプリングを行わないという合意が一九七一年になされたのではないかという指摘があることは、承知をしております。本件については、関係のファイルを探しましたが、そうした合意に該当する文書は確認できませんでした。いずれにしても、適切な形で今後説明責任を果たしていくよう努力をしたいと考えております。いずれにしても、現在、寄港中の原子力艦船から五十メートル以内で空中サンプリングを行うこともありますので、現在もそういうことが行われているのではないかという御懸念であれば、そういうことはないということです。

その他、いろいろ御指摘いただいたことについては、必ずしも根拠が判然といたしません。もう少し具体化していただければ資料を探してみるということもできるかもしれませんが、どういう根拠でおっしゃったのかということをもう少し明確にしていただく、特定していただく必要があるのではないか。

いろいろな御指摘がありますが、我々としては、三十年たったものは原則公開するという考え方に基づいてこれから順次公開をしていく予定です。なるべく御関心の高いところから公開していくことも当然念頭に置きますが、個別の公開作業をやっていくと全体の公開作業におくれが出るということもありますので、よほど具体的にお話しされたものは特別扱いで探す努力をしたいと思いますが、基本的には、大きな固まりで、より関心の高いものから順次公開していくというやり方がいいのではないかと思っております。

服部　引き続き、外務省として、この密約問題の解明に努力をしていただくようにお願いします。

第4節　思いやり予算とメア発言について

ケビン・メア前国務省日本部長の沖縄差別発言をめぐる経緯は第1部で書いた通りです。彼がその職を解任された翌日に東日本大震災が発生したため、国会での追及も深まらず、逆にメア氏が日本政府を批判する本を出版したり、マスコミにも登場したりしていることはみなさんもご存知でしょう。メア発言そのものも断じて許されるものではありませんが、それは彼個人の発言ではなく、アメリカのある一定部分の、しかも対日政策に影響力を持っている部分の本音を表わしたものであり、日本の対米追従派の政治家や官僚はその本音を知りながら、むしろ加担していると言ってもいいと思います。メア氏をもてはやす一部マスコミもまた問題だと思います。

ここに掲載するのは、メア発言も取り上げた思いやり予算委員会質疑と本会議での反対討論です。日付は二〇一一年三月三〇日と三一日。東日本大震災と福島第一原発事故が起こり、被災者の捜索・救援も、被災地の復旧も、そして福島第一原発の緊迫状態もすべて現在進行形であった最中に、期間をわざわざ五年と長くして、思いやり予算を続ける協定が審議、承認されたのです。民主党は私たちと一緒に日米地位協定の改定案をまとめたのに、今に至るまで提起しようとさえしない。思いやり予算の協定については、前回は反対し、一時ストップさせたのに、今回はそれ以上にアメリカにおもねる協定を提案する。その変質を許さず、闘い続けたいと思います。

2011年3月30日　外務委員会（在日米軍駐留経費負担特別協定審議）

服部　一九七八年、思いやり予算が始まったとき、米軍は財政危機の中で、当時、金丸信防衛長官が思いやりがあってもいいと駐留経費の一部負担を認めたところから出発をしているわけです。今はどうですか。日本は震災で未曾有の国難に見舞われ、復興のために二十五兆円も要る。あるいは、原子力事故の被害はどこまで行くのか、現段階でははかり知れません。このような局面に際して、日本政府は米国政府に対して率直に、思いやり予算をやめてほしい、その金を復興に使いたいと言ったらどうですか。私は、アメリカの復興支援の問題と思いやり予算の問題をぐじゃぐじゃにして議論することには反対です。

北澤防衛大臣　防衛政策は国の根幹をなすものでして、大きな災害が起きて悲惨な状況になっていることも極めて重要なことですが、そのことにおいて日米の同盟関係に直結するような予算の削減を主張して、未来永劫我々が国を守っていくというところにそごが生ずるような議論は、私は必ずしも賛同できないわけです。

服部　思いやり予算があるから米軍はこの震災の救援に来ているわけじゃないでしょう。

北澤防衛大臣　そもそも米軍は、一九七〇年代の我が国が高度成長を邁進してきた時期に極めて負担が大きくなったということで、日本の国として協定を結んで、さらに金丸さんのときに特別協定をつくった。それが日米同盟の根幹をなすものであるという今の状況を、にわかに変えるという議論には直結しないと思います。

服部　そもそも思いやり予算というのは、日米地位協定第二十四条に違反して、米側の財政危機に対して思いやりを持ってと金丸さんが言って始まったわけですよね。ですから、今の日本の国難を考えたときに、そのまま続けることにどういう妥当性があるのか。菅総理も去年、これは震災の前ですよ、「我が国も財政的に大変苦しい中にありますし、そういう点では納税者の理解が得られるという、このことが重要だということは重ねて申し上げておきたい」ということを発言されています。納税者が本当に納得できるのか、非常に疑問があるということを申し上げておきたい。

米側の駐留が減れば、当然、駐留経費も減ります。米軍再編では、沖縄から八千名の海兵隊員、九千名の家族が二〇一四年までにグアムに移転する予定ですが、このロードマップは、今も生きているんでしょうか。
北澤防衛大臣　生きておると承知してます。
服部　米軍基地や米兵が減れば、米軍住宅も要らない、基地の従業員も減る、光熱水費も減る。ロードマップが生きているということであれば、三年後には減るわけですよね。なのに、何で五年間も金額を据え置くのか。これはおかしいんじゃないでしょうか。
北澤防衛大臣　これはあくまでも現状の米軍のプレゼンスの中で決めているわけでして、新たにロードマップで八千人がグアムへ移るという事態が生じたときには、日米の往復書簡に基づいて協議をすることになるわけです。今現在、八千人が移行しているわけではありませんので、現状を維持していくということです。
服部　ならば、五年間据え置くということを決める必要はないんじゃないですか。
北澤防衛大臣　期間を設定しなければ何らの意味もないわけでして、三年間であった場合もありますが、今回の協定の中では五年が妥当であろうということで日米で合意をしたわけです。
服部　ことし、二〇一一年、ロードマップは生きているということであれば、二〇一四年というのは三年後ですね。百歩譲って、三年だと言うんだったら、これは理解できるんですよ。何で五年なんですか。
北澤防衛大臣　そういう事態が起きれば、往復書簡によって協議をするという道が残っておるわけです。
服部　ということは、三年後に、現実にロードマップがそのまま実行されて、米兵が大幅に減る、あるいは家族も減る、そのときに金額は減額する、そういう合意が日米交渉で得られる、こういう理解でいいですね。
北澤防衛大臣　日米の協議にかかわるわけですが、そういう可能性はあるということです。
服部　この思いやり予算、他の同盟国との比較においても、我が国の負担は非常に突出しています。米軍が駐留する世界中の同盟国が負担する経費の総額の半分以上が日本の負担だという実情がある中で、アメリカの国務省前日本部長ケビン・メア氏は、日本政府が現在払っている高額の駐留費負担は米側に利益をもたらしている、米国は日本で非常に得な取引をしていると言っております。裏を返せば、日本は損な取引とも聞こえる。この得な取引、高額な負担、このことについて、どう認識されますか。

松本防衛大臣政務官　メア氏の認識については、米国政府の見解を代表しているものではないと認識しています。

服部　何を言っているんですか。アメリカの本音が出ているじゃないですか。日本部長ですよ。

松本外務大臣　メア氏の発言について私がここでコメントをすることはしませんが、私どもは、適切な負担であると考えたから合意したわけです。このＨＮＳ（ホスト・ネーション・サポート。接受国支援）は、我が国の安全保障並びに地域の平和と安定に寄与するものだと、戦略的な寄与だと判断をして、協定の締結についての承認を国会にお諮りをしていると理解いただけたらと思っております。

服部　一つのことで反対だとか言うと日米関係が崩れるだとか、そんな薄っぺらい日米関係じゃないと私は思いますよ。日米関係、いろいろな側面があるわけで、だめなものはだめ、辺野古に何ぼ基地をつくろうと思ってもできはしないんですから。思いやり予算も、アメリカに、悪いけれども、今日本はこういう状態やから堪忍してやと言ったらいいじゃないですか。そんなことで日米関係がつぶれるんですか。

委員長に申し上げます。三月九日の参院予算委員会で、我が党の山内徳信議員の発言に対して、予算委員長が、「ケビン・メア氏の発言についての受け止め方は当委員会の総意」であると。要するに、参院予算委員会の総意であるとおっしゃいました。沖縄は、このケビン・メア氏の発言には非常に怒っている。政府に聞けば、これはアメリカの真意でないと言われる。しかし、それで我々は納得するわけにはいきません。ケビン・メア氏がどういう見識を持っておられるのか、直接お聞きしたい。ぜひ外務委員会として、ケビン・メア氏の参考人招致をお願いいします。

小平外務委員長　後刻理事会で協議いたします。

服部　先日、騒音被害について判決が出る中で、賠償金額が遅延損害金を含めて二百二十億九千四百万円に対して、米側が通常であれば七五％の百六十五億七千五十万円支払うべき義務が日米地位協定（18条）上あるにもかかわらず、米側は支払わない。しかし、日本政府は、そもそも米側が負担すべきものに対して、いとも簡単に支払う。私は納得いかない。この思いやり予算の問題は、あり方も含めて見直すべきだと強く申し上げます。

2011年3月31日　本会議（在日米軍駐留経費負担特別協定反対討論）

服部　社会民主党・市民連合を代表して、在日米軍駐留経費負担特別協定、いわゆる思いやり予算に反対の討論を行います。

冒頭、申し上げます。ことし一月、沖縄で、米軍属によってまたも、十九歳の若い命が失われました。米軍側は、退勤中であり、公務中の事故として第一次裁判権を行使したい旨通告し、那覇地検は起訴をあきらめました。母親は、一人の命を奪っておいて、なぜ日本の裁判で罪に問えないのかと訴えています。日本人より米軍人軍属の命を守るのか。政府には、日米地位協定の改定に向けて一日も早くアクションを起こすことを訴えます。

本論に入ります。思いやり予算反対の理由の第一は、本協定が、日米地位協定第二十四条に違反し、まさに対米追随、米国言いなりの象徴的な協定となっている点であります。米国のほかの同盟国との比較においても我が国の負担は突出し、ＮＡＴＯの総額をはるかに上回っています。世界じゅうの同盟国が負担する経費の総額の半分以上が日本の負担です。米国務省前日本部長ケビン・メア氏は、日本政府が現在払っている高額の駐留費負担は米国に利益をもたらしている、米国は日本で非常に得な取引をしていると言いました。裏を返せば、日本は、高額の駐留費を支払い、損な取引に甘んじているということでしょうか。

我が党は、三年前、民主党、国民新党、共産党の皆さんと、思いやり予算に反対をしました。我々は、今こそ、対等、平等な日米関係を築くといった政権交代の原点に戻るべきです。

第二は、そもそも思いやり予算は、一九七八年当時、米国の財政危機とドル安の中で、当時の金丸信防衛長官が思いやりがあってもいいと言ったことから始まりました。今は、どうですか。日本は、震災で未曾有の国難にあり、復興のためには二十五兆円とも。加えて、原子力事故の被害はどこまで広がるのか、現段階でははかり知れません。このような局面に際して、日本政府は、米国政府に、率直に、思いやり予算を払えない、その予算を被災して苦しんでいる人のために使いたいと言うべきです。米国も、この日本の国難をわかっていながら、既得権のごとく金を受け取るのでしょうか。これで、日米が本当にウイン・ウインの対等、平等な良好な関係と国民が思うでしょうか。日本は、いつまでも米国の顔色ばかりをうかがう卑屈な外交は、やめるべきです。

第三に、今協定は、現行の三年の期限を五年に延ばし、労務費や光熱水費を減額した分を施設費に上積みして金額を固定、海外への訓練移転費をも日本が負担するという、今まで以上に米国におもねる協定であり、以上、断じて認めるわけにはいかないことを申し上げ、討論を終わります。

第5節　オスプレイについて

今大きな焦点となっているオスプレイの沖縄配備問題。一連の経過や国会内外での私の取り組みは第1部でご紹介しましたので、日本政府の「オスプレイ隠し」を追及した質疑と、岩国陸揚げ強行直後の質疑を掲載します。防衛省も外務省も「正式には聞いていない」の一点張り。公式の通報を受けるに至るまで無策ぶりというか、アメリカの方ばかり向いて国民の命も生活も軽視する姿勢を晒していたことが浮き彫りになっています。

沖縄はもちろん、全国で反対が広がっているにも関わらず、政府は、「安全性の確認」を言いながら、「日米関係」「安全保障」を強調し、配備を容認する姿勢がちらついていました。現に、九月十九日には、政府はアメリカの見解を追認し「安全宣言」を出しました。同二一日には岩国で試験飛行が始まり、十月一日から順次、普天間基地に配備されています。配備阻止の闘いは重大局面を迎えました。辺野古新基地建設といい、沖縄の民意をここまで無視する日米政府に対して、元々保守派の仲井真沖縄県知事でさえ「沖縄の全米軍基地閉鎖」に言及せざるを得なくまでに沖縄では怒りが高まっています。そしてまた、オスプレイを巡る政府の説明、対応は、原発再稼働問題と全くといいほど同型であることにも気づきます。「いのちを大切にする政治」はどこへ行ってしまったのでしょう？　私は常に「いのち」を原点に、オスプレイ配備阻止のため頑張りたいと思います。

○オスプレイ隠しを追及

２０１０年３月10日　外務委員会

服部　長島防衛政務官が、オスプレイが一二年十月から二十四機沖縄に随時導入されることになっており、今の環境アセスにオスプレイは入っていないから問題であるという趣旨で、最近、会合で発言をされています。

　今までの防衛省は、オスプレイは配備されるのかという質問に対しては、外務省ルートで一切聞いていませんというのが、回答の定番だったんですね。ところが、防衛省の中からオスプレイが配備されるということを言われるということは、これは外務省として正式に外交ルートで連絡が来ていると解してもいいんでしょうか。

武正外務副大臣　米海兵隊が全世界に保有しているＣＨ46及びＣＨ53ヘリコプターがオスプレイに代替更新されていくという、一般的な予定があることは承知しています。そうしたことにおいて、将来、オスプレイが沖縄に配備される可能性があることは認識しております。一方、沖縄へのオスプレイ配備については、累次、外交ルートを通じて米側に照会しておりますが、具体的に決まったとは聞いていないというところです。

服部　このオスプレイは、沖縄側にとっても非常に神経質な問題になっていまして、今までずっと隠されてきました。エンジン出力が現在のヘリと比べて四・四倍ぐらいあるということで、離発着するときの音はすさまじいものがあると聞いております。また墜落事故も相次いでいるわけで、引き続き議論をさせていただきたい。

２０１０年11月５日　外務委員会

服部　オスプレイは過去、再三事故を起こし、米兵も三十名以上死亡し、「未亡人製造《ママ》機」という別称を持っております。政府は、これまで、住民の反発を恐れて沖縄への配備を隠し続けてきました。過重な基地負担を軽減するという一方で、オスプレイの配備は負担軽減に反する象徴的な問題だと認識しておりますし、沖縄県民の関心は非常に高いわけです。

八月末までに行われた辺野古移設に関する日米実務者、専門家協議で、米軍機の有視界飛行経路が日米で食い違うことが表面化しました。地元の新聞では一面トップで、「飛行経路の説明誤り」と大々的に報道されている。日本政府は、周辺住宅地に近づかないような台形と説明し、米側は、台形に飛べるはずがない、標準的な楕円形の経路を主張したと言われております。飛行経路の食い違いは、オスプレイの配備を前提とするから起きているのではないかと私は思っています。言い方をかえると、オスプレイが配備される場合は、アセスがあるわけですが、現行計画の飛行経路は変更、拡大になるんでしょうか。

安住防衛副大臣　ハワイを含めて、海兵隊がオスプレイの配備を順次進めていることはもう事実である。しかし、我が国に対して、沖縄に対する配備を正式な場で伝えてきたということはありません。

私たちとしては、現実に海兵隊の動きを見れば、十分想定をし得る状況になっているということを念頭に置きながら、今、日米で協議をしている最中だというところまでは申し上げられるとに思っております。

服部　八月三十日の産経新聞を見ると、飛行経路をオスプレイ運用に沿ったものに変更するよう米側が求めたという記事があるわけですね。これはオスプレイが運用されれば飛行経路が変わる、そういう文脈でのことかどうか。そういう具体的な協議が行われたのかどうかということです。

安住防衛副大臣　協議中の細部のことは、今は公表できないということになっております。ただ、想定し得ることは事実ですから、代替施設の飛行経路については、周辺住宅地の上空飛行を回避し、騒音の影響を最低限に抑えるようにということで、その基本線に立ってアメリカ側に話をさせていただいているということです。

服部　昨年の十二月四日の記者会見で前原大臣は、仮にオスプレイが配備されることになれば、環境アセスをもう一度オスプレイを前提としてやり直さなければならないとおっしゃった。それを私が問いただしたところ、滑走路の長さとか、基地の面積が変わったらアセスをやり直すことがあるという趣旨の答弁をなさった。

ところが、既に、一九九六年、ＳＡＣＯの最終報告ドラフトで、オスプレイ部隊の基地として使用できるよう支援する設計とする、要するに、オスプレイの配備を前提とした設計になっているということが、例えば滑走路の長さであるとか幅とか地耐圧とか、そういったものが計画されているということが明らかになっているわけです。それがアメリカの裁判で明らかになった資料から、これも沖縄の地元の新聞ですが、「配備念頭に日米協議」ということで、当時大きく報道されております。

要するに、滑走路の長さとか幅とか面積だとかを問題視しているわけじゃなくて、もちろんそれも問題ですが、そもそも、住宅地の近くを飛行し、騒音をまき散らすということが問題なわけです。当然、騒音コンター（影響範囲）も変わります。そういう意味で、やはり環境アセスをやり直すべきだとお思いになりませんか。

前原外務大臣　環境アセスをどうするかは、沖縄県の環境影響評価条例で決まっているわけですね。その中では、機種の変更は書いていない。私も記者会見で、沖縄担当大臣として申し上げたのは、仮にＣＨ46からオスプレイに変更した場合において、例えば飛行経路が変わるということになれば、運用が変わるということになれば、施行規則の二十三条、二十六条関係の別表二に書かれている滑走路の長さ、あるいは飛行場及びヘリポートの区域の位置を変えないといけないのではないかという前提で申し上げたわけであって、それをもし変えないのであれば、沖縄県の環境影響評価条例の関連規定では、環境影響評価をやり直す必要性はないということです。

服部　辺野古の受け入れについては、十七対九で名護市議会も賛成多数ということですが、オスプレイの配備については、全員反対なんですね。それほど非常に過敏な問題なんですよ。一方で、国は負担軽減ということをおっしゃる。オスプレイが来れば負担軽減にならないんじゃないか。墜落のおそれもある、離発着のときの騒音も高いと言われている。エンジン出力も三倍、五倍ぐらいあると言われている。

お手元に記事を配りました。「オスプレイアセス　政府、説明責任放棄」。ハワイの基地で、オスプレイが配備されるということで、環境アセスをやっています。海兵隊は米本国の各基地でオスプレイの配備前に、国家環境政策法に基づき環境アセスの手続を実施してきた。「日本政府は「過重な負担を軽減する」との言葉と裏腹に周辺住民や県民の負担増の懸念に答えず、説明責任を放棄したままだ」。こういう記事なんですよ。ハワイでオスプレイ配備を前提に環境アセスをやっている事実、御存じだったでしょうか。

前原外務大臣　質問通告をいただく前には存じ上げておりません。

服部　普天間基地にオスプレイが配備される場合、格納庫とか、駐機場とか、各種附帯設備の新設も行われるんでしょうか。

安住防衛副大臣　全く仮定の話という前提に申し上げれば、ハワイ等の事例を見れば、新しい格納庫等々の建設をしているということは事実のようですから、そういう認識に立って私も見ております。

服部　もし普天間飛行場を対象としたオスプレイ配備ということになれば、我々はもちろんオスプレイ配備は反対ですよ。反対だけれども、環境アセスをする、しないということについても、やはりダブルスタンダードじゃだめだと思うんです。クリアゾーン、滑走路の問題、宜野湾の伊波市長も繰り返し訴えておられますが、アメリカでは守られている基準が在日米軍基地では守られない、こういうことが住民の大きな不信につながっているという問題。これは当然、日米地位協定の問題があります。そういうことを申し上げておきたい。

○配備強行阻止に向けて

2012年7月25日

服部　一昨日、岩国にも行ってオスプレイ搬入抗議集会に参加をしました。先月十七日には宜野湾の市民大会にも参加をしました。沖縄県民の怒りは頂点に達しておりますし、岩国はもちろん、全国からオスプレイ配備、低空飛行訓練反対の声が上がっております。全国知事会も緊急決議をしました。前原政調会長まで、沖縄や山口の民意を軽く考えている、見通しが甘いと、配備の延期を求められた。こういうさまざまな国民の声や、与党の中からも、しかも政調会長からも発言が出るという中で、これはちょっとまずいな、アメリカと、やはり見直しについても動くべきじゃないか、話してみるべきじゃないかと思われませんでしたか。

玄葉外務大臣　この間もそれは話をしてきているんです。そして私は、外務大臣としてこれから動くべきは動きたいと思っています。つまり、力の空白を生じさせない大前提で、ありとあらゆることをやらなければならないと思っています。安全性の問題について懸念が払拭されるためのありとあらゆることということです。

服部　今後はともかくとして、この搬入に至って、やはり動かぬといかぬなとは思われなかったんですか。

玄葉外務大臣　これは内部でのやりとりなので、余り申し上げられません。ただ、この間、日米間でさまざまなやりとりが、それは私も含めて、あったということは事実です。

服部　外務大臣としてもちょっとまずいな、米側にそういう思いは伝えられたということですか。

玄葉外務大臣　私として、そのときにでき得る最大限のことは行ったと申し上げておきたいと思います。

服部　はっきりはおっしゃらないけれども、やはり玄葉大臣としてはアメリカに言った、とは言えぬけれども言ったということかなと受けとめをさせていただきました。

それで、主体的に安全性を確認する、調査チームをアメリカに出すとおっしゃっていますが、これは原子力村と一緒で、推進したい人、安全と言う人に何ぼ聞いても、安全と言うに決まっているわけですよ。ですから、どこにどういう調査をするのかということなわけですね。

オートローテーションの問題については、二つのエンジンがとまってオートローテーションになったときの滑空距離や降下率などの具体的なデータが手元にないと森本防衛大臣も言われている。ですから、調査チームがアメリカに行って、その実験データを持っている製造元のボーイング社とか、オートローテーション機能の欠如を指摘している国防分析研究所の元主任分析官リボロ氏などから直接ヒアリングされたらどうですか。

渡辺防衛副大臣　きょう、評価チームを立ち上げます。同じような疑問を私も役所の中でぶつけておりまして、オートローテーションというのは、どのような形でおりてきて、少しイメージがつかめない部分もあったので、そのまま着陸したら地面にどれぐらいの衝撃でおりることになるのか。当然、そういうことも含めて、誰もが抱くような疑問はございます。これまでもいろいろな質問の項目を、かなり膨大な数をアメリカ側に投げておりますし、中身によっては、返事がもらえているものも、いただけていないものもある。
ですから、国防省のみならず、得られる限りの情報を得られるように、できるだけ多岐にわたって調査をしたいと考えており、ある特定の人たちとだけ会ってお答えをいただいても同じ答えになってしまうのかもしれませんので、できるだけ多様性を持って、評価チームがいろいろな方に会えるような努力をしたいと考えております。
服部　この間、さまざまな報道が出ています。例えば、朝日新聞の七月十六日の一面、「オスプレイ事故調に圧力」。これは、二〇一〇年のアフガニスタンでの事故をめぐって、エンジンのトラブルを書くなと圧力をかけたということなんですが、この事故調査委員会の元委員長のハーベル退役准将からもヒアリングをするとか、丁寧にやっていくことが国民の不安を払拭することになるわけで、きちっと対応するという決意を表明してください。
渡辺防衛副大臣　調査チームをつくる以上は、大臣それから政権全体の中で、責任を負うわけですので、国民の皆さんに説明できるだけの情報を得て、委員が指摘されたような決意を持って臨みたい、そのように考えております。
服部　アメリカ側に送っている質問状は、公表していただくわけにはいかないんでしょうか。
渡辺防衛副大臣　今ここで、どのような項目をどれだけということはちょっと差し控えさせていただきたい。
ただ、いろいろな報道もされております。また、リボロさんがいろいろなことを言っています。当然、そういうこともとにしながら、さまざまな懸念や疑問についても質問しているということについては理解いただきたいと思います。決して、そういうところを避けて質問を用意しているというわけではありません。
服部　その送った質問状というのは、後日、公開していただけるんでしょうか、例えば、あすとか。
渡辺防衛副大臣　どの点についてアメリカに聞いたかということは、ちゃんと何らかの形で皆さん方に、わかっていただけるようなことはしたいと思います。そうしませんと、一体日本政府は何を聞いたのか、一体何を申し入れたのか、国民的に関心のあるテーマについて全然聞いていないではないかということが、後であらぬことが言われないように、国民の疑問に対して、私どもが唯一アメリカに言えるチームとして、後日、こういう質問項目でした、あるいはこういうことについて何度もただしましたということは、何らかの形でお伝えしたいと思います。

服部　秘密にすると不信が増大するわけですよ。ですから、そういったプロセスも含めて、今こういう項目で出しているとか、そういったこともオープンにして、きちっと国民がわかるような議論をぜひしていただきたい。

低空飛行訓練の法的な位置づけについて、きのうの参院予算委員会で我が党の山内徳信議員が質問に立って、総理が、日米地位協定は飛行訓練を施設・区域でない場所の上空で行うことも認めていると答弁をされたのですが、これは外務大臣も同じ考えでしょうか。

玄葉外務大臣　日米地位協定は、確かに飛行訓練を施設・区域の上空に限って行うことを想定しているわけではなくて、施設・区域でない場所の上空についても行うことは認められていると思います。

では、米軍は全く自由に飛行訓練を行ってよいのかということになると、そうではないのだろうと思います。つまり、我が国において公共の安全に妥当な配慮というものを払って行われなければならないということだと思います。ですから、米軍の飛行訓練に際して、安全面に最大限の考慮を払うように、また、地元の皆様に与える影響を最小限にとどめるように、この間、米側にも申し入れをしてきましたし、また、これからそういったことについてもさまざまな日米間の調整を行わなければならない、こう考えております。

服部　日米地位協定は、基地間の移動だとかそういったことは認めていますが、訓練区域以外で飛行訓練をできるとはどこにも書いてないんですよ。それは第何条に書いてあるんですか。

玄葉外務大臣　何条に明記されているということでは確かにありません。ただ、米軍を日米安保条約また地位協定上、その駐留について認めている、そのことから導き出されるものと思っております。

服部　それが拡大解釈なんですよ。民主党政権が発足するとき、日米地位協定の改定を提起するということも言われたわけですから、ただ現状がそうなっているから仕方なしに認めますじゃなくて、それをどう変えていくかという立場でやっていくのが政治の責任だと私は思います。

海兵隊のオスプレイ訓練マニュアルというのがあると報道されており、このマニュアルを見ると、接受国の同意がなければ訓練はできないという趣旨のことが書いてあるというんですね。この訓練マニュアルの存在の認識と、これに対する考え方についてお聞かせください。

渡辺防衛副大臣　防衛省の解釈を申し上げますと、接受国の合意がない限り、連邦政府の航空路や管制圏及びその他航空交通の混雑した区域を避けるものとすると我々は訳をして、解釈をしている。つまり、管制圏及びその他航空交通の混雑した区域を、合意があれば例外として飛べると書いてあるわけです。

これは、合意がなければ空を飛んではいけないということではない。合意がなく飛んではいけないのは管制圏と航空交通の混雑した区域と解釈をしておりますので、この報道の見出しと、少し中身も違うのかなと、我々としては見解を持っているところです。

服部　野田総理は、日本側がどうしろこうしろと言う話ではないとおっしゃっていて、この発言に対しても非常に批判が高まっているわけですね。何も物を言わないのかと。

しかし、海兵隊の訓練マニュアルにそういったことがある。だから、もし認めないということであれば、要するに、国内法の航空法を守ってやらなければならない、あるいは住民が住んでいるところから離れて訓練をやらなければならないということをアメリカ自身がマニュアルで持っているわけですから、国民の不安が高まっている中で、これを一つの交渉の素材として使って、アメリカに辞退させていくというか、求めていくことは可能だと思いますが、大臣、考え方を披露してください。

玄葉外務大臣　野田総理がとやかく言えないとおっしゃったということですが、制度上、条約上云々ということだと思うんです。実際は、日米間でさまざまなやりとりを行っていますし、これからも、時に激しいやりとりになると思いますが、安全保障と安全性の両立のために果たすべき責務を果たしていきたいと思っています。

第6節　ＰＫＯ、集団的自衛権、ミサイル防衛について

私は野田政権は「自民党よりもひどい」と思っています。私たちとの連立政権合意も民主党のマニフェストも事実上破棄し、約束をいっこうに果たさない一方で、消費増税はもちろん、武器輸出三原則緩和、憲法審査会始動、ＴＰＰなど、政権交代選挙で約束していないことや、自民党政権でさえ踏み切れなかったことなどを次々と進めています。

ここでは、憲法審査会の始動に際して私が行った反対討論、今年四月の朝鮮民主主義人民共和国（北朝鮮）ロケット発射を巡ってＰＡＣ３を配備するなど大騒ぎしたときの予算委員会集中審議、いわゆる「駆けつけ警護」や集団的自衛権について玄葉外務大臣のタカ派ぶりが浮き彫りになった外務委員会質疑の議事録を掲載しました。

○憲法審査会の始動に反対

2011年10月20日　議院運営委員会（憲法審査会委員選任への反対討論）

服部　私は、社会民主党・市民連合を代表して、憲法審査会委員選任を議題とすることに反対する立場から討論を行います。

今、なぜ、憲法審査会を始動させる必要があるのでしょうか。格差問題が大きな議論となり、かつ東日本大震災に直面している我々に問われているのは、いかに人間のきずなを大切にし、憲法二十五条の生存権を実質的に保障できるのか、人々の生活と尊厳を守れるのかということです。政権交代に国民が期待したように、生活再建を図り、今なお実現していない憲法の精神を具現化することこそ喫緊の課題です。

今なお、世界各地で紛争が起こり、特に社会的弱者に深刻で悲惨な事態をもたらしています。九・一一から十年を迎えましたが、テロも、根絶されるどころか、むしろ多様化しながら、拡大がとまらない状況です。日本国憲法の平和主義を世界に発信し、力によらない和解を主導することこそ、日本の役割ではないでしょうか。

拙速に強権的に成立させた国民投票法が、投票年齢に関する公選法、民法などの関連法令について、国民の意見を反映させて検討し、施行までに必要な法制上の措置を完了する等、十八項目にもわたる附帯決議がつけられており、そもそも欠陥だらけであることも、環境が全く整っていないことの証左です。

重要な問題を放置して憲法審査会の始動を拙速に進めることこそが政治の責任放棄であると言わざるを得ないことを申し上げ、私の反対討論といたします。

○ミサイル防衛は「おもちゃ」

2012年4月18日　予算委員会

服部　北朝鮮のロケット打ち上げに対して、ミサイル防衛システムが迎撃する破壊措置命令を発したわけですが、この点について質問をいたします。

防衛省出身で、二〇〇九年の前回の発射時に安全保障・危機管理担当の内閣官房副長官補として対応された柳沢協二さんは最近新聞で、当時、破片が日本に落下する可能性はほとんどゼロと考えられていた、今回は破片が落下する可能性はさらに低いと述べております。軌道が計算できない破片に対して、ＰＡＣ３（地対空ミサイルパトリオット）の有効性は不明というのが自衛隊のプロの見方だったとおっしゃっている。射程が半径二十キロのＰＡＣ３を配備する軍事的な意味はなく、展開の訓練と先島進出に向けた地ならしが目的だ、すなわち、移動の訓練と沖縄への自衛隊配備が目的だと柳沢さんは明言をされている。柳沢さんの指摘に対する見解を防衛大臣にお示しいただきたい。

田中防衛大臣　今回の配備については、自衛隊法の第八十二条の三の第三項で、破壊措置命令を発出したところです。これは、北朝鮮が国際海事機関に提示した期間あるいは方向から、我が国の領域に破片が落下する可能性もあると予想されることによって今回の配備を行ったわけです。

そういう中にあって、我が国に落下した場合に、ＰＡＣ３が、この運用あるいは配置がよかったかどうかということはこれから検証したいと思っております。

そして、先島諸島においては、沖縄県の知事の理解もいただき、また各島の首長さんとも相談申し上げて配備をしたところですから、そういう面では、最終的には、それが落下したときには県から災害対策の要請がある、こういうことあって、その対策を打ったところです。

服部　私はもっと単純なことを聞いていて、破片が落下するわけですよ。推進力がないから、空気抵抗に遭ってふらふら落ちてくるわけですが、本当に当たると思って配備したんですか。

田中防衛大臣　そういうケースもあろうかと思いますが、ロケットですから、もっと大きなものが落ちてくるということもあるわけです。いろいろなことを想定したわけですが、そういう破片である場合には、災害対策の要請があれば対策をするということです。

服部　元外務省国際情報局長の孫崎さんの発言ですが、そもそも秒速二キロから七キロのミサイルを撃ち落とせるはずがない、ミサイル防衛が有効に機能するのは軌道がわかるときだけだ、日本周辺に落ちるときには予定を外れるときだから、軌道を予測できないものをどうやって撃ち落とすのか、ミサイル防衛はほとんど意味をなさない、戦争ごっこの玩具だと。防衛大臣、おもちゃだと言われていますよ。

予算委員会ですから、税金の無駄遣いをきちっと国会として見なければいけない。無駄な配備あるいは別の目的の配備をされているというのでは、これはだめなわけですよ。

田中防衛大臣　ＰＡＣ３あるいはイージス艦においても、実際に訓練をし、またその実験をしておるところですので、そういう面では、私は、ＢＭＤ（弾道ミサイル防衛）のシステムの我が国の導入というのは専守防衛にとって間違いがなかったと思っておるところです。多層的な防護姿勢による迎撃回避能力というものを備えておるということですので、決しておもちゃではないと思っておりますし、我が国を守っていく重要なものであると認識しております。

服部　パネルは、ことしの秋に韓国が発射するというロケットの軌道なんです。もっと日本に寄っているんですね。このときにも同じような配備をされるのか。前回、韓国のロケット発射には配備されていないわけですが、一体どういう基準で配備されているのか、そこはきちっと明らかにしてほしい。

この問題に対する反応では、韓国と日本の世論の間で相当な開きがあると指摘をされております。例えば、コースから千キロ以上離れた東京にまで配備し、住民の不安をあおっている、異常なのは、迎撃と関係ない自衛隊員が大挙して沖縄に派遣されたことだ、あるいは、ミサイル対策を口実に軍事力の拡張をたくらんでいるという分析もある、こういう韓国の報道がされているということもよく認識して対応をお願いしたい。

○玄葉外務大臣のタカ派ぶり

2012年8月1日　外務委員会

服部　南スーダンにＰＫＯが派遣をされております。国づくりを支援するために今何をすべきかということですが、私は、アフガンの経験からしても、日本がやるべきはやはり人道支援、民生支援だろうと思っている。

そういった中で、今回、ＰＫＯ法を改正して駆けつけ警護を可能にしようという動きが表面化しているわけですが、今国会にＰＫＯの改正法案というのは出さないということでよろしいんでしょうか。

玄葉外務大臣　率直に申し上げますが、内閣法制局との調整にてこずっておりまして、そういう意味で、今国会提出は少し難しいという状況ですが、最後まで努力を続けたいと私は思っております。

服部　法制局との調整にてこずっているということは、早く変えたいんだが、法制局がだだをこねているみたいなニュアンスで聞こえる。この駆けつけ警護に武器を使用することになる、自衛隊の武器使用の緩和に結びつくことなんですが、このことの憲法解釈、玄葉大臣の認識はどういうものなんでしょうか。

玄葉外務大臣　ＰＫＯに派遣された自衛官自身の生命または身体の危険が存在しない場合に、当該自衛官の所在地から離れた場所に駆けつけて他国軍隊の要員等を防護するために武器を使用することは、憲法第九条の禁じる武力の行使との関係で慎重な検討を要する場合があるが、真剣に検討していく必要があると考えております。ただ、法制局との関連を申し上げましたが、憲法上許容され得るのかどうかということについて、引き続き検討していかなければならないと考えております。

服部　玄葉大臣は、案外タカ派なんですね。集団的自衛権についても、強い問題意識を持っていると発言されておりますが、この強い問題意識というのは何でしょうか。

玄葉外務大臣　私は、集団的自衛権の問題について、現時点で内閣全体として憲法解釈を変えることはしないということを明確に申し上げた上で、問題意識を持っていると言っています。

つまり、我が国の安全保障環境が厳しい中で、我が国自身の防衛力を適切に整備することが大事です。その上で、日米同盟を深化させていく。そのときに、例えば計画検討であるとか、ミサイル防衛であるとか、拡大抑止であるとか、宇宙、サイバー、情報保全、あるいはＲＭＣ（役割・任務・能力）、それぞれこれから充実をさせていかなければならないわけです。あるいは周辺事態の問題などもあり得るでしょう。そういった事態の中でどういう形で我が国の安全保障を担保していくのかということの中で、問題意識として持っているということです。

服部　非常に前向きの印象を受けましたが、過去、長年にわたって憲法解釈で議論のあったところですし、社民党はもちろん反対ですが、ひとつバランス感覚のある、冷静な、良識のある判断、解釈を心よりお願いします。

第7節　アフガニスタン支援、イラク戦争検証について

対イラク戦争、対アフガニスタン戦争、アメリカ・ブッシュ政権が開始し、小泉政権はじめ歴代自公政権が支持してきたこの「対テロ戦争」はとうに破たんしていると私は思います。そもそも、大量破壊兵器は存在せずイラク開戦の根拠がなかったことが判明しています。政権交代の前史として、自衛隊がインド洋から一旦撤退せざるを得なくなったことは第1部で書きました。ですから、私は政権交代が果たされた中で、アメリカの対テロ戦争への協力やイラク・アフガン支援のあり方も転換できるのではないか、イラク戦争の検証も進むのではないかと期待をしていました。

ここに掲載したのは、私が実際にアフガニスタンを訪問して現地視察した成果を『月刊社会民主』で報告した記事と、イラク戦争検証やアフガン支援のあり方を巡って国会論戦をした記録です。また、超党派一〇〇人の国会議員で、当時の鳩山総理にイラク戦争の第三者検証を要請した申入書も収めました。外交密約問題の調査に着手した岡田外務大臣＝当時＝をはじめ、歴代の総理も外務大臣もイラク戦争検証には前向きな答弁を繰り返していたのですが、未だ実現を見ていません。私は超党派議員連盟の役員の一人として、法案をまとめ、国会でも機運を盛り上げていきたいと思って取り組んでいるところです。アフガン支援についても、外務省、国会議員とＮＧＯの対話の場もできてきており、私も微力ながらお手伝いさせて頂いています。

◯アフガニスタン現地報告

アフガンへは増派ではなく民生支援を

治安が悪化する一方のカブール

去る10月4日出発、10日帰国でアフガニスタン・カブールを訪問した。インド経由ということもあり、実際にカブールに滞在したのは4泊5日である。政審会長で医者でもある阿部知子社民党衆議院議員とご一緒させていただいた。民主党国際局次長でアフガニスタン担当犬塚直史参議院議員、NGOの伊勢崎賢治さんとも現地で合流。ただ訪問の主目的は少し違って、われわれはアフガン民生支援を考えるための視察であり、犬塚議員たちはアフガンの和平プロセスの模索のためと言っておこう。

険しい連山の峰を眼下に見ながら、やがて無数の土の小さな家々が視界に広がると、そこはカブールの上空であった。飛行機のタラップを降りると、すでに日本大使館の車が横付けしてあり、一般客と違うルートで軍警のものものしい警備をくぐりながら市内に。思ったより車が多い。

カブールは今急速に治安が悪化している。２００９年1月~9月ＩＥＤ(簡易爆弾)爆発28件、ロケット弾13件、自爆事件19件。対象はアフガン警察、ＩＳＡＦ(国際治安支援部隊)、国軍。最近は国連施設、インド大使館なども。自爆企図者の逮捕も増加。日本大使館の職員たちは基本的に大使館の中の宿舎と館内でほとんど外出せずに暮らしている。そして治安対策として私たちの団のガードについたのはイギリス資本の民間軍事会社コントロール・リスク社だ。ここ数年でレンタル料が倍になったという防弾車に乗り、元軍人に守られて私たちは動く。ロンドンに本部を置くこの会社は１９７０年代に南アメリカでの誘拐事件の多発を受けて保険会社が設立したのが始まりで、80年代には親会社から独立し支社を全世界に広げ、90年代は多国籍企業の活動が新たな領域へと広がり、さらに業務を拡張しているようである。

宿泊はこれまたとびきり厳重な警戒の高級セレナホテル。それもそのはず08年にホテルで銃の乱射事件あり、またわれわれの帰国直後にもロケット弾がホテルの庭に二度も着弾した。武装勢力の格好の標的ということか。

腐敗・汚職のカルザイ政権

昨年8月に行なわれた大統領選挙は9月16日に暫定開票結果が公表され、カルザイ氏が約309万票、54・6％獲得していた。ところがEUの選挙監視団は150万という大量の不正投票があったと発表、私たちが訪問した時期は、もうまもなく最終結果が発表される緊張した時期であった。50％に届かなければ再選挙になるわけだが、一方でとても再選挙できるような状態ではないともささやかれていた。結局決戦選挙は一旦予定されたが対立候補のアブドラ氏の決選投票不参加表明で流れ、カルザイ氏の再選が決定した。しかし蔓延する汚職と治安の急速な悪化の中で、カルザイ氏はこの選挙で国内の求心力もなくなり、米欧社会からさえも信頼を失い袋小路に入りつつある。

アフガニスタンに到着する前日のインド大使館での歓迎夕食会で、大使は「支援は大変感謝されているが、治安の悪さからその対策にコストがかかり真水の部分が減少してしまうことは理解してほしい」と告白した。どれほど効率が悪いのか、イギリスは200万ドルの病院建設費を投じたが、その建設費は100万ドル以下で、その差額は治安対策費の他どこかに消えている。事業の6割がピンはねされるケースもあるという。また支援国の企業に3～4割還流することも。欧米や日本からの380億ドル（約3兆6千億円）もの復興資金のうち、60億ドルしかアフガン政府に渡っていないという指摘もある。カルザイ政権の汚職は目を覆うばかりである。世界180カ国の内、汚職の少ない国ランキングで176位だという。すさまじい汚職、最悪の治安、どこに明るい未来を見いだすというのだろうか。また警察自身が最も腐敗した政府機関であり、麻薬の汚染率も2割に及ぶ。

私たちは今や与党国会議員団、政府や国連の高官、各省の大臣などと会見を続けた。ホラム情報文化大臣、ファーテミ公衆衛生大臣、スパンタ外相、アデル鉱業相、ズイア農村復興開発大臣、カイ・エイダ国連代表などである。各省の大臣は、ここ数年のアフガニスタン社会のインフラの前進・改善を説明しながらも、さらなる投資や技術援助、民生援助を要請していた。この一連の会見の中で、大臣たちから一言も給油問題に言及がなかったことが印象深い。以前、カルザイ大統領が日本がインド洋で給油している事実を知らなかったというのは、有名な話である。遙かな海の上で行なわれていることは関心の対象外なのであろう。

求められる民生援助

私たちはできる限り支援の現場を見たいということで、病院・学校・農業試験場・地雷処理NGOなどを訪問した。

私たちが、訪れたインディラ・ガンジー病院で聞いた話は印象深い。1972年にインド政府の援助で設立した。ここは全国で唯一の国立小児科総合病院であるが、それでも薬も医療器具も決定的に不足している。薬は救急患者にしか投与されず、一般患者にまで行く余裕がない。医者の給料以外のすべては患者負担となり、医療保険制度のないここでは、全国から病院に救いを求めてきた子どもの親たちは、家や農地を担保に借金をしてきているという。子どもの好きなこの国の人たちは10人の子持ちの夫婦も多いそうで、大変な負担であろう。子どもたちの病気には、下痢、肺炎、また大気汚染による心臓疾患、水頭症、先天的奇形が多いと聞いた。水の衛生状態が非常に悪い。包括的保健センターという地域の保健所に訪問し分娩室を見学したが、そこは電気も水もない悲惨な状況であった。カブール市内の80％が違法住宅、今や人口400万人と言われる中で、水の問題は大変深刻な課題となっている。私たちが町中を移動しているときに見かけた丘陵にへばりつくように建っている住宅街は、すべて違法建築と言われ、もちろん給水装置はなく、子どもたちが毎日麓の井戸から水を運び上げている。人口が急増するカブールの新たな都市難民問題は、今後の大きな問題となってきそうである。

バタンバク農業試験場を訪れたが、JICAの支援で土壌分析センターが建設された。器具の設置は完了し、あとは日本人技術者が着任すれば本格稼働、というところで治安の悪化によりその段階で止まっている。運搬の際のショックで壊れたままの器具も。農業試験場というのに灌漑池も干からびている。

人口の85％は農村に住んでおり、GDPの3分の1は農業。小麦は自給しているが、不作の時には不足となる。米は小麦の10分の1であり、国の北東部でつくられている。元は農業の豊かな国であり、果樹の輸出国でもあったが、内戦で破壊されてしまった。灌漑施設なども破壊されたまま放置されているのも多いし、水利組合の再建もしなくてはならない。

現地での日本の評価は高い。親日的だと感じた。原爆を落とされた国、敗戦から驚異的な復興を遂げた国、ロシアとの戦争に勝った国などのイメージが重なりあっている。今はどうか？　誰も自衛隊がインド洋で給油している事実を知らない中で、軍隊を派遣せずに民生支援をしているということ。これを伊勢崎氏は「美しい誤解」と皮肉るが、今はまだかろうじて「誤解」は生きてる。また医療、教育、インフラ、帰還難民の地域社会への再統合など、「まじめに」援助をするその姿勢は、アメリカと違って「野心を持たない」と評価されている。

ＪＩＣＡや世界銀行のスタッフの話も聞いたが、長い戦乱で破壊された地方の地域社会を再建することも、大変大きな課題であるという。道路や学校、医療などもちろん不足だらけのアフガニスタン社会に対して、基本的に自立を目指して援助を続けているが、その大きな要素はその地域社会自身の再建であるという。どのようにプロジェクトを進めるのか、その村で何が必要とされるのか、といった点を村人自身が知恵を寄せ合いそのコーディネイトを進めていくことが、大変な労力を要するものであるようだ。また行政機構も機能しないため、地方のプロジェクトに予算が適切に回らないなど、せっかくある予算が十分に活用できない。

日本政府は２００２年以来これまで17・8億ドルをアフガニスタン再建のために援助してきた。ＤＤＲという元兵士の武装解除・動員解除・社会復帰支援は高く評価されているし、またＪＡＣＡの支援も二国間支援として非常に見えやすい支援で喜ばれている。外務省の草の根・人間の安全保障無償援助もそうだ。しかしそれ以外の多くの支援が国連の機関などに丸投げで、使われ方の検証もできない。また縦割り援助で、トータルコーディネートがされていないためチグハグな援助となっており、援助の在り方も再検討が必要だ。厳しい環境で現地のＪＩＣＡや世銀などの若いスタッフが奮闘しているだけに、援助の在り方をもっと厳しく検証しなければならない。

国連機関も訪れない難民キャンプ

銃弾の残る宮殿跡と博物館の見学に早朝から出かけ、ホテルに戻る途中で、日本大使館近くで自爆テロがあったという連絡が入った。死者17人、負傷約90人という惨事であったが、そこに大阪からたまたま来たフリージャナリスト西谷文夫さんたちが急行。西谷さんの宿泊するムスタファホテルは自爆現場である、内務省やインド大使館のすぐそばにある。爆発は、インド大使館のパスポート申請書のそばで実行されたようである。警備の警官、そして通勤途上の病院関係者、パスポートを申請に来た人たちが、被害にあった。

その日の午後、西谷さんたちは近くの難民キャンプを訪れた。ここでは米軍の爆撃で家族を失い、足を失い、手を失った人々が大勢生活をしている。しかし、政府も国連も一切足を踏み入れていないという。タリバーンとの戦争を優先する米軍は、調査も行なわずにタリバーンの出撃した村を一網打尽に爆撃をしている。人々はいきなり爆弾の雨を浴びている。反米気運は渦を巻くように拡大。子どもを米兵に撃ち殺された人は、その写真を持って私たちに訴えかけていた。調査も補償も行なわれていない。ヘルマン州から来た2人は、2年前に爆撃を受けて足と目を失い、また足を失った。一人の名はアビブラ、40歳。もう一人はモハマッド・アクバル、45歳。身体にも破片が残っている。タリバーンは夜2~3人でやってくる。アメリカは皆タリバーンだと爆撃をする。

ヘルマン州から逃げてきた別の男。母親が頭やら胃腸やら病気になっているが、薬もなく病院に行く金もない。ゴルジュマという名の9歳の少女。左肩根本から腕を失っている。ヘルマン州ギンバレという村から逃げてきた。米軍はいきなり村を爆撃し、たくさんの人が死んだ。両足を失った女性もいる。この少女の父親と兄弟は、2家族で10人を失った。爆撃があったのは昨年9月頃。父親はその子の診断書や状況を書いたと思われる文書を大切に保管している。その中にはなくなった6人の家族の名前を書いた文書もあった。これまでこの難民キャンプには国連機関も政府も全く足を踏み入れていない。この通訳氏、話の途中で電話が入り、彼の友人の兄弟が今日の自爆テロで死亡したことが伝えられた。

西谷さんは日本で募金を募り、現地で食料を買って難民キャンプで配るという。過去に実績もあり、キャンプの長老とも仲良しだ。現地のニーズにあった、民衆に直接届く援助であり、多くのＮＧＯの皆さんのこうした献身的な努力にはほんとうに頭が下がる。

破綻する「対テロ戦争」

今アフガニスタンでは、いくつかの作戦が行なわれている。メインは米英軍が中心の「不朽の自由作戦」（ＯＥＦ）という対テロ戦争であり、「９・11米同時多発テロ」への報復として始まった。各国は集団的自衛権の行使として参戦している。インド洋において自衛隊が行なってきた海上阻止行動や補給支援活動もこの作戦の延長線上にある。もう一つの大きな柱が、国連安保理決議１３８６号に基づきＮＡＴＯ軍指揮下で始まった国際治安支援部隊（ＩＳＡＦ）があるが、今日この両者の作戦の区別がつかなくなり、誤爆や民間人の犠牲者が増える中で戦争は泥沼化している。またＩＳＡＦ指揮下に地方復興支援チーム（ＰＲＴ）の活動がなされているが、これは軍隊が民生支援をしながら、反政府勢力の影響を排除し、テロ勢力を殲滅していくという本来純粋に軍事的な取り組みである。軍隊と一体の復興支援は対テロ戦争との境界線を分かりにくいものにし、逆にＮＧＯなどの人道支援そのものをも危険な状況に追いやっている。アフガニスタンは極めて混沌たる情勢下にある。

日本も、ゴール県チャグチャランという地域のＰＲＴに、文民４人を09年５月から送っている。カブールから４００キロメートル離れた高度２２００メートルにあるゴール県、広さは九州くらいあり、そこに80万人くらいの人口が住んでいる過疎地。ほとんどはタジク人。冬はマイナス35度という極寒となり道路は封鎖される。ここにＰＲＴが一つあり、チームは４つに分かれている。人員は全部で２３０人くらい。リトアニア軍が１４０人おり、他にウクライナ、グルジア、デンマーク軍、米軍も10人参加している。コンテナをつないで住居をつくり、簡単な外に出るときは軍のパトロールと共に出る。物資も運び相談を受けたり子どもたちとサッカーをしたり、簡単な医療行為を行なう。こうして例えば学校の窓が壊れているといったような情報を持ち帰り、本部に伝え、それを修理してもらうように手配する。全国的に校舎を持つ学校は3割程度であるが、ここでは1割程度だ。日本は女性の識字教室や学校建設の支援をしている。ここにはタリバーンは来ないし、最も安全なPRTだという大使館の説明であったが、たまにIED爆発事件がおきているのも事実だ。所詮軍と一緒の復興支援はありえないし、日本は参加すべきではない。

一体アフガン戦争とはなにか？　米兵やNATO軍は一体誰と戦っているのか？　いまやタリバーンの活動地域が全土の97％、実効支配地域は70から80％に及ぶと言われている中で、なぜそのような事態になってしまったのか、根本的な総括や検証が必要ではないか。オバマ政権は3万人の増派を発表したが、ますます泥沼化し「第二のベトナム化」の懸念も指摘されている。

新政権は今後5年間で50億ドル（4500億円）の支援を発表した。日本はアメリカに追随した安易な復興支援をするべきではないと思う。私たちが訪問中にお会いした鉱業大臣が、銅山の採掘権に絡んで27億円の賄賂を貰っていた事実も最近報道された。27億円とはこの国の国家予算の3分の1に相当する、常軌を逸した金額だ。鉱業大臣からは日本からの投資をお願いされたが、貴重な税金をカルザイ政権の賄賂のために使うことになりかねない。腐敗しきったカルザイ政権への財政支援と称して、日本はアフガン警察の半年分の給料を負担し、また今後それを継続しようとしているわけだが、とても日本の納税者の理解をもらえるとは思えない。

しかし一方では多くの人々が飢え、苦しみ、もがいている。民衆に直接届く人道支援や民生支援こそ重要であり、日本だからこそ可能な援助の分野であり、それがアフガン民衆から最も期待され評価される支援の在り方である。11月23日に阿倍知子議員が企画されたペシャワール会中村哲さんの講演会に参加し、最近完成した24・3kmの灌漑用水路建設のスライドを見た。約1000人もの農民を雇用し、巨額の資金をかけて完成、緑を復元、60万人に及ぶ農民の生活再建が可能になったという。実に感動的だ。講演会終了後、中村さんにお尋ねした。

「こういう事業を国でやるとすればどうでしょうか？」

「今回の事業はNGOでやれる仕事の限界。ぜひ国でやってほしい。」

私は、日本が軍事による支援でなく、本当に人道支援・民生支援に徹するなら可能ではないか、という中村さんのメッセージだと思った。政府はこうしたＮＧＯの奮闘から多くのものを学ばなければならない。日本はまさにその視点に立脚してアフガニスタンの支援をしていくべきだ、これが私のアフガン訪問の結論である。

（初出『月刊社会民主』２０１０年１月号）

○イラク・アフガン戦争の検証を

２０１０年３月10日　外務委員会

服部　前政権が、小泉前首相の自衛隊が行くところが非戦闘地域だというような言い方でイラクに自衛隊を送って、その内実としては米軍の兵器や米兵たちを運んでいたということで、名古屋訴訟でも違憲だという判決も出ました。そういった戦争に関与をした政策の決定プロセスであるとか、一体イラクで何が起こってどういう問題があったのか。ぜひとも、イラク戦争の検証をきっちりお願いしたい。これは当然、国会としてもしなければいけないと思いますが、岡田大臣からの決意をお聞きしたいと思います。

岡田外務大臣　イラクに関しては、私もいろいろ国会で議論してまいりましたし、どこかで検証作業を行いたいとは思っておりますが、これはやはり一定の時間というのも必要なんですね。そして、優先順位からいうと、目の前にあるＯＤＡの見直しとか、核の問題とか、温暖化に対する外交的な対応とか、やりたいことはたくさんありまして、そこで自分なりに順番をつけて進めていかなくてはならないと思っております。すぐやるには、まだいろいろな意味で生々し過ぎるかなという感じが個人的にはしております。

服部　イギリスとかオランダではもう既に始まっておりますので、決して早いとは思いません。ぜひ検討をよろしくお願いします。

2011年8月10日　外務委員会

服部　長崎、広島の問題を見ても、戦争によって多くの民間人が亡くなる。もとは軍隊と軍隊が戦争をしていたかもしれませんが、結果としては民間人が多く亡くなっているわけです。

イラク戦争でも多くの民間人が亡くなっているわけですが、このイラク戦争の検証の問題、開戦の理由であった大量破壊兵器が存在しなかったことであるとか、関係各国でも開戦に至るプロセスの検証が始まっております。米軍もアフガニスタンから撤退しようとしているわけですが、松本大臣は、イラク戦争の検証ということは政府としてするべきだという認識に立っておられるでしょうか。

松本外務大臣　イラク戦争の検証については、岡田大臣が必要であると考え、また前原大臣も必要であるとのもとにお進めいただいていたと理解しており、私もその立場を引き継ぐものですが、私が就任して二日後に震災が発災をしたこともあって、現在のところは、課題であると私自身が認識をしている状況です。

服部　大臣としても、このイラク戦争の検証は必要である、そういう認識だということですね。

2012年4月18日　予算委員会

服部　四月十五日、十六日、タリバンがアフガニスタンの首都カブールなどで政府庁舎や各国大使館を同時攻撃し、日本大使館にもロケット弾が計四発着弾しました。

外務大臣、今回の事態の深刻さをどのように捉えておられるでしょうか。

玄葉外務大臣　アフガニスタンの問題というのは、治安の問題、和解の問題、開発の問題、この三つがあるんだと思います。特に治安の問題が、和解が進まないということもあり、こうした事態が起こるということになっているんだろうと思っているところです。

二〇一四年末までにアフガニスタンの治安部隊に治安権限の移譲を完了するという目標で、米軍を初めとするＩＳＡＦ（国際治安支援部隊）に参加をする各国部隊が撤収を開始しているという状況です。この治安情勢が予断を許さない中で、どういうふうにアフガニスタンみずからの治安能力を高めるかということを、まず国際社会全体が一つは考えていかなければならない課題になっている。その前提は、和解というのがないとなかなか、治安の問題は最終的におさまりがつかないということなのではないかと思っています。

特に日本の場合は、今度、東京会合を開きますが、日本らしくというか、持続可能な開発の分野に焦点を当ててアフガニスタンの安定のために貢献をしたいと考えております。

服部　私は、二〇〇九年の秋にカブールの日本大使館に行ったんです。幾重にも厳戒な検問、あるいは道の両端には大きなコンクリートブロックが随所に置かれていて、車もジグザグでないと走れないという大変な厳戒区域なんですね。こういったところでこういう事態が起きるということは、対テロ戦争の一環としてのアフガン戦争というものがもう破綻しているのではないかと私は思うわけです。軍事的に抑え込もうとしても、かえって不安定化をしている。全土の八〇から九〇％はもうタリバンが支配下に置いていると言われております。政府軍や米軍とか国際治安支援部隊は、都市を点と線で結んでいる状態なわけです。

一般市民が巻き込まれて犠牲になり続けているわけですが、日本は五十億ドルの支援を実行しています。支援が本当に必要とされている人々に届いておらずに賄賂に消えているんじゃないかということも疑われているわけですが、こういう状況、日本大使館にロケット弾が四発も入ってくるという、これは日本大使館だけじゃなくて、アメリカ大使館、イギリス大使館、大統領府、いろいろなところに来ているわけですが、総理、アフガニスタンへの関与とか支援のあり方も含めて、もう根本的に見直す時期に来ているんじゃないんでしょうか。

野田総理大臣　国際社会が、アフガニスタンの平和と安定した国づくりを一致して行っていこうということで努力をしてまいりました。我が国は、二〇〇九年から約五十億ドルの支援を決めており、約半分ぐらいですが、これは着実に実施してきております。私は、高い評価を得ていると思います。

そんな中で、今回、日本大使館に、大変残念なテロ行為が発生をしました。これは断じて許される話ではありません。だからといって、国際社会がアフガニスタンの平和と安定から手を引こうとしているわけではありません。私は、引き続き、国際社会と連携をしながら、平和と安定をどうやって実現していくかということに知恵を絞っていかなければいけないと思いますし、七月には東京での会議があります。この会議の中で、きちっとアフガニスタンの平和、安定につながる知恵を出していきたいと思います。

もちろん、かの国にはいろいろな立場の人がいます。こういうテロ行為を起こした人たちもいるわけですが、一方で、長年にわたる日本の支援を含めて、東日本大震災には、あの国力からすると、はるかに上回る寄附金がアフガニスタンから来ました。コンロ等々、いろいろ送ってきました。そういうことに感謝をする人たちもいるわけです。そのことを総合的に考えていかなければいけないと思っております。

服部　イラク、アフガン戦争は既に破綻をしていると私は思っています。日本が関与したイラク戦争、アフガン戦争に関しても、政府としてきちんと検証していく必要があるということを申し上げます。

２０１０年４月９日

内閣総理大臣

鳩山　由紀夫　様

イラク戦争・第三者検証委員会の設置を求める要請

前略、鳩山総理大臣におかれましては日夜、激務の連続と思います、国政のトップリーダーとして、くれぐれもご健康に留意されご活躍されることを祈念いたします。

さて、私共は別添の内容により政府自らの意志により「(仮称)イラク戦争・第三者検証委員会」の設置を求め衆・参国会議員の方々に賛同をお願いいたしました。

3月末で一応の締切りをしたところ、別紙の100名(匿名8名を含む)の方々から賛同をいただきました。

そこで、鳩山総理大臣にその旨をお伝えし、政府としてのご検討をお願いする次第です。

以上何卒よろしくお願い致します。

草々

呼びかけ人　衆議院議院　齋藤　勁　　服部　良一
　　　　　　参議院議員　犬塚　直史　　今野　東

別添：イラク戦争・第三者検証委員会の設置を求める賛同要請

イラク戦争が開始され7年が経とうとしております。大量破壊兵器は存在しませんでした。しかし、この戦争で実の多くのイラク国民の生命が失われ、財産も失われました。復興に向け着手されたものの未だ死傷事件は相次ぐ他、劣化ウラン弾と思われる悲惨な後遺症も多数生じています。

あらためて。「イラク戦争とは?」と、問い直さざるを得ません。衆・参議員の皆さん、我が国の議会は、2007年の衆議院本会議において「イラクにおける人道復興活動及び安全確保支援活動の実施に関する特別措置法の一部を改正する法律案」の採決にあたり、以下の附帯決議を採択しています。「政府は、イラク戦争開戦時にあるとされた大量破壊兵器が発見されなかったことを踏まえ、その上でイラク戦争の支持した当時の政府判断について検証を行うと共に、今後十分な情報収集・分析体制の強化に努めること」とあります。今こそ、この附帯決議に基づきイラク戦争の検証を行うため、第三者検証委員会の設置を政府に求めようではありませんか。そして議会に報告を求め、議会としての議論を行おうではありませんか。

また、イギリス・オランダでは、すでに第三者検証委員会が設置され、独自の調査が行われていることもお知らせいたします。

私たちは、昨年末から「イラク戦争とは何だったのか？」と全国の市民の皆さんと勉強を開催してきました。そして、このような検証をしっかり行うことが、今後の日本政治への信頼を確立し、また今後の対米関係、国際関係のあり方を考えていくためにも重要であることと確認したものです。

この趣旨にご賛同の議員のお名前を鳩山由紀夫総理大臣に届け、政府に対して、設置を要請したいと存じます。皆様のご賛同をよろしくお願いいたします。

第8節　日本外交のビジョンについて

ここに掲載したのは二〇一一年十一月に野田総理のＡＰＥＣなどの出席報告に対して、衆院本会議で社民党を代表して質問に立ったときの議事録です。

このＡＰＥＣは野田総理がＴＰＰの交渉参加を表明するのではないかということで、十月から十一月にかけて国会でも激しい攻防が繰り広げられていました。私の質問では、結局「ＴＰＰ交渉参加に向けた協議入り」を表明した野田総理の姿勢はもちろん、特に対アジア外交・対ロ外交を中心に外交ビジョンを質すとともに、緊迫する辺野古移設問題についても質問し、改めて野田総理の口から「特措法は制定しない」との答弁を得ました。この第２部の総まとめ的な質疑となっていますので、ご紹介します。

２０１１年11月17日　本会議（野田総理のＡＰＥＣ等報告に対する代表質問）

服部　社会民主党・市民連合を代表して、総理のＡＰＥＣ報告につき、総理に質問いたします。

最初に、ＴＰＰについて、総理がオバマ大統領に一体何を言ったのか、質問いたします。ホワイトハウスの十一月十二日付発表文には、貿易自由化交渉のテーブルにはあらゆる物品及びサービスをのせるという野田総理の発言を大統領が歓迎したと明記されています。アーネスト大統領副報道官は、十四日の記者会見で、この発表文は、オバマ大統領と野田総理との二人きりの協議に基づいていると明言されました。アメリカは言っている、日本では言っていない。一体どっちなんですか。それとも、総理はオバマ大統領にすべてをテーブルにのせると密約でもしたんですか。何を言ったのか、この国会の場で正確に説明してください。

ある外務省幹部は、例外、除外を前提とした参加が認められないのは交渉の前提だと述べています。本当は、やはり、すべてをテーブルにのせるしかないのではありませんか。イエス、ノーでお答えください。すべてをテーブルにのせるということでないのであれば、米側も発言がなかったことは認めていると言うだけでは済みません。これは発言事実をめぐる問題であって、米政府の解釈上の問題ではありません。事実に反するならば、今からでも訂正を求めてください。はっきりとお答えください。

私には、野田政権が、アメリカや財界の声ばかりに耳を傾け、国民生活のことを軽視しているように見えます。総理は、国益を損ねてまで交渉に参加することはないと述べていますが、ここで言う国益とは何ですか。具体的にお示しください。

総理は、国民皆保険は断固として守ると言いましたが、本当に断固守れますか。

米国は郵貯、簡保の存在を認めないのではないかという質問に対して、玄葉外務大臣は、郵政改革関連法案はＷＴＯのルールと整合していると明言しましたが、これが日本政府の方針であり、決して譲ることはありませんね。

小宮山厚労大臣は、日本の食品安全基準を下げるような提案を受け入れない、医薬品についても、国民の生命や健康をしっかりと守るように対応していきたいと答えていますが、妥協はしませんね。

現在四〇％の食料自給率を五〇％に高めることができますか。日本の農業、畜産業を本当に守れますか。総理、はっきりとお約束ください。

総理、国民生活が第一はどこへ行ってしまったんですか。弱肉強食、新自由主義政策と言われた小泉・竹中構造改革路線、それによって広がった格差に対するノーが二年前の政権交代でした。格差解消の明確な見通しが得られないまま、東日本大震災に見舞われ、皆で必死で復興しようとしている今、なぜＴＰＰなのですか。ＴＰＰ参加は、小泉路線とどこがどう違うのですか。

アメリカが求めてくることは、日米構造協議や年次改革要望書の延長線上であることは明らかです。そのアメリカの圧力に抗して、アメリカ化でないＴＰＰを実現することができるのですか。

ＴＰＰで上がる利益は、アメリカや日本の大企業の株主や経営者を潤すだけで、結局、安定的な雇用の増加や地方の再建、国民生活の再建につながらないのではないでしょうか。おまけに、製造業派遣や登録型派遣を原則禁止とした労働者派遣法案を骨抜きにする動きすらあります。本当に情けない。総理、ＴＰＰで国民生活の格差が広がることは絶対にないと断言できますか。

総理が、アジアにおいて、どのようにして、協力を深め、経済圏を構築していこうとしているのか、全くわかりません。ＴＰＰ未参加の中国、韓国、インドなどは、明らかに警戒を強めています。アジア太平洋といいつつ、太平洋の向こう側へとすり寄る日本を、アジアの経済発展、地域協力のパートナーと見るでしょうか。総理は、ＴＰＰ協議入りで、日中韓の経済連携の動きも加速する、あるいは、安全保障面で安定した環境につながるなどとしていますが、アジア諸国は逆のメッセージを受け取っていませんか。中国は、従来は、ＡＳＥＡＮプラス日中韓の枠組みを模索し、日本が主張する、インド、オーストラリア、ニュージーランドを加えたＡＳＥＡＮプラス６には消極的でしたが、現在は前向きな姿勢に転じつつあります。しかし、ＴＰＰ路線は、この展開に冷や水を浴びせることになりませんか。

総理は、日中韓やＡＳＥＡＮプラス６の枠組みをどう進めるおつもりですか。抽象論、一般論ではなく、実現可能性のある具体的道筋でお示しください。その面で、ＡＰＥＣや二国間会談等でどのような成果が上がったのか、具体的に御説明ください。

北東アジアの安定と協力の深化は、日本にとって極めて重要です。その点で、最近注目すべき動きがあります。李明博韓国大統領とメドベージェフ・ロシア大統領は、今月二日、ロシアから北朝鮮経由で韓国に天然ガスを供給するパイプライン計画の推進を確認しました。関連して、北朝鮮への通過料として、発電所を建設する案が検討されていると報じられています。北東アジアの緊張緩和なくしては、考えられない動きです。ロシア大統領とエネルギー分野での協力の強化を確認したということですが、今後ますます天然ガスの安定的かつ安価な調達が必要となる日本にとっては、気になる動きです。韓国からさらに日本に延ばす選択肢もあると思われませんか。それが可能になる環境ができることが非常に重要です。北東アジアにおける大事な動きを見過ごし、機を逸することにならないか、懸念します。総理の見解と、今後の北東アジアの平和と安定、経済協力の展望をお聞かせください。

最後に、日米首脳会談で、総理は、米軍普天間基地の辺野古移設について、環境影響評価書を年内に提出する準備を進めていると説明されました。総理は沖縄の理解と言いますが、仲井真沖縄県知事は県外移設を繰り返し求めていますし、この十四日には、沖縄県議会で、「米軍普天間飛行場の辺野古移設に反対し、環境影響評価書の提出断念を求める意見書」が全会一致で可決されました。この決議には、「県内移設に反対を求める県内四十一市町村長及び、全県議会議員を含む県民の総意を無視するものであり」「県民の生命、財産及び生活環境を守る立場から、普天間飛行場の県内移設に反対し、国外・県外に移設を求めるとともに、環境影響評価書の提出を断念するよう強く要請する」とあります。社民党だけが言っているんじゃないんです。民主党も自民党も、すべての会派が賛成しているんです、賛同しておるんです。この意見書を携えて、県議会の代表団が上京します。総理は、県議団に直接お会いになりませんか。そして、この意見書に対して、どのように誠意を持って回答されますか。

普天間問題が進展しないことへの米政府や議会のいら立ちは、総理も十分に感じておられるでしょう。米国の求める具体的進展とは、公有水面埋立許可であることは明らかです。辺野古移設を強行するため、県知事が持つ権限を奪う特措法を制定することは、将来にわたって絶対にありませんね。総理自身の口から明確に御答弁ください。

総理、いつまで日米合意にこだわり続けるおつもりですか。できないことをいつまでもできるできると言ってアメリカに期待を持たすよりも、できないことはできないとはっきり言う方が、日米の信頼関係になるんじゃないですか。総理の決断を求め、今後の展望をお伺いして、私の質問を終わります。

野田総理大臣　服部議員の御質問にお答えをいたします。

まず、ＡＰＥＣの際の日米首脳会談についての御質問をいただきました。

私からは、オバマ大統領に対しまして、ＴＰＰ交渉参加に向けて関係国と協議に入っていくということ、また、昨年十一月に決定した包括的経済連携に関する基本方針に基づき、高いレベルの経済連携を進めていくという趣旨の話をしたのであって、御指摘のような密約を行ったという事実はございません。

米側発表資料については、発表直後、説明、訂正を求めましたが、今次首脳会談での私の発言そのものを引用しているわけではないことが確認されたので、我が国としてもその旨をＡＰＥＣを取材するマスコミに発表し、既に内外で報じられています。したがって、改めて訂正まで求める必要はないと考えております。

ＴＰＰ協定については、十年以内にすべての関税を撤廃することが原則になると考えますが、最終的に、即時撤廃がどの程度となるか、また、関税撤廃の例外がどの程度認められるかについては、現時点では明らかではありません。いずれにせよ、国益を実現するためにしっかりと対応していきます。

国益としての国民皆保険、郵政、食品安全、医薬品及び農業、畜産業について御質問をいただきました。私は、世界に誇る日本の医療制度、日本の伝統文化、美しい農村、そうしたものは、断固として守り抜く決意であります。ＴＰＰ交渉参加に向けて関係国との協議に入る際には、こうした決意のもとで、守るべきは守り抜いて、そしてかち取るものはかち取るべく、御指摘の分野を含めて、まさに国益を最大限に実現するために全力を尽くす決意であります。

ＴＰＰの必要性や格差拡大の懸念などに関する御質問をいただきました。震災からの復旧復興は、私の政権の最重要かつ最優先の課題であり、そのために全力で取り組んでいくことは言うまでもありません。ＴＰＰ協定は、世界の成長エンジンであるアジア太平洋地域の成長力を取り込み、日本経済の活性化につながるものであります。これは、雇用の増加や国民生活の改善に資するものであり、震災からの復旧復興にとっても重要であると考えています。このため、今後、交渉参加に向けて関係各国との協議を開始し、各国が我が国に求めるものについて、さらなる情報収集に努め、十分な国民的な議論を経た上で、あくまで国益の視点に立って、ＴＰＰについての結論を得ていくこととしたいと考えています。

私は、御指摘のあった弱肉強食のような考えにくみするものではなく、世界に誇るべき日本の医療制度や美しい農村などを断固として守り抜き、分厚い中間層によって支えられる、安定した社会の構築を実現する決意であります。

なお、ＴＰＰ協定は、先進国、途上国を含む複雑な利害が錯綜する多国間でのルールづくりの場であり、共通の利害を有する国々が連携することで、一部の国の利益が押しつけられるようなことは難しい性格のものとなっていると考えております。

次に、アジアでの経済圏の構築とＡＰＥＣでの成果についてのお尋ねがございました。ＴＰＰ協定交渉は、ＡＰＥＣ加盟エコノミーに開かれたものであり、ＡＳＥＡＮプラス3、ＡＳＥＡＮプラス6とともに、アジア太平洋自由貿易圏、ＦＴＡＡＰに向けた地域的取り組みの一つとしても重要であります。我が国としては、ＴＰＰ交渉参加に向けて関係国と協議に入るとともに、日中韓、ＡＳＥＡＮプラス3、ＡＳＥＡＮプラス6といった取り組みも積極的に推進をし、アジア太平洋地域における二十一世紀型の貿易・投資ルールの形成に主導的な役割を果たす考えであります。

今回のＡＰＥＣ首脳会議を通じて、世界成長の牽引役であるアジア太平洋地域の確かな可能性を、各首脳と改めて確認することができました。

北東アジアの安定と協力の展望についての御質問をいただきました。御指摘の十一月二日の韓国とロシアの間の首脳会談における議論は承知をしており、このような動きについては、北東アジア地域における協力関係の今後や我が国のエネルギー安全保障を考えていく上で、注目をしています。同時に、北東アジア地域の安定のため、我が国は、北朝鮮の核問題等の解決に向けて米国や韓国とこれまでも緊密に連携して取り組んできており、今後とも、地域の関係国と協力しながら、積極的な努力を続けていく考えであります。

最後に、普天間飛行場の移設に関し、沖縄県議会の意見書、特措法の制定及び今後の展望などについて、一連の御質問をいただきました。普天間飛行場の移設問題については、日米合意を踏まえつつ、同飛行場の危険性を一刻も早く除去するとともに、沖縄の負担軽減を図ることがこの内閣の基本姿勢であります。今般、沖縄県議会が意見書を可決したことは承知しておりますが、県議会の代表団の方々と直接お会いするかについては、私自身の予定等の諸事情を勘案しながら対応したいと考えています。

また、環境影響評価の手続については、環境影響評価書を年内にも提出できる準備を進めており、沖縄の御理解も求めながら、法令にのっとって適切に進めてまいりたいと考えています。

現在の日米合意は、全体として、少なくとも現状に比べると、沖縄の大きな負担軽減につながると考えております。政府としては、引き続き、沖縄の皆様の声に真摯に耳を傾けるとともに、政府の考えを誠実に説明し、沖縄の皆様の御理解を得るべく、一歩一歩努力していく考えであります。

なお、特措法を制定することは、念頭に置いておりません。

第3章　戦後補償

戦後補償問題の解決は私にとって国政で取り組みたい重要なテーマです。一口に戦後補償といっても課題は多岐にわたり、私も様々な集会に参加したり、政府への申入れや交渉のお手伝いをしたりと国会内外でいろいろと取り組ませて頂いています。その一端は第1部でも触れましたが、この本で全部を取り上げることはできませんので、ここでは、昨年八月に関係国を歴訪した時のレポートと、国会での質問・討論をご紹介します。

個別課題が進まないことはもちろん、歴史認識についても極めて危険な状況にあるということが、残念ながら今の国会の姿であると思います。その具体例として、昨年四月の日独交流一五〇周年に際してまとめられた国会決議の問題があります。当初案にあった「侵略行為」への反省が削除され、私たちとしてはせっかくの友好決議に反対せざるを得なくなったのですが、その経過は掲載した私の討論で詳しく述べています。あわせて、決議案の文章がどう変えられてしまったのかを対照表でお示ししました。

第1節　8月アジア追悼の旅――マレーシアからシンガポール、そして天津

私は二〇一一年八月、マレーシア、シンガポール、中国を歴訪し、クアラルンプールでの旧日本軍による中国系住民弾圧犠牲者追悼式典に日本の国会議員として初めて出席するなどしました。『社会新報』にレポートを書きましたので、それを再掲します。

歴史と現実を直視した政治こそ

今年も「8・15」を迎えた。すでに戦後66年たった今、私は日本軍の侵略行為でいまだ傷の癒えないアジアの戦争犠牲者の追悼の旅へと向かった。

話のきっかけは、大江健三郎・岩波書店の沖縄戦「集団強制死」裁判で最高裁での勝利判決を受けて、文科省に教科書検定意見の撤回を求める要請行動に参加したときである。沖縄から駆けつけてきた高嶋伸欣琉球大学名誉教授から、「今年は日本軍がマレーシアに上陸し、華人大虐殺から70年に当たる。今まで追悼式典に外務省は参加しているが、一度たりとも日本の国会議員が参加したことがない。ぜひ来てほしい。」と声をかけられた。また、シンガポールの華人虐殺の碑には「土井たか子議長や村山富市首相が花輪をささげられたこともあり、社民党として福島みずほ党首の参加も検討していただけないか？」というものだった。

１９８１年教科書記述で「侵略」を「進出」に書き換えて大変な外交問題にもなった教科書検定問題をきっかけに、高嶋先生が毎年シンガポールやマレーシアに行かれていたことは当時から知り関心を持っていた。１９４１年12月、日本軍は真珠湾攻撃の直前にマレー半島に上陸し、特に人口の３割を占めていた華人への弾圧を強めた。

しかしその実態はなかなか明らかになっていないし、ましてや日本にはほとんど知られていなかった。高嶋先生は、毎年追悼の旅を続ける中で、多くの被害者と出会い、虐殺の事実を掘り起こしながら、日本に招請して証言集会を重ね、アジアの皆さんからの信頼を得ていった。そして今年は日本軍の上陸70年に当たる年だったのである。

マレーシア
若い世代へ確実に語り継がれる歴史体験

真夏の熱帯のマレー半島は、思いのほかさわやかだった。乾季でもあり日陰に入ると気持ちのいい風が吹き抜ける。ホテルの部屋からクアラルンプールを見渡すと、何と緑の多い都市か。

8月15日当日は朝から2つの追悼祭に出席した。最初は「華僑機工回国抗戦殉難記念碑公祭」。当時、中国大陸では日本軍の侵略に対し抗日戦争が戦われており、マレー半島からはインドネシア半島を経て「援蔣ルート」があったという。日本軍はこの「援蔣ルート」を攻撃。「機工」とは物資の輸送にかかわった運転手や整備士たちを指す。碑文には「南僑機工隊」に参加したのは3200人、そのうち生きて戻ったのは1748人とある。

最初の式典が終わると、墓地の中を移動しながら、近くにある「中華民国男女僑胞惨死墳」という記念碑に向かう。華人団体による「公祭典礼」が開催される。制服姿の地元の中学・高校の生徒たちも多数参加、うち2人のトランペットを持った女子学生が碑の中段に登壇して待機している。「惨死墳」には刑務所で取り調べ中に拷問で殺された800人をはじめ虐殺された約1400人の遺骨が埋葬されている。式典はまず主催者あいさつがあった後すぐ、日本から初めて参列した国会議員として指名を受け、「日本軍のマレー半島侵略70周年に当たって」と題し、日本の社会民主党を代表して追悼文を読み上げた。

「過去の歴史に誠実に向き合うことなくして両国の真の友好はあり得」ない。「植民地支配と侵略により、多くの国々、とりわけアジア諸国の人々に対して多大な損害と苦痛を与えたことに痛切な反省の意を表し、心からのお詫《わ》びの気持ちを表明」した村山総理談話を堅持して、「日本とアジア諸国との友好関係を構築していく」決意を述べた。残念ながら日本ではこうした歴史がほとんど語られることはない。しかし一方でマレーシアでは若い世代にも確実に体験が語り継がれていっている。その温度差をあらためて痛感させられる日であった。式典には日本や中国の大使館の代表も参列していたが、翌日の華字新聞は「日議員」の参加と私へのインタビューを大きく報道し、責任の大きさと同時にひとまず役割を果たした安堵《あんど》感も。その後、日本軍の「慰安所」跡やにぎやかな中華街を駆け足で見学し、初めてのマレーシアをたった。

シンガポール
歴史に翻弄された女性たちに思いはせる

飛行機で1時間余でシンガポールへ。ここも南国の花が咲き乱れるきれいな都市だ。華人の比率は75％という。この街の最も中心地にそびえる60メートルもある塔が、「日本占領時期死難人民記念碑」である。空港から記念碑に直行、事前に準備してもらっていた花輪を持って早速献花に。式典の日ではないので、日本から来た高嶋先生の一行と10名ほどで記念写真に収まる。その後、日本大使館の案内で、日本人墓地、抗日戦争の英雄・林謀盛の墓、英連邦軍の墓を回った。日本人墓地には旧軍人や商人をはじめシンガポールにゆかりのあるさまざまな日本人の墓があったが、ひときわ胸を打たれたのは、日本人「慰安婦」として東南アジアに送られて一生を終えた名もない「からゆきさん」の墓標群だった。大使館員は私を軍人の墓に案内したが、私は高さ15センチしかない名もない小さな墓石に花輪をささげた。歴史に翻弄《ほんろう》された女性たちに思いをはせた瞬間だった。

英連邦軍の墓は広大な丘陵に無数の墓石が並び、きれいに整備をされていた。大使館の説明では2万4000名が日本軍との戦闘で亡くなったという。しかし、そのほとんどがインド兵と聞いて、マレー半島を支配していた英国の植民政策の一端を垣間見る。マレー半島における日本軍の手による住民の死者は30万人とも40万人ともいう。英連邦軍下の2万人ものインド兵や多くの日本兵もまた亡くなったことを考え合わせると、戦争の愚かさ、むなしさに怒りが込み上げてくる。

天津
日本から返還された遺骨の安置所で合掌

17日、北京に向かう。18日の天津での「在日殉難烈士労工紀念館　開館5周年式典」に出席するためだ。5年前の開館の式典には土井元衆議院議長、保坂展人元衆議院議員が参列されている。この紀念館には日本から返還された2316体の遺骨が安置されている。日本は1942年の閣議決定により、約4万人の中国人を強制連行し、鉱山やダム、造船所などで過酷な労働を強いた。外務省によれば6830人が死亡し、1953年以降、2863体の遺骨が天津に送り返されている。特に労働者の蜂起にまで発展し、弾圧によって400名以上が亡くなった秋田県大館市の鹿島建設花岡鉱山の事件は有名である。毎年現地では市主催の追悼会が開かれ、昨年4月、記念館もオープン、開館式には福島党首も参加されている。

式典には「花岡受難者聯誼会」はじめ多くの強制連行生存者や遺族、天津市の幹部、神戸華僑総会や日本からの参加者を含め多数が参列した。私は党を代表して追悼文を読み上げた。党首と私の名前の入った花輪を、台湾や香港など他の多くの花輪に交じって献花。終了後は館内を見学、遺骨の安置所で合掌。

その後、屋外にある受難した労工の名前が刻まれた石碑のある広場で、リニューアルされた抵抗烈士の力強い銅像の除幕式、および今後建設されることとなった花岡紀念公園の鍬《くわ》入れ式に参列、午後からは烈士陵園の大会議室で集会があり、私は早速マレー半島の旅の報告をさせていただいて、一連の追悼行事を終えた。

昨年8月、菅直人前総理は韓国併合条約100年に当たって談話を発表した。その中で、強制連行の遺骨の返還問題に言及しているが、国会では「領土」問題などナショナリズムをあおるような論調ばかりが目立ち、戦後補償や「東アジア共同体」といった議論が影を潜めているのは嘆かわしい。アジアの歴史と現実を直視することを日本の政治の原点にしっかり据えていかなければならないことを、あらためて痛感したアジア追悼の旅であった。

第2節　戦後補償を巡る国会論戦

○歴史認識について

2011年4月22日　議院運営委員会（日独交流150周年決議案の採決への反対討論）

服部　私は、社会民主党・市民連合を代表し、日独交流百五十周年に当たり日独友好関係の増進に関する決議案の採決に反対する立場から討論を行います。

本決議は、日独交流史を回顧するだけでなく、豊穣な交流の歴史と真摯な歴史への反省の上に立って、日独関係のさらなる発展、そして、両国の世界平和への一層の貢献をうたうものとなるはずでした。

ドイツ連邦議会でことし一月に採択された日独百五十周年記念決議には、あえて日本の国名も入れて、独と日本は侵略・征服戦争を行い、被害を受けた近隣国の人々に破滅的な結果をもたらした、第二次世界大戦は両国にとって一九四五年に無条件降伏で、そして政治的、道徳的破滅の中で終了したとあります。

日本政府においても、一九九五年、戦後五十周年に当たっての村山談話で、植民地支配と侵略によって、多くの国々、とりわけアジア諸国の人々に対して多大の損害と苦痛を与えたことの反省とおわびの気持ちを表明し、この村山談話は、現政権まで一貫して継承されております。

本決議案も、最初に理事会において提示された案文は、日独友好議員連盟や外務省の意見も踏まえて練り上げられたもので、日独両国が「侵略行為により、近隣諸国の人々に対して多大の損害と苦痛を与えることとなった。」との歴史認識を表明しておりました。ところが、土壇場において、侵略行為という文言が削除されました。

このように誤った歴史認識に立った決議を採択することは、政府見解と明白にそごを来すのみならず、国会の権威と品位をおとしめるものであり、同時に、ドイツ連邦議会の友人たちの志を裏切ることとなります。

昨年八月、菅直人総理大臣は、いわゆる菅談話の中で、「私は、歴史に対して誠実に向き合いたいと思います。歴史の事実を直視する勇気とそれを受け止める謙虚さを持ち、自らの過ちを省みることに率直でありたいと思います。痛みを与えた側は忘れやすく、与えられた側はそれを容易に忘れることは出来ないものです。」と述べました。この言葉を結びとして、私の反対討論といたします。

2011年4月27日　外務委員会

服部　未来への日韓関係、そのためにも、戦後処理問題というのは、まだまだ未解決だと思っています。
二〇〇九年総選挙のときの政策インデックスに「戦後諸課題への取り組み」として、国会図書館に恒久平和調査局を設置する国会図書館法とか、慰安婦問題等についても引き続き取り組むということを明記しています。民間被害者の賠償とか戦後処理の問題について、外務省として、まだ課題は残っているとお考えですか。
松本外務大臣　これまでのことについての義務であるとか補償であるとか、そういった法的な立場は既に解決済みという政府の立場は、私どももしっかり引き継いできておるわけですが、未来に向けて日韓関係を構築していくときに、それぞれの国民の気持ちが寄り添っていくようになることが大切であるといったときに、人道的な視点であるとか、そういったことで何ができるかということは、既に取り組んでいるものもありますし、課題として今まさに進行中のものもあると理解いただいていいと思います。

日独交流百五十周年に当たり日独友好関係の増進に関する決議対照表

当初案文	決議文
今から百五十年前の一八六一年、我が国は日・プロイセン修好通商条約に調印し、日本とドイツの前身であるプロイセンとの間に公式な関係が樹立された。	今から百五十年前の一八六一年、我が国は日・プロイセン修好通商条約に調印し、日本とドイツの前身であるプロイセンとの間に公式な関係が樹立された。
一八七一年にプロイセンを中心統一を達成したドイツは、我が国が近代化に当たり模範とした国の一つであり、我が国はドイツから、法学、医学、芸術を始め、様々な分野で多くを学んできた。また、浮世絵を始めとする日本の伝統文化も、ドイツを含むヨーロッパの芸術に少なからぬ影響を及ぼすなど、日独両国は友好関係を築いてきた。	一八七一年にプロイセンを中心統一を達成したドイツは、我が国が近代化に当たり模範とした国の一つであり、~~我が国はドイツから、法学、医学、芸術を始め、様々な分野で多くを学んできた。また、浮世絵を始めとする日本の伝統文化も、ドイツを含むヨーロッパの芸術に少なからぬ影響を及ぼすなど~~日独両国はお互いに影響を及ぼし合いながら、友好関係を築いてきた。
両国は、第一次世界大戦で敵対したものの、先の大戦においては、一九四〇年に日独伊三国同盟を結び、同盟国となった。しかし、両国は、その侵略行為により、近隣諸国の人々に対して多大の損害と苦痛を与えることとなった。	両国は、第一次世界大戦で敵対したものの、先の大戦においては、一九四〇年に日独伊三国同盟を結び、同盟国となった。~~しかし、両国は、その侵略行為により、近隣諸国の人々に対して多大の損害と苦痛を与えることとなった~~その後、各国と戦争状態に入り、多大な迷惑をかけるに至り、両国も多くの犠牲を払った。
あわせて、敗戦の中から両国は奇跡の経済復興を遂げ、同時に戦争への反省に立ち、今日、自由、民主主義、人権の尊重という基本的な価値観を分かち合いつつ、世界の平和と繁栄のために緊密に協力している。さらに、両国の国民は、相互の文化と価値観に対する尊敬の念を基礎に、広範多岐にわたる交流を着実に進めている。	~~あわせて、敗戦の中から~~しかし、両国は奇跡の経済復興を遂げ、同時に戦争への反省に立ち、今日、自由、民主主義、人権の尊重という基本的な価値観を分かち合いつつ、世界の平和と繁栄のために緊密に協力している。さらに、両国の国民は、相互の文化と価値観に対する尊敬の念を基礎に、広範多岐にわたる交流を着実に進めている。
本院は、日独交流百五十周年に当たるこの機会に、日独両国が国際社会の平和と安定に大きく寄与していることを確認するとともに、今後とも我が国は、信頼関係に基づくパートナーであるドイツと共に、国際平和の実現に向けて最大限の努力を継続する所存であることを、ここに銘記する。	本院は、日独交流百五十周年に当たるこの機会に、~~日独両国が国際社会の平和と安定に大きく寄与していることを確認するとともに、~~今後とも我が国は、信頼関係に基づくパートナーであるドイツと共に、国際平和の実現に向けて最大限の努力を継続する所存であることを、ここに銘記する。
右決議する。	右決議する。

２０１２年８月24日　議院運営委員会（竹島、尖閣等に関する衆議院決議の採択への反対討論）

私は、社会民主党・市民連合を代表し、李明博韓国大統領の竹島上陸と天皇陛下に関する発言に抗議する決議案及び香港の民間活動家らによる尖閣諸島不法上陸に関する決議案の採択に反対する立場から討論を行います。

まず、尖閣に関する決議案については、今回の事態は、民間人が上陸したというものであり、そもそも、民間事案に対して国会が大上段に決議をすることが適切であるのか、疑問があります。国会があえてこのような対応をすることで、かえって事態を悪化させてしまうことを大いに懸念します。

竹島上陸など韓国大統領の言動については、国家元首がこのような行動をとったことは言うまでもなく重大なことではありますが、日韓関係や東アジアの平和と安定を考えた場合に、お互いに挑発、応酬し、エスカレートすることが両国の利益となるとは到底思えません。

本件は、外交努力や官民さまざまな次元での対話によって穏やかに対処していくものであり、両国世論も敏感となっている中で、国会が先頭に立って対立をあおるようなことになってはいけません。

領土問題の先鋭化やナショナリズムの爆発が何を招いたのか、私たちは皆、歴史の教訓として知っております。今こそ、立法府に身を置く私たちこそ、冷静になり、大局的な視野に立つべきことを強く訴え、私の反対討論といたします。

○国内外の空襲被害者について

２０１０年３月10日　外務委員会

服部　きょうは、東京大空襲の六十五年目に当たります。東京大空襲は、一日で約十万人もの人が亡くなる、被災者は約百万人に及ぶと言われている、大量虐殺とも言えるような、ひどい空襲でした。

きょうも、慰霊祭等も行われておりますし、また、その被害者の方が、いまだに補償されないじゃないか、ということで、院内で先ほど集会もやっておられまして、私も参加してあいさつをしてきたのですが、岡田大臣の東京大空襲六十五年目に当たる所感をぜひともお聞きできればと思います。

岡田外務大臣　東京大空襲、大変多くの人々が被災をされ、命を落とした事件です。ただ、東京だけではなくて、私は三重県四日市ですが、同じように工業都市でしたので、空襲を受けて多くの人が命を落としております。全国でこういうことが起きた。やはり戦争の悲惨さを忘れてはならない。兵士だけではなくて、一般市民にも被害が及ぶというのが最近の戦争の特徴かと思いますが、それだけに、戦争を繰り返してはならない、そう改めて感じているところです。

服部　この空襲は、約四百以上の市町村で行われ、約六十五万人に及ぶ民間人が死亡したとも言われております。しかも、アメリカは、日本が木造建築であることをわかっていながら焼夷弾を落とすということで、非常に問題だと思うわけです。原爆の問題でもそうだと思うんですが、市民に対する無差別殺りく、戦争だから市民もみんな殺していいということにはなっていないわけですから、過去、外務省として、アメリカに意見を言うというか、抗議をするというか、そういったことはあったんでしょうか。

武正外務副大臣　さきの大戦後に、東京大空襲を含む無差別攻撃について、米国政府に直接抗議を行ったことは確認されておりません。

服部　実は、戦争中にあるんです、戦後はないんですけれども。

一九四四年の十月十日に、那覇での10・10空襲というものがあります。このとき、重光外務大臣が、「平和的人民の殺傷ならびに非軍事目標の攻撃は、今日、諸国家を規律する人道的原則ならびに国際法に違反」しているということを、アメリカに抗議を外務大臣としてしております。

東京空襲の後にも、「東京、名古屋、大阪などに来襲せる米軍機による攻撃は、故意に無辜の平和的人民を殺傷する方法をとりたるものと断ずるほかなく」ということで、外務大臣からアメリカに抗議をしている。

六十五年たった今、アメリカに物を言うてどうするのだという話はあるかもしれませんが、日本から戦争をしかけたし、無条件降伏しているわけですから、何が言えるかという話はもちろんあるんでしょうけれども、原爆とかを含めて、市民を巻き込んだ無差別殺りくといったものは、基本的に許されるべきではないと思うわけです。

2011年8月10日　外務委員会

服部　日本でも大変な数の空襲被害者が出ております。被害者、遺族の皆さんが補償を求めて訴訟を提起されていますし、補償の立法を求める動きもあります。国策の結果として勃発した戦争において、何ら責任のない市民が、米軍による大量虐殺行為とも言える、大空襲の犠牲になり、あるいは深い傷を負い、あるいは遺児として苦しい生活を強いられてきている。皆さんは、全然自分たちが補償されない、何で自分たちが差別されなければならないのかと悶々として問いながら、年とった体にむち打ちながら頑張っておられる。

この未解決の戦後補償問題である空襲被害者の補償の問題について厚生労働省としてはどういう考えでおられるでしょうか。

大塚厚生労働副大臣　一般戦災者に対する特別な対応は、現実には行われておりません。戦傷病者戦没者遺族等援護法においても、国と雇用または雇用類似の関係にあった軍人軍属、準軍属の公務等による障害や死亡について、使用者の立場から補償しているものです。したがって、一般戦災者に対しては、一般の医療等の施策の中で対応させていただいています。被害を受けた方々から訴訟も提起されておりますが、厚生労働省という立場で判断できるものではないので、政府全体で、広く国民的な合意を要する問題と考えています。

ただ、付言しますと、私の地元は名古屋ですが、民間戦傷者の皆さんに対する補償を求める活動を、もう九十を超えて実際にやっておられる方々に日々接しておりますので、この問題に対する数十年間の政府のあり方が本当にこれでいいのかということについては、個人的に思うところが若干ございます。

服部　厚生労働省の建前としてはそういうことだけれども、やはり政治がそういった国民の苦しみに対してこたえていかなければならない、そういう問題だと思いますので、今付言で言及されたことを私も深く受けとめたいと思いますので、ぜひ頑張っていただきたいと思います。

外務大臣、日本だけじゃなくて、日本軍による重慶大爆撃というのもあるわけです。余り知られておりませんが、一九三八年の二月から一九四三年の八月の五カ年にわたって二百十八回に及ぶ爆撃が行われて、直接的な死者だけで一万二千名が犠牲になっております。二〇〇六年以来、被害者と遺族が謝罪と補償を求めて提訴しており、四次提訴の原告は百八十八人に上るわけです。戦争によって多くの民間人が死ぬ、それは中国の被害者でも日本の被害者でもイラクでも、ある意味同じなんですが、この重慶の空襲被害者に対して、大臣としてはどう思われているのか。また、解決に向けて尽力をしようというお気持ちはございませんか。

松本外務大臣　どういう形で行うことが望ましいのかということは、さまざまな議論があろうかと思います。ただ、重慶ということで申し上げれば、既に司法の判断にゆだねるステージに上がっている段階です。もちろん、これまでも何らかの司法判断が出た際に必要な政治判断が行われてきたことは承知をしていますが、司法の判断も踏まえながら、法治国家の行政府を預かる者としては対応せざるを得ないと思っております。

念のため申し上げれば、一九七二年の日中共同声明発出後、日中間の請求権の問題は存在していないというのが私どもの理解であるということは外務大臣として申し上げたいと思います。

服部　きょうは、菅談話からちょうど一年になるんです。外務省としても、その菅談話の実現のために努力するともおっしゃっているわけで、もう戦後六十六年になります。いつまでも戦後補償の議論をしなければならないことが非常に残念だという思いもありますので、ぜひ、全力で、今後の対応をよろしくお願いします。

2012年3月5日　予算委員会第五分科会（厚生労働省）

服部　昨年の八月十日に外務委員会で、当時の大塚副大臣が、厚生労働省という立場で判断できるものではないので、政府全体で広く国民的な合意を要する課題だと。ただ、この問題に対する数十年間の政府のあり方が本当にこれでいいのかということについては、個人的に思うところが若干ある、そう答弁をされたんですね。

今、民主党の首藤さんが会長になられて、法案化をしようということで、私も副会長の末席に連ねさせていただいて、何とか補償を実現したいと思っていますが、大臣、少し汗をかいてみたいという思いはありませんか。

津田厚生労働大臣政務官　空襲被害者、沖縄戦もそうですし、あるいは船舶が沈没したことにより一般人がお亡くなりになった、さまざまなケースがたくさんあったわけです。戦傷病者戦没者遺族等援護法では、国と雇用または雇用類似の関係にない空襲あるいは沖縄戦で被害を受けた一般の戦災者は、対象にしていません。

したがって、空襲等で被害を受けた一般戦災者への援護あるいは実態調査というのは、これまでの取り組みとは全く新しい世界、別の枠組みになるということです。大塚副大臣も当時答弁しておりますが、政府全体としてどうするのかということになろうかと思います。

服部　国が始めた戦争ですから、民間人が全く放置されているのは本当におかしいと思いますので、ぜひ大臣、一言お願いします。

小宮山厚生労働大臣　委員の問題意識は共有をするところもございます。

国会内で今議論が始まったということですので、ぜひ議論いただいて、提起いただければ、厚労省一つでできるわけではないので、政府としても、皆さんの意見、またそれに対する国民の広い意見も必要かと思いますので、そうしたことを注目をさせていただいて、受けとめるべきところは受けとめさせていただきたいと思います。

○強制徴用者の遺骨返還について

2010年5月19日　外務委員会

服部　昨日、戦時中の朝鮮人強制動員犠牲者の遺骨返還の記念式典が都内の祐天寺で行われました。岡田大臣も出席をされて、痛切な反省と心からのおわびということであいさつをされたと聞いております。こういう一つ一つの戦後処理の問題を丁寧にやっていくことが東アジアの平和醸成に非常に寄与するものだと考えておりまして、そういう点での外務省の努力には感謝を申し上げたいと思います。

ただ、今回、二百十九柱の遺骨が返還をされたということですが、そのうち百九十五が遺族の判明していない遺骨ということで、当然、論理上は北の出身の方の遺骨もまざっているとも考えられるわけですが、この返還について、日韓でどのような協議がされた結果、こういう経過になったのか。

それから、まだ多くの遺骨が祐天寺の方には保存をされており、その中には四百二十五柱の北の出身者の遺骨もそのまま保存をされているということなんです。戦後六十五年以上もたって、北とは国交がないという中で、遺骨の返還事業も進んでいないんだろうと推測はするわけですが、人道的な見地から、いつまでもずっとこのままにしておいていいのかという率直な疑問も感じるわけで、外務省の考え方をお聞きしておきたい。

武正外務副大臣　祐天寺には昭和四十六年に遺骨を預託することになったわけです。

韓国出身者の遺骨については、遺族が判明した遺骨のみ韓国側に返還してきたわけですが、このたび、韓国政府から無縁遺骨について一括返還の要請があったことを受けて、日韓両国政府間で、返還の時期、対象等について協議を行った結果、遺族の判明している二十四柱を含め、二百十九柱について、昨日、祐天寺で追悼式を行った上で、韓国側に返還することになりました。無縁遺骨については、日本国内においても官報での公告を行い遺族を探しましたが、判明しなかったということです。両国政府では、祐天寺に保管されている遺骨のうち、遺骨名簿に記載されている本籍地が韓国側にある者についてのみ協議してきており、今般返還することとなった無縁遺骨についても、韓国政府に対して韓国出身者のものであるとの確認を得ており、北朝鮮籍の遺骨が含まれているとは考えておりません。

現在、祐天寺に預託されている遺骨のうち北朝鮮出身者のものは四百二十五柱と承知をしておりますが、これらの取り扱いについては、日朝国交正常化の交渉の中で包括的に取り扱っていく事案であると考えております。

服部　戦後処理の問題は非常に重要な問題だと思っておりますので、今後とも引き続き努力をお願いします。

2011年4月22日　外務委員会

服部　昨年の菅総理談話のフォローアップが重要であるということを日韓両国政府間でも確認をされ、松本大臣自身も三月十九日の日韓外相会談で、総理談話のフォローアップを引き続き真摯に行っていくと挙げられてます。そのフォローアップの一つに、遺骨返還支援があるんですね。

お手元に記事を配付しました。「民間徴用の朝鮮人遺骨　進まぬ返還」ということで、仏教界が、いろいろ今まで遺骨調査に協力をしていたが一向に返還が進まない、一体政府はどうなっておるんだと怒っているという記事です。全日本仏教会の総務部長が、遺骨が返還できないのは死者への冒涜だ、仏教者として看過できないということも述べたと。今、八百十七名分の朝鮮半島出身と見られる遺骨が判明をし、その中で四十二名分については韓国側に問い合わせをして遺族も確認をされているということですが、この返還がいまだに実現しない理由というのは何なんでしょう。

伴野外務副大臣　人道的観点から、朝鮮半島出身の遺骨の返還に可能な限り真摯に取り組み、対応しているところですが、これまでも、祐天寺に預託されている旧軍人軍属の方々の遺骨を返還してきたところです。

旧民間徴用等の遺骨の返還については、韓国政府からの協力要請があったことを受けて、宗教団体の方々を初め、国内関係機関から幅広い協力をいただき、実態調査や実地調査を実施して、遺骨の所在の把握に務めてきたところです。早期返還を目指して、韓国政府とさまざまな機会を通じて、話し合いを行っているところですが、残念ながら、いまだ調整が進んでおらず、返還が実現していないのも事実です。

政府としては、八月の総理談話で明らかにしたように、未来志向の日韓関係を構築していき、その上で、今後ともこのような取り組みにも誠意を持って対応していきたいと考えているところです。

服部　韓国側で遺族もはっきりしている遺骨すらが、昨年の夏の時点で四十二人分の遺骨を確認したわけですけれども、いまだに返還されていない理由というのは何なんですか。

伴野外務副大臣　四十二人の遺族の方々の確認を初め、日本政府が実施してきている実態調査及び実地調査で得られた情報については随時韓国側に伝達して、韓国側でも遺族の特定を行っており、その結果についても韓国から随時報告を受けているところです。このような努力を無駄にすることなく、一日も早く返還できるよう努めているところですが、現在、韓国側と調整を進めている段階です。

服部　その調整の中身がどうなっているかお聞きしたいんですが、この新聞記事を見ますと、韓国政府側は日本側に政府主催の追悼会開催を求めている、しかし、徴用したのは民間企業との理由で拒まれている、責任や歴史認識の問題が協議の壁と書いているんですが、事実なんでしょうか。

伴野外務副大臣　報道は承知してますが、早期返還を目指して、さまざまな点で韓国政府と協議をしているところですが、相手国のある話ですので、詳細については差し控えさせていただきたいと思います。

服部　こういうことを一つ一つ積み重ねていくことが日韓関係の進展と信頼ということになると思うんですね。もっと迅速に、もう戦後六十五年過ぎているわけですよね。そういう意味で、ぜひ対応をお願いします。

2012年8月1日　外務委員会

服部　朝鮮半島出身の民間徴用者の遺骨返還問題について、その後全く進展がございません。

二〇〇四年に日韓首脳会談で日韓両政府が合意をし、強制徴用者の遺骨調査をすることになり、仏教会に協力を求めました。それで、曹洞宗さんが宗門寺院を挙げて調査をされ、約七百体の遺骨の所在が明らかになっております。わずか五体ではありますけれども韓国内の遺族まで判明したものもあります。しかし、日韓両政府の話し合いがつかず、遺骨の返還が一向に進んでおりません。

曹洞宗のホームページを配付しました。「待ちわびる遺族の心情とはおよそかけ離れた国家の威信や外交上の駆け引きという戯論によって、本質を見失った日韓両政府の遺骨返還事業が、着手の見通しすらなく、中途挫折の危機に遭遇している」。それから、「国家と戦争・植民地によって作り出されたこれらの無縁遺骨が、またしても政府の理屈と不毛の駆け引きという国家の回路に埋もれていく。私たちは、このような不条理や不敬を許していていいのだろうか？」という非常に厳しい問いかけをされてますが、外務省としてどうされていくのか。

玄葉外務大臣　人道的な観点から、可能な限り真摯に対応しているということです。旧民間徴用者等の遺骨の返還については、確かに、いまだ所在の把握に努めている段階です。残念ながら、韓国政府と調整が進んでいないのはおっしゃるとおりです。ただ、一昨年八月の総理談話で明らかにしておりますので、外務省として、韓国の外交当局と緊密に連携をしながら、可能な限り早期に返還が行われるように対応をしたいと考えております。

服部　仏教会に頼まれたのは外務省なんですね。それを真摯に受けとめて、曹洞宗で毎年何千万もお金をかけてやられて、一向に返還が進まないということで、本当にあきれ果てておられるんですよ。だから、もう自分のところで直接やろうかという話まで出ているとお聞きしております。一体何が問題でとまっているんでしょうかね。

玄葉外務大臣　協議の中身については、相手国との関係もあるので、この場では差し控えたいと思っています。現状を、恐らく服部委員はいろいろと御存じなのではないかと思います。

服部　いやいや、私は知らないから質問をさせていただいておるわけです。

大臣、こういったことはやはり丁寧に、ぜひ指導力を持ってやっていただきたいと申し上げておきます。

○日本軍「慰安婦」問題について

2011年12月7日　外務委員会

服部　ソウルの日本大使館前で毎週水曜日に、元日本軍「慰安婦」や支援者の皆さんが謝罪と賠償を求めて水曜集会、水曜デモを行っておられます。来週水曜日、十二月十四日に千回目を迎えます。第一回目は一九九二年の一月八日、実に二十年も謝罪と補償を求めて行動が続いている事実は非常に重たくて、韓国国内でも、一千回を前にして関心が非常に高まっております。

「慰安婦」の問題については、過去、河野談話も出されました。まず、玄葉大臣、この河野談話、村山談話、あるいは昨年の菅談話、この談話は外務大臣として尊重し引き継いでいくという理解でよろしいでしょうか。

玄葉外務大臣　一連の日本国政府の談話について、引き継いでまいります。

服部　河野談話を見ますと、「旧日本軍が直接あるいは間接にこれに関与した」。「心からお詫びと反省の気持ちを申し上げる」。ただ、どうあらわすかについては今後とも真剣に検討するということを書かれております。

それから、菅談話を見ますと、「歴史の事実を直視する勇気とそれを受け止める謙虚さを持ち、自らの過ちを省みることに率直でありたい」「痛みを与えた側は忘れやすく、与えられた側はそれを容易に忘れることは出来ないものです」と。私は非常に重たい言葉だなと思うわけです。

被害者の一人である方の証言をここに準備させていただいております。吉元玉ハルモニ、ハルモニというのはおばあさんということです。被害者の方は、アメリカの議会でも証言をされている。しかし、当の日本の国会ではその証言がされたことがない。私は、日本こそが、こういった皆さんの肉声を聞いて、その痛みは重いというものを受けとめるべきだと思っておりますが、きょうは、そういう思いも込めて、あえて皆さん方に、吉元玉さんの言葉を紹介しているわけです。吉さんは十三歳で何もわからないまま連行され、その体験は言葉で簡単にあらわすことのできないものだと思います。私も本当に心が痛むわけですが、大臣、こういった吉さんの証言、これは、外務大臣であると同時に一人の国会議員として、あるいは一人の人間として、どう受けとめられますか。

玄葉外務大臣　非常に胸が痛みます。

服部　八月に韓国の憲法裁判所が、日本軍「慰安婦」問題を解決せずにいる韓国政府の不作為について、違憲であるという判決を下しました。これを受けて、韓国政府は、日本政府に対して公式に協議を申し入れ、また国連総会第三委員会でも提起をしています。しかし、今に至るまで日本政府は協議を拒否していますが、このまま十二月十四日を迎えるということになれば、日韓関係についても非常にまずいんじゃないかなと思うわけですね。

　日本政府あるいは外務省は、韓国政府が求めるこの間の協議になぜ応じないんですか。

「水曜デモ」1000回記念のキャンドル集会。参加者で「1000」の文字を描いた（2011年12月14日、大阪・扇町公園で。撮影 奥田和浩）

石兼外務省大臣官房審議官　憲法裁判所の決定を受けて、本年の九月と十一月に、韓国政府から我が国に協議の申し入れがあったことは事実です。この財産、請求権の問題に関する日本政府の一貫した立場は、請求権・経済協力協定により完全かつ最終的に解決済みであるということで、この立場をしっかりと先方に伝える次第です。

服部　では、何で今もなお謝罪を求めて抗議を続けておられると思われますか。

玄葉外務大臣　我が国の立場は一貫をしています。請求権・経済協力協定で完全かつ最終的に解決済みであると。

ただ、そういった問題とは別に、村山内閣のときに女性のためのアジア平和国民基金をつくりました。既に高齢になられた元慰安婦の方々の現実的な救済を図るということでした。そして、元慰安婦の方々への医療とか福祉支援事業、償い金の支給等の基金の事業に対して、最大限の努力を払ってきた経緯もあるのは御存じのとおりです。ただ、この基金は解散になりました。その後も、フォローアップ事業をきちっとやっていこうということにしております。

服部　どこまで公の場で申し上げてよいかということはあるんですが、韓国でも、日本の外交官が、お一人お一人にできる限りお気持ちをお聞きする、そういう触れ合いを持つように努力をしているというのが今の実情です。

服部　それならば、韓国政府は公式に日本の外務省に、この問題の解決を求めて話し合いをしようと言ってきているわけですから、何でされないんですか。

玄葉外務大臣　これは、気持ちの問題というよりは協定そのものの問題ですので、韓国は韓国で憲法裁判所から言われた、その中で要求していることは理解しておりますが、やはり協定上、私たちの立場というものがありますので、その立場を申し上げているということです。

服部　先ほど基金の話も出ましたが、端的に言えば、被害者の方に日本の国としての謝罪の気持ちが伝わっていないんですよ。ですから、きょうのきょうまで抗議が続いている。

日韓関係は非常に重要だということは、大臣もよく認識のことですよね。韓国では、日本統治下の韓国の労働者に対して補償していない日本企業を公共入札の対象から排除する動きもあるわけです。日中韓のＦＴＡ、ＡＳＥＡＮプラス３とか６とか、日韓の経済関係を深めると一方で言いながら、また、十一月十七日の本会議で、ロシアから北朝鮮経由で韓国に天然ガスのパイプラインを引くということも私は指摘させていただいて、野田総理は、このような動きに対しては注目しているという答弁もありました。

日韓関係を考えると、両国間に刺さっているとげを丁寧に抜いていく、そのことがまさに外交じゃないんですか。今までみたいに、しゃくし定規に、こうだからだめだということじゃなくて。

外務大臣、このままほったらかしにするんですか。

玄葉外務大臣　私たちの立場は申し上げているとおりです。だからといって、何の意思疎通も韓国側としていないかといえば、そうではございません。

服部　最近、玄葉大臣はアメリカとオーストラリアの戦争捕虜の方にお会いになった。外務省のホームページからですが、十月十七日、米国人元戦争捕虜と会われて、外務大臣は非常にいいことを言っておられる。心の和解を促進すると言われているんですね。オーストラリアの戦争捕虜の方にも会われて、改めて深い反省と心からのおわびの気持ちを表明されております。この問題も、藤崎駐米大使がその被害者のもとを訪ねて謝罪をして、そこから交流が始まったわけです。この十月には、昨年に続き二回目の日本招致が実現をして、玄葉大臣もお会いになって、そういったおわびもされ、和解のプロセスが少しずつ進んでいるわけです。

先ほど、何か意味ありげなことをおっしゃったんですが、例えば水曜集会に、被害者のお年寄りが座っておられるわけですよ、日本大使館の前で。そこに大使が出向いて一言あいさつするとか、それが良心というものじゃないですか。

玄葉外務大臣　心の和解の方法は、普遍的なものもあるだろうし、それぞれの国によって、さまざまなところもあるんだろうと思います。今、韓国の話ですけれども、この間一貫して努力をしてきた、そのことを改めて申し上げつつ、意思疎通をいろいろ、コミュニケーションをいろいろとっているということです。

服部　私は、前原さんがどういう思いで言われたのかよくわかりませんが、十月ですか、韓国に行かれたときに、人道的観点から考える余地がないかお互いに議論をしたいとおっしゃっている。

被害者は、もう本当に高齢なわけですよ。名乗り出られた方が二百三十四名おられますが、存命なのは六十五名になってしまっている。一日一日が非常に貴重な時間です。戦後六十六年たち、しかも今、韓国の中でも非常に注目が集まっている。そのことが少なからず日韓関係にもマイナスの影響があるということは、大局的な視点で見れば、大臣もよくおわかりだと思います。

このタイミングで、具体的に外務省として動く、何らかのことをするという決意を述べてください。

玄葉外務大臣　日韓関係を大局的にとらまえる、重層的に考えていくというのは、全くそのとおり、同感です。

日本軍「慰安婦」被害者、吉元玉(キル・ウォノク)ハルモニの証言より

(2010年4月10日、尼崎市にて)

○自分の体験は堂々と人に言えるようなものではない、とても恥ずかしい話です。そこには想像も出来ない苦痛、胸に詰まる苦しみがあります。でも、**恥ずかしいのは私ではなくて、日本政府であり、韓国政府なのではないのでしょうか?**

○**私は13歳で連行されました。まだ生理もない、子どもでした。**軍人たちに襲われると、血が出てくるのですが、私は血が出てきて病気になったと思ったほどでした。先にきていたお姉さんたちに「病気ではない」と教えてもらったのですが、そんなことを教えてもらわなければならなかったほど、幼い子どもだったのです。

○軍人がどういったものかも分からないまま、**軍人によく殴られました**。パーでなくグーで。本当に殴られ、殴られ、殴られて、脇腹なのか足なのか、どこが痛いのか分からないくらい感覚がなくなるまで殴られました。蹴られたときも、ただ蹴るだけじゃなくて、ぎゅっと踏みつけるんですよね。

○まだまだ自分の体験を告白するのが難しい韓国社会の中で、**234人の被害者が政府に申告**して登録されています。その中でも、私が一番若いです。今では85名(12月6日現在確認情報では**65名**)しか残っていません。**私たちに残された時間は短いのです**。

○韓国の日本大使館前で行ってきた水曜デモも、はじめてもう20年経ちました。私たちはまだまだ力が足りません。どうしてもまだまだ解決が出来ません。そしてまだまだ真実が明らかになっていないのです。**どんなに謝ったりとか、明らかになったりとかしても、私たちの傷が完全に癒えることはないでしょう**。それでも「慰安婦」ということがウソではなかった、真実とはこういうことだったということを明らかにしてくれることによって、全ての傷は癒えなくても、少しでも心のシコリが取れるはずです。そういうことを願って、**本当に高齢で辛いのですが、お話ししている**のです。

○間違いを起こすことはしょうがないとしても、**間違いを起こしてしまったことに対して聞こえないフリをしたり、見えないフリをしたりするのではなくて、間違いを謝り、正すことが大切**だと思います。そうすることによって**次の世代の若者たちが何のシコリもなく暮らしていける**ことが出来るようになるのではないでしょうか。それこそが、私が今望んでいることでもあります。

○私が日本政府に望んでいるのは、それほど大きな事ではありません。**本当に心のこもった謝罪**をして欲しいのです。そして**心のこもった謝罪に基づく賠償を、国家としてなされなければならない**と思っています。今まで日本政府が「謝った、謝った」と言っていても、それは口だけだったと思っています。**口だけでなく、ホントの気持ちを示して欲しい**です。

○**私の身体はあちこちの臓器が痛んでいます**。本当に具合が悪いです。薬を飲んでも全然治らない。内臓の手術もしたことがあります。それでも私は今まで死にませんでした。他の人たちは「キル・ウォノクは本当に奇跡だ」といいます。死のうとしても死なない、**痛みも耐えられないくらい**ですけれども、死なないんですね。

○**私の話をキル・ウォノクの話ではなくて、自分がキル・ウォノクになったと思って聞いて欲しい**です。あるいは私の両親であったり兄弟であったり友人であったり子どもであったり、そういうふうに**想像して、感じて欲しいんですね——この痛みを**。

2011年12月7日の外務委員会配布資料
(「吉元玉ハルモニ証言集会」記録 http://www.jca.apc.org/ianfu_ketsugi/ から抜粋)

ただ、今提起された問題については、日本政府の立場は一貫をしている、そういう中で一定の意思疎通をさせていただいている、それだけです。
服部　こういう問題を質問すると、すぐ売国だとか言う人がいるんですが、日本が歴史の問題をきちっと認識して謝罪することが、日本にとってプラスであるということを最後に申し上げます。

○朝鮮王朝儀軌の返還について

2011年4月22日　外務委員会

服部　この日韓図書協定で対象となっている朝鮮王朝儀軌等の図書は、日本による植民地支配のもとで日本の手に渡ったものであり、当然、その事実認識に立ち、反省とともに韓国側にお返しすべきものであると私は思っておりますが、菅総理談話では「お渡し」、あるいは本協定では「引き渡す」とされております。どうして返還ではだめなのでしょうか。
松本外務大臣　日韓間の歴史を踏まえてということは御指摘のとおりです。同時に、未来志向の日韓関係を構築していく関係から、義務に基づくものとしてではなく、あくまでも日本側の自発的措置として行うということで、引き渡しを行うものですし、この協定が策定されたものです。こういった趣旨を踏まえて、韓国政府との協議も経て、引き渡すという文言を用いることにしたと理解いただけたらと思っております。
服部　義務という言い方じゃなくて、道義的責任という問題だと私は思うんですね。菅談話の中にも、歴史に対して誠実に向き合い、歴史の事実を直視する勇気とそれを受け止める謙虚さを持ち、みずからの過ちを省みることに率直でありたいと。

民間所有の文化財についても、これまで返還運動なり返還要請があり、具体的には、大倉集古館所蔵の利川五重石塔の返還問題があります。二〇〇八年八月に返還運動推進委員会が結成され、大倉集古館を管理し、石塔を所有する大倉文化財団は、昨年十月二十九日に行われた返還運動推進委員会との話し合いの中で、日本政府の許可があれば返還すると回答した旨の報道がされております。

この石塔は重要美術品に指定されているために、返還をするためには文化審議会が可否を判断する手続が必要となると理解しますが、大倉文化財団から文化庁に申し入れがあって文化審議会で審議する場合に、ここから先は一般論としてお聞きするんですけれども、返還を阻害する理由というのは何かあるんでしょうか。

吉田文化庁次長　大倉文化財団所有の五重石塔は、「重要美術品等ノ保存ニ関スル法律」（昭和八年）によって、「歴史上又ハ美術上特ニ重要ナル価値アリト認メラル物件」ということで、昭和八年七月二十五日付で重要美術品に認定をされております。これは、現在の文化財保護法にいう重要文化財とは異なる種類のものです。このような重要美術品を海外へ輸出することについては文化庁長官の許可が必要となっており、その際、文化庁長官は、その重要美術品の認定を取り消すかどうかという判断を行うことになるので、その点について文化審議会に諮問をするということです。

その際の判断基準ですが、個々具体の案件に即して行わなければいけないということですが、一般論として、当該美術品の文化財としての価値いかんというところで判断をさせていただくことになろうかと思います。

服部　もともと韓国にあった、それが今たまたま日本の民間が所有している、それが話し合いによって合意が得られるという場合に、政府としても、その返還に理解があってしかるべきだと思いますが、いかがでしょう。

松本外務大臣　日韓関係は重層的にこれから深めていくことが大変重要であって、文化交流もその一面であることから、民間レベルでも文化の交流が活発に行われることは大変歓迎をすべきことではないかと考えているところですが、民間保有の文化財の扱いについて私どもとしてお答えをする立場にありませんし、政府としての手続が必要なことについては基準が定められておりますので、それにのっとって行われると理解しております。

服部　二〇〇五年の五月に日韓外相会談で、韓国側から日本側の積極的対応を期待すると表明をされまして、我が国側も誠意を持って仲介したい旨を述べたということですよね。これは自民党時代ですよ、自民党時代に負けないように、きちっとこういう誠意ある対応をとられたらどうですか。

松本外務大臣　これまでの日韓でのさまざまなやりとりについては、さかのぼれる限り確認をしていきながら、今後も日韓のやりとりについて臨んでいきたいと思っておりますし、指摘いただいた件もまた念頭に入れて今後取り組んでいきたいと思いますが、この段階でコメントするのは、差し控えさせていただきたいと思います。

２０１１年４月27日　外務委員会

服部　前回の委員会で、文化庁次長が、重要文化財を海外へ返還あるいは引き渡しするに当たって、文化審議会での判断について、当該美術品の文化財としての価値のいかんというところで判断をするという趣旨の答弁をしておりますす。この理屈からいったら、例えば北関大捷碑であるとか返還された文化財は価値がなかったのかとも読めるわけで、植民地支配という歴史的な経過であるとか背景であるとか、あるいは所有者が返したいという意向であるとか、そういったことは考慮されないのか。

関文化庁文化財部長　重要美術品等ノ保存ニ関スル法律は、昭和二十五年、文化財保護法ができた際に廃止をされたわけですが、既に認定をされた重要美術品については、当分の間、その効力を有するとされております。その趣旨は、重要美術品について再度きちんと評価をして、文化財保護法に基づく重要文化財として指定すべきものは指定をする、そうでないものについては重要美術品としての認定を取り消すということです。

　具体的には、当該重要美術品を重要文化財として指定をすべきかどうか、すなわち、我が国にとっての歴史上または芸術上の価値という観点から判断を行うことになるというものです。

服部　ということは、所有者が返したいとか、それが何で日本にあるか、そういう背景については考慮されないということなんですか。イエス、ノーで。

関部長　私どもとしては、文化財保護法それから重要美術品等ノ保存ニ関スル法律を担当している立場から、文化財としての価値に基づいて判断をさせていただいているということです。

服部　宮内庁の文化財については、文化庁としては全くノータッチということなんでしょうか。

関部長　文化財保護法の趣旨は、文化財のうちで価値の高いもの、重要なものを文部科学大臣が指定するということですが、指定をされたものについては、所有者においてきちんと保存管理をしていただくことになります。

宮内庁が所有されているものについては、きちんと保存管理をされていると思っておりますので、今まで重要文化財等の指定ということはしてこなかったということです。

服部　きょう、文化財の問題、いろいろ議論がありました。対馬の文書なんかもありますが、長い文化交流の歴史を見ると、これは日本と韓国の共通の財産だとも言えるような面があるわけですね。そういう意味では、この問題をきっかけに、単に所有権の論議だけじゃなくて、巡回展示だとか、共同管理だとか利用だとか、幅広く利用を検討していくような専門家委員会を立ち上げた方がいいんじゃないかなと思いますが、いかがでしょうか。

松本外務大臣　両国間は、長い交流の中で、それぞれの由来の文物が両国の間にあると私自身も理解しておりまして、それを、研究者などのアクセスについては先ほど議論がありましたが、広く両国の国民が触れる機会がある、目にする機会があるということも大変重要なことだと思います。どのように進めていくかということについては、専門家の力をかりるといったことも含めて今後の検討課題としてまいりたいと思っております。

○朝鮮高級学校無償化について

2012年2月15日　予算委員会

服部　昨年八月二十九日に、菅総理が朝鮮高級学校への高校無償化適用について審査再開を指示しました。それから半年後、まだ結果が出ておりません。昨年、三年生は適用されないまま卒業で、ことしも三年生の卒業も間近で、手続に必要な時間を考えると、もうぎりぎりのタイミングです。私は、政治に子どもが振り回されては高校無償化の理念に反する、政治や政局と切り離して、子どもを巻き込まないというのが共通理解と思っております。三年生の卒業に間に合うように、総理のリーダーシップで手続を進めていただきたいと思いますが、どうですか。

朝鮮高級学校無償化を求める連絡会・大阪結成集会。800人が参加した（2012年3月1日、大阪市立阿倍野区民センターで）

平野文部科学大臣　朝鮮学校については、規定に基づいて厳正に審査を行っているところですので、いつごろまでにという結果をここで報告することはまいらないということで理解いただきたいと思います。

服部　去年八月に、判断は文科省よりもむしろ官邸だという趣旨の話だったと思うんですが、総理としてはどうなんですか。文科省は審査と言っておりますが、これは官邸の決断が要るんじゃないですか。

私、この間、何回か文科省に行きましたが、文科省としては、暗に、もう手を離れているんですよと言わんばかりなんですよ。官邸がどう判断するかですということをおっしゃるんですが、どうですか。

野田総理大臣　あくまで、文科省において現段階においては審査基準に基づいて厳正に審査をしているというプロセスの中にあると思いますので、それを踏まえた対応をするということです。

服部委員　私は、せっかくのいい法律だと思っていますので、これが差別の象徴にならないように、ぜひお願いをします。

○中国での細菌戦について
２０１２年６月15日　外務委員会

服部　ことしは、日中国交回復四十周年に当たります。私は、未来志向で日中関係を深めていくためにもやはり戦後補償の問題の解決は必要不可欠である、そういう考えでおります。

七三一部隊と日本軍による細菌戦の問題ですが、二〇〇三年の十月に、「外務省、防衛庁等の文書において、関東軍防疫給水部等が細菌戦を行ったことを示す資料は、現時点まで確認されていない」としつつ、「新たな事実が判明する場合には、歴史の事実として厳粛に受け止めていきたい」、こういう政府答弁をされておるんですね。

その新たな事実が国立国会図書館の関西館に所蔵されていることが昨年十月に日本の民間研究者によって発掘されました。七三一部隊所属の金子順一軍医少佐による論文集です。この中で、昭和十五年から十七年まで、六回にわたる細菌作戦が実施をされた場所、効果等がまとめられています。これは米国が行った細菌戦に関する事実調査の結果とも符合する、既存の信頼できる資料等とも符合していますが、この金子論文の新たな発見を踏まえて、日本政府として中国における細菌戦の事実の問題についてどういう見解をお持ちか、お聞きします。

玄葉外務大臣　いわゆる七三一部隊というのが旧日本軍の関東軍防疫給水部のことであること、及び他の旧日本軍部隊にも防疫給水部隊が存在したことは、公文書からも明らかになっている。ただ、いわゆる七三一部隊の活動の詳細については、やはり政府内部に資料は見当たらないというのが今の実態です。

この金子論文が新たな事実として出たのではないかというお話なんだろうと思いますが、今回、少なくとも、見つかった資料を含めて、歴史学者の方々が今後どういう研究をし、その研究の深まりがどうなっていくのかといったことを踏まえながら、新たな事実が判明するというのかどうか、判断していきたいと思っています。

服部　学者がということじゃなくて、これはもともと国が起こした戦争、国の機関としてやったことですから、外務省としてきちっと受けとめてやっていただきたい。

細菌戦遺族の皆さんの希望は、日本政府の責任で旧日本軍七三一部隊等の調査機関を設けて事実調査をまず行ってほしいということ。ですから、この金子論文が発見されたということを一つの大きな契機にして、七三一部隊の細菌戦の調査研究、真相究明に着手するという決意をぜひおっしゃっていただけませんか。

玄葉外務大臣　細菌戦に係る事実関係などは、時間的経過などを踏まえれば、政府がさらなる調査を行って事実関係として断定できるのかどうかといえば、これはかなり難しいのではないかと思っています。ですから、歴史学者の方々のさらなる調査を待ちたいと考えております。

服部　研究者に依頼されるのはもちろんいいんですよ。しかし、そのことも含めて、外務省としてきちっとやっていただきたいということを申し上げているわけです。

平成二十四年八月二十一日提出
質問第三七七号

七三一部隊等の旧帝国陸軍防疫給水部に関する質問主意書

国立国会図書館関西館が所蔵している『金子順一論文集（昭和十九年）』（以下、単に「金子論文」という。）は、「雨下撒布ノ基礎的考察」「低空雨下試験」「ＰＸノ効果略算法」等、八本の論文から構成されているが、これらの論文は旧陸軍七三一部隊（関東軍防疫部及び関東軍防疫給水部を指す。以下同じ。）に所属していた金子順一氏（故人）が単独ないし他者と共同で執筆したものである。

平成二十三年、ＮＰＯ法人七三一部隊・細菌戦資料センターは、金子論文の中に七三一部隊の具体的活動を示す重要な記述が含まれていることを発見した。また、同年十月十五日、十六日付けの朝日新聞・東京新聞は、金子論文について「旧日本陸軍が一九四〇〜四二年、中国で細菌兵器を使用していたことを示す陸軍軍医学校防疫研究室の極秘報告書が見つかった」旨を報じた。

一方、アジア歴史資料センターがインターネット上に公開している公文書等の中には、未だ研究されていない七三一部隊の活動内容を示す多数の資料の存在が確認されている。

従って、次の事項について政府の認識を質問する。

一　アジア歴史資料センターが公開している昭和十七年九月二十二日付けの陸密第二七八五号で陸軍省副官川原直一が発した「不健康業務加算ニ關スル件陸軍一般ヘ通牒」には「關東軍防疫給水部（大連出張所ヲ含ム）ニ於ケル左記ノ危險ナル細菌ノ研究檢索並ニ診斷液又ハ豫防液ノ製造業務ハ大正十三年內閣告示第二號ノ第二號末項ニ該當スルモノトシテ本年九月十六日內閣恩給局長ノ指定アリタルニ付同部隊ニ在リテ直接該業務ニ從事スル公務員ニ對シテハ右指定ノ月以降恩給法第三十八條ノ不健康業務加算ヲ為シ得ル儀ト承知アリ度　左記　コレラ菌、ペスト菌、チフス菌、パラチフス菌、赤痢菌、流行性脳脊髄膜炎菌及其ノ他危險ナル病原細菌」との記述がある。
１　右の「危險ナル細菌ノ研究檢索並ニ診斷液又ハ豫防液ノ製造業務」で、七三一部隊が行っていた業務とはどのようなものか。細菌の培養やワクチン製造を含むのか。また、右の「其ノ他危險ナル病原細菌」で、七三一部隊で取り扱っていた細菌とは何か。炭疽菌、鼻疽菌、結核菌を含むのか、以上明らかにされたい。
２　「不健康業務加算ニ關スル件陸軍一般ヘ通牒」に記述されている「同部隊ニ在リテ直接該業務ニ從事スル公務員」で、恩給の加算申請をした七三一部隊員の人数は何人か。加算申請した隊員数を、将校、准士官、下士官、兵、技師、技手、雇員・傭人別にはそれぞれ何名か、明らかにされたい。

3　加算申請の際、七三一部隊員は「不健康業務」の内容について具体的にどのような内容を申告しているのか。具体的な申告内容で典型的なものはどのような業務内容か、明らかにされたい。

4　昭和五十七年四月六日、第九六回国会衆議院内閣委員会（同議事録九号）において、政府は七三一部隊の隊員数について、留守名簿に基づいて将校一三三名、准士官・下士官・兵これらあわせて一一五二名、技師・技手あわせて二六五名、雇員・傭人二〇〇九名、合計三五五九名という数字を明らかにしている。以上の七三一部隊の隊員数は、留守名簿の正確な記載か。七三一部隊の留守名簿に基づく将校、準士官、下士官、兵、技師、技手、雇員、傭人ごとの隊員数はそれぞれ何名か。また昭和二十年六月の時点の部隊略歴に基づく七三一部隊のハルビンの本部およびハイラル、牡丹江、孫呉、林口の各支部、大連の出張所の人数及び将校、準士官、下士官、兵、技師、技手、雇員、傭人の人数は何名か、以上明らかにされたい。

5　七三一部隊の隊員数を示している留守名簿や部隊略歴以外の公文書は何か。その公文書に記載されている七三一部隊の隊員数は何名か、以上明らかにされたい。

二　アジア歴史資料センターが公開している昭和十一年四月二十三日付け陸満密受第五五五号の関東軍参謀長板垣征四郎発・陸軍次官梅津美治郎宛の「在満兵備充實ニ關スル意見」（陸満密大日記）の「其三　在満部隊ノ新設及増強改編」中にある「第二十三　關東軍防疫部ノ新設増強」の中に、「豫定計畫ノ如ク昭和十一年度ニ於テ急性傳染病ノ防疫對策實施及流行スル不明疾患其他特種ノ調査研究竝細菌戰準備ノ為關東軍防疫部ヲ新設ス　又在満部隊ノ増加等ニ伴ヒ昭和十三年度以降其一部ヲ擴充ス　關東軍防疫部ノ駐屯地ハ哈爾賓附近トス」と記載されている。

アジア歴史資料センターが公開している関東軍防疫部（部長石井四郎）発、陸軍大臣板垣征四郎宛の昭和十四年八月十日付け陸満密受第一三〇三号の「軍需品調辨價格ニ關スル件」の、「軍機保護上ヨリ見タル寒天」で「本品カ食料品トシテノミナラス〇〇ノ培養基々材トシテ使用セラルルコトハ世界一般周知ノ事實ナリ故ニ軍ニ於ケル之カ大量調辨ハ直チニ〇〇戰ヲ髣髴セシメ我軍ノ企圖〇〇ノ研究、實施機關等ヲ察知セラルルノミナラス、現下ノ如キ現下ノ情勢下ニ於テハ各國共ニ諜報ノ耳目ノ活動活發ナル折柄ナレハ之カ調辨ノ事實及數量ハ絶体ニ秘匿セサル可カラス（後略）」と述べて多量の粉末寒天の購入を申請し、さらにアジア歴史資料センターが公開している昭和十五年九月三十日付けの陸支密第七六号で加茂部隊長石井四郎が陸軍大臣東條英機宛に発した「寒天調辨價格ニ關スル件申請」においても粉末寒天の調達方を要請している。

右の粉末寒天の購入や前記の「不健康業務」は、七三一部隊の設置目的である「細菌戰準備ノ為」に行われていたものかどうか、明らかにされたい。

三　金子論文の八本の論文のうち、最初に綴じられている「雨下撒布ノ基礎的考察」の「緒言」には、「（前略）部隊ニ於テハ斯カル見地ヨリ既ニ創立以來研究ヲ續ケ、昭和十三年、雨下用法草案トシテ其ノ一端ガ示サレタ所デアル。予ハ昭和十三年秋命ゼラレテ此ノ方面ニ於ケル理論的研究ヲ擔當シ今日ニ到ツタ。此ノ間石井部隊長ノ指導ニ依リ鋭意之ガ基礎實驗ヲ重ネ來ツタガ、顧ミルニ淺學非才何等加フル所ノ無カツタ事ヲ甚ダ遺憾トスル。今般從來ノ成績ヲ總括シテ將來ノ参考トスベキ命ヲ受ケ、此処ニ主トシテ昭和十四年以降ノ實驗考察ヲ羅列シ更ニ若干將來ニ對スル希望ヲ開陳シタ（後略）」との記述がある。右の記述は、七三一部隊が細菌戦の実施手段である雨下ないし撒布実験を繰り返して研究開発していたことを推認させる重要な証拠である。

また「PXノ効果略算法」には「第一表　既往作戰効果概見表」があり、同表には、①昭和十五年六月四日に吉林省農安においてペスト感染蚤五グラムを撒布したこと、②昭和十五年六月四日ないし七日、吉林省農安・大賚においてペスト感染蚤一〇グラムを撒布したこと、③昭和十五年十月四日、浙江省衢県においてペスト感染蚤八キログラムを撒布したこと、④昭和十五年十月二十七日、浙江省寧波においてペスト感染蚤二キログラムを撒布したこと、⑤昭和十六年十一月四日、湖南省常徳においてペスト感染蚤一・六キログラムを撒布したこと、⑥昭和十七年八月十九日ないし二十一日、江西省広信、広豊、玉山においてペスト感染蚤一三一グラムを撒布したことを示している記述がある。右の記述は、七三一部隊が昭和十五年から昭和十七年にかけてペスト感染蚤を用いた細菌戦を中国国内で実施したことを強く推認させる重要な証拠である。

右のように七三一部隊が細菌戦部隊であり、中国に対して細菌戦を実施したことを強く推認させる金子論文の存在が明らかになった現在、政府は同論文及びアジア歴史資料センターが公開している公文書等を研究対象として、七三一部隊の活動内容を検証する作業を、内外の歴史学等の研究者と協力して開始するべきであると認識するが、政府の見解を示されたい。

四　中国の細菌戦被害者は、七三一部隊が細菌戦を行ったことを未だ認めていない日本政府に対して強い不信と憤りを抱いており、七三一部隊・細菌戦問題は日中友好の大きな障害となっている。

平成二十三年十一月、中国の細菌戦被害地の一つである湖南省常徳市では、細菌戦被害者が結成した「常徳市日軍細菌戦受害者協会」を同市政府が社会団体法人として許可し登録した。同協会の活動目的には、細菌戦被害者の謝罪と賠償を実現することが含まれている。政府は、同協会が中国の湖南省常徳市政府によって社会団体法人として許可され登録されたことを認識しているかどうか、明らかにされたい。

右質問する。

内閣衆質一八〇第三七七号
二〇一二年八月三十一日

内閣総理大臣　野田佳彦

衆議院議員服部良一君提出七三一部隊等の旧帝国陸軍防疫給水部に関する質問に対する答弁書

一の1について

いわゆる七三一部隊が旧日本軍の関東軍防疫給水部のことであることは、防衛研究所戦史研究センター史料室が保管している旧日本軍の関連資料から明らかとなっている。
しかしながら、外務省、防衛省等の文書において、関東軍防疫給水部におけるお尋ねの「研究検索」、「製造業務」及び「其ノ他危険ナル病原細菌」の具体的内容を示す資料は現時点まで確認されておらず、お尋ねにお答えすることは困難である。

一の2及び3について
お尋ねについては、調査に膨大な時間を要することから、お答えすることは困難である。

一の4について
現在、厚生労働省で保管する関東軍防疫給水部に係る留守名簿における人員の総数は、三千五百六十人であり、そのうち、将校百三十一人、准士官十八人、下士官百六十三人、兵千二十七人、技師五十人、技手百九十七人、雇員千二百七十人、傭人六百三十三人である。
また、現在、同省で保管する関東軍防疫給水部に係る部隊略歴における昭和二十年六月時点の人員数は、ハルピン本部約千三百人、海拉爾支部約百六十五人、牡丹江支部約二百人、孫呉支部約百三十六人、林口支部約二百二十四人、大連支部約二百五十人であるが、将校、准士官、下士官、兵、技師、技手、雇員、傭人の別は記載されておらず不明である。

一の5について
お尋ねの公文書については、政府として網羅的に把握しているわけではないが、防衛研究所戦史研究センター史料室に保管されている旧陸軍資料「人馬現員表（昭和十四年六月三十日調）」においては、関東軍防疫給水部の前身である関東軍防疫部の人員数は千百三十三名となっている。

二について

外務省、防衛省等の文書において、関東軍防疫給水部による粉末寒天の購入や恩給の不健康業務加算の事由に該当する業務が細菌戦の準備のために行われていたことを示す資料は現時点まで確認されていない。

三について

お尋ねの細菌戦に係る検証作業については、本件の性格や時間的な経過に鑑みれば、更なる調査を行い、明確な形で事実関係を断定することは極めて困難と考えるが、新たな事実が判明する場合には、歴史の事実として厳粛に受け止めていきたい。

四について

お尋ねについては、「湖南省常徳市政府によって社会団体法人として許可され登録された」か否かについては承知していないが、「常徳市日軍細菌戦受害者協会」が昨年十一月に湖南省常徳市において設立されたことは、報道等により承知している。

○軍事郵便貯金について

2011年4月22日　外務委員会

服部　朝鮮半島や台湾など旧植民地の郵便局に現地の住民や軍人が貯金を預け、その払い戻しがないまま残されている口座が約一千九百万口、残高は利子を含めて四十三億円、こういう記事があります。サハリンで預けられた貯金の場合は、利子を含めた残高は五十九万件、一億八千七百万円あると報道されている。こういった、払い戻されないまま郵便貯金等に保管されている軍事郵便貯金、外地郵便貯金の口座数、残高にかかわる最新の数字はどうなっているんでしょうか。

福岡総務省情報流通行政局郵政行政部長　軍事郵便貯金、外地郵便貯金は、現在、独立行政法人郵便貯金・簡易生命保険管理機構が管理をしております。

平成二十二年三月末現在で、軍事郵便貯金については、口座数が約七十万口座、残高が約二十一億五千三百万円。外地郵便貯金については、口座数が約一千八百六十六万口座、残高が約二十二億六千六百万円です。

服部　これはいろいろな、徴用もあれば、朝鮮半島とか植民地時代に来られた方の財産なわけですよね。これがいまだに返還されていない理由には、原票がないとか、いろいろあると思います。これを一体どうしていくのか。これが今、戦後補償の問題、いろいろ議論されているわけですが、私は、こういう貯金を戦後補償のための財源として活用する道を考えてみたらどうかと思っているわけなんです。

直接戦後補償の財源ということではないんですが、ことしの一月二十七日の衆議院で田中康夫さんの方から、いわゆる休眠口座の活用について菅総理とのやりとりがございます。菅総理は、休眠口座の活用について、制約を打ち破って活用できる道はないか、内閣として、民主党として、あるいは他党の皆さんとも検討いただきたいという答弁をされておるんですね。

ですから、こういった戦後補償で苦しんでおられる方々に活用するということもぜひ考えていただきたい。

２０１１年４月27日　外務委員会

服部　前回の委員会で、幽霊貯金といいますか、軍事郵便貯金、外地郵便貯金について、総務省から答弁をいただきました。こういったものを原資にして戦後補償問題にかかわる支援事業に充てるということについて、私は、非常にいいアイデアじゃないかなと思うんですが、外務大臣、考慮に値するとは思われませんか。

松本外務大臣　日韓請求権・経済協力協定に基づいて、日韓間の個人の財産、請求権の問題については一括して処理をし、法的に完全かつ最終的に解決をされている。その意味では、何と何をつなげて、どういうことをするかを考えることが適当かどうかは、議論をしなければいけないと思っております。

人道的観点から、個人に対する支援として、在サハリン韓国人の支援であるとか、朝鮮半島出身者の遺骨支援といったことを真摯に行ってきており、なすべきことはしっかりなしてまいりたいと考えておりますが、財産等をどう考えるかということと補償という言葉をつなげるということは、法的な整理としては必ずしも適切ではないのではないかと考えておるところです。

服部　この幽霊貯金の扱いについては、菅総理自身も、検討してみたいとも言われているわけで、海外のそういう貯金がずっと残って、一体どうするんですか。いい意味で活用していくということが重要だと思います。

第４章　格差社会、消費税、ＴＰＰ

第１節　裏切られた「政権交代」

「政権交代」が実現したとき、私は日本の政治が変わるという夢を見た、でもそれは短かった、とは最近私があちこちでお話しさせて頂いていることです。ここでは「政権交代」の意味を巡って論戦した議事録をいくつか掲載しました。

鳩山政権が崩壊し、菅政権が発足。いきなり消費税一〇％を言い出して、直後の参議院選挙で民主党は敗北しました。一方で、菅さんは「初めての市民派宰相」とも言われていた、それはどういうことやと質したのが最初の質疑録です。このときすでに「政権交代」の変質、崩壊のプロセスは進行していました。そして、今年の通常国会、つまり消費増税国会で、私は何度か野田総理らを相手に「政権交代とは何だったのか？」と迫りました。そのいくつかをご紹介します。その時に使ったパネルもここに掲載しましたが、いかに民主党政権が約束を果たさず、約束していないことの方に前のめりになっているかがよく分かると思います。

２０１０年１１月１日　予算委員会

服部　かねてから機会あれば菅総理に聞きたかったんですが、菅総理は日本初の市民運動出身総理だとか市民派総理とか言われました。総理自身は今、市民派と言われることについてはどうお考えですか。

菅総理大臣　私の政治経歴が、社会に出てから市民運動に参加をし、また、そうした関係の方の応援などをしてきたので、市民派と言われることは私にとっては大変自然なことです。

今、総理大臣という立場で物を考えるときに、個人としての思いは今でも変わっていないつもりですが、ただ、自分が思いの濃いところだけをどんどんやっていいという役割ではなくて、今、日本が置かれた状況の中で何をやるべきかということを考えた中で行動していますので、いわゆる市民派という範疇を超えたというか、そういったこともしっかりやっているつもりです。

服部　私自身も長年市民運動にかかわってきましたし、総理と同じ団塊世代の一人です。同世代の人や菅総理を昔から知っている人は、菅さんが総理になったら日本は変わると思ったと言う方が多いんです。しかし、今は言い方がみんな過去形なんです。変わると思ったんだけどなと。

私にとって市民派の定義は、一つは、財界や団体やアメリカのひもつきでない自由な目線、二つには、生活者、庶民目線、三つには、豊かな環境で平和に生きたいという願望ではないかと思うんです。

最近の菅政権の政策は、企業献金は再開、消費税を上げて法人税を下げると言い、農業など第一次産業切り捨てのＴＰＰへの参加は前のめり、武器輸出三原則の緩和を検討、普天間基地の辺野古移設は推進、米軍への思いやり予算は削減しない、原子力発電所を輸出する。私には庶民目線、市民目線の政策とは見えないんですね。

鳩山前総理のいのちを大切にする政治という言葉も、もうさっぱり聞こえてきません。菅総理も最小不幸社会という言葉も最近お使いになりませんが、総理は日本をどういう社会にしたいんですか。

菅総理大臣　私は、市民派という言葉にストレートにイコールかどうかは別として、国民主権というものを軸にした政治ということをこの間ずっと言ってまいりました。

国政においては、直接には総理大臣を選べませんので、政党を通して自分たちの総理を選ぶ。そういう意味で私は、二大政党による政権交代が必要条件と考えてきました。政策的にも、情報公開などを含めて、国民が政治に参加することができる、より大きな道筋をつくっていくことがそうした政治につながると考えてまいりました。

そういった中で、TPPとかいろいろな話を挙げられましたが、例えば、農業を活性化するということと同時に経済の自由化に乗りおくれないで頑張っていくということは両立できると思いますし、そのことがいわゆる市民派というものと矛盾するとは全く思っておりません。

何か一部にこだわって頑張る、市民運動であればそれでいいと思うんです。有機農業で頑張る、大変立派なことです。しかし、日本全体を、責任を持って内閣を運営する中では、貿易の自由化に乗りおくれないということも重要ですから、そこを両立できるかどうかがまさに問われている、そういう覚悟で臨んでいるつもりです。

服部　私は、国会議員として目指したいことは、突き詰めてみると二つなんです。格差や貧困が広がる社会でなく、みんなが飯が食える社会にしたいということと、戦争だけは絶対あかんでということなんですね。

私は、二〇〇九年一月四日、日比谷公園の年越し派遣村で、菅さんの、政治の責任を問う怒りのこもった演説を聞いていました。もうあれから二年、今国会でせめて労働者派遣法改正法案は成立させるべきと思いますが、いかがですか。でないと、期待を裏切ることになりませんか、総理。

細川厚生労働大臣　労働においての規制緩和が進み、そこであの派遣村ができたように、派遣労働者が派遣切りに遭って路頭に迷ったというような社会情勢が出てまいりました。そういうことから、この規制緩和について歯どめをかけて、そこに規制を入れて労働者が安心して働ける、そういうふうにしなければいけないということで、労働者派遣法の改正案を国会に提案いたしておるところです。ぜひ、審議をお進めいただいて、これを成立させていただきたい、こう願っているところです。

服部　今国会でこの改正案を成立させる菅総理の決意についてお聞きをしたかったんです。

菅総理大臣　私も、この法案の作成に細川大臣とともにかかわってまいりまして、いろいろな経緯を経て、労使を含む審議会でぎりぎりこれでいこうということが合意されたので、何とか成立させたい。

ただ、いわゆるねじれの状況もありますので、野党の中で賛成をいただけるような、そういう努力をしていかなければならない、その努力をして成立を図っていきたい、このように考えております。

服部　決意があるのかないのかよくわかりませんでしたが、あの日比谷公園での演説の初心をお忘れなく。

2012年3月1日　予算委員会

服部　今どき、三党合意というと、すっかり民主、自民、公明の三党合意になっているんですが、我々衆議院議員は二〇〇九年の八月の、政権交代を実現したときの選挙で選ばれているわけですね。そして、民主党、国民新党、社民党の三党連立政権が発足をして三党合意ができた。元祖三党合意なわけですね。これが民意なんですよ。だから、政策検証というならば、政権交代時のこの元祖三党合意を本来検証しなければならないわけなんです。

ここにパネルで、政権交代のときの約束はどうなったのかということを提示しております。まあ本当に、変われば変わるものだなと。国民の中には、裏切られたという気持ちが蔓延していますよ。行き過ぎた競争社会に歯どめをかけて、生活再建だ、あるいは対等、平等な日米関係、いいじゃないですか。辺野古は、私、もうとまったと思いましたよ。私も、やっと政治が変わるんだなと夢を見ました。あっという間の夢でした。

総理、この政権交代に本当に期待した人に対して、裏切りではないと自信を持って言えますか。

野田総理大臣　マニフェストの話は随分出ましたが、やったことも相当あるんですね。

間違いなく言えることは、今、社会保障と税の一体改革の議論がありますが、社会保障を充実させる方向でかじを切ってきたことは間違いありません。国民の生活を支える社会保障、困ったとき、苦しいとき、弱ったとき、誰もがいつ遭遇するかわからないものについての安心感をもたらすための努力は間違いなくやってきていますし、その中には、貧困、格差、非正規雇用の問題についても状況改善に努めてきていると思います。

もう一つは、地域主権の関係で、国全体も苦しいんですが、三位一体改革で地方が疲弊しました。その立て直しは、ずっと交付税を積み上げてふやし続けてきていますし、自由度の高い一括交付金であるとか、義務づけ、枠づけの見直しであるとか、出先機関の原則廃止とか、こういうことは着実にやってきているんですね。そこはぜひ理解いただいて、一刀両断で、何か路線が変わったようにお話がありますが、そうではないですから。

普天間の問題だって、対米追従ではありませんので、アメリカとしっかりと対等に協議をしていきたいと思っていますので、一刀両断でやられちゃうと、何か全然違っているように見えますが、私どもの基本的な思いはしっかり堅持をしながら今も頑張っているということは、ぜひ理解いただきたいと思います。

服部　沖縄の皆さんは裏切られたと思っていますよ。総理がかわるたびに、民主党はどこへ行くのという感じですよ。総理の立場から、鳩山連立政権に対する評価を聞かせてください。

野田総理大臣　コンクリートから人へ、そういう理念のもとで、あのとき大胆な組み替えの予算をつくったと思います。社会保障関係費は九・八％ふやしました。文教費は八％ふやしました。一方で、公共事業関係費は一八・三％減らしました。大胆な予算の組み替えはやってまいりました。その第一歩をしるしたのは鳩山政権だったと思っています。

普天間の問題を含めて、いろいろな評価はあるかもしれませんが、政権交代の一歩目は、その大事な予算をつくるところは、暫定税率の問題等、マニフェストが実現できないところもありましたが、一生懸命政権交代に応えようとした一つの政権であったと思っております。

服部　ここに、連立政権合意のときの、いろいろ法案がございます。郵政の法案、後期高齢者とか障害者自立支援法廃止とか、結局、今の時点でどれも実現しておりません。こういった法案をまず真っ先に実現しなければならなかったんじゃないんですか、消費税とかＴＰＰを持ち出す前に。実現をしてから先に進めばいいわけじゃないですか。ネバー、ネバー、ネバー、ネバーギブアップと言って、何のことかなと思ったら、消費税を上げますよと言う。そうじゃなくて、ネバー、ネバー、ネバーギブアップと言ったら、こういう法律を、政権交代のときに約束した法律を通すということが、本来しなければならなかったんじゃないんですか。

岡田副総理　私は、この三党合意を結んだときの二回目の幹事長です。

例えば、消費税を上げないとか、普天間移設は最低でも県外とか、そういう表現は三党合意の中にありません。

普天間の問題も、当時、幹事長間で随分議論しましたが、あえて三党合意の中にはそういう具体的な表現は盛り込まないということで、それだけで五日間ぐらい議論した記憶がありますが、三党合意にはそういう普天間とい

政権交代の約束はどうなったのか？

新自由主義路線の転換、生活再建	⇒	貧困・格差・非正規雇用の状況は改善しているのか？
消費税は上げない	⇒	増税路線
対等な日米関係	⇒	対米追従
普天間移設は「最低でも県外」	⇒	辺野古に回帰
東アジア共同体	⇒	アメリカ向いてTPP前のめり

2012年3月1日　予算委員会パネル①

連立政権合意の検証

実現していないもの、意思不明のもの	約束していないもの、合意に反するもの
郵政改革法	消費税率引き上げ
後期高齢者医療制度廃止	TPP（環太平洋経済連携協定）
障害者自立支援法廃止	武器輸出三原則緩和
労働者派遣法改正	憲法審査会
最低賃金引き上げ	・・・・・・など
地球温暖化対策基本法	
日米地位協定改定の提起	
・・・・・・など	

2012年3月1日　予算委員会パネル②

（上、下パネルとも服部良一事務所まとめ）

う固有名詞は入れないことにしたわけで、そこは申し上げておきたいと思います。

いろいろとおっしゃいましたが、結局、国民新党、社民党、民主党の三党連立だったわけですね。それが、残念ながら、途中で社民党さんが離脱をされた。そういうことも、あるいはその後の政策に影響があったかもしれません。残っていただいて一緒に仕事をしていただければもっと違う展開もあったかもしれませんが、今後とも、いろいろな面で協力しながら、お互いに目指すところを追求していきたいと思います。

服部　何か、社民党が離脱していなかったら政策がもうちょっと違ったかもしれないみたいに聞こえましたが。

2012年3月8日　本会議（2012年度予算案への反対討論）

服部　私は、社会民主党・市民連合を代表して、二〇一二年度政府予算案並びに自民党・無所属の会提出の動議に反対する立場から討論を行います。

冒頭、三月十一日から一年を前に、改めて、東日本大震災の犠牲者の御冥福をお祈りするとともに、被災された方々に心よりお見舞い申し上げます。

さて、今回、民主党政権三回目の本予算編成ですが、そもそも、政権交代での国民との約束はどこへ行ったのでしょうか。競争ありきの新自由主義から決別し生活再建が、総選挙で示された民意でした。

消費税を上げないと約束しながら増税法案の成立を目指すことは公約違反です。対等な日米関係と東アジア共同体を目指すとしながら、TPPに前のめり。普天間移設は、最低でも県外と言いながら、結局は辺野古。武器輸出三原則の緩和、憲法審査会の始動など、いつ、どこで約束しましたか。郵政改革法案はいまだ成立せず、派遣法改正は全くの骨抜き。非正規労働者の比率は、政権交代後もふえ続けています。不況のしわ寄せは弱者を直撃し、このままでは、所得、富の偏りが拡大する、九九対一の社会になります。後期高齢者医療制度と障害者自立支援法の廃止、交通基本法や地球温暖化防止法の制定など、多くの約束が実現していません。生活再建の政策の実現にこそ、ネバー、ネバー、ネバーギブアップではないですか。

社会保障・税一体改革大綱では、再分配機能の回復、全世代対応型など、言葉は躍っていますが、具体的なのは消費増税のスケジュールばかりです。予算では、年金交付国債という奇策を用い、年金財源を人質にして、消費税引き上げに道筋をつけようとしています。低所得者対策を講じると言いますが、逆進性の高い消費税で、本当に困窮する人の生活が楽になるのですか。本当に必要な人にお金が使われるのですか。金持ちから応分に税を取る、所得税の累進性をしっかりと強化することが先です。法人税減税も撤回すべきです。

消費増税の前に、無駄の削減や埋蔵金への切り込みはできたのですか。八ツ場ダムや大都市圏環状道路、仕分けされたスーパー堤防の復活など、人からコンクリートへ逆転していませんか。消費税を売り値に転嫁できない中小零細企業はどうなるのですか。消費増税でデフレ脱却ができるのですか、景気がよくなるのですか。ノーです。

加えて、今回の予算案は、官民連携による海外プロジェクトの推進など、財界の求める新成長戦略に手厚く応えるものになっています。一体、誰のための政治なのですか。

防衛予算は、動的防衛力の構築を目指すとし、復興関係を含めれば、実質増へ転じました。米軍への思いやり予算もそのままです。これこそ、国民生活軽視の無駄遣いです。辺野古関連予算も二十二億円増となっていますが、この期に及んでまだ辺野古に固執するのですか。

三・一一福島第一原発事故の深刻さに直面した日本にとって、進むべき道は、脱原発と自然エネルギーの飛躍的拡大です。大規模集中型から小規模分散型のエネルギー構造への抜本的転換、発送電分離を初めとする電力改革も急務です。しかし、野田政権は原発再稼働へまっしぐら。「もんじゅ」や核燃料サイクルからの撤退もいまだ決断できずにいます。予算案は、エネルギー・原子力予算の大胆な見直しからはほど遠い内容です。

今、何よりも、東北の復興、被災者の生活再建や雇用確保が決定的に重要です。しかし、復興庁は査定庁とやゆされ、復興交付金は、ふれ込みとは違い、極めて使い勝手が悪く、また、原子力災害に事実上適用されないという欠陥もあり、自治体側から不満が噴出しています。潤うのが、公共事業や、特区、規制緩和で復興需要をつかむ企業ばかりとなってはなりません。阪神大震災後の孤独死は千人近くに上りました。一人の被災者も取り残さない、人間の復興こそ最優先です。

野田総理は分厚い中間層という言葉がお好きですが、貧困に苦しみ孤立する人たちが生活や仕事の安定を得て生き生きと暮らせる社会を目指すことこそ政治の責任です。今こそ、命を大切にする政治が必要です。

以上を強く申し上げ、反対討論を終わります。

2012年6月26日　社会保障と税の一体改革に関する特別委員会

服部　私は、二〇〇九年の政権交代というのは一体何だったのかということをよく自問自答します。私は、その二〇〇九年の総選挙で初当選をして、今度こそ政治が変わるという希望を持って国会に来たことを思い出します。

総理にとっては、この政権交代というのはどういうことだったのか、お聞かせいただけないでしょうか。

野田総理大臣　政権交代の意義というのは、一つはやはりお金の使い方が変わっていくということ、資源配分が変わるということだと思います。

最初に組んだ予算というのは、社会保障が大きくふえ、そして文教科学の分野がふえ、公共事業が下がるというようなことの組み替えが相当に行われました。そのことによって、社会保障については一貫して、母子加算の復活であるとか、いろいろな実績はつくってきていると思います。診療報酬のネットプラスの改定をする等々、社会保障分野についてはこれまで以上に充実強化の路線をとってまいりました。

もう一つの特徴というのは、地方交付税を一貫してふやし続けて、地方一般財源総額もしっかり確保する、あるいは一括交付金等、地域の活性化に向けた努力も、これもずっと続けてきていると思います。

それは政権交代をしたことによった一つの結果だと思いますし、去年、マニフェストの中間検証もさせていただきましたが、評価はいろいろあるかもしれませんが、実際に着手したものは約八割になっています。

ただし、暫定税率の廃止など、できなかったものも出てきています。できたものとできないもの、なぜできなかったかということは国民の皆様にしっかりと説明をして、政権交代の評価について国民の皆様の判断を仰がなければいけないと考えております。

服部　私は、もうちょっと総理にロマンを語ってほしかったんですけれどもね。

消費増税をしないという公約も破られました。それから、旗はおろしていないと言われますけれども、最低保障年金創設、あるいは後期高齢者医療制度廃止の公約も、事実上撤回じゃないですか。今回の社会保障制度改革推進法案では、税財源は補完的な意味とされております。とても最低保障年金が実現するとは読めません。

民主党は、自分からは撤回したと言いたくないから、棚上げして、自民党や公明党に反対してもらおうと思っているんじゃないんですか。もはや本音は全くやる気がないとしか見えない。

第2節　貧困、格差社会、雇用について

「政権交代」をもたらした大きな動因は、貧困・格差拡大への国民の怒りでした。その象徴となった日比谷の「年越し派遣村」の模様を含め第1部で振り返りました。その意味で連立政権最大の目標の一つであったはずの労働者派遣法改正案、私は二〇一〇年四月の本会議で代表質問をさせて頂いたので議事録を掲載しましたが、この大事な法案が店晒《たなざら》しにされた挙句に、今年、民自公談合で骨抜き修正され、成立してしまいました。一事が万事こんな調子なのですが、統計を見ても、政権交代後もむしろ派遣労働者の比率が増えているといった実態があります。

一体改革といいながら消費増税先行のバラバラ改革が今年の通常国会の焦点で、その議論は第3節でご紹介しますが、私はその法案審議の前段で、何度かこの貧困・格差社会、そして雇用の問題で野田総理らを相手に論戦を挑みました。質疑で使った統計資料とあわせてご紹介させて頂きましたが、派遣が減っていない、また日本の税制・社会保障制度では再分配の結果としてかえって貧困が深まっている人たちがいるという実態は大問題です。それが分かっていながら消費増税にまい進し、具体策を先送りする野田政権は全くもっておかしいと思います。

２０１０年４月16日　本会議（労働者派遣法改正案への代表質問）

服部　私は、社会民主党・市民連合を代表して、ただいま議題となりましたいわゆる労働者派遣法改正案について質問を行います。

一昨年の日比谷公園の年越し派遣村は、私たちに大変な衝撃を与えました。私も現場に駆けつけました。菅副総理や我が党の福島大臣を初め、当時の各党の代表がそろい、派遣切りに遭った労働者の悲痛な叫びに呼応した熱気ある集会が行われていたことを鮮明に記憶しています。前政権のもとで規制緩和が進められ、格差が広がり、若者の貧困化、ネットカフェ難民、ワーキングプアなどのさまざまな社会問題が引き起こされました。そういった国民の怒りの爆発が、まさに政権交代を実現させました。働く人があすの生活も見えないような、過酷な貧困労働を拡大してきた派遣制度の抜本的な改正が必要であり、我が党の提案により、労働者を保護するという目的がより明確となった今回の改正案は、派遣労働者の保護に向けた改革の大きな第一歩であることを、ともに確認しようではありませんか。

しかし、同時に、今回の改正案が、昨年六月の社民党、民主党、国民新党の三党合意案から後退したことは、我が党としては非常に残念であり、今後、派遣労働の現場の実態を注意深く把握し、さらなる法整備を視野に入れながら検討していかなければならないことをまず訴え、質問を行います。

初めに、長妻大臣に、製造業派遣の例外規定である常用型雇用についてお聞きします。短期雇用契約の更新を繰り返す派遣労働など、有期雇用の労働者の保護をどのように担保するのでしょうか。名ばかり常用雇用がはびこる余地を残してはなりません。常用雇用が事実上期間の定めのない労働契約となる措置をとるべきだと考えますが、いかがですか。

次に、事前面接についての見解をお聞きいたします。政府として労働政策審議会の答申にあった事前面接の解禁を今回の改正案から除外したことを評価します。大臣は、この事前面接の解禁について、問題点をどのように理解していますか。

次に、登録型派遣の禁止から除外される専門二十六業種についてお聞きします。二十六業種の中には、事務用機器操作やファイリングなど、業務内容が拡大解釈され、違法に悪用されている実態があり、例外が幾らでも広がる危険性があります。専門二十六業種の専門性をいかに担保しますか、担保できますか。

次に、派遣先の責任強化規定についてお聞きします。派遣先は労働者の労働条件を支配する地位にあり、労組法上の使用者として団体交渉応諾義務の道を開くべきだと考えますが、いかがですか。

次に、労働政策審議会のあり方についてです。今回、労政審の委員は前政権と変わっておらず、また、職業安定分科会の公益委員には厚労省のOBがほぼ二年ごとに就任し、指定席になっている実態があります。これで公正公平な人選と言えるのか、派遣労働現場の声を反映しているのか、そのあり方を見直すべきと考えますが、いかがですか。

最後に、鳩山総理にお聞きします。国民みんなが飯が食える、これは政治の基本です。雇用形態を問わず、国民の生存権は保障されなければなりません。命を大切にする政治に向け、同一価値労働同一賃金、均等待遇の実現に向けた決意をお尋ねします。

二つ目に、派遣労働など非正規雇用、不安定な労働で苦労をしている多くの国民に真っ正面から向き合い、格差社会、貧困社会と言われる今日の日本社会の改革に取り組む総理の決意をお聞きして、質問を終わります。

鳩山総理大臣　服部議員にお答えをいたします。

国民みんなが飯を食える世の中、そうならなければいけません。そのような世の中のために、ぜひ社民党さんと一緒に新しい日本の社会を築き上げていきたいと思っています。

まず、均等待遇等の実現に向けた決意、貧困社会と言われる今日の日本社会の改革についての全体的な御質問がございました。そのために、私ども、今、労働者派遣法改正案、審議をいたしたいと考えているわけでありますが、まさに、行き過ぎた規制緩和を適正化して労働者の皆様方の生活の安定を図ることが極めて重要でございます。この労働者派遣法の改正案の中にもその趣旨が盛り込まれているわけでありますが、新成長戦略を私どもはつくろうと思っています。また、子ども・子育てビジョンも掲げさせていただいています。さらには、男女共同参画社会の実現というものも目指さなければいけません。このそれぞれの観点の中に十分に含まれておりますし、同一価値労働同一賃金に向けた均等・均衡待遇の推進に、これは積極的に取り組んでまいりたいと思っておりまして、ぜひ皆様方の御協力をお願い申し上げます。

それから、労働者派遣法の改正は、派遣労働者の保護を強化する内容となっているわけでございます。このことによりまして、雇用の安定を図り、そのことが日本の社会全体の大きな改革に資するものだ、そのように認識をしております。したがいまして、まずは、その第一歩として、本法案の早期成立をぜひお願い申し上げたいと存じます。

残余の質問については、関係大臣から答弁させます。

長妻厚生労働大臣　服部議員にお答えを申し上げます。

製造業派遣の例外規定である常時雇用についてお尋ねがございました。常時雇用される派遣労働者であれば、一つの派遣先の派遣契約が解除されても、労働契約期間中であればほかの派遣先に派遣されることが通例であり、労働者の雇用の安定が期待できます。このため、登録型派遣や製造業派遣の禁止の例外としたものです。常時雇用を無期雇用に限定した場合、すべての派遣労働者を派遣元の正社員として雇用しなければならないこととなり、派遣元事業主に対して過大な規制を課すことになります。また、派遣元事業主に過大な規制を課した場合、事業運営が立ち行かなくなり、結果的に派遣労働者の失業につながるおそれもあります。このため、常時雇用の定義を無期雇用に限定することは困難ですが、しかし、派遣労働者の雇用の安定のためには無期雇用の方がより望ましいと考えており、今回の改正法案では、派遣元事業主に対して無期雇用を促進するための努力義務を課しているところでございます。

次に、事前面接の問題点についてお尋ねがございました。派遣先が派遣前の労働者に面接を行う事前面接については、これを認めると、派遣先が指名した方を派遣元が雇用することにつながるおそれがあります。これは、派遣先が派遣労働者の採用に介入することとなり、派遣元が雇用主としての責任を果たせないこととなるため、現在でも労働者派遣法で原則として禁止をしているところであります。

次に、登録型派遣の禁止の例外である専門二十六業務についてお尋ねがありました。専門二十六業務については、専門性が高いと思われるため、派遣労働者自身に交渉力が期待されるなど、雇用の安定を確保する観点から問題がないと考えられ、引き続き、常時雇用する労働者ではない方の派遣を認めることとしております。しかし、現行の専門二十六業務について、専門性がない業務を専門二十六業務と偽って派遣することが行われているとの指摘があります。そこで、一般事務との区分において問題が生じやすい事務用機器操作やファイリングなど専門業務についての解釈の明確化を図り、関係団体に周知するとともに、違法事例に対する指導監督を徹底することとする旨の通知をことしの二月八日に地方の労働局に出しました。当面は、こうした周知、監督の徹底を図ってまいります。

なお、現行専門二十六業務の範囲自体が適切かについてさまざまな御意見があることは承知をしておりますが、一般的に、専門二十六業務は随時見直しが行われるものです。労働政策審議会においても、今後、必要に応じて専門二十六業務の見直しも行われると思われますので、その議論を踏まえて対応してまいります。

次に、派遣先の団体交渉応諾義務についてお尋ねがありました。改正法案を御審議いただいた労働政策審議会では、派遣先の団交応諾義務を含む派遣先責任の強化について、論点として掲げ、議論を行っていただきました。議論の過程で賛否それぞれの立場からさまざまな意見が出されましたが、最終的には、答申において、引き続き検討するという結論となりました。このため、改正法案の附則第三条第二項において、「派遣先の責任の在り方等派遣労働者の保護を図る観点から特に必要と認められる事項について、速やかに検討を行うものとする。」という規定を本法案に盛り込ませていただいたわけであります。この規定に基づき、改正法案の公布後、労働政策審議会において議論を行っていただくこととしております。

最後に、労働政策審議会の委員のあり方についてお尋ねがありました。労働政策審議会の公益、労働者、使用者の各代表は、それぞれの立場を代表して意見を述べていただいておりまして、これは、政権交代という政治的な動きがあったとしても変化するものではないと認識をしております。実際、昨年末の答申においても、「時々の派遣労働者をめぐる雇用環境の変化に応じて、制度の見直しを行うことは必要であると考えている。」そういう文言が盛り込まれております。各委員は、その時々の取り巻く状況を見つつ意見を述べていただいており、審議会のメンバーが交代していないという点は問題ではないと考えております。しかし、今御指摘もありまして、今後、公益委員における国家公務員ＯＢについては、任命しない方向で検討をしてまいります。

2012年3月1日　予算委員会

服部　非正規労働者が増加をしている。パネルの上の三五・二％は総務省の統計、下の三八・七％は厚労省の統計ですが、少し前は三人に一人が非正規だと言っていたのが、今は四〇％が非正規の時代となってきました。

政権交代のときにあれだけ大騒ぎして、大騒ぎと言ったらいけませんが、二〇〇九年の一月の日比谷の派遣村、私も一月四日に行きましたら、その当時の民主党の雇用対策本部の菅前総理が大演説されていましたよ。

貧困率も上昇しています。女性の三人に一人が貧困だ、あるいは六十五歳以上の女性の貧困率が四七％、それから母子家庭の貧困率が四八％、非常に深刻ですよね。国民は苦しんでいます。

総理、非正規労働者がふえることはだめだとお考えでしょうか。

小宮山厚生労働大臣　非正規でないにこしたことはありませんが、今、リーマン・ショック以降、いろいろな事情の中で非正規がふえてしまっています。そういう意味では、今回、有期労働の法制も出しますし、ハローワークで正規の方へ行くようにという支援をしたり、または求職者支援法とか、いろいろなことで、能力を上げることを含めて、なるべく正規になるように、期間限定でない雇用になるようにと努めているところですし、社会保障の一体改革の中でも、全員参加型社会ということで、初めて社会保障の中に就労ということを入れて、若年者の非正規のところへの支援とかいうことも含めて、本格的にやろうと思っております。

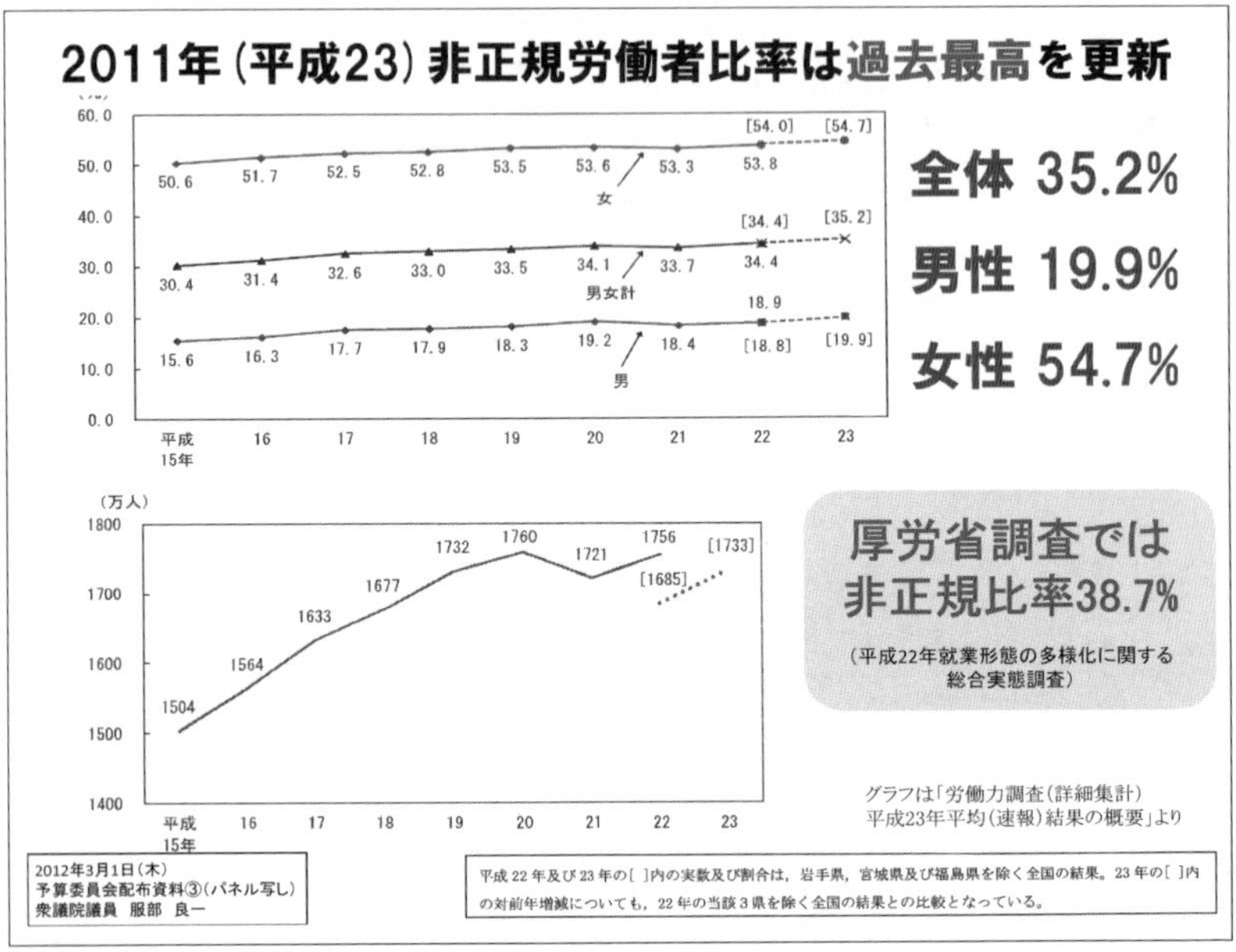

2012年3月1日　予算委員会パネル③（服部良一事務所まとめ）

貧困率については、長妻元厚労大臣のときに、相対的貧困率を公表したことは政権交代後の非常に大きな成果だと思っておりまして、さらに、この貧困率をどのような形で政策に結びつけられるかということで、二十四年度は検討会の経費なども計上しておりますので、しっかりと取り組んでいきたいと思っています。

服部　総理、政権交代しても非正規の労働者の割合がふえているというのは、これは政策の失敗だとお考えになりますか。それとも、もうちょっと時間をくれということでしょうか。

小宮山厚生労働大臣　これは政権交代をしたからということではなくて、世界的な経済の状況とか、いろいろな中で雇用の状況が悪化をしているということは残念ながら事実です。しっかりと働く者を支えるという立場から、今回、社会保障の改革の中でも、先ほど申し上げたことのほかに、低所得の方へのいろいろな加算とかさまざまなことで、できることはしながら今取り組ん

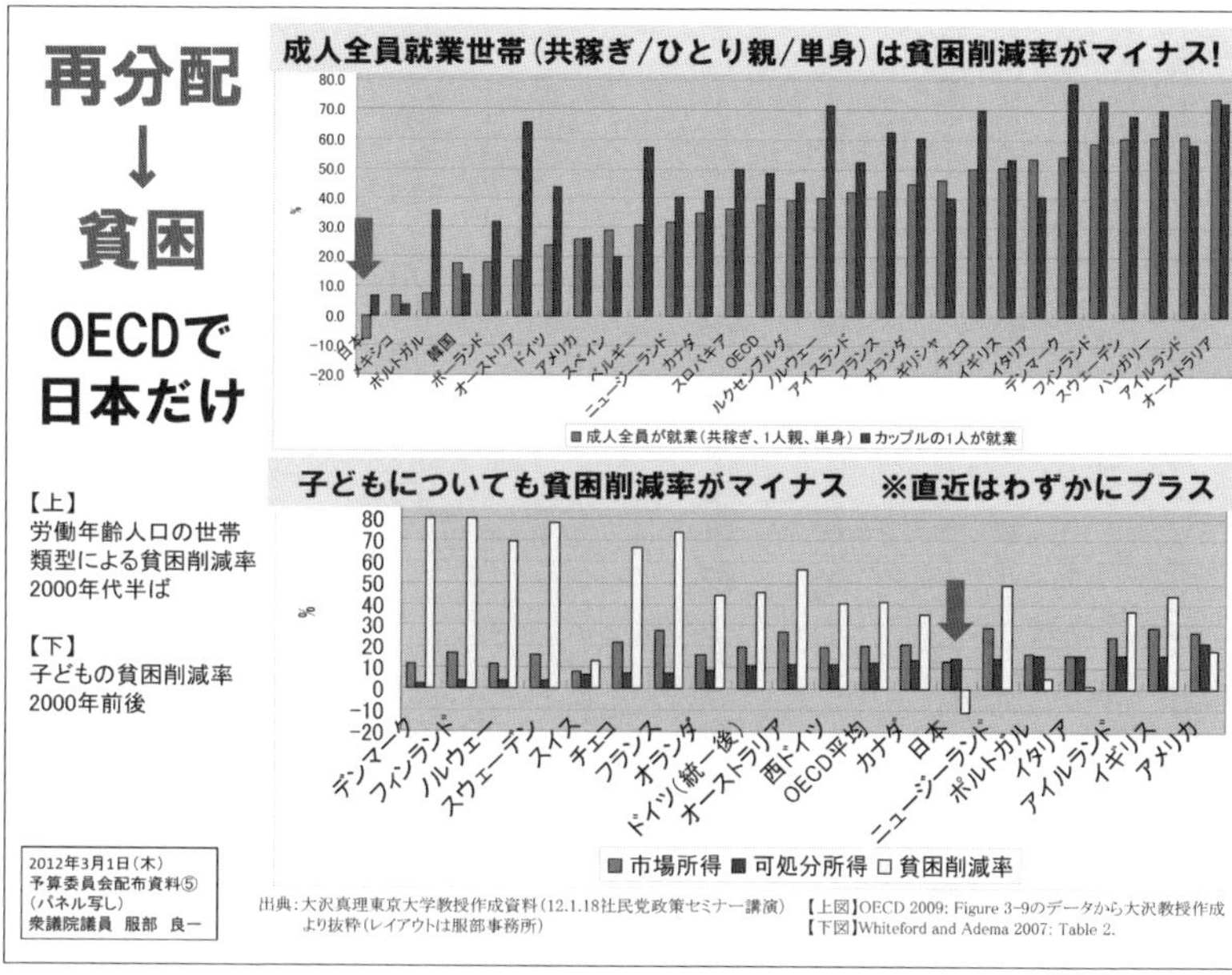

2012年3月1日　予算委員会パネル④（服部良一事務所まとめ）

でいるというところは理解いただきたいと思います。

服部　総理、企業は非正規がふえた方が安上がりでいいわけですよ。だから、ここは政治の責任として、非正規の割合を必ず減らしていくという約束をしてください。

野田総理大臣　今、非正規の割合が三六％ぐらいでしょうか。非正規がふえ、あるいは定着することの弊害は、いろいろな面で出ていると思うんです。非婚につながっていたり、家庭を持たなくなる、その分、少子化にもつながっていく等々の社会的な影響は極めて大きいと思います。

　これまで何もやっていなかったわけではありません。ハローワークにおいてフリーターの正社員化に向けての努力をするとか、あるいは、第二のセーフティーネットの求職者支援制度を昨年の十月から導入したり、さまざまな取り組みをやってまいりましたが、非正規の割合が減っていく努力を、これは政府も、企業にも理解いただいてその努力をしていくことはどうしてもやらなければいけないことで、認識は一致しております。

服部　お手元に、再分配が貧困解消になっているかというグラフを配付しております。税金を納めて社会保障など再分配が機能することによって、国民全体で生活の苦しい人を支えながら社会を構成しているわけです。ところが、この表を見ると、共稼ぎとか一人親とか単身者とか子どもに対しては、この再分配の機能がうまく機能していない。貧困率がなかなか減らないという現状があるわけなんですよ。

消費税を上げて本当に困った方にお金が使われるのか。例えば二百万の非正規労働者が今回の一体改革で具体的にどうなるのか。パートしか仕事がないシングルマザーが一体どうなるのか。具体的な試算をされたんですか。

小宮山厚生労働大臣　再分配機能が下がっているということに対しては、子ども手当とか、高校授業料無償化によって低所得者の方の可処分所得がふえている。そうした中で、しっかりと取り組ませていただきたいと思っておりますので、そこのところは理解いただければと思っております。

2012年3月5日　予算委員会第五分科会（厚生労働省）

服部　今、税と社会保障の一体改革の議論になっていますが、再分配がきちんと機能しているのか、生活再建ということで政権交代もあったわけですけれども、貧困率が拡大していないのか、あるいは本当に国民の生活の格差が縮まる方向に向かっているのか、そこが非常に大きな関心事であるわけなんです。

幾つかの類型に分けていろいろ試算をされているのはわかるんですが、例えば、年収二百万の派遣労働者であるとか、あるいはシングルマザーとか、そういう家族構成、年齢、雇用形態などで、もっときめ細かに検証をする必要があると思うんですが、具体的なきめ細かい検証はなされているんでしょうか。

小宮山厚生労働大臣　再分配機能が今の税、社会保障の中で果たされていないという認識は私も同じように持っています。そのためには、類型別のデータというのもチェックする必要があると思いますが、今は細かく、一つ一つがとれるような形にはなっていないのではないかと思います。

服部　問題意識が二つありまして、子ども手当であるとか、あるいは高校授業料無償化とか、そういう具体的な検証がどうだったのか。それから、今後の一体改革の中で、消費税増税あるいは社会保障制度の改革の中で、どういう試算になるのか。何か厚生労働省として、まとめた形で発表をされるものというのはあるんでしょうか。

小宮山厚生労働大臣　将来の社会保障の負担については、昨年六月に、社会保障改革の議論の参考として、社会保障に係る費用の将来推計をお示ししまして、その中で保険料も含めた国民負担の全体像を推計しています。

この推計では、改革のうち、例えば医療、介護のサービス改革を行う、この医療、介護を充実させる、地域包括ケアですとか、あるいは急性期のところの人員をふやすとか、そうしたことの効果は反映しているんですが、医療保険や介護保険、年金の制度改革の効果は反映していない。その医療の改革の部分については反映しているんですが、それ以外のところは反映されていない。保険者ごとの保険料負担ですとか個々人の保険料負担の将来推計を行うに当たっては、やはり今回の改革がどう進むかということが見通せないと、なかなか正確な個々人のものが出せない。

例えば、国保ですとか介護保険料の低所得者への支援、短時間労働者への社会保険の適用拡大、また今回はそこまでたどり着いていない介護納付金などでの総報酬割の導入、こうした個別の改革がどのように議論が進んで、いつから具体化するかによってその数字が変わってきますので、そういう細かい形でのそれぞれの人の負担ということは、残念ながら、今お出しができていないという状況です。

服部　貧困率の削減になっていない人たちがいらっしゃるわけで、そういったところにきちんと焦点を当てて、ぜひ試算をしていただければと。もちろん、いつから実施するとか、いろいろ技術的な問題があるのは承知しておりますが、そういう意味で、改めてお示しをいただければと思います。

非正規労働者がふえている。派遣切りであれだけ大きな問題になり、生活再建ということを掲げて政権交代も実現され、少しは減ったんだったら、ああ、やはりよかったなという思いに至るわけですが、結果的にはふえている。これについては、先日の予算委員会でも総理から、思いは一緒だという答弁はいただいたんですが、今、三五％とか三八％とかいう数字になっていますが、数年後には三〇％以下にするんだとか、そういう具体的な数値目標を掲げて、広く国民あるいは企業も含めて協力いただくといったことが必要だと思うんですが、どうですか。

津田厚生労働大臣政務官　非正規雇用に関する取り組みというのは、平成二十二年六月の新成長戦略で、二〇二〇年までに若者のフリーター数を百二十四万人にすると。今現在が百七十六万人ですから、八年で五十万人減らすという数値目標を設定しているわけです。その工程表に基づいて、ハローワークによるフリーターの正社員化への支援、あるいは雇用保険の適用範囲の拡大の着実な実施、それから求職者支援制度の創設によるセーフティーネットの拡充、さらに今国会で提出した労働者派遣法の改正などの取り組みを進めてきたわけです。これらの取り組みの成果がまだ出ていないという点は、御指摘のとおりの状況ですが、これらをセットで進めていくことによって、非正規労働者を少しでも減らしていく方向につながっていくのではないかなと考えております。

同時に、今国会においては、有期労働契約法制の見直しを検討させていただいております。これは労働契約法の改正という形で考えておりまして、半年とか一年とかということで契約を繰り返していく、これがいつまでたっても半年とか一年という契約が続くということはいかがなものか、どこかの時点でそれは期限の定めのない無期雇用にすべきではないかという考え方に転換をしていこうということです。これも実現をしていけば、さらに非正規労働は減少していく、そのように考えています。

また、若者の厳しい就職環境を踏まえて、日本再生の基本戦略に盛り込んだ若者の雇用に関する戦略を、政府と産業界、労働界との対話を通じて、ことし半ばまでに策定することにしておるわけでして、こうした取り組みを通じて、できるだけ多くの方々が正社員に移行できるように強力に進めてまいりたいと考えております。

服部　いろいろおっしゃるんですが、数字がふえていると言っているわけですよ。政権交代は二〇〇九年の八月でしたが、派遣村はその年の一月ですよ。もう三年以上たっているわけですね。

いろいろやりました、少し減りましたというんだったらわかるんだけど、ふえているので、もっと性根を入れてやっていただかないといけないし、そういう意味では、大きなマクロ的な目標も持ちながら、例えば三年後には三〇％以下にするんだというぐらいのかたい決意でないと、私はどうも、なかなか進んでいかないと思います。ぜひ、その取り組みをお願いします。

2012年3月14日　厚生労働委員会

服部　非正規労働者をいかに減らしていくのかという質問の中で、厚労大臣あるいは津田政務官から、いろいろ対策が挙げられました。その中に、有期労働法制の見直しが強調されていたわけですが、雇いどめ法理の法制化、これは解雇権の濫用に制限をしていくということだと思います。

それから、五年の期限で無期に、希望があれば転換をしていくということですが、特に労働団体からは、五年という期限を前にしての雇いどめの懸念等も出されているわけです。そういう意味で、この法律の中身をきちっと仕上げていただくということ、それから、それにどう実効性を持たせていくかということも非常に大きな課題になっていくと思います。

施行後の検証の問題、あるいは制度の見直し、そういったことも含めて、実効性を持たせることのできる法律に仕上げていく、そういう観点での決意をお聞きをしておきたい。

牧厚生労働副大臣　五年を手前にして雇いどめがふえるんじゃないかといった懸念についても審議会でも議論をされたと聞いております。この点については、法律案要綱には、雇いどめ法理の法制化を盛り込むなど、五年手前での雇いどめを抑制することに資する対応をあわせて講じております。また、昨年末の労政審の建議では、五年手前での雇いどめの抑制等のあり方について労使を含め十分に検討することとされていて、さらに効果的な対応を今後検討、実施していくことになると考えております。

今回提案している無期化ルールが真に有期契約労働者の雇用の安定につながるように、今後とも努力してまいりたいと思います。

服部　この建議の中身で、五年という期間、これをどう見るかということなんですが、韓国で二月二十三日に、二年間社内請負になっていた労働者は、二年以上勤務なら正規職だという最高裁の判決が出ている。お隣の韓国でも非正規労働者が非常にふえて、大変大きな問題になっています。この有期雇用で五年ということなんですが、海外で五年という長い期間を設定している国というのはそもそもあるんでしょうか。

牧厚生労働副大臣　ドイツや韓国が二年、イギリスで四年などとなっておりますが、これらの国は、法令や労働協約により無期転換の適用除外や利用期間の延長が認められる制度となっている、そう認識しております。

服部　私の思いとしては、やはり五年は長過ぎる、せめて三年ぐらいの形、韓国では、ケースはまた違うかもしれませんが、二年間働けば事実上正規社員だという最高裁の判決もおりているわけですから、そういう点では、非正規労働者を減らすという意味においてもっと積極的な対応をお願いしたいと思うわけです。

この法案のいわゆる入り口規制の問題、これが結果的にはなされておりません。原則、雇用は無期である、有期を設定する場合には例外措置を講じていくということがやはり原則だと思うわけですが、非正規を減らすためにもきちんとした入り口規制をしていくべきではないのか。そうでないと、かけ声はいろいろ言われるんですが、いざ法律をつくるときにはなかなかぴりっとした形になっていかないという印象がある。

牧厚生労働副大臣　入り口規制についての議論も労政審でかなり活発になされたと聞いております。ただ、最終的に、この労働契約を利用できる合理的な理由に当たるか否かをめぐる紛争が多発するんじゃないかという懸念が一方であり、また、雇用機会そのものが減少してしまうんじゃないかという懸念もありますので、今直ちに入り口規制というのは、控えた方がいいんじゃないかなと。最終的な、ぎりぎりの判断です。

服部　入り口規制は控えた方がいいという判断に厚生労働省としては立っておられるという答弁ですか。

牧厚生労働副大臣　結果として雇用の機会が減少してしまうんじゃないかという懸念はありますので、最終的には、入り口規制は今回は盛り込まれないという判断です。

服部　やはり政治の方向性として、非正規労働者を減らしていく、だから基本的に無期が原則であると。ですから、基本的には入り口規制をやっていかないとだめだと思います。大臣に見解をお願いします。

小宮山厚生労働大臣　そういうお考えがあることは十分承知しておりますが、今の経済状況とか現実的なことを考えたところで、一歩前進という形で今回の形をとったということを理解いただきたいと思います。

服部　入り口規制だとかそういったことをきちっとしていく方向性をお聞きしているわけです。

今回出される法案の中身にそういったことが規定されなかった。それはいろいろ議論の経過もあるでしょう。しかし、もっとここは自分はやりたかったが、結果として、妥協の産物としてこうなったということなのか、もう最初から入り口規制についてはそういうお考えはないということなのか、どちらですか。

小宮山厚生労働大臣　私の意見というのは、厚生労働省をお預かりしております今の立場ですので、提出させていただく法案で御審議いただきたいということです。

服部　では、一政治家、小宮山衆議院議員としての個人の思いはいかがなんでしょうか。

小宮山厚生労働大臣　今、大臣として座っておりますので、個人的な意見を申し上げる立場にはございません。

服部　先日、派遣法改正案が通過をしました。製造業の派遣あるいは登録型派遣の禁止が削除されるなど、社民党的には、もう全くの骨抜きだと考えているわけです。

この件については、また今後議論をするという仕切りになっているわけですが、この製造業派遣とか登録型派遣を将来的に禁止しなければならないという、この価値観は共有していると思っていいんでしょうか、大臣。

小宮山厚生労働大臣　労働者派遣法改正案を提出してから六度の継続審議となっている中で、民主、自民、公明三党の提案によって修正が行われて、今回、政府案に盛り込まれている保護規定の多くも含んだものとして、前進をしたということで、これで審議をお願いするということです。私は今、厚生労働省をお預かりする立場で委員会の席に座っておりますので、個人的見解を申し上げる立場にはないということです。

服部　しかし、政府としては、改めて禁止を提案される方向で検討されるんですか。

小宮山厚生労働大臣　改正法施行後一年経過後をめどに、労働政策審議会で議論を開始していただくことになっています。そういう考え方を持っています。これまでの労働政策審議会での議論、派遣労働者の保護の状況、そのときの雇用状況ですとか経済状況、これを勘案しながら、一から議論をしていただくと考えています。

服部　厚労省としてどういう方向に持っていきたいのか、お聞きすることができませんでした。

先日、非正規を減らしていかないといけないんじゃないか、その決意をお聞きしたいと野田総理に言ったときに、非正規がふえるということは社会的な影響は極めて大きい、だから、非正規の割合が減っていく努力を、これは政府も、企業にも理解をいただいてその努力をしていくということはどうしてもやらなければいけないことで、認識は一致をしている、そういう答弁をいただいている。

そういう意味においては、先ほどの入り口規制の件もしかり、あるいは今の派遣法の問題ですね、製造業、登録型派遣をもともと禁止しようということで、民主、社民、国新の三党でつくったわけでしょう。ですから、それは一つの政府の方針として一旦示されたわけじゃないですか。それが修正になってこうなったというのはわかりますが、しかし、それはあくまで、国としては、あるいは小宮山大臣としても、その方向は間違いないんだ、そういう決意を聞かせていただけるものだと私は思っていたんですが、もう一回、その決意をお聞きしたい。

小宮山厚生労働大臣　非正規労働者を少しでも減らしたいという思いはしっかりと持っております。ただ、現実のいろいろな状況の中で、政労使で協議をいただいてこういう形になったということと、国会が今のようなねじれの状況にある中で、少しでも前進をさせたいということで今回こういう形をとったというものです。

服部　派遣法しかり、あるいは労働契約法の今議論されているものもしかり、そういう立場からすると極めて不十分であるということを申し上げておきます。

2012年6月7日　憲法審査会

服部　日本国憲法第三章（国民の権利及び義務）につきまして意見を表明いたします。

社民党としては、本章についても明文改憲の必要はないと考えております。

日本国憲法の権利、自由に関する諸規定は先駆的なものであると評価できます。しかし、現実には、これらの憲法上の権利、自由が、法律やさまざまな場面において十分に保護、保障されておりません。むしろ侵害され、足元から切り崩されていることこそが問題です。格差、貧困、これはまさに幸福追求権、生存権が侵されている象徴です。

第二十五条の生存権、すなわち健康で文化的な最低限度の生活とは何かということは、生活保護等との関係で常に問われてきました。生活保護が二百万人を超え、過去最高を更新する一方で、生保バッシングや、自助、自己責任を強調する風潮も見られます。これは余りに安易な、強者、持てる者の目線だと言わざるを得ません。貧困は人生におけるさまざまな機会を奪うものであり、子供の貧困が問題となっているように、世代間で再生産されています。

同時に、問題を経済的な側面だけで捉えることもできません。幸福度が最近注目されています。また、その裏返しとして社会的排除ということがキーワードになっております。つまり、人としての尊厳、自尊心、あるいは人とのつながり、社会的な居場所、そういったものが得られているのかどうか、それが大事です。そういった観点から、ナショナルミニマムの再定義、それを踏まえた制度、政策の強化、再構築が喫緊の課題です。憲法第十三条や第二十五条を改めて見てみますと、まさにそういうものとして幸福追求権や生存権がある。これらの権利の実現、すなわち憲法理念の徹底、普遍化こそ政治の責任ではないでしょうか。

先ほど申し上げたように、自己責任論が横行する一方、苦境から抜け出したくても抜け出せない、最初から機会が閉ざされているといった今日の社会の現実を直視することが求められます。構造的な差別やゆがみ、経済的、社会的な不平等、不公正をいかに正していくかが最も重要です。自由競争至上主義の弱肉強食でいいのか、スタート時点で有利不利が決まってしまう社会、足を滑らせたら真っ逆さまの滑り台社会でいいのか。日本国憲法の目指す社会はそうではありません。憲法第十四条に高らかにうたわれている平等が、形式としてだけでなく実質的に実現する差別のない社会を築く決意を新たにしたいと思います。

また、国民の義務規定をふやしたり、家族、家庭の尊重といった徳目的な規定を設けたりすることには反対です。日本国憲法は、人々が、圧制、恐怖、欠乏からの自由を獲得してきた歴史を体現しています。時計の針を逆に戻してはなりません。国家優先、家社会優先がいかに抑圧的であったか、過ちを招いてきたか、その反省を真摯に受けとめる必要があります。

同時に、憲法第二十条の政教分離原則については、戦争や国家神道によって国内外で人権と平和が侵害された歴史とその責任を真摯に受けとめ、厳格な政教分離を求めるものとして解釈適用されるべきです。過去の戦争を肯定、美化し、再び戦争への道を開くことも決して許してはなりません。

一方で、環境権、知る権利、プライバシー権といった新しい権利が日本国憲法にないではないかという議論があります。果たしてそうでしょうか。これらの権利は、日本国憲法が包括的に保障している市民的、政治的自由、経済的、社会的、文化的権利の構成要素として、当然に日本国憲法の精神に内包されています。日本国憲法は先進的で深遠なものであると私は思います。新しい権利の確立を妨げているのは、憲法そのものではなく、憲法上の権利を限定的に解釈し、適用範囲を狭めた法律であり判例であり、政策や実践です。例えば、知る権利については、いわゆる外交密約問題のように、国民の権利、自由にかかわる重大な情報を秘密として為政者によって隠されてきた過去を厳しく糾弾し、真実を徹底的に明らかにすべきです。新しい権利を先駆的に根拠づけている憲法理念の可能性を十全に花開かせることこそ、大きな課題であると強調したいと思います。

さらに、日本は国際人権条約の批准や留保撤回という面で多くの課題を抱えております。例えば、人権状況の改善に資するとして期待が高い個人通報制度を日本はまだ導入しておりません。国際人権分野において歩みが遅い背景には、憲法解釈の狭さや法律整備などの問題もありますが、何より、明確な政治的意思を持って進めていく姿勢が求められています。世界の範たる包括性を持った憲法を持つ日本こそ、国際人権法の普遍的適用の先頭に立つべきではないでしょうか。

最後に、憲法上の権利、自由が危機にさらされていることこそ、今私たちが直面している大きな課題であると改めて警鐘を鳴らしたいと思います。思想、良心、言論、表現の自由は、特に九〇年代後半以降、盗聴法、国旗・国歌法などの立法措置を含むさまざまな動きによって脅かされています。直近では、秘密保全法案や暴力団対策法改正法案に対して懸念が高まっています。一方、大阪では、教育基本条例、職員基本条例、市職員アンケートなど、憲法違反と解釈される動きが強まっており、私は質問主意書で見解を問いましたが、内閣は違憲性の判断を示すことを避けました。また、今国会で成立した新型インフルエンザ対策法に盛り込まれた行動制限や、東日本大震災を受けて議論がされている災害時の私権制限の問題も、一見もっともらしい理由で個人の権利、自由を奪おうとするものです。沖縄では、差別的な日米地位協定や駐留軍用地特別措置法によって人権や財産権すらもじゅうりんされてきました。日本国憲法の理念、条文を再認識し、決して空洞化、空文化されてはならないということを強調して、私の意見表明といたします。

第3節　消費増税法案／一体改革について

二〇一二年の通常国会の中心課題であった税と社会保障の一体改革、私はその前段から論戦を挑んだことは第2節でご紹介しました。この法案を審議した特別委員会でも三回質疑に立ち、衆院本会議での採決に際しては社民党を代表して断固反対の討論もさせて頂きました。その一連の議事録を紹介します。

私が議論したのは、そもそも一体改革とは何なのか、出発点はよかったはずなのに、消費増税だけが残ってすっかり変質、矮小化してしまったではないか、消費増税の前にまだまだやることがあるではないか、といったことでした。一体改革の矮小化とは何も私が言い出したのではなく、一体改革のビジョンをまとめた宮本太郎さん（北海道大学大学院教授）が指摘されているのです。消費増税の前にやることがある、つまり所得税・相続税・資産課税、あるいは法人税の不公平是正などですが、これについても具体的なデータを示しながら議論しました。

この一体改革、もちろん私の質疑では多岐にわたる論点の一部しか取り上げられなかったのですが、かなり本質に迫る議論はさせて頂けたのではないかと思いますし、最終的に民自公密室談合で骨抜き修正させ消費増税だけが残って成立した法案の矛盾点も明らかにできたと思います。もちろん、これで終わりではなく、消費増税撤回を目指して取り組みを強めてく決意であることを記しておきます。

2012年5月24日　社会保障と税の一体改革に関する特別委員会

服部　この一体改革の議論の出発点である社会保障改革に関する有識者検討会座長の宮本太郎北海道大学大学院教授が、一体改革が迷走していると苦言を呈しておられます。

資料①に、その苦言をピックアップさせていただきました。有識者検討会は二〇一〇年の十二月に「安心と活力への社会保障ビジョン」を示しましたが、宮本氏は、その後の展開を見ると、全世代対応、再分配強化、参加保障などの文言は辛うじて継承されてきたが、そこで示されたビジョンが全体として受け継がれているとは思えない、改革が矮小化されてきた、あるいは、増税のための口実なのではないかという受けとめが広がっても不思議ではないと批判されている。一体改革の出発点となる議論を取りまとめた宮本氏が、社会保障の機能強化なのか削減なのかも判然としないとまで言われております。

総理、これは非常に基本的なことだと思いますが、どう受けとめられますか。

野田総理大臣　宮本太郎先生には、有識者会議でも活発に議論いただきました。その上で、厳しい評価をいただいているところもあります。ただ、全体は、これはあえて苦言のところを抽出されたんだろうと思うんですが……

（服部委員「苦言だらけですよ」と呼ぶ）、子ども・子育て支援で一歩足を踏み出したことは評価に値する、世代内の再分配強化についても、それが課題として明示され取り組まれていることは重要である、素案は全員参加型社会を掲げて、基本的には参加保障を強めることを目指している。

苦言についても真摯に耳を傾けなければいけないと思いますが、私たちは一体改革を頓挫させるべきではないという書きぶりもありますので、批判をいただいている部分、評価をしていただいている部分、多々あると思います。それは、国民の中にある多様な意見と軌を一にするものではないかと思います。

服部　中身が非常に変わってしまったとおっしゃっているんですよ。一か百かということをおっしゃっているわけではないのはもちろんわかります。

総理は、騎馬戦型から肩車になるんだという比喩をよくお使いになります。宮本氏は、女性を含めた現役世代が仕事につき、家族をつくることも困難な状況では、肩車さえ成り立たなくなる、社会の持続可能性を高めるためには、分母、すなわち生産年齢人口の支える力を強めることに改革の主眼が置かれなければならないと強調されている。にもかかわらず、これも宮本さんの言葉ですが、社会保障改革が雇用の創出や成長のてことなる可能性は封じられ、相変わらず成長戦略や雇用論議とは別建てにとどまっていると批判されております。

具体的には、子ども・子育て支援にわずか〇・七兆円、これはOECDの平均の家族支援支出GDP比一・九%より大きく低い。二〇一五年でも一・二%にとどまる。また、大綱には若年層の就労支援などの生活支援戦略を展開すべきと記されているが、財源は全く触れられていないと指摘されています。

総理、消費税増税以外に具体性がなく、前向きなメッセージが全く伝わっていないんじゃないんですか、こういうことを宮本さんがおっしゃるということは。

野田総理大臣　肩車の社会になるときに、その支える側、肩に乗せる側に対する手当てをしなければいけない、若者の就労対策を含めてやっていかなければいけないという問題意識は非常に強く持っています。同時に、肩車に乗る世代においても、やる気があって元気があるならば働けるような状況をつくっていかなければいけない。そういう問題意識は、一体改革そのものに書いてあるかどうかは別として、強く持っているということです。

服部　いや、別としてじゃだめなんじゃないんでしょうか。宮本さんがおっしゃっているのは、財政の持続性と社会の持続性が同時に問われている時代だ、財政の持続性はよく言われるが、社会の持続性が一体どうなるのかということに対する認識が甘いんじゃないかとおっしゃっている。私も全く同感だと思っている。

そもそも論として、財政再建の必要性は理解したとしても、何で大衆課税であり、逆進性の高い消費税でなければならないのか、この疑問を持っている国民は大勢いるわけです。消費税だけにターゲットを置くということじゃなくて、もっといろいろな検討が可能ではないかと私自身も思っております。

社民党はもともと、法人税の引き下げはけしからぬじゃないかとか、富裕層への累進課税を昔のように強化すべきではないか、こういう議論もしてきました。そのほか、最近のいろいろな論調を見ていますと、法人税のさまざまな優遇措置がもっと見直されなければならないんじゃないか、こういう主張も非常に多いです。

2012 年 5 月 24 日
衆議院議員　服部　良一
一体改革特　配布資料①

「社会保障改革に関する有識者検討会」座長・宮本太郎氏の「苦言」

○ 日本社会のかたちの転換につながる社会保障改革こそ、「一体改革」の基軸であり税制改革はそのような社会を実現する手段であるはずである。

○ そのような社会保障改革のビジョンは、「有識者検討会」の報告書（「安心と活力への社会保障ビジョン」、2010 年 12 月）にも示されたが、その後の展開を見ると報告書の中身は、「全世代対応」「再分配強化」「参加保障」などの文言はかろうじて継承されてきたが、そこで示されたビジョンが全体として受け継がれているとは思えない。

○ 社会保障改革などは増税のための口実なのではないかという受け止め方が拡がっても不思議ではない

○ そもそも政府が取り組んでいるのが社会保障の機能強化なのか削減なのかも判然としない。

○ 「騎馬戦型」から「肩車型」に近づいているという比喩は、実は人口比だけで問題を語るのはミスリーディングな部分がある。女性を含めた現役世代が仕事に就き家族をつくることも困難な状況では、「肩車」さえ成り立たなくなるのである。

○ 社会の持続可能性を高めるためには、分母すなわち生産年齢人口の支える力を強めることに改革の主眼が置かれなければならない。

○ 社会保障改革が雇用の創出や成長のテコとなる可能性は封じられ、相変わらず成長戦略や雇用論議とは別建てに留まっている。

○ 全世代対応化や「翼の保障」への転換という点で言えば、その目玉は子ども子育て支援の強化である。だが、そのための 0.7 兆円は消費税増税分 13.5 兆円の 5%に留まり、これを加えても 2015 年段階での日本の家族政策支出は GDP 比は 1.2%程度。せめて OECD 平均の 1.9%程度の水準は目指すべきでないか。

○ 「大綱」には若年層の就労支援などの「生活支援戦略」を展開するべきことが記されているが、財源は全く触れられていない。

宮本太郎「新しい国のかたちにつながる『一体改革』を―― 3つの連携へ」
(『生活経済政策』2012年5月号)より要約してまとめた

2012年5月24日 一体改革特別委員会配布資料①

それから、一千四百兆円と言われる個人金融資産、不動産資産も含めると八千兆円もあるという資産に対する課税ですね。戦後一時期検討されたということなんですが、資産課税、これは一％を課税するだけで八十兆、そう単純にはいかないと思いますが、出てくるわけです。あるいは、金融取引税ですね。今ＥＵでは、極めてホットな議論が行われております。

そういう意味で、まず入り口の議論として、なぜ消費税オンリーなのか、幾つかの点で質問します。

まず、資料②。日本の法人税は高いと宣伝されていますが、現実には、大企業の法人税負担水準が非常に低い、軽減税率が適用されている中小企業の方が負担水準が高い。この資料は、五月号の文芸春秋、富岡さんの「税金を払っていない大企業リスト」という論文ですが、実際の法人税率というのは、表面上の実効税率だけでなくて、それを掛け合わせる課税ベースとの関係で決まるわけです。資料では名立たる大企業が並んでいますが、優遇措置あるいは課税特別措置をフル活用して、世界的な節税策を駆使して税負担を抑えている。一方で、黒字を出した中小企業が律儀に一生懸命法人税を払っている、そういう構造になっている。

それから、資料③から⑤は、法人税だけじゃなくて社会保険料の事業主負担を考慮すると、いつも国際競争力を強調されるわけですが、日本の企業負担は決して高くない。アメリカなんかも、公的な支出では低いのですが、企業が負担をしている私的な保険、その負担も合わせると、決して企業の負担は低くない。ですから、法人税の実効税率だけを捉えて、日本は高いと言う裏で、税の空洞化が進んでいるのが実態ではないのか。

と同時に、法人税は復興税の期間が終了したら引き下げることになっていますが、そのまま引き下げるつもりなのか、それもあわせて質問します。

安住財務大臣　宮本先生の話でいうと、社会の持続可能性を高めるために、分母、すなわち生産人口を支える、これを強めていかないといけないと書いてありますよね。それから、雇用の創出や成長のてこ、これからいうと、やはり企業は元気でなきゃだめだ。それで、特に大企業を中心に、子会社、孫会社というのが大きく日本の場合は雇用をつくってくれていますから、そういう意味で、生産経済主体の中で、企業をやはり大事にしていかないといけないと思っております。

確かに、企業によっては、アジアの子会社の優遇税制とかを含めた低税率ですから、そういうものと連結をして、トータルとして、進出企業の中には、実効税率が低いというところもあります。しかし、日本の企業はさまざまな形態を持っていますので、そういう点から申し上げると、この中に入っている比較は、イギリスやドイツやフランスやスウェーデン、つまり、日本が企業の誘致や立地で激しく争っているアジアや新興国とはちょっと違うんですね。そういうところと比較をしたりさまざま考えると、やはり日本の場合、表面税率を下げて国際競争力や立地の環境をよくしてあげることで、日本の国内で頑張っていただく環境をぜひつくらせていただきたい、そういうことでこうした税制にしております。

服部　峰崎内閣官房参与が、二〇一〇年の六月、財務副大臣時代、G20財務相・中央銀行総裁会議で、国際的な法人税の調和を訴えておられますよね。法人税のダンピング競争をやめるべきじゃないかという議論があるわけです。あるいは、EUの首脳会議でフランス、ドイツの首脳が提案した、法人税の最低税率の導入という提案もあります。そういった面で日本がもっとイニシアチブをとることもあってもいいんじゃないんでしょうか。

安住財務大臣　先ほど申し上げたのは現状の分析でして、今の御提案には大変共鳴することが多うございます。

先般、国際会議の中で、昨年でしたが、G7等の加盟国の中からも、法人税率をどんどん下げていって企業を誘致するような競争に対して、一定のルールを設けてやらないと、財政再建と反対の方向で競うというのは、お互いにとって本当にプラスなのか。これはいずれしっかりと議論をしないといけない。

ただ一方で、非常に悩ましいのは、G20なんかに出ますと、新興国や成長著しい国々の中では、いかに先進国から企業を誘致して雇用を拡大していくかということに対してしのぎを削っている国々が多うございます。そういう方々に対しても、どうやって共通の認識を持っていただくかということが、やはりこれから考えなきゃいけないことだと思うんです。

法人税の引き下げというのは、先進国にとっては望ましいかと言われれば、財政再建からいうと悩ましい問題で、これは決して、一〇〇%すばらしいとは全く思っておりません。一方で、新興国は、そうでもしない限り対抗できないじゃないか。例えばアジアを見ますと、韓国にしても中国にしても、どんどんディスカウントをして、日本よりはずっといいですという比較をしているということが現状だということも、ぜひわかっていただきたいと思います。その壁を乗り越えて、何とかルール化ということは、私も考えております。

服部　問題意識は持っているよ、そうしたいとまで言われたかどうかわかりませんが。ぜひ、先進諸国の中でリーダーシップをとっていただくことが必要だと申し上げておきたいと思います。

フランスで社会党のオランド大統領が誕生しました。その公約を見てみますと、大企業の法人税率を引き上げる、中小企業は下げる、高額所得者も増税する、それから企業利益を株主分配や経営者報酬よりも再投資や雇用拡大に使うように促す仕組みを導入する。アメリカでも、バフェット税の話が出ておりますが、金融資本主義に歯どめをかけて、実体経済や雇用を重視して、富の再配分、付加価値の配分のあり方を見直そうという一連の動きは、私は大変示唆に富んでいると思います。一体改革ということであれば、こういった世界的に議論になっている富の集中、あるいは企業や富裕層の負担のあり方について、見直しをしていくべきだと思いますが、総理、どうですか。

野田総理大臣　オランド新大統領の公約、アメリカのバフェット氏の主張等々、所得再分配あるいは格差是正の動きというのは国際的にも出ていると思います。税と社会保障の一体改革、社会保障の中では、年金の最低保障機能の強化であるとか社会保険の適用拡大などの対応をしている。税の面においても、消費税ばかりが注目を浴びていますが、所得税については、所得の一番高い層についての一定の負担増を求めていくとか、資産課税の見直しも行うということで、所得の再分配について考えた税制改革になっていると思います。

服部　みんな国民は、消費税を上げるためにやっていると思っているわけですよ。ですから、もっと総合的にいろいろ税制を見直している、そういう動きをつくっていただく必要があると思います。

安住大臣は、企業の内部留保は増加傾向にある、雇用拡大や設備投資に回すべきだというのはわかるという趣旨の発言をされました。総理も、財界には要請をしているということなんですが、要請して変わるようなものなんですか。内部留保を雇用とか投資に使っていくような仕組みをつくるのが政治の役割じゃないんですか。

安住財務大臣　私どもも内部留保の使い方についてはそうあるべきだと思っておりますし、働きかけをしております。内部留保といっても、実際に現金として使えるものもあれば、すぐには現金化をできないものも資産としてカウントしているので大きく見えるんです。実際に投資に回せる額というのは、実は大幅に削られるということだけは留意いただきたいと思います。別に企業を守っているわけではなくて、事実ですので。

その中で、企業にしてみれば、営利を目的としていますから、利益が上がって、その中から従業員の皆さんを雇って還元をするということですから、さまざまな知恵と工夫を図っていただくということで、私どもはその自主性を尊重しなければいけないと思います。

なお、フランスの金融取引税の話がありました。今、オランドさんもそうだし、これはサルコジ大統領の時代からバロワン蔵相は事あるたびにG7の中でも提案しているんです。しかし、これが行き過ぎると国際マーケットに影響が大きくなる可能性もあるのではないかということで、イギリスやアメリカでは、大変に懸念を表明しております。国際社会の中では金融の問題で一致点を見出すのはとても難しいことであるということを申し上げさせていただくと同時に、行き過ぎた取引や金融が、実体経済とは全く何ら関係ないところでお金が動くことで国民生活に影響している例が非常に最近散見されるようになってきたことも事実ですので、こうしたフランスの主張も、実際どう世界のルールの中で反映をさせていくかということは、これから議論していきたいと思っております。

服部　国際連帯税の創設を求める議員連盟、これは顧問に岡田大臣もなっておりますし、自民党の谷垣総裁もなっております。それから、先日、世界連邦日本委員会、中野会長を初め、私も末席の役員の一人として一緒に野田総理にお会いしました。その中で、税収増につながるオプションを拡大することは喫緊の課題であり、そのための国際連帯税あるいは金融取引税の導入は、欧州を見るまでもなくやらないとならないという提案をさせていただいた。総理もあのときは、前向きだったと思う方で、もう一つ歯切れの悪い、今後検討していきますみたいな返事だったと思うんですが、いま一度、消費税だけじゃなくて、いろいろなオプションがあるということについて、どこまで本気で検討されたんですかということを私は非常に疑問に思っているわけですね。そういう意味で、この金融取引税、政府として本当に真剣に取り組んでいくという決意をぜひ述べてくださいよ。

岡田副総理　これは、私が外務大臣のときにも政府として取り組んできた問題です。いろいろな課題があることは事実。しかし、他方で、ＥＵというかフランスを中心に、連帯税についての積極論もございます。日本ものことについて精力的に関与してまいりました。その前提としては、金融取引が非常に過度に発達して、実体をはるかに超える取引がなされていることに対する懸念もあると思います。金融取引の自由を制約することに伴う弊害もあるので、バランスが求められるところですが、国際的には議論されてきたし、日本政府としても議論に関与してまいりましたので、政府の中もいろいろな意見はあるかと思いますが、しっかりと政府の中で議論をした上で、国際社会に発信していく必要があると考えております。

服部　安住大臣、ＥＵでもいろいろな問題があると言われました。ただ、国際連帯税をやるということはもう決めているわけです。ＥＵだけ突出していいのかとか、そういう議論を真剣にされている。だからこそ、日本政府も考えているよということを国際的にメッセージを出すだけでも、一つの大きな動きだと思いますので、ぜひ取り組みの方、よろしくお願いをします。

服部　資料②ですが、日本の法人税が決して高くない、大企業ほど負担水準が低いということが如実に見てとれます。これを見ると、五千万から一億円の資本金のところが一番実質に払っている。百億円以上の資本金のところはぐっと下がっているという実態がある。これを言われている富岡さんは、国税庁の職員として徴税の現場を経験した後、中央大学の教授として、今は名誉教授ですが、税務会計学を専攻し、理論と実務の両面から税務を長年にわたって見てきた。政府税調の特別委員、国会の公聴会における公述人として、税に関する提言を行ってきたという方なんですね。この方が、おかしいじゃないかとグラフを出しておっしゃっている。

公平な法人課税を確保するために、課税ベースの拡大、あるいは優遇措置とか、課税特別措置の見直しとか縮減という点について、引き続き見直しをしていくことについては、そういう方向でよろしいでしょうか。

安住財務大臣　私どもの持っている資料でいうと、社会保険料と法人税の国際比較、足したもののＧＰＰ比率でいうと、アメリカやイギリスが六・一％や八・四％に対して、日本は一〇・五％、ドイツは一〇・八％。これ自身が大幅に日本が低いということには当たらないのではないかと思います。

ただ、租特については、透明化法を成立させていただき、実態調査をやっております。その結果が間もなく出ますので、今後もこの必要性というものについて、一本ずつ国民の皆さんにわかるような形で議論を政府税調なりでしっかりやって、不必要といいますか、時代に合わなくなったようなもの等については、随時それはやめていったりしないといけない。一方で、沖縄に関する租税特別措置関係は結構ふえてはいるんです。ですから、数の増減だけで単純に見るのでなくて、ぜひそうした内容を見ていただいて、この透明化法に基づいたスクラップとビルドというのをしっかりやっていきたいと思っております。

服部　文芸春秋の五月号の「税金を払っていない大企業リスト」、これをぜひ読んで、具体的に一回反論してみたらどうですか。

もう一つ、今の法人税制の中で、受取配当金の益金不算入の問題についても詳しく触れられております。配当金の収入は、企業会計上は収益として計上されますが、税務上は課税所得から除外できる、つまり非課税となるわけですね。富岡さんは、過去六年間の法人株主の受取配当金が約四十六兆円、そのうち、十億円以上の資本金の巨大企業が九割を占める、約四十兆強に達する。そして、この非課税となる受取配当金は、全法人分が三十一兆六千九百三十八億円、巨大企業分は実に二十七兆九千三億円あるというんですね。ですから、法人税の課税対象にすれば、二〇〇八年分だけをみても約二兆円出る、毎年二兆円というのは非常に大きな財源です。

こういったことを具体的に見直したらどうだと言われているんですが、どうですか。

安住財務大臣　受取配当等の益金不算入制度というのは、二重課税回避のための調整措置だという位置づけでずっと来たんですね。外国税額控除も所得税額控除もそうですが、同一の所得に対する二重課税を回避しようということでこうした措置をとっておりますから、そういう点では見方が違うのかもしれません。

服部　二重課税対策という答えが出てくると思っていましたが、富岡さんの提言をぜひ見ていただきたい。

先ほど、企業の社会保険料も含めた負担率は低いじゃないかという話もしました。資料③に、法人税プラス社会保険料の負担の他国との比較があります。それから、社会保障財源の対GDP比の国際比較。要するに、公的負担、本人の負担、事業主負担がどういうレベルであるかということが、日本、アメリカ、イギリス、ドイツ、フランス、スウェーデンという形で出ていますが、日本の負担というのは決して高くない。マクロの数字としては極めて興味深いと思いますので、ぜひ改めて検討いただきたいと思うわけです。

一方で、中小企業にとって社会保険料負担がちょっと重いんじゃないかという話もあります。しかし、大企業についてはもっと社会保険財源を、応分の負担を求めていくべきではないのか、そういう意味での制度設計が非常に求められているのではないかと思うわけです。

基礎年金を社会保険方式から税方式に転換すると、企業の負担が三兆から四兆円減る、こう言われているわけですね。一体改革の中身にもよるわけですが、やはり今、一体改革の背景として、従来の日本型モデル、夫が終身雇用のサラリーマンで妻が専業主婦、企業が福祉に一定の役割を担うというモデルが崩壊しつつある。

企業は、リストラとか雇用抑制、非正規化などで人件費を削減して、福利厚生費も削るということで、企業の自由度ばかりを高める政策でなくて、企業の役割、負担の再定義ということを、社会保障という文脈の中で、企業の社会的責任を明確にするということが求められているんじゃないかと私は思うんですが、いかがですか。

安住財務大臣　基本的には、社会的な責任を企業にも応分に負担していただいてやっていくという考え方を私どももずっと持ち続けていきますので、その点では、先生と考え方はそんなに変わらないと思います。

服部　企業にどういう社会保障の負担を求めていくかということは、きちっと制度設計をしていかなければならない課題だと思いますので、ぜひ引き続き議論をさせていただきたい。

累進課税の問題について、今回、課税所得五千万円以上の税率引き上げとなったわけですが、どうなんでしょうか。資料⑦を見ていただきたいんですが、これは社会保険料の逆進性を示したカーブなんですね。要するに、低所得者層ほど負担が高いという、社会保険料の逆進性があるわけです。そこに加えて、所得税であるとか相続税、資産課税等は、この間ずっと、累進性を緩和する形で来ました。そこにまた逆進性の高い消費税をかぶせるということになると、これは筋が通らないんじゃないかと私は思っているわけです。

五千万以上になった税率引き上げというものが、なぜ二千万とか三千万円にならなかったのか、あるいは、五千万よりもっと出た、例えば一億円とか、そういうランクづけも含めて、もっと見直しをすべきであると思いますが、この税率の引き上げについて、累進課税、再検討されるつもりはありませんか。

安住財務大臣 五千万円のところで四五％にした根拠に関して言えば、所得分布を見ますと、やはり一千五百万円以上の方々がふえているんですね。その分、低所得者の方もふえていて、いわゆる中間層の部分が減って上と下がふえていますが、その一千五百万円以上の分の中でも、実は、五千万円を超える方々が平成九年には一・一万人だったのが、平成二十一年には二・七万人と、約二・五倍に増加しております。そういう点では、累進のところで五％、ここの部分に課税をさせていただいた。歴史を考えますと、七〇％を超えるような累進率がありましたが、フラット化が進んで四〇％台になっております。これは世界的な潮流の中でそうしましたが、今後、これを見直したり、考えないのかという御指摘ですが、累進のありようというのは、私は、十分これから、財務省内でも、負担の割合がどうあるべきかということは議論しないといけないと思います。

服部 資料⑥を見ていただきたいんですが、これは申告納税者の所得税の負担率ですね。大体五千万円以上を超すと、負担率がずっと下がってきています。それから、点線がありますが、これが株式の売買による所得、これが一億円を超すとぐっとふえているわけですね。高額所得層ほど金融所得が多い、実効税率が低くなるという不公正税制があると思うわけですが、このキャピタルゲインの軽減税率を本則である二〇％に、峰崎さんは三〇％でもいいんじゃないかともおっしゃっているんですが、このことを見直していこうという意向はありませんか。

安住財務大臣 二十六年の一月から本則税率二〇％の措置を実施するということは決めております。ただ、それをさらに三〇％という話には現時点ではなっておりませんが、高額所得者に対してどういう税の負担をお願いするのかということは、当然これからいろいろな議論にはなっていくと思います。

服部 政権交代が実現して三年になろうとしています。年金国会という言葉もありました。後期高齢者医療制度を撤廃するという話もありました。しかし、いまだに年金の全貌も明らかにされていない、後期高齢者医療制度をどうするかということも明らかにされていない。その中で消費税だけ上げようというのは乱暴な議論だと思うんですね。ぜひ、この一連の関連の法案を撤回していただいて、何もこの通常国会で採決する必要もないんですから。年金もまだあと一年ぐらいかかるというんでしょう、全体像を示すのに。そういったことをやはりきちっと議論して、税と社会保障の一体改革という形で仕上げていただきたい。

2012年6月11日　社会保障と税の一体改革に関する特別委員会

服部　社会保障と税の一体改革、今まで出た論点も含めて総括的に質問をさせていただきたいと思います。

二〇一〇年十二月、社会保障改革に関する有識者検討会が「安心と活力への社会保障ビジョン」をまとめ、一体改革の出発点となりました。しかし、検討会の座長を務めた北海道大学大学院の宮本太郎教授が、一体改革が矮小化されたと苦言を呈されているわけです。増税のための口実だ、あるいは、社会保障の機能強化なのか削減なのかも判然としない、それから、財政の持続可能性の前提となる社会の持続可能性そのものが危機に陥っている、一方で、肝心の社会の持続可能性を高めるための改革が見えないと言われている。

今、修正協議をしているわけですが、もう国民の生活第一のマニフェストは放棄して、最低保障年金とか後期高齢者医療制度の廃止ももう撤回なんですか。国民会議をつくって一年かけて社会保障改革を議論しようという話がありますが、何で税制のあり方も含めて一緒に議論しないんですか。税金だけ上げて社会保障改革は後からということであれば、一体改革じゃなくてばらばら改革じゃないんですか。

岡田副総理　社会保障制度の改革について先送りをするとは考えておりません。あくまでも、社会保障制度と税制の一体改革について各党と議論していただきたいということでスタートさせていただいております。

服部　社会保障の全体像がどうしても見えない。老後の貯金を心配しなくても安心して生活できるという安心感があれば、まあ増税もしゃあないかと思う国民も多いかと思います。しかし、そういったものが見えない。

今、民主、自民、公明の三党で修正協議が行われております。我々は、こういった国民不在の談合で増税だけを決めるということには断固として反対します。

きょうは、野田総理ぶれるなとか、そういったエールの交換とか、何か褒め殺しにも聞こえるような議論が続いていているなと思っているんですが、やはり、一旦消費増税を撤回して、社会保障の全体像だけじゃなくて、税制のあり方も含めて国民的な合意をつくる努力をするべきだと私は思います。総理、いかがですか。

野田総理大臣　七つの法案のうち五本が社会保障です。子育て関連が三つ、年金等で二本。そういうことを実現するための安定財源として消費税の引き上げのお願いをしているわけですので、税だけ先行ではなくて、社会保障の安定と充実のために一体改革としてお願いをしている。そこをばらけさせての議論だったら一体改革ではありませんが、今、修正協議も社会保障から議論いただいてますので、まさに、一体改革を与野党で胸襟を開いて結論を得るためのプロセスに入っていると思います。ぜひそこは理解を得ていきたいと思います。

服部　社民党は、消費増税の前にやるべきことがあるということをいろいろ主張してきました。すなわち、不公正税制を変えること、それから、累次の改正で低下した再配分機能を回復することです。所得税の最高税率を、今回、所得五千万円以上で上げるといいますが、二千万円とか三千万円から税率を上げるべきだったんじゃないかなと思うんです。フラット化でいいのか、昔みたいにもっと細かく所得階層を区切るということも含めて、しっかりと累進強化をすべきです。そもそも、高額所得者ほど金融所得の割合が高く、軽減税率の恩恵で実際の所得税の負担割合は低くなっています。株式売却益などキャピタルゲインの軽減税率、一〇%から本則二〇%に戻すのは当然ですが、これを三〇%にするとか、あるいは、社民党は総合課税を求めているわけですが、富裕層が優遇されないように課税強化をすべきです。

アメリカや新大統領が誕生したフランスを初め、富の偏りを放置してはいけない、富裕層への課税を強化すべきだというのは、これは世界的な認識として今広がっているわけですね。持てる者と持てない者との格差が固定化して拡大する一方の社会では、極めて問題だと私は思います。

総理、所得税、それから相続税、資産課税の抜本改革をまず優先させるべきではないでしょうか。

安住財務大臣　復興の所得税等負担をお願いしてますから、そういう点では、消費税のお願いも含めて、税負担という点でいえば、不十分かもしれませんが、さまざまな意味で今よりは負担をお願いすることになりますので、今回はこういうことにしましたが、今後、累進率をどうするかについては、さまざまな議論を重ねていきたいと思っています。

ただ、所得の高い方の議論だけでなくて、所得税の累進性を考えるときに検討しないといけないのは、所得税率の五％、一〇％という、税率の低い方が我が国では八〇％を超えているんですね。この方々に対しては、随分とフラット化は、税の点からいえば、以前よりはかなり考慮してきたんですが、逆にここが再配分機能の一つのネックになっている部分があり、諸外国では一〇％未満のところが大体二〇％とか、多くても四割なんですね。このことも、もう一つの側面としてわかっていただきたいと思います。そういうことも含めて、累進税率を今よりも適正なものに、どういうふうにしていくか。フラット化以外にあり得るのであれば、下も含めて、上も議論をさせていただきたいと思います。

資産については、今百人お亡くなりになると、相続税を支払っていただくのは四人なわけですね。そういう意味では、今後これを改善するということで、今回さまざまな改正をさせていただきました。ただ、これについても、今後、相続税のあり方、さらに、若い世代にどうやって高齢者の持っている資産を、相続をうまくやっていくかを考えなければなりませんから、資産課税全体も高齢化社会の中で見直すことは必要だと思います。

総合的にやれという御指摘かもしれませんが、今は消費税の水平的な税のお願いをしていますが、こうした問題が落ちついた段階では、ぜひそうしたものも含めて検討していきたいと思っています。

服部　野田総理は、中間層ということをよくおっしゃる。裏を返せば、日本の中間層がここ十年、二十年で非常に崩れてきたという問題意識をお持ちだと思うんです。潰れたということは、富裕層が一方でふえている、そして貧困層が拡大している。日本だけじゃなくて、世界的な流れとして。ここにきちっとバランス感覚を持ってどう切り込んでいくか。私はそういう大局的な観点からも申し上げているんですが、総理、どうですか。

野田総理大臣　今の御指摘は、全く問題意識として共有できると思います。残念ながら、世界全体として格差が広がりつつあるという状況の中、特に日本の場合は中間層の厚みがだんだん薄くなってきているという懸念があります。その中間層の厚みを取り戻すために税制としては何を考えるか。所得税あるいは資産課税含めて、再分配機能を強化していくという視点だと思います。今回も、所得税については最高税率のところを変えていこう、資産課税については財務大臣から説明あったとおりの改正をしようと。消費税だけではなくて、税制の抜本改革という位置づけの中で再分配機能の強化についての踏み出しは始まっていると思います。

服部　それが極めて不十分だと申し上げている。

次に、日本の法人税は高いと言われるんですが、それは表面上の税率の話であって、大企業優遇となるさまざまな優遇措置の結果、大企業の実際の負担率は非常に低くなっています。これを見直せば、不公平是正はもちろん、年間数兆円単位の増収になると言われています。

それから、社会保険料を含めた日本企業の負担は国際的に低い。社会保障費が伸びる中での財政再建だと危機感をあおるわけですが、相対的に負担が軽い大企業に応分の負担を求める見直しが必要です。

中小企業は消費税の転嫁はできません。私は機械メーカーで長年営業をやってきましたが、半値八掛けということがよく言われました。デフレなどの経済環境のもとで強烈に値引きを強いられているわけです。一方で、輸出大企業は、一旦納めた消費税は戻し税という形でしっかり還付される。その額は三兆円にも四兆円にも上ります。実質的に大企業優遇の不公平税制なんですね。大企業は、グローバル化であるとか、競争力強化のかけ声のもとで、法人税は極力回避しながら、正規雇用も賃金も抑える、福利厚生もカット。

先日は、世界的な法人税引き下げ競争をやめるイニシアチブを日本がとるべきだと申し上げ、安住大臣からも共鳴するという答弁をいただきました。安易に消費税に財源を求める前に、法人税のこういった不公平税制、優遇税制の見直し、大企業の社会保険料負担の強化、輸出戻し税の見直しとか、こういったことをきちっと検討する方が先なんじゃないでしょうか。

安住財務大臣　残念ながら、見解の相違なんですね。法人税は、昨年、民自公で引き下げを行いました。これは、韓国や、我が国が競争をしているそれぞれの国の税負担から見れば、日本の国、地方分の法人税の割合というのはやはり比較的高いということは、我々判断しています。そういう点では、企業負担をできるだけ低くして、何とか国内で基盤を持って企業活動をやってもらおうということなんですが、それに対して先生は、さまざまな角度から控除制度等を含めてやれば、日本の大企業は負担は軽いんだ、だからもっとそこは法人税を取った方がいいという御指摘なんですが、私どもはそういう考えではないんです。

法人税を下げたから、外国に行かないのか。統計から見たらそんなことはないという指摘もありました。日本の企業の内部留保がたまっているという指摘もありますが、それが新たな設備投資、雇用の拡大につながる原資になっていくということを経団連にも要請をしているわけです。そういう中で、企業がある程度の蓄積を持って日本の中で展開をしてもらうためには、法人税の引き下げは、残念ながら必要だと思っております。

ただし、世界的に法人税の引き下げ競争みたいなことをやっていますと、それぞれの国の財政再建から見て果たしてどうなのかということが国際的な会議では常に問題として取り上げられるようになってきました。私もそういう点での認識は先生と同じように持っておりますので、法人税の引き下げ競争はそろそろ国際社会の中で考えなければならないということをお話しさせていただいたわけです。

服部　私が言いたいのは、とにかく消費税だということじゃなくて、社会保障の全体像もまだ明らかにされていない中で、税制だってまだまだ議論は消化不良だと思いますよ。もっといろいろな議論があってもいいし、何が何でも消費税でなければならないのかということについては、何もそんな、採決を急がなくても、政治生命をかけるとまで言わなくても、政治生命をかけることはほかにもいっぱいありますよ。社会の持続性のための社会の再建をするとか雇用とかいろいろあるわけで、ぜひここは、踏みとどまって議論をしていただきたい。

それから、逆進性対策の給付つき税額控除について。これも、マイナンバーであるとか、むしろ納税者にとっては、メリットよりも、個人情報漏えいとか、監視、管理が強くなるんじゃないかというリスクを懸念する方も大勢いらっしゃいます。それから、給付を受けるためには、確定申告が必要でなかった人も税務申告が必要になるということも含めて、この仕組みによって本当に必要としている人たちのところに給付が届くのかという疑問もあるわけですね。その点についてはいかがでしょうか。

安住財務大臣　逆の見方をすると、こうした番号制度をちゃんと整備して機能強化していかなかったら、むしろ不公平な問題というのが出てくる可能性というのはあると思うんですよ。行政サイドにそこまで情報を持たれるのは嫌だという国民も現実にはいると思います。しかし、資産も含めて、今、法定調書は五十七ですね。その法定調書だけでは把握するのが難しい資産もあるという指摘もいただきました。現実に、我が国では、国民の皆さんの持っている銀行口座は、十二億口座あるんですよ。これを全部税務当局に把握されるのは好まない人だっているじゃないかという議論があると思いますが、一方で、税の公平な配分や、本当に助けを必要とする人を、ターゲットをある程度絞り込んでいくには、そこそこの情報は知らせていただかなければそういうサービスはできないということで、このマイナンバー制度の充実ということを求めているわけです。

逆に言えば、こういう新しい時代になってワンストップサービスをしっかりできることにもなりますから、利便性は非常に上がるというい面もあるということをぜひわかっていただきたいと思います。

服部　本来は、消費税の逆進性対策という狭い枠内で考えるんじゃなくて、大事なことは、税制、社会保障制度全体の中でどのように再分配や低所得者支援策を設計するかということだろうと思うんですね。

その一方で、陳情合戦になるからとか、高級食材、キャビアはどうだとか、いろいろ議論もあるようですが、どう考えても、庶民にとっての食料品だとか生活必需品に消費税のアップは押しつけるべきではないと私は思っておるわけです。イギリスは食料品はゼロということですが、日本が一〇%に上げると、イギリスの平均税率より高くなるんですね。標準税率は二〇%ということなんですが、平均は九・何%なんですね。ですから、日本の消費税を一〇%に上げるということは、世界的に見ても大変なことだという認識を持っていただいて、その中で本当に食料品まで上げていいのかどうか、やはりここは真剣に議論していく必要があると思います。

最後に、社会保障改革の理念について厚労大臣にお聞きしますが、社会の持続可能性を高めるには、現役世代が高齢世代を支える力をいかに強めていくかということだと思います。その観点から、特に最低賃金制度などもあわせた、すき間のないセーフティーネットの再構築の問題。

もう一点は、貧困・格差については、ただ単に経済的な側面だけではなくて、やりがい、あるいは人間としての尊厳、自尊心、人とのつながり、社会的な居場所をどう持てるかという意味において、パーソナルサポートサービスを恒久制度化すべきではないかという問題意識を私は持っていますが、現役世代を元気にさせる、雇用を元気にする、そういう観点から答弁を求めたいと思います。

小宮山厚生労働大臣　年金、生活保護、最低賃金、そうしたものをあわせて社会保障に係る費用の将来推計の改定、これについては、保険料の個人ごとの負担をお示ししているところですが、そういう三つのものを、今、それぞれ制度は別になっていますが、あわせて低所得者の方への対応として、研究会も発足をしたところですので、総合的に検討したいと思います。

それから、パーソナルサポート、私どもは伴走型の支援と言っていますが、これは、この秋をめどにつくる生活支援戦略の中でも、NPO法人などの民間機関の協力も求めて、一人一人に寄り添ってしっかりと就労支援などもしていきたいと考えています。

2012年6月26日　社会保障と税の一体改革に関する特別委員会

服部　私は、この委員会で、二〇一〇年の十二月に「安心と活力への社会保障ビジョン」をまとめた有識者検討会の座長の宮本太郎さんの論文を再三引いて、一体改革が矮小化された、消費税増税先行のばらばら改革だと申し上げてきました。総理は、ばらけさせての議論だったら一体改革ではないと答弁されましたが、修正案は、ばらばらどころか、消費増税というかけらだけが残った事実上の増税強行法案だと思います。

民主党の提案者に伺いますが、民自公三党合意では、「消費税率の引上げにあたっては、社会保障と税の一体改革を行うため」「社会保障制度改革を総合的かつ集中的に推進することを確認する」とされておりますが、これは、社会保障制度改革が実現しないのであれば消費税率も引き上げないと理解してもよろしいんでしょうか。

長妻議員（民主党）　宮本太郎先生が、政権交代後、この有識者会議をつくってビジョンをまとめられた。その中に、社会保障諮問会議というのを提言しておりまして、これは与野党の国会議員や有識者などから成る、かつて旧総理府にあった社会保障制度審議会、これが大きな役割を果たしたということで、そういう組織を、政局抜きに社会保障を議論する組織をつくるべしという議論がありました。今回、ある意味では、その社会保障の協議の場が政局抜きで整ったと理解しております。

我々が掲げている最低保障年金あるいは後期高齢者医療制度廃止、この議論をしなければ、現行制度のまま微修正で制度が定着しかねないという危機感を持っており、そういう意味では、開かれた場で議論をして、問題意識は各党同じですので、それを解決するにはどういう手法が必要なのか。民主党の案を一〇〇％そのまま通すということは、これは三党、野党の了解がないと参議院も通りませんし、政権交代のたびに制度が変わってはいけませんので、そのまま通るということではないと思っておりますが、なるべく、その形あるいは目的、それを達成するような形で着地をすべく、国民の皆さんの立場に立って全力で努力するということです。

服部　宮本太郎さんの最近の論文をお読みになったかどうか。出だしの理念はよかったと思うんですよ、一体改革。しかし、中身が全く変わってしまったとおっしゃっているわけです。それで、社会保障の全体像が見えない中で、どうして消費増税だけ決めるんですかと私はくどく言っているわけですね。

消費税法案の附則第二十条と二十一条には、所得税と資産課税について、「平成二十四年度中に必要な法制上の措置を講ずる」とされてますが、この法制上の措置というのは一体何を指すのか。つまり、所得税とか資産課税の改正ができなければ、消費税引き上げについても凍結するという理解でいいんですか。

古本議員（民主党）　所得税については、累進税率を高めていくということで、最高税率の引き上げも示唆しています。これについては三党で明確に合意に至っています。資産課税については、格差の固定化の防止等々の観点から、同様に、法制上の措置を講じるということです。

問題は、このことがないと消費税はやらないのかというと、この二十条と二十一条については、きちんとやっていくことを確認したということであって、消費税の議論と、何か条件化して確認したということではありません。したがって、所得税と資産課税、それぞれやっていくということだと承知しています。

服部　それだったら、先送りみたいなものになりませんか。話がつかなかったから、結果的に消費税を上げましょうということになりませんか。

私は、ここにうたわれている所得税と資産課税だけじゃなくて、安易に消費増税に頼る前に、まず不公平税制の是正が先ではないのか。所得税の累進強化、株式譲渡益などキャピタルゲイン課税の強化、資産課税の強化、大企業優遇の法人税制の見直し、国際的な法人税引き下げ競争への歯どめ、輸出大企業優遇の消費税の輸出戻し税の見直し、国際連帯税、金融取引税の導入などなど、やることはいっぱいあるわけじゃないですか。

だから、税と社会保障の一体改革もばらばらだけれども、税の改革についてもばらばらですよ。こういったことを真剣に取り組んでいただきたい。そのことを抜きに、安易に消費税だけ上げればいいということについては、断固反対の意見を申し上げておきたい。

政権交代、選挙での国民との約束を事実上撤回して一体改革法案を提出した野田政権は、まずおかしい。そして、密室談合でさらに骨抜きにした民自公三党のやり方は、国会軽視、ひいては国民無視、議会制民主主義の自殺行為です。政府提出原案も修正案も、国民との契約違反であり、法案の成立は断念して徹底的な国民的議論をすべきであるということを申し上げます。

2012年6月26日　本会議（一体改革関連法案反対討論）

服部　私は、社会民主党・市民連合を代表して、社会保障と税の一体改革関連の政府提出法案、民主党、自民党、公明党提出の法案及び修正案の全てに対して、反対の討論を行います。

政府案は、一体改革とは名ばかりの、ばらばら改革、つまみ食い改革です。社会保障の全体像も、所得税、資産課税、法人税の不公平を是正する税制抜本改革もないままに、庶民と中小零細企業に負担を押しつける消費増税を先行させることは、断じて許されません。デフレ下で、賃金も上がらず、中小零細企業は値引きを強いられている中で、消費税率を上げることは、生活、経済を破壊します。今やるべきことは、震災復興であり、デフレ対策であり、非正規雇用でない、安定した質の高い雇用をふやす強力な政策の推進です。野田政権は、優先順位を全く取り違えていると言わざるを得ません。一体改革の出発点となったビジョンをまとめた検討会の座長が言われるとおり、改革は矮小化され、単なる増税の口実になりました。

そして、今回の修正案に至っては、ばらばら改革にも値しない、だまし討ち・談合増税法案であり、断固として反対です。税制法案では、支え合う社会の回復という文言が削除され、社会保障制度改革推進法案では、自助、家族が前面に出るだけでなく、附則に、生活保護制度の厳格化が盛り込まれました。そもそも、夫が終身雇用の正社員、妻が専業主婦というモデル自体が崩壊しており、介護、子育ての負担を家族だけに押しつけることには限界があります。自己責任、家族責任を強調して、経済的、社会的ゆがみを放置してはなりません。貧困、格差を解消することこそが政治に求められていることであり、一体改革の根幹だったはずです。

野田総理、政府・与党に申し上げたい。弱肉強食、市場原理至上主義の新自由主義政策を転換し、政権交代で生活再建を約束したマニフェストは死にました。政権交代のドラマは、きょうで完全に終わりました。消費増税をしないという公約は破棄、最低保障年金創設、後期高齢者医療制度廃止も、事実上撤回じゃないですか。総理、政治生命をかけるべきは、震災や原発事故からの生活再建、社会の再生であり、脱原発、エネルギー政策を大転換させること、沖縄の声に寄り添い、辺野古の新基地建設、オスプレーの普天間基地配備をやめることです。

財政再建が強調される一方、社会の持続可能性そのものが危機に陥っています。現役世代が高齢世代を支える力そのものを強める必要があります。それなのに、負担が先行し、受益の全体像も、バランスも、全く見えません。子ども・子育て支援も、政府原案は制度が複雑になる一方で効果は不透明、総合こども園を撤回した修正案はますます寄せ集めになりました。人生それぞれのステージに応じて、また、どんなリスクに直面しても必ず支えてくれるという社会保障制度への信頼が重要なのに、これでは、国民の不安が高まる一方です。

子供の貧困はなくせるのですか。ワーキングプアの若者が将来に希望を持てますか。望みどおりに結婚し、出産し、子育てができる社会になりますか。シングルマザーの生活は楽になるのですか。リストラ、賃金カットにさらされている中高年層はどうなりますか。無年金、低年金の高齢者が不安なく暮らすことができるようになりますか。誰でも、生活が困窮したときに、生活保護などのセーフティーネットがちゃんと支えてくれるのですか。

こういった声に、大丈夫ですよと答えを出すのが一体改革ではないのですか。年金制度、医療制度も先が見えず、消費税もどこまで上がるかわからないという中で、どうやって、安心して仕事をし、生活をしろというのですか。

野田総理、気分は大連立ですか。民自公密室談合で修正協議が進み、特別委員会では採決のみが急がれ、国会審議は形骸化しました。まさに、国会無視、国民無視であり、議会制民主主義の自己否定です。一体改革関連法案は廃案にし、社会保障制度の全体像を示し、税制のあり方について、徹底的に国民的な議論をすべきです。消費増税のみならず、原発再稼働、ＴＰＰ、沖縄・辺野古新基地建設、オスプレー配備など、対米追随の国民生活破壊にひた走る野田内閣は即刻退陣すべきであると強く申し上げ、私の反対討論といたします。

資料編

三党連立政権合意書

民主党、社会民主党、国民新党の三党は、第４５回衆議院総選挙で国民が示した政権交代の審判を受け、新しい連立政権を樹立することとし、その発足に当たり、次の通り合意した。

一　三党連立政権は、政権交代という民意に従い、国民の負託に応えることを確認する。

二　三党は、連立政権樹立に当たり、別紙の政策合意に至ったことを確認する。

三　調整が必要な政策は、三党党首クラスによる基本政策閣僚委員会において議論し、その結果を閣議に諮り、決していくことを確認する。

２００９年9月9日

民主党代表　鳩山由紀夫

社会民主党党首　福島みずほ

国民新党代表　亀井静香

2009年9月9日

連立政権樹立に当たっての政策合意

民　主　党
社会民主党
国　民　新　党

国民は今回の総選挙で、新しい政権を求める歴史的審判を下した。
その選択は、長きにわたり既得権益構造の上に座り、官僚支配を許してきた自民党政治を根底から転換し、政策を根本から改めることを求めるものである。

民主党、社会民主党、国民新党は連立政権樹立に当たって、2009年8月14日の「衆議院選挙にあたっての共通政策」を踏まえ、以下の実施に全力を傾注していくことを確認する。

◇　◇　◇　◇　◇　◇

小泉内閣が主導した競争至上主義の経済政策をはじめとした相次ぐ自公政権の失政によって、国民生活、地域経済は疲弊し、雇用不安が増大し、社会保障・教育のセーフティネットはほころびを露呈している。
国民からの負託は、税金のムダづかいを一掃し、国民生活を支援することを通じ、我が国の経済社会の安定と成長を促す政策の実施にある。

連立政権は、家計に対する支援を最重点と位置づけ、国民の可処分所得を増やし、消費の拡大につなげる。また中小企業、農業など地域を支える経済基盤を強化し、年金・医療・介護など社会保障制度や雇用制度を信頼できる、持続可能な制度へと組み替えていく。さらに地球温暖化対策として、低炭素社会構築のための社会制度の改革、新産業の育成等を進め、雇用の確保を図る。こうした施策を展開することによって、日本経済を内需主導の経済へと転換を図り、安定した経済成長を実現し、国民生活の立て直しを図っていく。

記

1．速やかなインフルエンザ対策、災害対策、緊急雇用対策

○ 当面する懸案事項であるインフルエンザ対策について、予防、感染拡大防止、治療について、国民に情報を開示しつつ、強力に推し進める。

○ 各地の豪雨被害、地震被害、また天候不順による被害に対し速やかに対応する。

○ 深刻化する雇用情勢を踏まえ、速やかに緊急雇用対策を検討する。

1

２．消費税率の据え置き

○ 現行の消費税５％は据え置くこととし、今回の選挙において負託された政権担当期間中において、歳出の見直し等の努力を最大限行い、税率引き上げは行わない。

３．郵政事業の抜本的見直し

○ 国民生活を確保し、地域社会を活性化すること等を目的に、郵政事業の抜本的な見直しに取り組む。
「日本郵政」「ゆうちょ銀行」「かんぽ生命」の株式売却を凍結する法律を速やかに成立させる。日本郵政グループ各社のサービスと経営の実態を精査し、「郵政事業の 4 分社化」を見直し、郵便局のサービスを全国あまねく公平にかつ利用者本位の簡便な方法で利用できる仕組みを再構築する。

郵便局で郵便、貯金、保険の一体的なサービスが受けられるようにする。

株式保有を含む日本郵政グループ各社のあり方を検討し、国民の利便性を高める。

○ 上記を踏まえ、郵政事業の抜本見直しの具体策を協議し、郵政改革基本法案を速やかに作成し、その成立を図る。

４．子育て、仕事と家庭の両立への支援

安心して子どもを産み、育て、さらに仕事と家庭を両立させることができる環境を整備する。

○ 出産の経済的負担を軽減し、「子ども手当（仮称）」を創設する。保育所の増設を図り、質の高い保育の確保、待機児童の解消につとめる。学童保育についても拡充を図る。

○ 「子どもの貧困」解消を図り、2009 年度に廃止された生活保護の母子加算を復活する。母子家庭と同様に、父子家庭にも児童扶養手当を支給する。

○ 高校教育を実質無償化する。

５．年金・医療・介護など社会保障制度の充実

○ 「社会保障費の自然増を年 2,200 億円抑制する」との「経済財政運営の基本方針」（骨太方針）は廃止する。

○ 「消えた年金」「消された年金」問題の解決に集中的に取り組みつつ、国民が信頼できる、一元的で公平な年金制度を確立する。「所得比例年金」「最低保障年金」を組み合わせることで、低年金、無年金問題を解決し、転職にも対応できる制度とする。

○ 後期高齢者医療制度は廃止し、医療制度に対する国民の信頼を高め、国民皆保険を守る。廃止に伴う国民健康保険の負担増は国が支援する。
医療費（ＧＤＰ比）の先進国（ＯＥＣＤ）並みの確保を目指す。

2

○ 介護労働者の待遇改善で人材を確保し、安心できる介護制度を確立する。

○ 「障害者自立支援法」は廃止し、「制度の谷間」がなく、利用者の応能負担を基本とする総合的な制度をつくる。

6．雇用対策の強化—労働者派遣法の抜本改正—

○ 「日雇い派遣」「スポット派遣」の禁止のみならず、「登録型派遣」は原則禁止して安定した雇用とする。製造業派遣も原則的に禁止する。違法派遣の場合の「直接雇用みなし制度」の創設、マージン率の情報公開など、「派遣業法」から「派遣労働者保護法」にあらためる。

○ 職業訓練期間中に手当を支給する「求職者支援制度」を創設する。

○ 雇用保険の全ての労働者への適用、最低賃金の引き上げを進める。

○ 男・女、正規・非正規間の均等待遇の実現を図る。

7．地域の活性化

○ 国と地方の協議を法制化し、地方の声、現場の声を聞きながら、国と地方の役割を見直し、地方に権限を大幅に移譲する。

○ 地方が自由に使えるお金を増やし、自治体が地域のニーズに適切に応えられるようにする。

○ 生産に要する費用と販売価格との差額を基本とする戸別所得補償制度を販売農業者に対して実施し、農業を再生させる。

○ 中小企業に対する支援を強化し、大企業による下請けいじめなど不公正な取引を禁止するための法整備、政府系金融機関による貸付制度や信用保証制度の拡充を図る。

○ 中小企業に対する「貸し渋り・貸しはがし防止法（仮称)」を成立させ、貸付け債務の返済期限の延長、貸付けの条件の変更を可能とする。個人の住宅ローンに関しても、返済期限の延長、貸付け条件の変更を可能とする。

8．地球温暖化対策の推進

○ 温暖化ガス抑制の国際的枠組みに主要排出国の参加を求め、政府の中期目標を見直し、国際社会で日本の役割を果たす。

○ 低炭素社会構築を国家戦略に組み込み、地球温暖化対策の基本法の速やかな制定を図る。

○ 国内の地球温暖化対策を推進し、環境技術の研究開発・実用化を進め、既存技術を含めてその技術の普及を図るための仕組みを創設し、雇用を創出する新産業として育成を図る。

○ 新エネルギーの開発・普及、省エネルギー推進等に、幅広い国民参加のもとで

3

積極的に取り組む。

9．自立した外交で、世界に貢献

○ 国際社会におけるわが国の役割を改めて認識し、主体的な国際貢献策を明らかにしつつ、世界の国々と協調しながら国際貢献を進めていく。個別的には、国連平和維持活動、災害時における国際協力活動、地球温暖化・生物多様性などの環境外交、貿易投資の自由化、感染症対策などで主体的役割を果たす。

○ 主体的な外交戦略を構築し、緊密で対等な日米同盟関係をつくる。日米協力の推進によって未来志向の関係を築くことで、より強固な相互の信頼を醸成しつつ、沖縄県民の負担軽減の観点から、日米地位協定の改定を提起し、米軍再編や在日米軍基地のあり方についても見直しの方向で臨む。

○ 中国、韓国をはじめ、アジア・太平洋地域の信頼関係と協力体制を確立し、東アジア共同体（仮称）の構築をめざす。

○ 国際的な協調体制のもと、北朝鮮による核兵器やミサイルの開発をやめさせ、拉致問題の解決に全力をあげる。

○ 包括的核実験禁止条約の早期発効、兵器用核分裂性物質生産禁止条約の早期実現に取り組み、核拡散防止条約再検討会議において主導的な役割を果たすなど、核軍縮・核兵器廃絶の先頭に立つ。

○ テロの温床を除去するために、アフガニスタンの実態を踏まえた支援策を検討し、「貧困の根絶」と「国家の再建」に主体的役割を果たす。

10．憲法

○ 唯一の被爆国として、日本国憲法の「平和主義」をはじめ「国民主権」「基本的人権の尊重」の三原則の遵守を確認するとともに、憲法の保障する諸権利の実現を第一とし、国民の生活再建に全力を挙げる。

以上

4

脱原発基本法案

東日本大震災における原子力発電所の事故から学び取るべきものは何か。世界で唯一の原子爆弾の被爆国でありながら、虚構の安全神話の下で推進してきた我が国の電力政策の見直しが、その重要な課題であることは論をまたない。

原子力発電は、潜在的な危険性の高さにおいても、放射性廃棄物の処理においても、信頼性及び安全性が確保されたエネルギーではない。一旦事故が起これば幾多の人々が故郷を追われ、働く場を失い、家族を引き裂かれるのみならず、周辺地域や国民経済に与える甚大な被害や人々の不安と恐怖を考えれば、むしろエネルギーとして、極めて脆《ぜい》弱《じゃく》なものであった。

原子力発電所において重大な事故が発生した場合に被害を受けるのは、原子力発電の利益を享受している現在の世代の人間にとどまらない。将来の世代の人間も、その事故に起因する数々の危険にさらされる。また、事故が発生しなくても、いまだに放射性廃棄物の最終処理の道筋が確立しておらず、仮に確立できたとしても、十万年以上の長い管理が必要とされる。原子力発電所の事故がもたらす重大な影響を知った我々は、今こそ「脱原発」の意思決定をする責務がある。

一方、今後の我が国は、低炭素社会を目指すとともに経済の活力を維持することが不可欠である。省エネルギーを一層推進すること、再生可能エネルギー電気を普及させること、発電方式等を高効率化すること、エネルギーの地産地消を促進すること等と併せ、原発立地地域の経済雇用対策も重要である。

このような状況に鑑み、原子力発電を利用しなくなることに伴う各般の課題への適確な対応を図りつつ、原子力発電を利用せずに電気を安定的に供給する体制を早期に確立することは緊要な課題である。

ここに、我々は、国家として「脱原発」を明確にし、その確実な実現を図るため、この法律を制定する。

（目的）

第一条　この法律は、原子力発電所の事故による災害が発生した場合に国民の生命、身体又は財産に重大な危険が生ずること及び経済社会に及ぼす被害が甚大になること、原子力発電の利用を継続した場合に使用済燃料（原子炉において燃料として使用された物質をいう。以下同じ。）の長期にわたる保存及び管理が一層困難となること等に鑑み、脱原発について、基本理念を定め、国等の責務を明らかにするとともに、脱原発のための施策に関する基本的な計画について定めることにより、できる限り早期に脱原発の実現を図り、もって国民の生命、身体又は財産を守るとともに国民経済の安定を確保することを目的とする。

（定義）

第二条　この法律において、「脱原発」とは、原子力発電を利用しなくなることに伴う各般の課題への適確な対応を図りつつ、原子力発電を利用せずに電気を安定的に供給する体制を確立することをいう。

2　この法律において、「再生可能エネルギー電気」とは、太陽光、風力等の再生可能エネルギー源を変換して得られる電気をいう。

（基本理念）

第三条　脱原発は、遅くとも、平成三十二年から平成三十七年までのできる限り早い三月十一日までに実現されなければならない。

2　脱原発を実現するに当たっては、電気の安定的な供給に支障が生ずることとならないよう、かつ、二酸化炭素の排出量の増加ができる限り抑制されるよう、省エネルギー（エネルギーの使用の合理化をいう。以下同じ。）が一層推進されるとともに、再生可能エネルギー電気及び天然ガスを熱源として得られる電気の利用の拡大が図られるものとする。

3　脱原発を実現するに当たって生ずる原子力発電所が立地している地域及びその周辺地域の経済への影響については、その発生が国の政策の転換に伴うものであることを踏まえ、適切な対策が講じられるものとする。

4　脱原発を実現するに際し、発電の用に供する原子炉は、その運転を廃止するまでの間においても、最新の科学的知見に基づいて定められる原子炉等による災害の防止のための基準に適合していると認められた後でなければ、運転（運転の再開を含む。）をしてはならないものとする。

（国の責務）

第四条　国は、前条の基本理念にのっとり、脱原発を実現するための施策を総合的に策定し、脱原発を実現するため、省エネルギーの推進並びに再生可能エネルギー電気及び天然ガスを熱源として得られる電気の利用の拡大のために必要な政策を推進するとともに、脱原発を実現するに当たって生じ得る原子力発電所を設置している電気事業者等

（以下「原子力電気事業者等」という。）の損失に適切に対処する責務を有する。
2　国は、前条の基本理念にのっとり、脱原発を実現するに当たって原子力発電所が立地している地域及びその周辺地域における雇用状況の悪化等の問題が生じないよう、エネルギー産業における雇用機会の拡大のための措置を含め、十分な雇用対策を講ずる責務を有する。
（地方公共団体の責務）
第五条　地方公共団体は、第三条の基本理念にのっとり、国の施策を当該地域において実施するために必要な施策を推進する責務を有する。
（原子力電気事業者等の責務）
第六条　原子力電気事業者等は、第三条の基本理念にのっとり、第八条第一項に規定する脱原発基本計画に基づいて、脱原発を推進する責務を有する。
（法制上の措置等）
第七条　国は、この法律の目的を達成するため、必要な関係法令の制定又は改廃を行わなければならない。
2　政府は、この法律の目的を達成するため、必要な財政上の措置その他の措置を講じなければならない。
（脱原発基本計画）
第八条　政府は、脱原発を計画的に推進するため、脱原発のための施策に関する基本的な計画（以下「脱原発基本計画」という。）を定めなければならない。
2　脱原発基本計画は、次に掲げる事項について定めるものとする。
一　発電の用に供する原子炉の運転の廃止に関する事項
二　電気の安定供給を維持し、及び電気料金の高騰を防ぐために必要な措置（省エネルギーの推進及び化石燃料の適切な調達を含む。）に関する事項
三　再生可能エネルギー電気及び天然ガスを熱源として得られる電気の利用の拡大並びにエネルギー源の効率的な利用に関する事項
四　発電に係る事業と変電、送電及び配電に係る事業との分離等の実施に関する事項
五　発電、変電、送電又は配電の用に供する施設によって構成される電力系統の強化等の電気の供給に係る体制の

改革に関する事項
六　発電の用に供する原子炉の運転の廃止を促進するための原子力電気事業者等への支援その他脱原発を実現するに当たって生じ得る原子力電気事業者等の損失への対処に関する事項
七　原子力発電所が立地している地域及びその周辺地域における雇用機会の創出及び地域経済の健全な発展に関する事項
八　使用済燃料の保存及び管理の進め方に関する事項
九　発電の用に供する原子炉の廃止に関連する放射性物質により汚染された廃棄物の処理、放射性物質による環境の汚染への対処、原子炉において燃料として使用される物質の防護等のための措置に関する事項
十　発電の用に供する原子炉の廃止及び前号に掲げる事項に係る原子力に関連する技術並びにその研究水準の向上並びにそのための人材の確保に関する事項
十一　その他脱原発の実現に関し必要な措置に関する事項
3　内閣総理大臣は、脱原発基本計画の案を作成し、閣議の決定を求めなければならない。
4　内閣総理大臣は、前項の規定により脱原発基本計画の案を作成しようとするときは、あらかじめ、関係行政機関の長（当該行政機関が合議制の機関である場合にあっては、当該行政機関）と協議するものとする。
5　原子力規制委員会は、前項の規定により内閣総理大臣に協議を求められたときは、必要な協力を行わなければならない。
6　内閣総理大臣は、第三項の規定による閣議の決定があったときは、遅滞なく、脱原発基本計画を公表しなければならない。
7　第三項から前項までの規定は、脱原発基本計画の変更について準用する。
（年次報告）
第九条　政府は、毎年、国会に、脱原発基本計画の実施の状況に関する報告書を提出しなければならない。
附　則
この法律は、公布の日から施行する。

●質問主意書一覧――第2部掲載分含む

国会回次	質問番号	質問件名	質問主意書提出	答弁書受領
174	462	空母艦載機部隊の岩国移駐ならびに愛宕山開発跡地の買い取り計画に関する質問主意書	2010年5月11日	2010年5月21日
174	465	砂川市政教分離訴訟違憲判決に関する質問主意書	2010年5月12日	2010年5月21日
176	170	六ヶ所再処理工場のガラス固化溶融炉試験等に関する質問主意書	2010年11月16日	2010年11月26日
176	208	朝鮮人強制動員への国の関与と責任に関する質問主意書	2010年11月29日	2010年12月7日
176	209	「奨学金返還延滞増加」と「回収策強化」、「教育無償化」を巡る問題についての政府の認識に関する質問主意書	2010年11月29日	2010年12月7日
176	242	非正規労働者の雇用、保険、労働者性についての政府の認識に関する質問主意書	2010年12月1日	2010年12月10日
177	69	「在留特別許可に係るガイドライン」の運用における家族の取扱い及び子どもの最善の利益の尊重に関する質問主意書	2011年2月15日	2011年2月25日
177	104	使用済核燃料の処理に関する質問主意書	2011年2月28日	2011年3月8日
177	118	成田国際空港周辺地区の騒音問題に関する質問主意書	2011年3月4日	2011年3月15日
177	352	今夏の電力需給見通しの詳細及び根拠に関する質問主意書	2011年7月27日	2011年8月5日
180	26	教科書問題及びＩＬＯ／ユネスコ『教員の地位に関する勧告』に関する質問主意書	2012年1月31日	2012年2月10日
180	92	大阪市職員に対するアンケート調査等の違憲性に関する質問主意書	2012年2月22日	2012年3月2日
180	93	大阪府及び大阪市教育基本条例(案)の違憲性に関する質問主意書	2012年2月22日	2012年3月2日
180	120	ホームレスの公民権保障等に関する質問主意書	2012年3月7日	2012年3月16日
180	134	教科書問題及びＩＬＯ／ユネスコ『教員の地位に関する勧告』に関する再質問主意書	2012年3月12日	2012年3月21日
180	156	原子力発電所の安全に対する認識等に関する質問主意書	2012年3月27日	2012年4月6日
180	158	原子力防災の見直し、強化等に関する質問主意書	2012年3月29日	2012年4月6日
180	301	使用者の労働委員会救済命令不履行是正に関する質問主意書	2012年6月19日	2012年6月29日
180	313	原子力基本法改正等において「我が国の安全保障に資する」との文言が追加されたことに関する質問主意書	2012年6月22日	2012年7月3日
180	364	印刷事業場における胆管がん発症に係る労働安全衛生上の問題に関する質問主意書	2012年8月9日	2012年8月17日
180	377	七三一部隊等の旧帝国陸軍防疫給水部に関する質問主意書	2012年8月21日	2012年8月31日
180	409	原子力規制委員会委員長及び委員の欠格要件に関する質問主意書	2012年9月5日	2012年9月14日

あとがき

私は机に長時間座っていることが苦手な性格で、昔から活動パターンはとにかく現場に顔を出すことでした。百聞は一見にしかず、本を読んで吸収するより現場に行って見て直接話を聞いて体で覚えないとなかなか自分の言葉になりません。そんな私ですから本を出すことなど考えも及ばなかったのですが、国会と言う政治の舞台に行き二〇〇九年の政権交代の前夜と崩壊の過程をまさに体感した一人としてその記録は残しておきたいと思いました。

なぜ政権交代が変質し崩壊したのか、日本の政治史の一断面として検証されなければなりません。この本がその一助になれば幸いと思っています。切り口はいろいろあるわけですが、私の場合はどうしても外交安保問題が中心になりました。また私はいくつかの素材の提供はできたと思いますが、政治の世界の深層まで踏み込める立場でもなく物足りなさも感じられたかもしれません。そこは新人議員「体当たり記」としてぜひご理解ください。

執筆している間に、改造野田政権が発足しました。自民党は安倍総裁が復活し、日本維新の会が全国政党としてスタート、野田・安倍・橋下のタカ派比べの様相を呈してきました。中国では「反日運動」が巻き起こり、東アジア外交の再建が喫緊の課題となっています。オスプレイの普天間基地強行配備は私たちに反基地運動の新たな飛躍を求めています。政治が次の局面に進んでいくのを実感しています。そのためにもこういう局面を招いた政治・政権交代の総括が必要です。

いま、日本のリベラル政治は最大の危機に直面しています。「平和」と「人権」を掲げるいわば当たり前の価値観、それを私は昔ながらの言い方で「リベラル政治」と言っているわけですが、その価値観を共有する国会議員の元気がないと感じてきました。

次の政権はどうなる?という質問に対して、最悪の政権になるかもしれないという危機感を持っておられる方が多くいます。ところがここにきて「維新」の支持率にもかげりが見えてきました。政治はすごいスピードで進む世界です。今後何があるかもわかりません。政界はすでに流動化し再編過程に入っています。

次の政権に近いとされる今の政治家の顔ぶれでは、庶民の生活格差はますます拡大し不満は増大することは明らかです。競争ありきの新自由主義勢力が息を吹き返しているわけですから。憲法改悪も急浮上です。日本の平和をゆだねることは絶対にできません。

私は皆さんと一緒にリベラル政治の危機を打開する道を切り開いて行きたいのです。読者の皆さんが、新たなリベラル政治の創出にかける私の思いを共有して頂ければこの上ない幸いです。


この本の編集を引き受けて頂いた編集者の川瀬俊治さんからは、国会報告書では本は売れないよと忠告されました。第一部は私の書き下ろしで、私がもう少し名の売れた政治家ならこの部分だけでも関心を持って頂けると思ったのですが、そうはいきません。ですから出来る限り資料集としても役にたつものにしようと欲張った結果、当初の計画から相当ぶ厚くなってしまいました。この中に二人三脚でやってきた政策秘書の宇佐美昌伸君はじめ秘書諸君の熱い思いも感じていただければと思います。
最後に極めて短期間の制作を無理を承知で引き受けて頂いた東方出版や国際印刷出版研究所の皆様、なによりも日々たいへんなご迷惑をおかけした川瀬さんに心より感謝を申し上げ、お礼の言葉と致します。

二〇一二年十月十一日

服部良一

[著者プロフィール]
服部良一（はっとり・りょういち）
1950年福岡県八女市生。
京都大学法学部中退後、大阪市西成区へ移住し、73年に機械メーカーに就職。
地元で地域労働運動に尽力しながら、沖縄の基地問題を始め、靖国神社参拝違憲訴訟や数々の平和訴訟、市民運動に取り組む。阪神大震災被災地のつどい実行委員長を11年間務める。しないさせない戦争協力関西ネットワーク共同代表、沖縄と共に基地撤去を目指す関西連絡会共同代表、大江健三郎・岩波書店沖縄戦裁判支援連絡会世話人、金城実彫刻展事務局長など。
2007年参議院選挙大阪選挙区より社会民主党から立候補、落選。山内徳信参議院議員秘書となる。2009年衆議院選挙に近畿比例ブロックより立候補、当選。衆議院外務委員会、海賊・テロ対策特別委員会、議院運営委員会に所属。社民党政策審議会副会長、国会対策副委員長、脱原発・自然エネルギー推進プロジェクト事務局長、大阪府連合代表。

「いのち」の政治へ―国会体当たり奮闘記―

2012年11月20日　初版第1刷発行

著　者　服部良一

発行者　今東成人

発行所　東方出版（株）
〒543-0062 大阪市天王寺区逢阪2-3-2
TEL 06-6779-9571　FAX 06-6779-9573

印　刷　（株）国際印刷出版研究所

※落丁本・乱丁本はお取替えいたします。ISBN978-4-86249-210-4 C0031